세계 SF 콘텐츠,
도래하지 않은 현실로서의 미래

충남대학교 인문과학연구소 SF학술총서2

세계 SF 콘텐츠,
도래하지 않은 현실로서의 미래

윤석진 편

북마크

| 머리말 |

생성형 AI부터 휴머노이드 로봇까지 "인간인 듯, 인간 아닌, 인간 같은" 존재가 세상을 행보한다. 세상 살기 좋아졌다는 말과 함께 인류의 존재가 위협받는다는 우려도 끊이지 않는다. 갑론을박하는 사이, "기계는 인간이 되고 싶어 할 거야."라는 예술적 상상력이 지극히 인간 중심적인 생각 아니냐는 의구심을 불러일으키는 지경에 이르렀다. 그렇다. 한 치 앞을 예견하기 어려울 정도로 빠르게 변화하는 세상에서 'SF 장르'는 문화예술의 포식자처럼 모든 것을 집어삼킨다. 이제 SF는 하나의 '장르'가 아니라, 인간이 만들어가는 세상과 별개의 '세계universe'를 형성하고 있다 해도 지나치지 않다. 인간의 세상에서 도래하지 않은 현실로서의 미래 세계로 향하는 세계 SF 콘텐츠의 '시선視線'이 궁금한 까닭이다.

충남대학교 인문과학연구소에서『K-SF드라마, 현실 너머의 미래를 상상하다』에 이어 두 번째 SF학술총서를 펴낸다. 'SF학술총서1'이 인문과학연구소의 콜로키움과 국어국문학과 현대문학 대학원 강의에서 천착한 SF 장르 콘텐츠에 관한 결과물이었다면, 'SF학술총서2'는 2022년 12월 22일 인문과학연구소에서 '세계 SF 장르 콘텐츠의 인문학적 통찰'이라는 주제로 개최한 학술대회의 결과물을 중심으로 동양과 서양 그리고 한국의 문학과 문화콘텐츠 분야에서 주목할 만한 연구 성과를 검토하여 취합한 결과물이다. 인문학의 연구 환경이 마치 '포스트 아포칼립스'와 다르지 않은 상황에서 연구한 성과물을 선뜻 내어준 연구자들이 아니었다면, 'SF학술총서2'의 발간은 불가능했을 것이다.

이 책은 전체 4개의 장으로 구성하였다. 제1장 '서양의 SF 문학'에는 미국과 독일 그리고 프랑스의 SF 소설에 관한 3편의 논문을 수록하였다. 마크 트웨인의 미완성 소설 『세균들 사이에서 3,000년』을 대상으로 'SF 소설의 실험적 글쓰기와 반제국주의 그리고 생태주의'를 주제로 연구한 민경택의 논문은 마크 트웨인이 과학적인 내용을 과학처럼 객관적인 사실로 전달하기 위하여 주석과 메모를 삽입하고 직선적인 플롯에 또 다른 이야기를 끼워 넣는 등의 다양한 서술전략을 실험했다는 점을 밝히고 있다. 이 논문을 통해 미생물인 세균의 세계를 인간의 세계와 비교해서 인간 자체의 모순과 인간세계의 비합리적이고 부조리한 삶의 모습을 비판적인 관점으로 드러낸, 마크 트웨인의 SF적인 상상력을 확인할 수 있을 것이다.

이군호의 「귄터 쿠네르트의 SF 단편소설 분석」은 소설가보다 시인으로 더 많이 알려진 독일 작가 귄터 쿠네르트의 『잘못 들어선 길에서』에 수록된 SF 단편소설 〈동화적인 독백〉과 〈때아닌 안드로메다 성좌〉를 분석한 논문이다. 〈동화적인 독백〉이 그림동화 〈강철 한스〉의 현대적 수용 혹은 포스트모더니즘적인 변용이라는 점, 생태적 의미 또는 정치·사회적 의미의 디스토피아 소설로 읽을 수 있는 〈때아닌 안드로메다 성좌〉가 유토피아를 지향하는 일체의 이념과 사상에 대한 우화이고 풍자일 수 있다는 해석이 흥미롭다.

이정환의 「시간용해여행」은 미셸 죄리의 소설 〈불확실시간계〉를 분석한 논문으로 프랑스 SF 소설의 전환점이 된 미셸 죄리와 그의 소설을 국내에 처음 소개한다는 점에서 의미가 있다. 이중성과 혼동을 중심으로 전개되는 〈불확실시간계〉가 확신에 가득한 과학 혹은 오락적 경향의 미국 SF에 프랑스의 '철학적 답변'임을 밝혀내는 사유의 과정이 흥미롭다.

제2장 '동양의 SF 문학'에는 중국과 일본의 SF소설에 관한 3편의 논문을 수록하였다. 손주연의 「중국 SF의 포스트휴머니즘적 문학 상상」은 류츠신의 소설 『삼체』 3부작의 SF 세계관에 묘사된 기술·인간·외계 및 인간 문명의 연관 관계를 분석하고, '인간과 인간 문명에 관한 철학적·문학적 의미를 고찰한 논문이다. 『삼체』 3부작에서 묘사하고 있는 미래 세계가 기술 중심의 인간 문명을 돌아보게 하면서 기술의 발전이 담보

하는 문명의 진보와 미래의 희망, 인간 존재의 의미에 대한 철학적 의미를 성찰하게 한다는 점을 구명하였다.

김학순의 「전근대 일본의 과학기술과 SF적인 상상력」은 판타지 여행소설에 등장하는 외국을 포함한 상상의 세계와 현재의 인조인간과 같은 존재들이 묘사되고 인식되는 양상을 고찰한 논문이다. 도덕적·논리적 관점에서 외국보다 뛰어나다는 일본의 우월의식과 판타지 세계의 제도와 풍습을 빗대어 일본 사회를 비판하거나 풍자하고 있는 점을 확인할 수 있다. 이가현의 「일본 SF소설 『일본침몰』이 그리는 국가와 인류의 미래」는 일본이 직면한 현재와 미래의 불확실성을 고마쓰 사쿄의 소설 『일본침몰』를 중심으로 분석한 논문이다. SF적 상상력을 통해 국가 재난과 인간의 실존 문제에 관한 일본인 공동체의 의식을 확인할 수 있다.

제3장 '한국의 SF 문학과 문화콘텐츠'에는 한국의 SF 소설과 드라마 그리고 웹툰에 관한 4편의 논문을 수록하였다. 이지용의 「한국 SF 소설의 역사가 보여준 장르적 특징과 개별성」은 한국 근대문학의 시작 지점부터 함께하고 있었던 한국 SF 소설들의 역사적 맥락들을 정리하면서 장르적 특징의 단절과 연속 지점들을 재의미화한 논문이다. 한국의 SF 소설이라는 거대한 흐름 자체를 문화사회학적으로 살펴보고 논리적으로

의미화하는 담론장으로의 포섭이라는 점에서 한국 SF 소설의 성장 양상을 파악할 수 있을 것이다.

신성환의 「'확장된 마음'과 인간-기술의 올바른 연합」은 김초엽 소설 〈나의 우주 영웅에 관하여〉와 〈빛의 속도로 갈 수 없다면〉에 나타난 인간-기술의 연합 양상과 그것이 어긋나고 실패하는 면모를 분석한 논문이다. 김초엽 소설이 사이보그, 인체 변형 및 개조, 우주여행, 인공지능, 가상현실, 감성공학 등 새로운 기술의 혁신적인 발전이 인간 마음의 확장을 담보할 가능성을 모색한 것을 확인할 수 있을 것이다.

박미경의 「SF 드라마 〈그리드〉의 외삽적 가설과 극적 리얼리티」는 SF 드라마 〈그리드〉를 대상으로 태양풍과 타임머신에 관한 과학적 개연성을 통해 드라마의 외삽적 가설에 설득력을 부여하고, 인류를 보호하기 위한 '그리드' 장치가 권력에 의한 인간 통제 장치로 기능하는 과정을 분석한 논문이다. 과학적 개연성과 문학적 상상력이 SF 드라마의 극적 리얼리티를 담보할 수 있다는 점을 확인할 수 있다.

최배은의 「SF 웹툰에서의 '비인간' 청소년 연구」는 〈하우스키퍼〉·〈나노리스트〉·〈캉타우〉·〈숲속의 담〉을 중심으로 SF 웹툰에서의 비인간 청소년 인물의 성격과 역할을 분석하고, 사회문화적 의미를 해석한 논문이다. 청소년에 대한 기성세대의 억압은 물론, AI로 상징되는 과학기술에 대한 긍정적 인식과 기대의 반영 등을 통해 기성세대가 해결하지 못한 문제를 청소년 세대가 해결하기 바라는 연구자의 희망을 읽을 수 있다.

제4장 '세계의 SF 영화와 문화콘텐츠'에는 미국과 중국 그리고 한국 SF 영화의 미학적 특징과 사이버펑크 장르의 특징에 관한 4편의 논문을 수록하였다. 오세섭의 「SF 영화에서 기억의 재현 혹은 허구의 기억을 포장하는 방식」은 〈산책하는 침략자〉·〈오블리비언〉·〈페이첵〉·〈애프터 양〉·〈토탈 리콜〉·〈더 문〉과 같은 영화의 시각적 형상화·편집기법·음향 활용 등의 양상을 검토하여 SF 영화에서의 진짜 기억과 조작된 기억의 재현 양상을 분석한 논문이다. 영화에 관한 관객의 몰입도를 결정하는 재현과 회상의 영화적 표현기법을 통해 SF 영화의 스타일을 확인할 수 있다.

김홍대의 「SF 영화 〈소스코드〉에 숨겨진 존재와 실재의 이야기」는 평행우주의 가설에 따라 파생되었지만 영화 바깥으로 밖으로 모습을 드러내지 않고 묻혀버린 영화 〈소스코드〉의 SF 속 SF를 과학적 추론에 따라 재구성한 논문이다. 실재성에 대한 합리적 의구심으로 영화의 세계관에 은밀하게 내재한 근거를 찾아나가는 과정이 흥미롭다.

우흔동과 윤석진의 「SF 영화 〈승리호〉와 〈유랑지구〉의 문학적 상상력과 과학적 개연성」은 한국과 중국의 우주 배경 SF 영화 〈승리호〉와 〈유랑지구〉에 내재한 과학적 개연성과 동양적인 특성을 분석한 논문이다. 디스토피아적 미래 세계를 배경으로 하면서도 낙관적인 희망의 미래에 관한 기대를 저버리지 않는 〈승리호〉와 〈유랑지구〉의 동양적 서사의 특징을 확인할 수 있다.

박인성의 「사이버펑크 장르를 통한 포스트코로나 시대의 심리스 리얼리티 Seamless Reality에 대한 비판」은 〈레디 플레이어 원〉과 소설 〈스노크래시〉 그리고 게임 〈사이버펑크 2077〉를 대상으로 기술 중심의 미래 전망을 중심으로 서로 다른 방식의 재현과 비판을 분석한 논문이다. 심리스 리얼리티가 제시하는 각종 증강현실, 가상현실, 확장현실 속에서도 곁눈질로 지워지지 않는 현실의 균열과 공백을 환기하는 작업의 중요성을 확인할 수 있을 것이다.

한국의 SF 콘텐츠는 세계적으로 주목받는 K-Culture의 새로운 동력으로 작용할 가능성이 크다. 한국의 SF 콘텐츠와 세계의 SF 콘텐츠와 비교할 수 있는 초석이 되기를 바라는 마음에서 국립대학육성사업의 하나로 이 책을 기획하였다. 이 책을 출간하는 과정에서 많은 사람의 도움과 지원을 받았다. 생성형 AI의 발전이 인간의 상상을 초월할 만큼 빠른 속도로 전개되는 현실에서 지속 가능한 인문학의 미래를 전망하기 어려운 상황에서 충남대학교 인문대학 관계자들을 비롯하여, 『K-SF드라마, 현실 너머의 미래를 상상하다』에 이어 흔쾌히 두 번째 SF학술총서 『세계 SF 콘텐츠, 도래하지 않은 현실로서의 미래』 출간을 수락한 도서출판 북마크 정기국 사장과 편집자에게 감사의 마음을 전한다. 충남대학교 인문과학연구소는 인문학과 과학기술의 융·복합 방안을 연구하여 인문학 기반의 문화콘텐츠 산업에 이론적 토대를 마련하기 위한 노력을 게을리하지 않겠다.

2024년 1월
충남대학교 인문과학연구소 소장 윤석진

CONTENTS

머리말 • 4

제1장 서양의 SF 문학

- 『세균들 사이에서 3,000년』:
  SF소설의 실험적 글쓰기와 반제국주의 그리고 생태주의 – 민경택 • 16
- 귄터 쿠네르트의 SF 단편소설 분석 – 이군호 • 40
- 시간용해여행:
  프랑스 SF의 전환점 미셸 죄리의 『불확실시간계 Le Temps incertain』 – 이정환 • 69

제2장 동양의 SF 문학

- 중국 SF의 포스트휴머니즘적 문학 상상:
  류츠신 『삼체』를 중심으로 – 손주연 • 96
- 전근대 일본의 과학기술과 SF적인 상상력:
  로봇 서사의 시작과 판타지 여행소설 – 김학순 • 122
- 일본 SF소설 『일본침몰』이 그리는 국가와 인류의 미래 – 이가현 • 149

제3장 한국의 SF 문학과 문화콘텐츠

- 한국 SF 소설의 역사가 보여준 장르적 특징과 개별성 – 이지용 • 180
- '확장된 마음'과 인간–기술의 올바른 연합 – 신성환 • 206
- SF 드라마 〈그리드〉의 외삽적 가설과 극적 리얼리티 – 박미경 • 239
- SF 웹툰에서의 '비인간' 청소년 연구 – 최배은 • 266

제4장 세계의 SF 영화와 문화콘텐츠

- SF 영화에서 기억의 재현 혹은 허구의 기억을 포장하는 방식 – 오세섭 • 292
- SF 영화 〈소스코드〉에 숨겨진 존재와 실재의 이야기 – 김홍대 • 317
- SF 영화 〈승리호〉와 〈유랑지구〉의 문학적 상상력과 과학적 개연성 – 우흔동 · 윤석진 • 331
- 사이버펑크 장르를 통한 포스트코로나 시대의 심리스 리얼리티Seamless Reality에 대한 비판 – 박인성 • 367

참고문헌 • 399

필자약력 • 413

|1|
서양의 SF 문학

『세균들 사이에서 3,000년』:
SF소설의 실험적 글쓰기와 반제국주의 그리고 생태주의

민 경 택

1. 논의를 시작하며

미국에서 SF소설의 역사는 200백년 남짓밖에 안 되었지만 지금은 소설 외에 과학적인 상상력이 결합된 모든 형태를 포함하는 예술적 장르로 자리매김하고 있다. 초기 SF소설은 신화나 전설 같은 초자연적인 요소나 고딕적인 배경의 이야기에서 그 기원을 찾을 수 있지만, 주로 인류 미래 세계에 대한 허구적인 상황 설정과 복잡한 과학적인 이론을 접목시켜 표현하는 현대의 SF소설과는 많은 차이가 있는 것이 사실이다. 미국소설 발달의 초기에 다양한 장르의 작품으로 '미국소설의 아버지'로도 일컬어지는 찰스 브록덴 브라운(Charles Brockden Brown 1771-1810)은 유럽의 전통적인 고딕소설을 모방하면서도 미국을 배경으로 미국만의 독특한 고딕소설을 창조하고 있다. 특히 그는 자신의 대표작이며 최초의 미국 고딕소설로 인정받고 있는 『윌랜드』(Wieland: or, The Transformation: An American Tale)에서는 마술적인 복화술을 사용해서 광신적인 종교의 행태를 비판적으로 그리고 있다. 그의 또 다른 유명한 고딕소설인 『에드거 헌틀리』(Edgar Huntly, Or, Memoirs of a Sleepwalker, 1799)는 몽유병을 앓고 있는 주인공을 등장시키고 숲과 동굴을 배경으로 몽유병의 상태에서 인디언들을 살해하는 공포감을 일으키는 사건을 통하여 인종간의 차별의식을 희석시키고 있다. 일반적으로 이러한 고딕소설들은 실현 불가능한 판타지의 허구보다는 실제 삶 속에서 어둠이나 악과 관련된 공포를 자아내는 분위기를 연출하여 사회에 대한 비판적인 태도를 드러낸다.

이처럼 미국의 초기 SF소설의 형태는 민담이나 전설처럼 신화나 비현실적인 요소가 결합된 고딕소설적인 형태를 취하고 있다. 브루스 프랭클린H Bruce Franklin은 그의 유명한 공상과학 소설에 관한 저서인『완벽한 미래: 19세기 미국의 공상과학소설—선집』(Future Perfect: American Science Fiction of the Nineteenth Century—An Anthology)에서 초기 미국의 SF작품들을 모아서 설명하고 있다. 그는 19세기에 이르러서 SF소설이 하나의 공통된 글쓰기 형식으로 정착되었다고 말하며 상상력의 범위는 물질적 그리고 사회적인 존재의 조건들에 의해 결정되는데 이 조건들은 발전하는 의식에 의해 끊임없이 변화한다고 말한다. 특히 그는 기술의 발전에 의해 SF의 형태가 변화하며 19세기 말엽에 SF 영화가 출현하였고 20세기에는 라디오, 만화, 텔레비전, 비디오게임, 컴퓨터게임, 가상현실 등 다양한 분야에서 SF가 출현했다고 주장한다("Introduction," Franklin 1). 일반적으로 SF는 산업문명과 과학의 발전에 많은 영향을 받을 수밖에 없는데 미국의 사회는 독립전쟁과 남북전쟁의 여파로 산업화와 함께 도시화가 가속화되면서 과학에 대한 희망과 기대가 극대화되었다고 볼 수 있다. 이러한 급격한 사회의 변화는 SF의 발전에 긍정적인 영향을 주었으며 초기 미국의 SF는 고딕소설의 영역에서 벗어나 다양한 표현 형식과 영역의 확장이 일어나게 된다.

19세기 초기 영국의 증기기관 발명으로 인한 1차 산업혁명과 19세기

중엽의 전기화학분야의 발명으로 인한 2차 산업혁명의 영향은 미국의 19세기 산업문명의 발전에도 큰 영향을 주었고 미국 내에서도 지속적인 기술의 혁신을 위한 다양한 실험과 발명이 활발하게 이루어졌다. 미국과 유럽에서 일어난 이러한 산업문명의 획기적인 발전은 인간의 사고와 사회에도 많은 변화를 초래하게 된다. 특히 과학 분야에서 다양한 실험과 발명은 SF소설의 상상력에 자극을 주었고 다양한 소재의 작품들이 출현하는 계기가 되었다. 따라서 19세기의 거의 모든 작가들은 정도의 차이는 있을지라도 SF의 계통의 작품을 한 두 권 쓰지 않은 사람은 거의 없다고 할 정도로 SF적인 글쓰기가 널리 알려졌다고 볼 수 있다("Introduction," Franklin 3). 초기 SF 소설들은 실증 과학적인 논리나 경험이 가능한 실현가능성의 세계를 그리기보다는 최면술, 복화술, 동종요법, 관상학, 골상학, 연금술 등 유사과학적인 기법을 더 많이 사용했다. 그러나 과학의 발전이 빨라진 19세기 후반에 이르러서는 SF소설에 순수과학적인 소재와 실험이 등장하고 무한한 상상력으로 시공을 초월한 판타지적인 세계의 배경이 등장한다. 따라서 19세기 후반의 대부분의 SF소설들은 과학적인 이론과 상상력을 바탕으로 시간과 공간을 초월하거나 그 경계를 넘나드는 초현실적인 세계를 주로 그리고 있다.

이러한 시대적인 배경 속에서 주로 활동한 마크 트웨인(Mark Twain, 1835-1910)은 미국이 산업의 발전으로 인하여 국력이 급격히 상승하고 거대 자본을 소유한 제국주의 국가로 변모해 가는 모습을 목도하게 된다. 시대적인 큰 변화의 과정을 겪으면서 트웨인은 개인적으로도 남북전쟁 전에는 증기선을 타고 미시시피 강에서 수로 안내인으로 일을 하였고, 남북전쟁 후에는 미국이 서부개척과 남부의 재건운동으로 거대한 산업자본주의 국가로서 세계 강대국으로 부상하는 시기에는 인쇄공, 통신원, 발명가, 강연가, 작가 등 다양한 경력의 삶을 살았다. 특히 19세기 가장 위대한 유머와 풍자작가로 알려진 트웨인은 과학에 많은 관심을 가지고 있었으며 직접 발명품을 만들거나 개발에 참여했고 과학적인 상상력을 작품에 적극적으로 활용한 작가이다. 특히 트웨인은 역사를 배경으로 시간과 공간을 가로질러 과거의 역사적인 사건들을 현대적인 관점으로 재해석하여 현대 인간이나 사회와 문명을 비판하는 도구로 SF적인 장치를 이용하고 있다. 본고에서는 트웨인의 미완성의 작품『세균들 사이에서 3,000년』(3,000 Years among Microbes)에 나타난 SF적인 특징을 글쓰기 형식과 내용적인 측면에서 분석하고 작품 속에 감춰진 반제국주의적인 사상과 생태주의적인 의미를 그의 유머와 풍자적인 수법을 통하여 탐색해보고자 한다.

2. SF소설의 실험적 글쓰기

초기 SF소설은 기존의 전통적인 소설들과 경계는 모호하지만 주제적인 측면에서 새로운 영역의 확대이며 동시에 형식적인 측면에서도 새로운 글쓰기의 방식이라고 볼 수 있다. 트웨인은 미국 사실주의 문학의 시대에서 사실성을 잘 구현한 가장 뛰어난 작가로 인정받고 있지만 그의 작품에는 과학적인 상상력이 결합된 작품들이 많이 있다. 특히 SF소설의 역사에서 반드시 언급되는『아서왕 궁정의 코네티컷 양키』(A Connecticut Yankee in King Arthur's Court, 1889)에서 주인공은 19세기 미국 코네티컷에서 대장장이로 살다가 공장에서 싸움에 휘말려서 우연히 쇠지레(crowbar)로 머리를 맞고서 영국의 6세기 과거로 시간여행을 하게 된다. 그래서 주인공의 행크

모건Hank Morgan의 머리에는 19세기 미국인의 의식이 흐르고 있고, 결국 그는 19세기 미국 자본주의의 제도와 사회를 6세기 영국의 아서왕 시대에 이식하려다 실패하는 모습을 보여준다. 이 소설과 유사한 작품이 트웨인이 1905년에 쓰고 발표하지 않은 채 남겨둔 미완성의 유고작인 『세균들 사이에서 3,000년』인데 이 작품은 시간여행보다는 카프카Franz Kafka적인 변신과 공간여행의 구조를 보여주고 있다. 트웨인은 이 작품에서도 SF소설의 글쓰기를 보여주고 있는데, 이것은 포스트모던적인 해체적인 글쓰기의 형태와 유사하며 트웨인의 시대를 초월한 실험적인 글쓰기라고 볼 수 있다.

트웨인은 미완성인 『세균들 사이에서 3000년』의 형식과 구성을 다소 복잡하게 만들어서 작품의 사실성을 강조하려는 전략을 취한다. 작품의 원표지에서 알 수 있듯이 이 작품은 인간에서 세균으로 바뀐 한 세균(1인칭 화자인 Huck)[1]이 세균의 시간으로 3000년을 보내고 있었을 때 자신이 겪은 이야기를 자필로 출판하기로 결심한다. 트웨인은 그 후 세균의 시간으로 7000년 뒤에 그가 직접 주석을 붙이고 트웨인이 그것을 세균의 언어에서 인간의 언어로 번역하여 책으로 출간하는 것처럼 구성한다. 따라서 트웨인 자신은 단순히 이 책의 번역자에 불과하다는 것을 내세워서 책의 내용이 허구가 아니라 하나의 역사적인 사실이라는 것을 강조한다. 그러나 이러한 설정은 역설적으로 소설의 허구적인 글쓰기의 과정을 여실히 보여주고 있다. 특히 트웨인은 주인공 헉이 인간이었을 때 직업이 과학자였고

---

[1] 트웨인은 Huck의 세균어 이름은 'B. b. Bkshp'(476)라고 명명하는데 이 이름은 트웨인의 어린 시절 한니발 고향 친구였던 'Tom Blankenship'의 암호명을 연상시키며, 그는 Huckleberry Finn의 실제 모델이 되었다고 알려진다("Introduction," Tuckey 26).

그는 "세균으로 변신한 후에도 여전히 과학자였다. 고생물학은 나에게 하나의 열정이었다"(445)라는 묘사를 통하여 이 작품이 과학에 관한 이야기라는 것을 드러내고 있다.

작품의 형식에서 가장 특이한 것은 서문이 두 개로 되어 있고, 작품 마지막은 제18장으로 끝나지만 11장부터 14장까지 4개의 장이 두 번 중복되어 사실상 작품 전체는 총22개의 장으로 구성되어 있는 점이다. 그러나 중복된 두 번째 11장부터 14장까지의 내용이 전체 플롯의 전개에 방해를 주지 않으며, 두 개의 서문도 각각 다른 내용으로 구성되어 있어서 특별히 내용상 중복의 느낌이 들지 않는다. 첫 번째 서문은 세균의 원저자인 헉이 왜 자신이 자필원고를 출간할 수밖에 없었는지에 대해 설명하는 부분이고, 두 번째 서문은 번역자인 트웨인이 세균이 쓴 원고의 내용과 문체 그리고 문법에 대한 오류를 고쳐보려고 노력했지만 너무 많아서 포기했다는 번역자인 자신의 말을 전하고 있다. 또한 원저자가 엄격하고 세련된 영어를 구사했지만 감동을 줄 수 있는 생명력이 부족하다고 비난함으로써 자기가 번역한 책에서 나타나는 많은 허점은 결국 자신의 잘못이 아니라 원저자인 세균(헉)의 책임인 것처럼 미리 복선을 설정하는 치밀함을 보이고 있다.

작품의 표현상에서 가장 두드러진 특징은 문장 중간에 부연설명을 넣기 위해 쉼표 대신에 긴 대시(dash,—)를 너무 자주 사용한 것이다. 또한 문장이 계속 이어진다는 것을 보여주기 위해 마침표 대신에 역시 대시를 빈번하게 사용함으로써 오히려 문장의 흐름을 방해하기도 한다. 그리고 때때로 대화를 구별하기 위해 쓰이는 인용부호(" ")의 부정확한 사용과 긴 하나의 문장이 마침표 없이 계속 이어져서 한 문단을 구성하는 경우도 있다. 또한 5장에서 7장 사이의 내용은 주로 생명체에 대한 정의와 생명체의 신비에 관해 그 분야의 전문가인 벤저민 프랭클린Benjamin Franklin과 오래전에 나눈 대화의 기록으로 이루어져 있다. 프랭클린은 영어식 이름이며 그의 원래 세균어의 이름은 "Bblbgxw"(448)이고 황열병균으로 분류되며 갑상선-디프테리아 언어로 헉과 토론했었다고 말한다. 헉이 그와 생명의 최소단위인 원자와 분자에 대해 심층적인 대화를 나누었었고 헉이 그것을 기억해내서 기록하는 형식으로 전개된다.

트웨인은 헉이 세균 친구인 프랭클린과 나눈 대화부분에서 세균의 시간체계에 대해 어려움을 겪는 모습을 보여줌으로써 독자로 하여금 그의 기억의 신빙성에 의문을 갖도록 유도한다. 물론 작품이 미완성이라 완벽한 구조를 갖추지는 못했지만 프랭클린과의 대화부분이 헉이 책으로 쓰려고 했던 세균과의 삶이 3000년이 경과한 시점보다 훨씬 오래전에 일어났던 일이기 때문에 기억하기 어렵고 헉이 인간세계에서 가졌던 천재적인 수학능력도 점점 사라지고 있었던 시기라고 궁색한 변명을 늘어놓는다. 그래서 헉은 그 사건을 고대의 오래된 기억으로 간주하고 장 중간 중간에 소제목으로 '그 기록,' '시간–등가물,' '논평을 위한 일시중지,' '당분간 기록중지,' '다시 시작된 기록,' '계속되는 고대의 기록,' 그리고 마지막에 괄호 안에 '고대 기록에서 발췌한 글의 끝'이라고 표기함으로써 역사적인 사실성을 강조한다. 이 부분은 '한 이야기 안에서 다른 이야기'(story-in-story) 쓰기의 방식으로 포스트모던적인 메타내러티브 또는 메타픽션의 방식과 유사하며 트웨인의 소설작법에 나타나는 강한 실험정신을 엿볼 수 있는 대목이다.

표현상의 기법에서 드러나는 또 다른 특징은 가끔씩 숫자를 달리해서 삽입한 엑스기호(x)인데, 그것의 정확한 의미는 알 수 없지만 상황의 문맥에 따라 생략이나 시간의 경과 또는 의식의 흐름을 보여주는 것처럼 보인다. 그리고 세균의 세계에서는 시간이 너무 빠르게 흐르기 때문에 시간단위의 숫자가 너무 커서 인간세계의 시간과는 큰 차이가 발생한다. 세균이 되기 전 인간세계에서 직업이 세균학 분야의 과학자였고 세균의 세계에서도 유명한 세균학자인 헉이 우수한 수학적인 두뇌를 가지고도 종종 시간계산에 실수하거나 시간인식에 혼란을 일으키기도 한다. 특히 다양한 세균들의 이름이 인간들의 이름과는 달리 너무 길거나 영어로 표기했을 때 자음으로만 된 것도 있어 발음자체가 불가능한 것은 언어철자 배열의 조작에 의한 유머러스한 표현이지만 독특한 세균어의 특징을 강조하려는 작가의 의도가 역시 담겨있다.

특히 이 작품의 형식과 표현기법에는 트웨인만의 고유한 유머나 풍자의 서술기법이 잘 나타나있다. 그의 이런 특징은 독특한 발상과 과장적인 묘사, 언어유희, 극적 또는 상황적 아이러니 등의 다양한 기법으로 표출되고 있지만 제국주의를 비판하기 위한 유럽역사의 왜곡과 패러디에서도 잘 드러나고 있다. 특히 헉은 제4장의 작품 속에 삽입된 별도 메모에서 세균의 세계에서 자신을 일컫는 세균의 이름은 세균이라는 단어가 아니라 "수플래스키"(Sooflasky, 439)이라고 말하며 수플래스키는 모든 것을 의미하며 모든 음영의 뉘앙스를 전부 포함한다고 말한다. 그리고 그런 모든 의미를 담아낼 수 있는 영어동의어를 구성하는 것은 어려운데 "Bullyboy-withaglasseye"(440)라는 단어가 가장 가깝다고 말한다. 이 단어는 '가짜 유리 눈을 가진 불한당'을 의미하는데 트웨인의 유머와 풍자가 돋보이는 부분이다. 그의 이러한 언어적인 유희는 헉이 살고 있는 세균세계에서 가장 강력한 제국인 '헨리 랜드'의 현존 861번째 헨리 대왕의 이름에서 절정을 이루는데 그는 "Seiner Kaiserlichedurchlaustigstehochbegabtergottallmächtiger"(444)이라고 불린다. 화자는 이 칭호가 명예의 상징이라고 하지만 헉의 유머러스한 조롱조의 비판적인 설명에서 작가의 반제국주의적인 태도가 잘 드러나고 있다.

트웨인은 책의 앞부분에서 주인공 헉이 개입해서 설명하는 긴 분량의 메모를 각주처럼 삽입시켜서 세균의 역사가 인간세계와 흡사하며 유구한 역사를 가졌다는 것을 유머와 풍자적인 기법으로 묘사한다. 이러한 길고 지루한 메모와 함께 종종 나타나는 중요어구에 대한 짧은 작가의 주석은 이 작품의 소설적인 형식에 위기를 초래하고 내용의 흐름을 단절시켜 독자로 하여금 이 작품을 소설이라기보다는 한 편의 세균학에 대한 연구논문처럼 보이게 한다. 따라서 트웨인은 미완성의 『세균들 사이에서 3000년』의 작품을 통하여 SF소설의 실험적인 글쓰기의 과정을 보여주고 있는데, 이것은 포스트모던의 메타픽션처럼 소설 안에서 독자에게 소설쓰기의 과정을 인식하도록 유도하는 것과 유사하다. 한편 트웨인의 과학적 상상력이 풍부한 SF소설의 실험적 글쓰기는 항상 풍자나 유머와 결합되어 나타난다는 특징이 있다. 처음부터 주인공이 마술사의 실험의 실수로 인간에서 콜레라 세균으로 바뀌어버렸다는 사실과 세균들이 자신들의 유일무이한 서식처이며 절대행성으로 숭배하고 있는 "블릿조우스키"(Blitzowski, 436)[2]는 단지 인간세계에서는 가장 천대받는 집도 없이 떠도

---

[2] 세균들이 살고 있는 이 행성의 이름 Blitzowski는 『허클베리 핀의 모험』(The Adventures of Huckleberry Finn 1884)에 나오는 Huck의 아버지 Pap Finn을 암시한다고 볼 수 있다("Introduction," Tuckey 26). 그러나 트웨인은 Blitzowski를 헝가리 사람이라고 특별

는 84세의 늙은 헝가리 출신의 더러운 부랑자라는 설정은 실소를 자아낸다. 또한 그의 몸에 기생하고 있는 각종 세균들의 다양한 이름과 공화국 또는 제국들의 국가 이름이나 장소의 코믹한 명칭에서 트웨인만의 독특하고 희화적인 상상력을 잘 엿볼 수 있다.

『세균들 사이에서 3000년』의 형식적인 복잡성과 부조화는 미완성이라는 이유로 어느 정도 변명될 수도 있지만 작품은 나름의 통일성을 지니고 있으며, 전체적인 플롯의 전개와 흐름은 크게 막힘이 없이 흘러간다. 작품의 서두에서 1인칭 화자이며 주인공인 나(헉)는 마술사의 실수로 콜레라균으로 바뀐 다음 블릿조우스키의 몸속에 들어가서 그곳 세균들 사이에서 3000년 즉 인간세계에서는 3주의 시간을 보내게 된다고 말한다. 그런데 작품 마지막까지 헉이 세균에서 인간의 세계로 돌아오는 과정은 보이지 않고 블릿조우스키가 충치를 금으로 메꾼 어금니에서 어마어마한 금맥을 발견하여 억만장자가 될 꿈에 부풀어 있는 헉의 모습으로 끝난다. 이 부분에서 트웨인은 물질적인 성공을 강조하는 '아메리칸 드림'을 풍자하고 있다. 특히 헉은 상상 속에서 막대한 금을 소유한 부자가 된다는 어리석은 꿈을 꾸며 심지어 그것은 사실이라고 자신을 설득하고 모든 금을 자신이 갖겠다는 이기적인 욕심을 드러냄으로써 도덕적으로 타락한 모습을 보여준다(Tuckey 431).

헉은 자신이 발견한 금을 자신을 포함해서 동업자인 12명의 세균 젊은이들과 균등하게 배분하기보다는 자신이 금을 전부 차지하고 소년들에

히 지칭함으로써 당시에 이민자들 중에 가난한 헝가리 사람들이 많이 있었고 부랑아 같이 집도 없이 떠도는 부랑자로 묘사함으로써 인종차별적인 표현이라는 오해를 받기도 한다.

게는 아말감과 시멘트 광산의 생산을 나누어주려는 이기적인 결심을 하면서 잠을 잔다는 결말로 끝난다. 따라서 헉이 인간의 세계로 언제 돌아오는지 그리고 책 번역을 언제 어떻게 했는지에 대해서도 자세한 기술이 없다. 다만 트웨인은 작품 마지막 부분에서 헉으로 하여금 이유 없이 꿈을 자주 꾸다가 깨어나는 과정을 여러 번 반복하게 함으로써 그의 의식을 혼미하게 만들어 현실과 환상의 경계를 모호하게 하려는 의도를 보여준다. 그리고 거의 잠을 자지 않는 세균과는 달리 헉이 잠에 빠지는 마지막 모습은 헉의 인간세계로의 회귀에 대한 암시가 아닐까라는 추측을 가능케 한다.

3. SF를 통한 반제국주의와 생태주의

작품의 주인공인 헉은 제1장에서 마술사의 치명적인 실수로 원래의 의도인 새가 아닌 콜레라균으로 바뀐 사실에 대해 크게 반감이나 혐오감을 드러내지 않는다. 그는 세균세계의 모든 것을 쉽게 받아들이고 거부감을 느끼지 않고 심지어는 뛰어난 지성으로 다양한 세균어를 스스로 터득하게 된다. 그러나 트웨인은 세균이 된 헉의 의식에서 인간의식의 잔재들을 전부 제거하지 않음으로써 헉은 중간 중간에 인간의 의식과 세균의 의식이 혼재되는 양상을 보인다. 결국 트웨인은 세균의 세계도 인간의 세계와 별반 다르지 않다는 생각을 보여주고 있다. 전체의 장 중에서 길이가 가장 짧은 제3장의 다음 내용에서 헉의 변신에 대한 느낌이 잘 드러나 있다.

내가 세균이 되었을 때, 그 변형이 너무나 완벽해서 나는 즉시 편안함을 느꼈다. 이것은 놀라운 일이 아닌데 인간과 세균은 서로 크게 다르지 않기 때문이다. 세균에는 인류와 마찬가지로 많은 국적과 언어가 있다. 세균들은 그들이 점유하고 있는 사람이 존재하는 유일한 세계라고 생각한다. 그들에게 그것은 광대하고 멋진 세계이며, 마치 자신들이 스스로 만든 것처럼 자랑스러워한다. 이 외롭고 가난한 늙은 떠돌이[블릿조우스키]에게는 칭찬이 부족하기 때문에 그가 그것을 결코 알지 못할 것이라는 것은 유감스러운 일인 것 같다.

When I became a microbe, the transformation was so complete that I felt at home at once. This is not surprising, for men and germs are not widely different from each other. Of germs there are many nationalities, and there are many languages, just as it is with mankind. The germs think the man they are occupying is the only world there is. To them it is a vast and wonderful world, and they are as proud of it as if they had made it themselves. It seems a pity that this poor forlorn old tramp will never know that, for compliments are scarce with him. (437)

트웨인은 헉이 세균으로 변신한 것을 큰 충격 없이 단지 순간적인 위치이동처럼 느낀다고 묘사함으로써 결국 인간이 만물의 영장이라는 편협적인 인간중심의 세계관에서 벗어나야한다는 것을 보여주고 있다. 그래서 헉은 다른 세균들처럼 빨리 늙지도 않으며 몸은 세균이지만 여전히 인간의 의식을 유지하고 있다. 화자는 블릿조우스키의 몸속에서 기생하고 있는 세균들은 그 늙은 부랑아의 몸을 그들의 유일한 행성으로 인식하고 있으며 그 몸속에는 "천 개의 공화국과 3만 개의 군주제 국가"가 있다고 설명한다. 트웨인은 군주제 국가 중에 아주 오래된 퍼스가문의 왕조를 소개하면서 왕조의 이름을 '고름'을 뜻하는 퍼스라는 이름으로 명명하면서 군주제 국가를 조롱하고 있는데 이것은 트웨인의 반제국주의적인 사상이 반영된 것이다. 이 작품에서 트웨인은 블릿조우스키의 몸을 하나의 지구로 보고 세균들을 인간으로 묘사하면서 영국, 프랑스, 러시아, 독일 등 유럽의 군주제 국가들을 에둘러서 비판하고 풍자하는 모습을 보여준다.

트웨인은 수플래스키라고 불리는 다양한 세균들이 블릿조우스키의 몸속에서 살아가는 모습을 인간세계에서 다양한 인종들이 많은 국가를 형성하고 살아가는 모습과 대비시키면서 인간문명에 대한 비판적인 시각을 보여주고 있다. 킴 위드Kym Weed는 그의 논문에서 트웨인은 "인간 외의 다른 척도로 인간의 삶을 재검토하기"(220) 위하여 세균학에 비판적으로 관여하고 있다고 말한다. 화자인 헉은 수플래스키 세균들은 고등동물처럼 도덕관념을 가지고 있다고 말하며 "도덕적 관념의 기능은 잘못을 창조하는 것이다"(441)라고 비판적으로 설명한다. 트웨인은 겉으로는 옳고 그름을 판별할 수 있는 "도덕적 관념"(441)이 중요하며 그것이 문명의 근간을 이루고 있다고 주장하지만, 다른 한편으로는 도덕적인 관념에 매몰되어 있는 인간들의 문명을 간접적으로 비판하는 태도를 취한다.

특히 화자는 세균의 나라들 중에 가장 부유한 국가이며 미국을 상징하는 게트리취퀵(Getrichquick) 공화국을 비판적인 시각으로 묘사한다. 게트리취퀵의 나라는 블릿조우스키의 복부 부분에 위치하고 있어서 자원과 물질이 풍부하여 상업과 무역활동이 활발하며 이름에서처럼 '아메리칸 드림'의 물질적인 일확천금을 꿈꿀 수 있는 미국을 연상시킨다. 그리고 겉으로는 외국인을 차별하지 않는 위대한 민주주의 국가라고 하지만 실상은 외국인을 열등한 존재로 취급하며, 자국의 번영과 행복만을 추구하고, 제국주의 국가들처럼 무력적으로 영토를 확장하고 다른 나라들과 끊임없이 전쟁을 벌이는 아주 모순적이고 이기적인 국가로 묘사된다.

트웨인은 세균의 세계도 인간의 세계처럼 차별적이고 계층화된 타락한 세계라는 것을 보여줌으로써 인간 세계의 타락상을 비판적으로 더 부각시키고 있다. 헉의 생각기록 기계의 관리자인 캐서린은 헉과의 대화에서 게트리취퀵 출신인 백작부인으로부터 그 나라에는 "계급-등급-계층-그것들이 백만 개가 있다"(510)는 소리를 들었다고 말한다. 실제로 게트리취퀵에는 무두장이, 울타리 만드는 사람, 재단사, 금지론자들처럼 가난해서 더럽혀진 빵을 얻어먹는 하층민인 무수한 "SBE"(Oiled-Bread Eater, 510)들이 있다고 말한다. 그리고 그곳에서는 백작이나 공작 등 귀족계급과 함께 세균의 종류에 따라 신분의 차이가 존재하고 결혼도 철저히 신분에 맞추어 이루어진다고 묘사된다. 즉 트웨인은 미국을 상징하는 게트리취퀵은 신분 계급과 함께 경제적인 빈부의 차이가 심한 불평등한 사회임을 강조한다.

트웨인은 세균의 몸 안에 기생하는 초미세 세균 같은 작은 존재들이 인간과 세균의 관계처럼 세균의 세계 안에서도 존재한다는 사실을 보여준다. 보통의 세균의 나라에서는 수플래스키들이 대부분을 차지하고 있지만 그들보다 아주 작은 손톱만한 크기의 작은 세균인 스윙크(Swink)들이 존재하고 있는데, 이들은 보통 크기의 세균들로부터 노예처럼 언제든지 착취와 박해를 당하는 차별받는 존재들이다. 다음 내용에서 헉이 느끼는 세균세계의 불평등한 계급의 구조에 대한 의식은 더 확장된다.

글쎄, 그것이 삶의 모습이다. 어디서든 어떤 모든 상황에서든 삶은 그러하다. 즉, 왕은 귀족을 멸시하고, 귀족은 평민을 멸시하며, 상위의 평민은 그 바로 다음 아래의 평민을, 그는 그 다음 아래를, 그리고 그는 그 다음 아래를, 평민을 구성하는 50개의 계급, 그리고 그것을 구성하는 50개의 귀족에 이르기까지 아래로 계속된다. 정확히 말하자면, 각각의 평민 계급은 자체로 작은 귀족이고, 각각 최하층까지 계속되는 멸시하는 계급이 있어서, 강도가 집주인을 멸시하고, 집주인은—확인된 바로 바다 계층에 해당하는—번지르르한 갈색 가발을 쓴 친구인 부동산 중개인을 멸시한다.

Well, it's a picture of life. Life everywhere; life under any and all conditions: the king looks down upon the noble, the noble looks down upon the commoner, the commoner at the top looks down upon the next commoner below, and he upon the next, and that one upon the next one; and so on down the fifty castes that constitute the commonalty-the fifty aristocracies that constitute it, to state it with precision, for each commonalty-caste is a little aristocracy by itself, and each has a caste to look down upon, plum all the way down to the bottom, where you find the burglar looking down upon the house-renting landlord, and the landlord looking down upon his oily brown-wigged pal the real estate agent-which is the bottom, so far as ascertained. (528)

트웨인은 세균처럼 인간의 눈으로는 볼 수 없는 아주 작은 미세한 세계에서도 신분과 계급이 존재한다는 가정을 통하여 역설적으로 미국사회 뿐만 아니라 인간사회 전체가 계급과 빈부의 격차에 의해 차별받는 불평등한 반민주주의적 사회라는 것을 부각시키고 있는 것이다. 결국 트웨인은 이 작품을 통하여 제국주의적인 국가들을 비판하고 계급화 되어있는 인간사회의 불평등과 비합리적인 모순을 드러내서 독자들의 인식의 각성을 유도한다고 볼 수 있다. 특히 세균속의 세균인 아주 작은 스윙크들이 또 나뉘어 서로 군대를 동원해서 전쟁을 벌이는 모습에서 제국주의자들의 전쟁을 풍자하고 조롱하는 트웨인의 시각이 잘 드러나 있다(Zwick 163). 또한 트웨인이 『세균들 사이에서 3000년』의 작품을 통하여 보여주려는 또 다른 의도는 자연의 세계와 질서에서 인간이 최고이고 인간이 모든 것을 지배할 수 있다는 오만한 인간중심적인 사고에 대한 비판이다. 김봉은 교수는 그의 저서 『마크 트웨인의 모험』(2007)에서 『세균들 사이에서 3000년』에 대해 "판타지 계열의 이 모험담은 주인공과 독자를 이분법적인 경계가 모두 해체된 포스모던적인 사고의 영역으로 초대한다. 인간과 동물, 유기체와 무기체, 생각과 물질, 현실과 환상의 경계가 녹아버린 이 영역에서 트웨인은 인간 중심주의의 편협성을 드러낸다"고 말하며 심층생태학적인 특징을 강조한다.

헉은 프랭클린과의 대화에서 지구상에 존재하는 모든 것이 개별적이며 살아있는 생명체라는 확신을 갖게 된다. 프랭클린은 바위와 같은 무기물을 포함한 모든 물질은 원자와 분자로 결합된 생명체이며 심지어 물도 바다도 하나의 개체이며 동물이고 생명체라고 주장한다. 또 그는 세균 안에도 서식하는 작은 생명체가 있으며 그것들은 세균을 먹고 분해하는 역할을 한다고 말한다. 그는 그것이 바로 생명의 탄생의 신비이며 우리 모두는 "헛되이 만들어지지 않았고 현명한 목적을 위해 만들어졌다"(454)고 강조한다. 즉 트웨인은 모든 물질은 창조의 목적이 있기 때문에 무시될 수 없으며 개체로서의 독립과 평등이 존중되어야 한다고 주장하는 것이다. 이러한 시각은 지구의 모든 구성요소들은 그 목적을 지니고 있기 때문에 각각의 모든 개체는 존재의 가치를 가지고 있다는 것을 인정해야 한다는 친생태주의적인 관점이라고 볼 수 있다.

트웨인은 프랭클린, 성직자, 공작(Duke) 등 많은 세균들과 대화와 교류를 통하여 헉이 세균 같은 미미한 존재들도 존재의 가치가 있다는 것을 인간의 세계와 비교해서 인식하게 한다. 헉은 세균의 세계에서 잘 정착하도록 도와준 고마운 테일러 가족과 자기가 좋아했던 매기 테일러의 결혼식에서 톰슨이라는 음악교사를 만나 그로부터 11명의 교육을 잘 받은 젊은 지적인 친구들을 소개받아 그들과 끝까지 친구관계를 유지한다. 헉은 우선 걸리버3)와 루이라는 영어식 가문의 이름을 받은 그들에게 자신

---

3) 걸리버(Gulliver)라는 이름은 조나단 스위프트(Jonathan Swift)의 풍자소설인 『걸리버 여행기』(Gulliver's Travels, 1726)의 주인공 이름을 연상시키며, 특히 『세균들 사이에서 3000년』은 『걸리버 여행기』 중에서 헉의 모습이 소인처럼 보이기 때문에 소인국에 해당된다고 볼 수 있다. 여하튼 트웨인은 『걸리버 여행기』를 의식하고 있었다는 것은 분명해

이 원래 세균이 아니라 인간이었고 지구라는 행성에서 살았다는 이야기를 하지만 그들은 전혀 믿으려고 하지 않는다. 이 부분에서 트웨인은 지성인들의 사고를 바꾼다는 것은 어렵다는 것과 그들의 바뀌지 않는 과학에 대한 무지와 편협한 아집을 비판한다. 헉은 자신이 미국이라는 나라에서 살았다는 사실과 지구, 달, 태양의 크기와 모습에 대해 설명하지만 그들은 믿으려하지 않는다. 트웨인은 헉이 또 다른 젊은 여성세균인 캐서린과 영혼과 육신에 대해 대화를 나누지만 대화가 단절되고 소통이 되지 않는다는 것을 보여준다.

트웨인은 헉이 한 성직자 세균과의 대화에서 "동물도 천국에 갈 수 있다"(497)는 말에 공감하는 장면을 통해서 인간중심적인 사고에서 벗어나야 한다는 것을 강조한다. 특히 트웨인은 세균의 세계에서 항상 무시당하며 노동만하는 가난한 하위 계층으로 노예처럼 탄압받고 있는 스윙크 족들을 중시하면서 이들은 유익한 역할을 많이 하는 이로운 존재들이기 때문에 그들의 가치를 강조한다. 헉은 세균세계의 유명한 세균학자인 공작의 강연을 듣고 스윙크의 역할과 중요성을 인식하게 된다. 공작은 만약 그들이 없다면 나무 섬유에서 린넨 섬유를 분리할 수 없고 황마를 통한 마대자루 생산에도 문제가 발생하며, 그 외에도 효모 스윙크는 빵, 와인, 독주, 맥주 식초 등 각종 산업에서 중요한 역할을 한다고 주장한다. 헉은 만약 행성에서 스윙크가 없다면 암석과 모래만 남는 사막화가 될 것이기 때문에 스윙크는 "행성의 구세주이자 모든 생명의 수호자"라고 말

보인다. 그리고 페인(A. B. Paine)은 『세균들 사이에서 3000년』은 환상적인 이야기이며 일종의 "과학적인 축제"이며 "걸리버의 소인국을 능가하는 풍자이며 일종의 과학적, 사회주의적, 수학적 축제"(Tuckey 431)라고 정의를 내린다.

한다. 스윙크들은 인간사회에서도 많은 부분에서 중요한 역할을 하지만 정당한 대우를 받지 못하고 차별받고 노동만 하는 다수의 하층민들이라고 볼 수 있다. 트웨인은 세균사회의 스윙크를 내세워 인간사회를 구성하는 모든 개체가 평등하고 공정한 대우를 받아야한다는 것을 주장하고 있는 것이다.

헉은 세균의 세계를 통하여 생명의 신비를 깨닫게 되는데, 그가 눈에 보이지 않는 미생물인 세균에 관심을 가지게 된 계기가 작품 안에서 직접 암시되고 있다. 헉은 세균 전문가인 공작의 강연을 통하여 세균의 중요성과 존재에 대해 놀라움을 느끼면서도 그 사실은 자기가 인간세계에 있을 때 H. W. 콘Herbert William Conn[4]교수로부터 미생물학을 공부했을 때 알았던 내용이지만 그 사실을 실제로 세균으로부터 확인함으로써 충격을 받는다. 헉은 세균이 지구의 가장 소중한 시민이자 보호자이며 인간은 세균 없이는 살 수 없다는 사실을 다음과 같이 강조한다.

> 인간 세계에서, 내가 H. W. 콘 교수 아래서 미생물학을 공부할 때, 인간에게 침입하는 세균에게도 모두 해당하는 것이기 때문에, 이 모든 사실을 알고 있었지만, 그들이 인간의 세균을 침입하는 세균의 삶을 정확히 모방하고 있다는 사실을 알게 된 것이 나에게 새로운 것이었다. 우리는 태초에 인류가 세균에 의해 파멸로부터 구원 받았으며, 그 이후로도 파멸에서 구원 받아왔다는 것을

---

[4] 헉이 언급한 Herbert William Conn 교수는 당시 실존인물로 1897년에 『세균 생명의 이야기』(The Story of Germ Life)를 출간하여 세균이 인간에게 피해보다는 훨씬 많은 혜택을 준다고 주장하였으며 트웨인은 이 책을 읽고 영감을 받았다고 전해진다(Noll 3).

알았다. 우리는 세균이 보호자이자 보존자이며, 지구의 가장 강력한 많은 산업의 가장 능력 있는 포교자이고, 그들을 이용하는 기업에 깊은 관심을 가진 저명인사였으며, 그의 전문 서비스는 그런 기업이 소유한 가장 귀한 자산임을 알았다. 우리는 세균이 지구의 토양이 뒤덮이고 묻혀 시야에서 사라지고 쓸모없게 되지 않도록 지켜준다는 것을 알았다. 한마디로, 우리는 지구의 가장 가치 있는 시민은 세균이며, 인류가 태양과 공기 없이 살 수 없는 것처럼 세균 없이 살 수 없다는 것을 알았다.

In the World, when I was studying micrology under Prof. H. W. Conn, we knew all these facts, because they were all true of the microbes that infest the human being; but it was new to me to find them exactly duplicated in the life of the microbes that infest the human being's microbes. We knew that the human race was saved from destruction in the beginning by the microbe; that the microbe had been saving it from destruction ever since; that the microbe was the protector and preserver and ablest propagator of many of the mightiest industries in the Earth; that he was the personage most heavily interested in the corporations which exploited them, and that his expert service was the most valuable asset such corporations possessed; we knew that he kept the Earth's soil from being covered up and buried out of sight and made unusable; in a word, we knew that the most valuable citizen of the Earth was the microbe, and that the human race could no more do without him than it could do without the sun and the air.(523)

　트웨인은 작품 후반부에서는 헉으로 하여금 지구, 세계의 역사, 화폐와 주식, 금에 대한 주제에 대해 톰슨 음악교사가 소개해주고 그가 이름을 지어준 11명의 젊은 지적인 세균들과 대화를 나누게 한다. 헉은 이들에게 지구와 인간의 모습에 대해 사실을 이야기 하지만 그들은 믿지 않으며, 헉의 진술내용을 한편의 시처럼 문학작품으로 인식하거나 심지어 완전히 거짓말이라고 생각하며 헉의 말을 거짓말 사업으로 만들어 돈을 벌 생각을 보인다. 헉은 세균들에게 스탠다드 석유회사를 소개하고 주식과 같은 경제학에 대해 강의하지만 그들은 이해하지 못하고 관심도 갖지 않는다. 그러나 헉이 금에 대해 언급하자마자 세균들은 즉각적인 반응을 보이는데 이것은 당시 서부의 골드러시를 암시하는 것으로 트웨인 자신이 금을 찾으러 네바다에 갔었던 경험을 반영하는 것이다. 헉은 블릿조우스키가 충치치료를 위해 메꾼 금 보충재에서 거대한 금맥을 발견하지만 즉시 소년들에게 위치를 알려주지 않는다. 그는 시멘트, 아말감, 그리고 금으로 된 광산 층에서 소년들에겐 가치가 없는 아말감 또는 시멘트를 주려는 결심과 함께 안도의 잠에 빠지며 작품이 끝난다. 헉은 자신의 제자와 같은 소년들을 돈의 유혹으로부터 구제하고 도덕적인 타락에 빠지지 않도록 인도하기 위해 자신이 금을 전부 가져야한다는 자기합리화의 모순에 빠진다. 결국 작품의 후반부에서는 미국 자본주의의 다양한 폐단에 대한 트웨인의 날카로운 풍자적인 시각이 잘 드러나 있음을 알 수 있다.

4. 논의를 맺으며

"SF소설의 선구자"("Introduction," The Science Fiction of Edgar Allan Poe, x)로 인정받고 있는 에드거 앨런 포우Edgar Allan Poe는 다양한 SF의 표현 형식을 실험한 것으로 알려진다. 특히 그는 희극, 모험기, 공포, 테러, 낭만적인 코미디 등 다양한 형식으로 SF소설을 표현했으며, 신뢰성을 높이기 위하여 제시되는 SF의 구조를 실험했다고 한다(Harry Lee Poe 79). 포우와 마찬가지로 트웨인 역시 과학적인 상상력을 가지고 과학의 이야기를 전달하기 위하여 다양한 표현형식을 실험했다고 볼 수 있다. 그는 『세균들 사이에서 3000년』의 과학적인 스토리 내용을 과학처럼 객관적인 사실로 전달하기 위하여 작가의 긴 주석과 메모를 삽입하고 직선적인 플롯에 또 다른 이야기 끼워 넣기 등 다양한 서술전략을 실험하고 있다는 것을 알 수 있다.

특히 트웨인이 『세균들 사이에서 3000년』에서 보여준 실험적인 글쓰기의 형식은 포스트모던의 메타픽션이나 메타내러티브적인 특징을 보여준다. 메타픽션은 소설 안에서 작가가 등장하여 소설이 허구라는 것을 보여주기 위해 시간과 공간을 초월하여 다양한 실험을 시도함으로써 SF적인 글쓰기에 적합한 방법처럼 보인다. 그리고 인간의 시간적인 기준과 세균의 시간적인 개념의 편차에 대한 수학적인 계산과 수많은 숫자와 단위 등을 의도적으로 보여줌으로써 작품의 내용이 과학에 관한 것임을 강조하지만 독자는 그것이 허구라는 것을 이미 알고 있다. 그러나 트웨인은 『세균들 사이에서 3000년』에서 주인공 헉이 자신의 세균들 사이에서 보낸 3000년의 경험을 자필원고로 남기고 그것을 트웨인이 영어로 번역하는 복잡한 과정을 설정하여 사실성과 신뢰성을 높이려고 한다. 그리고 헉의 사실

같은 허구의 경험을 전달하기 위해 서문의 중복, 작가의 긴 주석과 설명 삽입, 플롯의 단절과 중복적인 배치, 다양한 부호의 사용과 언어의 표현 방식, 열린 결말 등과 같은 다양한 장치를 실험하고 있다.

트웨인은 자신이 쓴 많은 역사소설에서 오랜 과거의 역사적인 사건이나 기록을 자신의 시대에 맞는 관점으로 재해석하여 재현시킴으로써 그 의미를 해체해서 새로운 의미를 탐색하려고 노력하였다. 결국 트웨인은 『세균들 사이에서 3000년』에서도 SF의 새로운 글쓰기 형식의 실험을 통하여 자신이 좋아하는 풍자와 유머의 기법을 결합시켜서 반제국주의와 친생태주의적인 사상을 강조하고 있다. 일반적으로 포우 뿐만 아니라 초기 SF소설들에는 인간과 사회에 대한 풍자적인 요소가 많이 가미되어 있지만 트웨인의 SF소설에는 유머와 풍자가 훨씬 더 강하게 드러나고 있다. 해리 리 포우 Harry Lee Poe는 포우의 작품에는 유머와 풍자의 이야기가 공포의 이야기보다 더 많기 때문에 포우를 "19세기 전반기의 마크 트웨인"(25)이라는 것을 잊지 말라고 말한다. 따라서 표현방식은 약간 다르지만 풍자와 유머의 기법을 폭넓게 사용했다는 측면에서 포우와 트웨인은 많은 공유점을 가지고 있다.

『세균들 사이에서 3000년』은 트웨인의 불후의 걸작『허클베리 핀의 모험』과도 여러 가지 면에서 유사하거나 대비되는 점이 많다. 우선 헉이라는 주인공의 이름이 같고 두 작품 모두 모험적인 여행의 모티브를 공유하지만『허클베리 핀의 모험』은 현실적인 삶과 사실적인 경험을 다룬 반면에『세균들 사이에서 3000년』은 가상의 환상적인 세계를 배경으로 허구적인 사건을 묘사한다. 내용적으로는 두 작품 모두 인간본성의 왜곡과 미국문명의 다양한 결함에 대해 비판적인 시각을 보여주고 있다. 특히『세균들 사이에서 3000년』은 트웨인의 SF적인 상상력이 돋보이는 작품으로 미생물인 세균의 세계를 인간의 세계와 비교해서 인간 자체의 모순과 인간세계의 비합리적이고 부조리한 삶의 모습을 비판적인 관점으로 드러내고 있다. 비록 미완성으로 끝났지만 트웨인의 다양한 서사적인 실험과 모험정신이 풍자적이고 유머러스한 문체와 결합되어 잘 부각되고 있는 것이 작품의 두드러진 특징이다. 트웨인은 실제 삶에서도 왕성한 호기심으로 모험과 도전과 여행을 즐겼듯이 작품에서도 기발하고 독특한 상상력을 끝임 없이 보여준 작가이다.

---

*이 글은 「『세균들 사이에서 3,000년』: SF소설의 실험적 글쓰기에 나타난 반제국주의와 생태주의」 (『현대영어영문학』 67권 1호, 한국현대영어영문학회, 2023)를 수정하여 재수록한 것임.

귄터 쿠네르트의 SF 단편소설 분석

이 군 호

1. 논의를 시작하며

 동독의 문학을 논할 때 거의 빠짐없이 그 이름이 언급되는 작가이면서도 국내에서는 그리 활발하게 연구되지 않은 작가들 가운데 귄터 쿠네르트Günter Kunert가 있다. 동독 출신의 시인이자 소설가인 쿠네르트는 비판적 사회주의자로서 동독의 현실 사회주의의 적나라한 실상과 모순을 비판하는 다수의 작품들을 발표하면서 서독에서도 폭넓은 독자층을 확보한 바 있다. 1976년 동료작가 볼프 비어만Wolf Biermann의 시민권 박탈에 항의하는 탄원서에 서명했다는 이유로 통일사회당(SED)으로부터 제명되었고, 1979년 동독에서 추방되어 서독으로 망명하였다. 서독 망명 이후에 그는 사회주의와 자본주의를 가리지 않는 폭넓은 문명비판주의자로서 현대 기술문명과 자본주의에 대한 비판과 풍자를 신화, 동화, 우화, SF소설 등의 다양한 형식으로 표현하였다.

 소설가보다는 시인으로 더 많이 알려지고 활동했던 쿠네르트는 시, 소설, 희곡, 산문, 방송극, 시나리오 등 다방면에서 방대한 작품을 남긴 다작多作의 작가였지만, 그에 대한 국내의 연구는 양적으로 미미한 단계에 머물러 있으며[1], 국내에 번역, 소개된 그의 작품 역시 단편소설 번역모음집인 『잘못 들어선 길에서(Auf Abwegen und andere Verirrungen)』가 유일하다. 기존의 국내연구들이 사회주의 작가로서의 쿠네르트에 주목하여 그의 신화론과 유토피아 관념을 주로 다루었다면, 본고에서는 형식과 내용에서 약간 방향성을 달리해 보고자 한다. 일차적으로 형식면에서 그의 SF단편소설들을 다루고자 하며, 내용면에서는 SF형식의 역사소설과 미래소설을 다룸으로써 독일뿐만 아니라 인류 전체의 과거와 미래, 역사와 운명에 관한 쿠네르트의 견해를 알아보고자 한다. 쿠네르트의 SF단편들은 본격적인 SF소설의 성격과는 상당한 거리가 있다. 정통적인 SF소설 혹은 하드SF가 과학적 정확성과 개연성을 중심에 두는 반면에 포스트모더니즘을 토대로 하는 SF문학은 과학과 기술을 배경으로 하더라도 인간과 사회를 탐구하는데 더욱 주력한다면(김미경 2015, 204-205 참조), 쿠네르트의 경우는 후자에 해당한고 볼 수 있다.

본고에서 쿠네르트의 SF단편들을 분석대상으로 삼은 동기 중의 하나는 공상과학소설 혹은 사이언스 픽션이라는 장르가 전통적으로 독일문단에서 높이 평가받지 못하는 상황에서, 그럼에도 불구하고 사이언스 픽션이 특히 포스트모더니즘의 대두와 더불어 참신하게 보여주는 새로운 가능성과 특유의 장점들이 있기 때문이다. 독일에서는 SF문학작품에 대한 이론적 연구가 영미권보다 활발하지 못한데, 이것은 독일의 문학계에서 아카데미즘의 전통에 기초한 학술담론이 여전히 주류를 이루고 있기 때문이다(김미경 2015, 201 참조). 영미권과는 달리 독일어권에서 SF문학은 오

---

[1] 권세훈(1997), 권세훈(2001), 박설호(2004), 박설호(2007) 등이 대표적이다.

랫동안 "대중들의 오락거리를 위한 '저급문학'"(천현순 2020, 48) 혹은 이른바 'B급 문학'으로 취급되어 왔다. 그러나 포스트모더니즘 시대의 도래와 함께 통속적인 싸구려 B급 문학으로 천대받던 SF문학의 과학적 상상력은 점차 인문학 영역으로 확산되었으며[2], "21세기에 들어서 과학적 지식과 인문학적 지식의 융복합적인 연구가 대두되면서 과학적 상상력과 인문학적 상상력이 결합한 사이언스 픽션 문학은 중요한 장르로 부상"(천현순 2020, 48)하고 있다.

쿠네르트의 SF단편들을 분석대상으로 삼은 또 다른 동기는 독문학 교육의 측면이다. 독일 SF문학에 관한 국내연구는 상당한 성과를 축적한 것으로 보이는데 반하여[3], 그 연구논문들이 다루는 독일 SF작품들의 국내 번역이 충분하게 이루어지지 않아서 정작 대학 강단에서 학생들이 독일 SF 문학작품들을 쉽게 접하기 어려운 상황이다. 본고에서는 앞서 언급한 쿠네르트 단편번역집인 『잘못 들어선 길에서』에 수록된 작품들을 분석대상으로 한다. 근래에 국내 SF문학연구가인 고장원은 국내에 번역된 해외 SF문학작품 가운데 35편을 골라 추천한 바 있는데, 독일어권에서는 뒤렌마트Dürenmatt의 『베가호의 임무』, 율리 체의 『어떤 소송』, 그리고 쿠네르트의 『잘못 들어선 길에서』 등 3개 작품이 리스트에 올라있다(고장원 2019, 7-10 참조). 이 번역집에 포함되어 있는 12개의 단편들이 모두 SF 문학으로 분류될 수는 없으며, 본고에서는 이들 가운데 2개의 SF단편들, 즉 〈동화적인

---

[2] 포스트모더니즘의 확산과 SF문학의 부상에 관해서는 김미경이 상세하게 정리한 바 있다(김미경 2015, 203-206쪽 참조).
[3] 여기서는 위에 언급한 김미경(2015)와 천현순(2020)외에 천현순(2014), 천현순(2016), 천현순(2019), 최동민(2021), 홍진호(2016) 등을 언급하고자 한다.

독백(Märchenhafter Monolog)〉과 〈때 아닌 안드로메다 성좌(Andromeda zur Unzeit)〉를 분석대상으로 한다. 아울러 이들 작품들에 대한 독일의 연구 자료들이 거의 전무한 상태에서 필자가 수년간 이들 작품을 교재로 강단에서 강의한 내용들을 중심으로 분석해가고자 함을 밝힌다.

2. SF 단편역사소설로 압축된 독일의 군국주의 : 〈동화적인 독백〉

역사학적 관점에서 SF소설은 우리에게 익숙한 기존 역사를 재구성해서 전혀 새로운 시각에서 세상을 바라보게 해 준다. SF소설의 한 장르로서의 이른바 대체역사소설은 기존의 역사소설과 달리 일종의 사고실험을 통해 과거 역사는 물론 당대에 대한 우리의 인식을 재고하게 만든다(고장원 2019, 60 참조). 그러나 SF 역사소설로서의 쿠네르트의 〈동화적인 독백〉은 대체역사소설이 아니라 실제 독일의 역사에 포스트모더니즘의 패러디 기법을 가미한 일종의 풍자소설로 이해할 수 있다. 역사소설이라는 장르에서 대하소설 혹은 장편소설의 형식이 보편적인 반면, 이 작품처럼 단편소설 형식을 취하는 경우는 드물다. 이런 측면에서 본다면 〈동화적인 독백〉에서 드러나는, 200여년에 걸친 독일역사를 일관된 맥락을 따라가면서 간결하게 압축하는 쿠네르트의 작가적 역량에 주목하지 않을 수 없다[4]. 쿠

---

[4] 참고로 이 작품의 분량은 원문텍스트 기준으로 13쪽 분량이다. 국내번역을 보면, B6 판형(128×182mm) 기준 18쪽 분량에 불과하다. 쿠네르트의 압축적 글쓰기 방식에 대해서 고장원은 "귄터 쿠네르트의 미덕은 다른 작가라면 한 권의 장편으로 써낼 분량을 불과 십여 쪽에 이르는 아주 짧은 분량 안에다 짜임새 있고 설득력 있게 소화하는 수완을 지녔다는 점"이라고 밝힌 바 있다(고장원 2019, 335쪽).

네르트의 이런 압축적 글쓰기 방식은 아래에서 다룰 예정인 다른 작품들에서도 확인할 수 있다.

2-1. 프로이센 군국주의

〈동화적인 독백〉은 프로이센의 국왕 프리드리히 빌헬름 1세가 평민의 딸을 강간하여 태어난 강철괴물 쌍둥이 형제, 즉 아이젠한스Eisenhans와 니켈페터Nickelpeter의 생애를 프로이센 왕국으로부터 양차 세계대전에 이르기까지 약 200여년에 걸친 독일의 암울한 역사, 정확히 말하자면 전쟁의 역사와 교차시키면서 희화적으로 그려낸다. 이야기의 진행은 두 명의 형제 중 화자인 아이젠한스의 독백형식으로, 그리고 실제 역사의 진행과 공상과학적 허구의 내용이 중첩되는 팩션의 형식으로 전개된다. 괴물 쌍둥이 형제의 출생과정은 다음과 같이 서술된다.

> 나의 어머니는 평범한 방앗간 주인의 딸이었다. 하지만 아버지는 가장 고귀한 가문 출신이었다. 당시에 그는 익명을 원했다. […] 방앗간 주인의 딸이 1719년 여름 월귤나무를 따서 광주리에 담고 있을 때, 어떤 지체 높은 신사가 말을 타고 한적한 길을 지나갔다. 그는 월귤나무 광주리와 방앗간 주인의 딸을 보자마자 말에서 뛰어내렸다. […] 거리낌 없이 그 지체 높은 신사는 그녀를 뒤에서 범했다. 그 사이에 그녀가 적어도 아이가 자기 아버지가 누구인지 알 수 있도록 결정적인 사내의 이름만이라도 알려달라고 간청했을 때, 그녀 뒤에서 "불평을 말하지 말고 복종하라!"는 무뚝뚝한 소리가 들려왔다. […] 그는 바로 프리드리히 빌헬름 1세로서 1719년 땀

이 쏟아지는 7월의 이날 마을을 순례하며 백성들을 시찰하는 중이었다. […] 자라나는 생명체의 무게로 인해 벌써 3개월 후에는 평민의 딸이 두 발로 서 있지 못할 지경이었다. 여섯 달을 침대에서 보낸 그녀는 쌍둥이를 출산했다. 다시 말해서 우리는 원래 둘이었다. 나는 아이젠한스고 그는 니켈페터다(쿠네르트, 15-16).[5]

'동화적'이라는 작품제목의 표현과 작품의 화자이자 주인공인 아이젠한스의 이름에 주목한다면, 이 작품과 그림동화집에 수록된 〈강철 한스(Eisenhans)〉[6]의 이야기 사이의 상호연관성을 추정하기에 충분하다. 그리고 두 작품의 내용을 자세히 비교해 본다면 쿠네르트의 이 작품이 그림동화 〈강철 한스〉에 대한 독백형식의 패러디임을 알 수 있다. 차이점이 있다면, 그림동화 속의 아이젠한스(강철 한스)는 주인공이 아니라 주인공인 왕의 아들의 성장에 기여하는 중요한 조력자로 등장하지만, 쿠네르트의 작품 속 아이젠한스는 작품의 중심에 선 주인공으로 등장한다는 점이다. 〈강철 한스〉는 왕과 왕의 아들, 그리고 "녹슨 강철처럼 갈색의 몸을 가진 야수인간(ein wilder Mann, der braun am Leib war wie rostiges Eisen)"(Grimm 1812) 사이에서 벌어지는 은혜와 보은의 이야기이며, 여기서 전쟁이 중요한 배경으로 등장한다. 〈동화적인 독백〉 역시 프리드리히 빌헬름 1세와 그의 후예들, 그리고 아이젠한스 사이에서 빚어지는 이야기로서 여기에서는 전쟁이라는 배경이 여러 세기에 걸쳐 반복적으로 작품의 전면에 등장함으로써 〈강

---

5) 작품의 번역텍스트는 권세훈의 번역본을 그대로 사용하였으며, 인용출처 표기 쿠네르트(2000)는 이하 연도표기를 생략하고 쪽수만 표기하기로 한다.
6) 국내의 그림동화 번역에서는 종종 〈무쇠 한스〉로 표기되기도 한다.

철 한스〉에 대한 쿠네르트의 패러디에 담긴 주제의식이 부각되게 된다.

독일역사에서 프리드리히 빌헬름 1세는 당시 유럽의 이등국가였던 프로이센을 능률적이고 번영하는 국가로 변모시킨 국왕으로, 이후 그의 아들이자 계승자인 프리드리히 대제에 의해 프로이센이 유럽의 군사대국으로 성장하게 되는 국왕으로 기록되어 있지만, 쿠네르트가 이 작품에서 부각시키는 것은 억압적인 프로이센의 규율과 폭력적인 군국주의의 뿌리이다. 실제로 프리드리히 빌헬름 1세는 '군인왕'으로서 프로이센의 군사력 유지에 전력을 쏟은 인물로 알려져 있다(키친, 2003, 150 참조). 쌍둥이 형제의 이름이 시사하는 것처럼 그들의 육체는 사람의 육신이 아니라 쇳덩어리이다. 강철과 니켈이라는 금속의 속성이 어디에서 어떤 과정으로 유래했는지는 나중에 그야말로 공상과학적인 설명을 통해 밝혀지게 되지만, 여기서 중요한 것은 강철과 니켈이 모두 무기와 군수품의 원료가 된다는 점으로부터 이 금속성에 내포된 상징성을 짐작할 수 있다는 점이다. 그리고 바로 이런 이유에서 나중에 형제의 운명이 결정지어지게 된다. 형제가 태어난 직후 어머니는 쇳덩이로 된 아이들을 낳았다는 이유로 악마와 정을 통한 마녀로 취급당하게 되고, 재판에 넘겨져 사형선고를 받게 되며, 판결에 따라 그녀와 형제들은 자루에 담긴 채 커다란 늪에 가라앉혀지고 만다.

그렇게 우리 셋은 물속에 가라앉았다. 어머니는 익사했다. 쇳덩어리로 만들어진 우리 두 아들은 물론 무사했다. 우리에게 폐호흡은 불필요했다. 우리는 다만 수시로 엄청난 식욕을 느꼈다. 우리가 물고기를 다 잡아먹는 바람에 이 하천에는 생명체가 사라졌다.

우리는 계속 자라났다(쿠네르트, 17).

그림동화의 〈강철 한스〉에서는 왕이 연못 물속에 숨어 지내던 야수인간을 '철장 안으로(in einen eisernen Käfig)' 잡아 가두는 반면에, 이 작품에서 괴물형제는 그와 반대로 '물속으로' 추방 아닌 추방을 당하게 된다. 형제들은 아직 자신들의 물질적 속성을 인지하지 못한 채 엄청난 식욕을 무제한적으로 충족시켜 가면서 계속 자라나간다. 하천의 물고기뿐만 아니라 온갖 야생동물들과 심지어는 사람들마저 먹잇감으로 삼는 형제의 모습은 〈강철 한스〉 이야기 속 야수인간이 사냥꾼들과 짐승들을 물속으로 끌어들여 잡아먹는 모습과 그대로 닮아 있다. 하지만 쿠네르트는 이들의 엽기적인 식욕에 역사적, 상징적 의미를 부여한다. 금속성의 신체를 가진, 그리고 엄청난 식욕으로 덩치를 계속 키워가는 형제의 모습에 내재한 속성은 무기와 군수품의 상징성의 연장선상에 있는 침략성과 팽창주의에 다름 아니다. 이들이 태어난 지 40년이 지난 1760년에 비로소 이들은 자신들의 물질적 속성을 인식하게 되고, 바로 그러한 속성으로 인하여 처음으로 위기에 직면하게 된다. 그 위기의 실상은 앞서 추상적으로 암시되었던 무기와 침략의 그림자가 7년 전쟁(1756-1763)이라는 구체적인 모습으로 이들 형제에게 다가오게 되는 상황이다.

태양이 작열하던 어느 여름 내내 늪의 수위는 점점 더 낮아졌다. 그때는 분명 1760년이었다. 우리가 몸을 일으키면 모습이 드러날 지경이었다. 우리는 대부분 진흙 속에서 꿈을 꾸며 조용히 쉬고 있었다. 어떤 농부가 […] 우리 위쪽으로 다가왔다. 우리는 그를 밑으로 데리고 왔다. 공포에 질린 그의 입을 통해 우리는 벌써 7년 동안이나 전쟁 중이며, 들판을 경작하지 못한 탓에 사람들이 굶주리고 있다는 말을 들었다. 우리가 계속 다그쳐 묻자 그는 전쟁 상대가 오스트리아라고 더듬거리며 말했다. 프리드리히 빌헬름 1세의 아들이 직접 아군을 이끌고 있다고도 했다. 그는 바로 우리의 이복동생이었다. 우리는 그가 강철이나 구리, 혹은 다른 무엇으로 만들어졌는지 알고 싶었지만 다음과 같은 대답을 들을 수 있었다. 나는 나리들을 이해하지 못해요. 그러나 지금 모든 쇳덩이들을 수집하여 녹여서 대포와 탄환을 만들고 있어요! […] 겁이 많았던 니켈페터는 물이 계속 줄어서 사람들이 우리를 발견하자마자 쇳물로 녹여버릴까 봐 두려워했다. 그는 군사용 탄환을 만들기 위해 자신의 인격이 무참히 짓밟히는 것을 피하고 싶어했다. 그는 그날 밤 늪의 배수구를 통해 도망치기로 결심했다. […] 나중에 나는 질긴 겉과는 달리 속이 매우 부드러웠던 어떤 영국인으로부터 동생이 현재 네스 호에 살고 있다는 사실을 알았다(쿠네르트, 18-19).

프리드리히 빌헬름 1세의 아들이자 쌍둥이 형제의 이복동생이 되는 프리드리히 대제는 오스트리아와 주변 강국에 맞선 외교전략과 전쟁을 통해 프로이센의 영토를 확장하고 프로이센을 유럽 최강의 군사대국으로 만든 특출한 군사 전략가였다. 자신들의 이복형제가 지휘하는 전쟁의 여파는 직접적으로 이들에게 미치게 되었고, 대포와 탄환의 원료가 되는 모든 쇳덩이들이 징발되는 상황에서 니켈페터는 겁을 먹고 멀리 도망치게 된다. 쿠네르트는 여기서 '네스 호의 괴물'이라는 20세기의 미스터리 담론을 니켈페터의 운명과 결부시킴으로써 이 작품은 〈강철 한스〉 이야기와의 상호텍스트성 이외에도 '네스 호의 괴물' 담론과도 상호텍스트성을 갖게 된다. 20세기 현대인의 호기심을 자극했던 미해결의 미스터리를 18세기 프로이센의 쌍둥이 형제의 생애를 통해 아주 간단하게 규명하고 넘어가는 이 기발하고 코믹한 발상은 쿠네르트식 글쓰기의 한 특징이기도 하고 그가 즐겨 구사하는 포스트모더니즘 기법의 하나이기도 하다.

2-2. 두 번의 세계대전

7년 전쟁 당시의 형제의 상황은 전쟁물자 조달을 위해 징발될지도 모른다는 위기상황에서 일단 중단되고, 영국의 네스 호로 도피해 그곳에서 정체불명의 괴물로 생명을 부지하게 된 니켈페터의 운명은 이제 더 이상 이 작품에서 언급되지 않은 채 오로지 아이젠한스의 생애만이 향후의 군국주의적 독일역사와 만나게 된다. 이제 장면은 20세기의 전쟁상황으로 이어지는데, 우선 1차 세계대전 기간을 전후로 아이젠한스에게 벌어진 일을 살펴보자. 1차 세계대전이 발발하기 2년 전인 1912년에 아이젠한스는 자신의 늪에서 낚시를 하고 있던 안드레아스 슐만 교수와 조우하게 된다. 아이젠한스는 유전학자였던 슐만 교수야말로 자신의 정체와 기원에 관하여 밝혀줄 수 있는 적임자로 판단하고, 그에게 자신의 생애를 말해주면서 자신의 몸이 강철로 이루어진 것이 어떻게 된 연유인지 묻는다. 슐만 교수의 설명은 이렇다.

> 그의 눈에서는 벌써 눈물이 흘러내렸다. 그가 흥분하여 중얼거렸다. 왕족이야, 진정한 왕족이야! 제국의 위해함에 걸맞게 세계

를 포괄하는 복안의 표시인 이 인상적인 이마와 엄격한 코, 그리고 이 턱. 맞아요. […] 우리 후손들에게 알려진 바에 의하면 프리드리히 빌헬름 1세 대왕은 철의 성격을 소유하고 있었고, 이것이 아마도 유전학적인 촉매작용을 했던 것 같습니다. 왕은 당시에 아직 발달하지 못한 의학이 처방한 수은 요법으로 관절염을 치료하는 중이었습니다. 그가 지닌 성격의 촉매가 육체와 생식선 속에 돌고 있는 수은을 구조적으로 철 내지는 니켈로 변형시켰던 것입니다. 놀랍고도 존엄한 진행과정이지요. 금속과 동일한 화학적 합성이지만 살아있는 형태의 정충은 금속으로 된 존재, 즉 강철로 이루어진 인간을 만들어낼 수밖에 없었습니다. 당신과 같은 왕자님을 말입니다(쿠네르트, 21).

아이젠한스의 골상에 대한 슐만 교수의 감탄과 경외심은 이후 히틀러의 등장과 함께 득세하게 되는 아리안 민족주의와 우생학적 인종주의를 연상시킨다. 슐만 교수의 설명은 과학적 개연성이 희박한 사이비 유사과학의 냄새가 농후한 것이지만, 그리고 유전학자(Genetiker)인 동시에 우생학자(Eugenetiker)의 면모를 보이기도 하지만, 그림동화의 〈강철 한스〉에서 야수인간이 단순히 '저주에 의해서' 강철과 같은 몸을 갖게 된 것과 달리 쿠네르트는 아이젠한스의 존재에 역사적 의미를 부여한다. 즉 아이젠한스는 아버지인 프리드리히 빌헬름 1세의 "철의 성격"의 구체적 표상인 동시에, "강철로 이루어진 인간"의 전형으로서 전쟁에서 요구되는 가장 이상적인 인간상으로 부각된다. 금속성의 몸으로 엄청난 식욕을 과시하는 두 형제의 상징성을 앞서 언급한 바 있는데, '철(Eisen)'의 상징성이 '군사력을 통한 팽창주의'와 직결되는 독일역사의 중요한 대목이라면 비스마르크의 철혈정책을 언급하지 않을 수 없다.[7] 프로이센 왕국의 군국주의 전통이 비스마르크의 독일 제2제국으로 계승되고, 두 번에 걸친 세계대전에 이르기까지 지속되는 양상을 쿠네르트는 아이젠한스라는 가상의 인물의 공상과학적 전기를 통해 기술하고 있는 것이다. 슐만 교수와의 만남 이후 3년이 지난 1915년, 그러니까 1차 세계대전이 한창일 때에 슐만 교수의 아들로 등장하는 전대장戰隊長 슐만, 즉 슐만 2세는 아이젠한스에게 명시적으로 참전을 요청한다.

> 잘 들어라, 아이젠한스 동지! 나는 전대장 슐만이다. 나의 아버지를 통해 너의 오래된 독일적인 강철의 강력함을 알게 되었다. 최후의 승리를 목전에 둔 지금 모든 힘을 모아야 한다. 네가 지닌 강철의 힘 또한 마찬가지다. 국가는 너와 같은 사나이들을 필요로 한다. 의무를 거부할 경우 우리는 수류탄보다 더 좋은 물건을 가지고 있다. 이름하여 수소폭탄이다. 우리는 지금까지 모든 패전주의자들을 처치했다. 알겠나? 내일 아침 화차가 와서 너를 데려갈 것이다(쿠네르트, 22-23).

---

[7] '피와 철 Blut und Eisen'은 1862년 프로이센 왕국 총리대신 비스마르크가 한 연설 제목이다. 그는 빌헬름 1세의 지명으로 수상에 취임하였고 취임 후 첫 연설에서 군비 확장을 주장한 이 연설로 큰 반향을 일으켰다. 비스마르크는 자신의 이른바 '철혈정책'에 따라 의회의 반대를 무릅쓰고 군비를 확장해 1864년 덴마크, 1866년 오스트리아를 제압하고 1870~71년 프랑스-프로이센 전쟁에서 승리함으로써 독일을 통일하고 독일 제국을 선포하였다.

그림동화의 〈강철 한스〉에서 전쟁이 발발했을 때 야수인간이 전쟁에 참가하게 된 동기는 자발적인 것이었다. 즉 자신을 철장으로부터 벗어나게 도와준 왕의 아들의 간청에 따라 그에 대한 보은의 의미로 전쟁에서 큰 도움을 주지만, 쿠네르트의 작품에서는 아이젠한스가 두 번의 세계대전에서 강제적으로 전쟁에 동원되는 정황이 그려진다. 아이젠한스는 고심 끝에 조국에 충성하기로 결심한다. 오랫동안 물속에서 살아온 강철의 몸이니 해안에 투입되어 적함을 침몰시키고, 훈장을 타고, "게르만의 포세이돈"(쿠네르트, 24)으로 추앙받는 상상에 빠진다. 하지만 약속 시간인 다음날 아침에 슐만 2세도, 수송차량도 오지 않으면서 아이젠한스의 참전계획은 무산된다. 왜냐하면 그 하루 사이에 슐만 2세가 전사했던 것이고, 그 말고는 아무도 아이젠한스가 있는 늪의 위치를 몰랐기 때문이다.

아이젠한스의 참전계획이 실현되는 것은 그로부터 무려 20년의 시간이 지난 1935년, 즉 히틀러가 집권하고 또 한 번의 전쟁을 준비하던 시기에 이르러서이다. 슐만 2세가 전사하기 전에 남겼던 아이젠한스와의 회동보고서가 뒤늦게 발견되고, 이제 아이젠한스를 전략적으로 이용하기 위한 계획이 거시생물학 연구소의 물베르거 박사Dr. Mullberger를 중심으로 작동하게 된다. 이들은 물속에 마취제를 투입한 후, 쇠줄로 아이젠한스를 강가로 끌어낸 다음 트럭에 실어서 연구소로 데려간다. 연구소의 저수조에 갇힌 아이젠한스는 정체를 알 수 없는 약물이 계속 투여되는 가운데 며칠에 걸쳐 20명의 여성과 차례로 동침하게 되고, 마침내 9개월이 지난 후 물베르거 박사는 아이젠한스가 20명의 자녀들, 즉 12명의 딸과 8명의 아들의 아버지가 되었음을 축하해준다.

우리는 자네와 같은 체질의 사람들을 필요로 한다네. 태고 이래로 노력해 온, 순조롭게 기능하는 역사적 진행의 완성이 아이젠한스, 자네와 같은 인간을 통하여 곧 이루어지려고 하네. 지금까지의 호모 사피엔스, 즉 눈물이 흔하고 영원히 굶주리며 영원히 불만족스러워하고 좌충우돌하는 감정에 따라 움직이는 피조물은 천천히 자네의 정자로 만들어진 종족에 의해 대체될 걸세. 우주를 통치하기 위해서는 강철 같은 인류만이 부름을 받았다네. 그리고 나, 호르스트 물베르거 박사는 그들의 선지자가 되겠지! […] 자네는 의무를 다했네. 이제 늪으로 돌아가도 좋네 (쿠네르트, 22-23).

이렇게 작품의 마지막은 아이젠한스의 유전자가 아리안 민족주의라는 허울 아래 아리안 인종을 개량하는 수단으로 이용되는 장면으로 마무리된다. 앞서 유전학자 슐만 교수가 아이젠한스에게 보여줬던 우생학적 열광이 그의 아들 슐만 2세에 의해 보고서로 기록되었고, 이른바 '우월한 게르만 유전자'에 대한 집착은 결국 물베르거 박사의 계획에 의해 목적을 달성하게 된다. 하지만 자신의 의무를 마친 아이젠한스는 물베르거 박사의 약속과는 달리 자신의 늪으로 돌아가지 못하고 물베르거 박사가 저수조에 투여한 약물에 의해 죽음을 맞게 된다. "2톤 가량의 양질의 강철을 고철가격 이하로 판매합니다" (쿠네르트, 30)라는 일간신문 광고란의 광고가 아이젠한스의 비참한 최후를 알리면서 작품은 끝난다. 애초에 아이젠한스는 참전하여 자신의 강철 육체를 십분 활용하려 했던 것이지만 정작 슐만 부자와 물베르거 박사가 노린 것은 그의 육체가 아니라 유전자였던 것이며, 따라서 아이젠한스라는 한 개인의 운명은 전쟁 자체에 희생되었다기보다는 전쟁을 준비하는 군국주의 이데올로기에 희생되었다고 보는 것이 더 정확할 것이다. 아이젠한스가 종말을 맞는 모습에는 유대계 독일인이었던 쿠네르트의 개인사가 반영되어 있다. 그의 모계가 유대인 혈통을 지닌 탓으로 공민권을 제한당한 채[8] 나치시대를 겪은 쿠네르트는 나치즘의 직접적인 피해자인 동시에(권세훈 2001, 151), 역사적으로 보면 프로이센 군국주의의 간접적인 피해자라고 할 수 있다.

쿠네르트는 그림동화 〈강철 한스〉의 주인공이 겪는 초시간적인 모험담을 프로이센의 군국주의 전통이 지배적인 독일 근대사와 중첩시킨다(권세훈 1997, 23). 동화 〈강철 한스〉에 대한 쿠네르트 나름의 패러디이자 SF 형식의 단편역사소설인 〈동화적인 독백〉에서 강철로 된 육체를 가진 아이젠한스는 한편으로는 독일의 근대사를 면면히 관통하는 프로이센 군국주의의 전통을 상징하며(권세훈 1997, 25), 다른 한편으로는 역설적으로 바로 그 군국주의 전통의 희생자를 대변하기도 한다. 야수인간과 왕의 아들 모두가 행복을 찾아가는 그림동화의 결말과 달리 쿠네르트의 주인공 아이젠한스는 모든 감정이 배제된 "강철 같은 인류"의 새로운 탄생을 꿈꾸는 한 과학자의 광신주의에 희생되고 만다.

그림동화 〈강철 한스〉의 이야기가 왕의 아들인 한 소년의 성장과정을 특별히 심리적 발달과 성숙이라는 관점에서 그리고 있다면[9], 〈동화적인 독백〉에서는 주인공 아이젠한스가 태어나서 죽음에 이르기까지 전적으로 그의 육체성이 전면에 부각된다. 따라서 프로이센에서 독일로 이어지

---

[8] 쿠네르트는 나치가 제정한 인종법에 의거하여 초등학교(Volksschule) 졸업 이후에 상급학교로 진학할 수 없었다(Braun 2009, 502쪽 참조).
[9] 이 부분에 대한 연구로는 이화영(2013) 참조.

는 군국주의 역사의 진행 속에서 오로지 그의 강철 같은 육체의 속성과 장점만이 그의 운명을 좌우하는 양상을 보인다. 그림동화 〈강철 한스〉에 대한 쿠네르트의 현대적 수용 혹은 포스트모더니즘적 변용에서 가장 두드러지는 특징이라면 바로 이런 점이라고 하겠다.

3. SF 미래소설에 투영된 디스토피아

SF문학은 급변하는 과학기술 속에서 인간의 삶과 사회공동체가 어떻게 변화해갈지 줄곧 전망해왔으며, 지금도 사이언스 픽션 문학 대부분은 이러한 양상을 보여주고 있다(고장원 2019, 44 참조). 한편으로는 과학기술이 인간과 사회에 가져올 장밋빛 전망을 담은 미래소설들의 계보가 존재하는가 하면, 다른 한편으로는 사회비판적 입장에서 기술문명의 암울한 미래를 그리는 미래소설들도 있다. 여기서 중요한 것은 과학소설이든 미래소설이든 그것이 묘사하는 미래가 결코 미래에 대한 예언이나 학술적 의미의 미래학 논문과는 다르다는 것이다. SF문학과 미래소설 작가에게 중요한 것은 미래에 관한 예측이 맞느냐 틀리느냐가 아니라 "현재 우리가 당면한 삶의 본질을 일깨우는데" 있다(고장원 2019, 45). 쿠네르트는 과거와 현재의 인류가 자행한 무분별한 자원낭비와 환경파괴로 인해 미래세계의 인류가 자원부족, 인구과잉, 식량난 및 그로 인한 지구 종말의 위협에 시달리는 암울한 디스토피아를 일관되게 그리는 여러 편의 SF 미래소설들을 남겼는데, 이제 다루게 될 〈때 아닌 안드로메다 성좌〉도 바로 SF 미래소설의 이런 특징들을 두루 보여주고 있다.

3-1. 자원고갈 시대의 인간폐기: 〈때 아닌 안드로메다 성좌〉

〈때 아닌 안드로메다 성좌〉는 익명의 미래 시공간을 배경으로 익명의 화자가 펼쳐내는, 원문텍스트 기준 5쪽 분량에 번역본 기준 7쪽 분량의 아주 짧은 이야기다. 30세기를 바라보고 있는 먼 미래의 이 짧은 이야기 속에 작가 쿠네르트는 연상, 암시, 풍자, 패러디 등 여러 층위의 상당히 의미심장한 장치들을 배열해 둔만큼 세밀한 해석이 불가피하다고 본다. 우선 작품의 내용분석에 들어가자면, 작품의 시작은 TV에서 생중계되는 우주로켓 발사장면이다.

> 이륙 : 아직도 일부 사람들은 텔레비전에서 출발 광경을 시청한다. 몇 년 전부터 신물나게 보아 온 장면이다. 항상 똑 같은 화면이다. 수백 명의 사람들이 (물리적으로 지구와 비슷하게 만들어진 성좌로 떠나는 여행에 선택받은 사람들이다. 거기에는 식량결핍이나 이러한 결핍에 대한 극심한 관리체제가 없다) 납작한 관리건물에서 쏟아져 나와 일렬종대로 길게 줄지어 서서 인사에 응답하며 거대한 로켓에 오른다. 카메라를 향해 인사하고 웃는가 하면 한 손에는 가방을 들고 다른 손으로는 모자를 높이 흔들며 그들 모두는 이륙 준비가 된 탑 안으로 사라진다. […] 카메라는 인적이 끊긴 출발선의 전체적인 모습을 한밤중에 시청자들의 방으로 전송한다. 그들은 납득할 수 없는 이유에서 에너지 소비를 무시하고 잠자리에 들기를 꺼린다 (쿠네르트, 31-32).

자원부족으로 최저생활에 허덕이는 30세기 무렵의 지구로부터 매일 수차례의 우주로켓이 발사되고, 이 우주선을 타고 더 나은 조건의 행성으로 집단이주를 감행하는 사람들의 행렬은 끊임없이 이어진다. 우편으로 그린카드를 받은 사람만이 탑승할 수 있는 우주선의 이륙 장면은 매일 밤 0시에 TV로 생중계된다. 식량부족으로 인하여 "식사에 관한 대화는 더 이상 존재하지 않고", "마지막으로 남은 새들 중의 하나인 까치나 까마귀를 절망적이고 탐욕스러운 눈으로"(쿠네르트, 33) 응시할 수밖에 없는 상황에서 웃음 띤 얼굴로 손을 흔들며 우주선에 오르는 탑승객들은 TV 시청자에게는 선망의 대상일 수밖에 없다. 심야의 TV시청이 에너지를 소비하는 행위임에도 불구하고 시청자들이 취침을 마다하고 중계방송을 끄지 못하는 것은 자신들도 우주선에 탑승하고자 하는 갈망의 간접적 표현이다. 이들의 갈망은 우주선 탑승권에 해당하는 '그린카드'라는 표현 자체에도 담겨 있다. 미국 영주권을 의미하는 Green Card가 미국으로의 이주를 갈망하는 수많은 사람들에게 선망의 대상인 것처럼, 시청자들과 이 작품의 독자들은 이 표현에서 희망과 장밋빛 미래를 연상하게 된다. 그러나 시작부분의 이러한 낙관적 분위기는 곧 바로 반전을 맞게 되는데, TV중계 과정에서 돌발적으로 방송사고가 터지고 만다.

"오늘은 4월 10일 화요일 0시입니다. 우리는 지금 ***번째의 이륙을 중계하고 있습니다." 무리들이 부드러운 확성기 목소리의 지시에 따라 정렬하고 있다. 탑승. 벌써 카운트다운이 시작된다. […] "화면장애가 발생했습니다. 채널을 고정하시고 기다려주십시오" 곧 이어 색들이 다시 화합한다. 불꽃들이 벌써 우주선들에서 뿜어 나온다. 우주선들은 허공에 떠올라 처음의 속도가 점점 빨라지더니 […] 안드로메다, 물고기, 천마, 백조 사이로 사라진다. […] 프로그램은 끝나고 잠자리가 기다리고 있다. 옷을 벗을 때의 움직임이 느려진다. 이불 속에 들어간 시청자들에게 갑자기 커다란 의구심과 특별한 종류의 오한이 엄습한다. 4월 10일 0시인 오늘의 하늘에는 원래 안드로메다, 물고기, 천마, 백조 등이 존재하지 않는다. 습관적으로 조용한 손놀림으로 이불에서 빠져나와 창문가로 간다. 사실이다. 집 바깥에는 앞서 방송된 것과는 전혀 다른 하늘이 걸려 있다. 곰곰이 생각해보니 몸이 오싹해진다(쿠네르트, 34-35).

TV 중계를 시청하던 사람들의 심리상태가 희망과 선망에서 의구심과 공포심으로 반전되는 정황의 핵심은 TV 중계방송에 비친 하늘의 별자리가 실제 하늘의 별자리와 다르다는 점, 즉 생중계인 것으로 알고 있던 TV 중계가 거짓일 수도 있다는 의혹이다. 작가 쿠네르트는 이 의혹을 작품 마지막까지도 명쾌하게 해소해 주는 것이 아니라 단지 강력한 암시만 제공할 뿐이며, 결국 독자들은 스스로의 생각을 통해 행간의 의미를 채워가면서 사건의 전모와 음모를 어렴풋이 파악하게 된다. 매일 밤 중계되는 TV영상은 사실은 은밀하게 조작된 영상들인 것이며, 방송사고가 있던 4월 10일 다음 날의 중계방송 화면은 "오늘은 철저히 검사한 감청색의 밤하늘이 나타날 것"(쿠네르트, 36)이라는 화자의 확신처럼 그 전날의 밤하늘과는 다른, 전혀 문제없는 4월의 밤하늘이 등장한다. 그렇다면 매일 우주선을 타고 먼 행성으로 비행하는 수많은 사람들은 어디로 가는 것일까? 일견 희망적으로 보이는 '더 나은 행성으로의 집단이주'의 실상은 집단적이고도 조직적으로 우주공간에 인간들을 대량으로 폐기하는 고육지책에 불과한 것이었으며, 이상향으로 간주되었던 행성은 존재하지 않는 것으로 암시된다. 이런 의혹의 관점에서 바라보면 4월 11일 밤의 출발장면은 처음과는 다르게 해석된다.

벌써 화면에서는 늙은 남자들이 지팡이에 의지한 채 가방을 끌며 비틀거리고 있다. 곱슬곱슬한 흰 머리카락의 노파들은 카메라를 향해 통풍에 걸린 손가락을 흔든다. 그들의 눈은 삶의 의욕과 희망으로 빛난다. 무리 중에는 젊은 사람들도 끼어 있다. 그들이 흥분한 상태에서 웃을 때 드러나는 이는 지구의 궁핍에서 벗어나 더 좋은 삶이 여행자를 기다리고 있는 에덴동산에 대한 갈망을 보여준다. 그런 식으로 행렬은 관제 건물 뒤의 확성기에서 흘러 오는 친절한 안내방송에 따라 로켓 쪽으로 밀려간다 (쿠네르트, 36).

애초에 선망의 시선을 받아 온 탑승객들, 그러나 의혹의 관점에서 보자면 우주공간 속으로 폐기되는 사람들은 대부분 노인들이라는 점이 새삼스럽게 눈에 띈다. 인구과잉과 자원고갈의 시대에 생산 활동이 불가능한 노인들은 단지 식량만 축내는 폐기대상일 뿐이다. 그렇다면 노인들의 무리 속에 가끔씩 눈에 띠는 젊은 사람들은 어떤 사람들인가? 결론부터 말하자면 이 젊은 사람들은 의심하는 자들, 사회체제에 불만을 품은 사람들이다. TV영상의 4월 하늘에서 11월의 별자리를 발견한 화자를 포함하여 이 모든 은폐된 진실을 알게 되는 사람들은 모두 비밀리에 우주선에 강제탑승 되리라는 강한 추측과 암시는 작품의 마지막에 이렇게 기술된다.

> 하지만 어제 느낀 불안의 잔영이 아직 남아 있다. 어째서 어제는 다른 하늘이 출발선을 덮고 있었느냐는 의문이 남는다. […] 진정이 되지 않는 불안을 가슴에 품고 있다가 친구들과 아는 사람들에게 그것에 대해 이야기한다. "생각해 봐, 최근에 이륙할 때 4월 한가운데에 11월의 하늘이 나타났다니까! 너희들에게 맹세해도 좋지만 안드로메다가 거기에 있었어! 방송국에 있는 누군가가 잘못된 필름을 끼워넣은 것 같았어." 형체도 없는 의구심을 털어놓고 나면 마음이 홀가분해진다. 불편한 심기는 밖으로 드러내야 사라진다. 친구들과 마음이 홀가분해지는 대화를 나눈 지 3일 후 아침에 복도의 편지투입구 밑에서 이륙을 명령하는 녹색카드를 발견하면 때 아닌 안드로메다의 출현은 꿈을 꾼 것에 불과하다고 벌써 확신하게 된다 (쿠네르트, 36-37).

화자는 풀리지 않는 의구심을 지인과 친구들에게 털어 놓는다. 그리고 이들 중에 누군가가 이 사실을 당국에 밀고하고, 화자는 3일 후에 그린카드를 받는다. 화자와 비슷하게 의구심을 품거나, 감춰진 비밀을 알게 된 '젊은 사람들' 모두 그린카드를 받고 우주선에 탑승하게 된다. 작가 쿠네르트는 독자들로 하여금 이러한 암묵적 확신에 이르게 한다. 독자는 모든 것을 은밀하게 관리하고 통제하는 보이지 않는 손의 그림자를 느낀다. 독자의 입장에서 이 작품은 장밋빛 희망에서 시작해서 의혹을 거쳐 파국으로 이어진다. 하지만 마지막 대목에서 "때 아닌 안드로메다의 출현은 꿈을 꾼 것에 불과하다고" 확신하는 작중 화자의 마지막 심리상태는 중의적으로 해석된다. 첫 번째는 그린카드의 실상을 간파한 이상 자신의 의구심과 의혹을 당국자 앞에서 부정하고 그린카드를 반납하고 싶은 절박함, 즉 삶에의 의지이다. 그리고 두 번째는 자신의 의구심과 의혹을 부정할 만큼 강력한 그린카드의 유혹, 즉 모든 것이 고갈된 비참한 현실로부터 벗어나고자 하는 유혹에 몸을 맡기고 싶은 심정이다. 비록 그것이 죽음이라 할지라도.

3-2. 미래소설에 담긴 과거와 현재

앞서 언급한 것처럼 익명의 시공간을 배경으로, 그리고 극도로 짧은 분량으로 압축적으로 기술된 이 작품의 내용은 많은 것들과 보이지 않게 연결되어 있다. 미래 공상과학소설이지만 작가 자신의 과거 및 현재와 직간접적으로 엮여 있고, 독일의 과거 및 현재와 얽혀있으며, 이 작품 밖의 다른 콘텐츠와 연결되어 있다. 따라서 텍스트상의 내용분석 못지않게 기법상의 여러 장치들에 대한 추가적인 해석이 작품의 온전한 이해를 위해서 필요하다. 이제 작품의 진행순서를 따라가면서 행간에 숨겨진 작가와 독일의 과거와 현재 및 연관콘텐츠를 되짚어 보면서 항목별로 정리하고자 한다.

1) 생태주제: 동독을 향한 체제비판과 서독을 향한 문명비판

생태학적 문제는 SF문학이 비교적 늦게 관심을 보인 분야이며, 대중적인 공상과학소설들이 본격적으로 환경문제에 진지한 관심을 기울이기 시작한 것은 1950년대부터다. 1960, 70년대에는 생태학적 위기에 대

한 사람들의 관심이 늘어나는 것에 비례하여 작가들도 낯설고 충격적인 소재에 심리적 깊이를 더한 생태학적 디스토피아 소설들을 양산하게 된다. 20세기 말부터는 이제 환경문제나 생태주제가 신선한 충격이라기보다는 마땅히 다루어야 할 당면과제로 인식되는 분위기가 되었다(고장원 2019, 76-80 참조).

하지만 서독망명 이전의 쿠네르트가 몸담고 있던 동독문학에서는 생태적 입장에서의 환경 및 자연파괴에 관한 주제가 전적으로 도외시 되어왔다. 기술의 발달과 과학문명의 혜택으로 인한 삶의 질의 향상에 대한 믿음은 사회주의 체제나 자본주의 체제를 모두 공통적으로 확고하게 지배했던 가치관이었으며, 동독의 문학도 과학 및 기술발전에 의한 진보와 긍정적 성과들을 찬양하는데 복무했다(서정일 2004, 98). 하지만 동독문학에서도 1970년대, 특히 80년대에 접어들면서 문학을 통해 혹사당하는 자연과 위험에 처한 인간의 주제를 점차 중요하게 사람들의 의식 속으로 투영시키는 소리들이 커지기 시작했다(그로츠 2000, 151). 쿠네르트는 동독에서 "문학의 생태적 참여"를 선취한 작가였다(Braun 2009, 503). 그는 사회주의 계획경제의 실체와 한계를 직시한 몇 안 되는 작가들 중의 한 명이었고, 기술문명 및 진보에 대한 무비판적 태도를 비판해왔다.[10] 서구 자본주의 사회가 시장경쟁 원리를 추종하고 공산주의 체제의 경제가 중앙통제 시스템에 토대를 둔다는 차이점이 있지만 자연환경에 대한 기본적 인식이

---

10) 이미 1966년에 쿠네르트는 이른바 '포룸지 논쟁 Forum-Lyrik-Debatte'에 대한 입장 표명에서 '기술적 진보와 휴머니즘의 진보 간의 필연적 연관성 einen notwendigen Zusammenhang zwischen technischem und humanitärem Fortschritt'을 부정한 바 있다. (Braun 2009, p.503)

나 기술문명에 대한 관점은 거의 다르지 않았다는 것이 그의 비판의 핵심이었다(서정일 2004, 101). 바로 이런 점에서도 쿠네르트의 문학이 "동독적 특수성보다는 전독일적 보편성을 더 많이 가지고 있음을"(김용민 2008, 291) 확인할 수 있다. 쿠네르트가 1988년에 발표한 SF단편 〈때 아닌 안드로메다 성좌〉의 바탕에 깔려있는 생태적 위기의식은 그러므로 거시적으로 보자면 그가 몸소 경험한 두 개의 독일을 모두 향하고 있는 것이며, 한편으로는 동독에 대한 체제비판이기도 하고, 다른 한편으로는 서독과 서구 전체에 대한 문명비판이기도 하다.

2) 영화콘텐츠와의 접목

　SF소설로서 〈때 아닌 안드로메다 성좌〉가 다루는 생태주제는 SF문학의 역사에서 본다면 결코 새로운 주제는 아니다. 이미 1960년대부터 자원고갈, 인구과잉, 식량부족 등의 비관적 전망을 담은 생태학적 디스토피아 소설들이 등장하기 시작했고(고장원 2019, 79), 생태위기와 지구파멸을 다루는 SF 문학작품들은 현재까지도 이어지고 있다. 이런 경향은 SF 영화에서도 확인할 수 있는데, 대표적으로 지구 에너지 고갈문제를 해결하기 위해 판도라 행성으로 향하는 인류의 모험담을 담은 영화 〈아바타〉(2009)를 들 수 있다. 이 영화는 〈때 아닌 안드로메다 성좌〉와 단지 지구의 생태적 위기라는 배경만을 공유하고 있다면, 영화 〈아일랜드〉(2005)와 〈소일렌트 그린〉(1973)은 내용적으로도 좀 더 긴밀하게 쿠네르트의 작품과 연관되어 논의될 수 있다.

　영화 〈아일랜드〉는 지구의 생태적 재앙으로 소수의 사람들만이 살아남은 2019년이 배경이다. 자신들을 지구 최후의 생존자라고 믿는 수백 명의 사람들은 엄격한 통제 속에 살면서, 지구에서 유일하게 오염되지 않은 희망의 땅 '아일랜드'로 추첨을 통해 이주하기를 희망한다. 하지만 이들의 실체는 스폰서에게 장기를 제공할 복제인간들(클론)이며, 아일랜드로의 이주는 죽음을 의미하는 것이었다. 영화 〈소일렌트 그린〉은 인구증가와 환경파괴로 자연이 완전히 사라진 지구, 그중에서도 인구 8천만 명의 2022년도 뉴욕의 이야기다. 인구폭발과 자원고갈이 야기한 식량난을 해소하고자 정부는 죽은 사람들의 시신을 '소일렌트 그린'이라는 비스킷으로 가공해 대중들에게 판매한다. 〈소일렌트 그린〉에서 정부가 사람의 육신을 사람들에게 먹여가면서 식량난을 타개하려고 한다면, 〈때 아닌 안드로메다 성좌〉에서는 사람을 은밀하게 폐기처분함으로써 식량난에 대응한다.[11] 독문학 교육의 관점에서 보자면, 〈때 아닌 안드로메다 성좌〉를 학생들에게 친숙한 영화콘텐츠와 접목시켜 논의하는 것이 이 작품을 보다 입체적으로 유용하게 활용할 하나의 방편이라고 생각한다.

3) 인류의 달 착륙

미국의 유인우주선 아폴로 11호가 1969년 7월 16일 달 착륙에 성공한 것은 인류역사에 획기적인 사건으로 기록되어 있다. '인류의 위대한 도약'으로 표현되는 이 사건은 과학기술과 현대문명에 대한 확신을 강화시켰고, 인간의 우주진출과 우주정복에 대한 낙관주의를 불러왔다. 반면에 달 착륙 자체가 조작이라는 설도 제기되었다. 소련과의 우주탐사 경쟁을 지

---

[11] 이 영화가 보여주는 '인간의 자원화'라는 주제는 본 논문에서는 다루지 않는 쿠네르트의 다른 SF단편 〈병 통신 Flaschenpost〉에서도 핵심주제로 등장한다.

나치게 의식한 NASA가 우주선 착륙 장면을 스튜디오에서 촬영해 조작했다는 일종의 음모론이었다. 〈때 아닌 안드로메다 성좌〉는 인류의 달 착륙 사건을 둘러싼 이 두 가지 사안들을 두루 연상시킨다. 쿠네르트가 작품의 전반부에 감도는 장밋빛 전망과 낙관주의를 표현하는 데에나 작품의 후반부에서 영상조작의 혐의를 암시하는 데에나 아폴로 11호의 달 착륙 사건 당시의 전 세계적 환호와 그에 대한 음모론을 두루 차용하고 있는 것으로 보인다. 물론 이렇게 확신할 근거는 없지만 적어도 하나의 열려 있는 가능성인 것은 분명하며, 무엇보다도 이 작품의 교육적 활용이라는 측면에서는 충분히 함께 엮어서 논의할 가치가 있을 것이라고 하겠다.

4) 구동독의 감시와 통제

구체적인 시공간을 가늠할 수 없는 작품임에도 불구하고 누구나 이 작품에서 쿠네르트가 살았던 구동독의 감시와 통제를 직감하게 된다. TV 중계화면의 조작, 조작의 의구심을 품은 사람들에 대한 밀고와 감시, 비판자들에 대한 억압과 격리조치, 이 모든 행위가 보이지 않는 손에 의해 비밀리에 진행된다. 은폐된 진실을 간파한 사람들에 대한 고발과 밀고 역시 눈에 띠지 않게, 가족과 이웃, 친구와 친지, 스승과 제자 혹은 상사와 부하라는 이름으로 은폐된 수많은 슈타지 비공식 요원들(IM)에 의해 수행된다. "비판과 저항을 저지하기 위해 모든 수단을 동원하는 국가"(Sahner 1991, 78)라는 동독의 냉정한 실체를 쿠네르트는 여기에 적나라하게 투영하고 있다. 앞서 언급한 영상조작 혹은 영상통제와 관련해서는 쿠네르트 자신의 직접적인 체험이 개입되어 있기도 하다. 1960년대 초반은 동독의 강압적인 문화정책 하에서 당과 예술가들 사이의 긴장이 고조되던 시기였다. 당은 텔레비전이 당의 정치적, 경제적 그리고 세계관적 선동의 도구가 되어야 한다는 점을 명백히 강조했고, 쿠네르트의 TV 방송극 작품 2개는 원본을 수정한 후에도 상영제재 조치를 당한 바 있다(그로츠 2000, 83 참조).

5) 자기반영성

포스트모더니즘에서 말하는 '자기반영성'의 특성을 이 작품에 개입시킨다면(김욱동 2009, 100 참조), 이 작품은 작가 쿠네르트 스스로의 모습을 드러내 보이고 있다. 정확히 말하자면 자신의 창작과정과 의미를 의도적으로 형상화하고 보여주고 있다는 말이다. 그렇게 본다면 TV 중계화면의 조작을 의심하는 화자, 자신의 의구심을 지인들에게 알리는 화자, 그 여파로 강제로 이류명령을 받는 화자의 모습은 모두 쿠네르트의 글쓰기와 작품활동에 직결되는 내용을 함축한다는 뜻이다. 주지하다시피 쿠네르트는 사회주의 이데올로기의 모순과 허점을 직시하고, 동독의 현실사회주의의 실상과 문제점을 자신의 문학을 통해 비판해오다가 결국 동독에서 추방되어 서독으로 망명한 작가이며, 이런 그의 작가로서의 프로필은 작품 속 화자의 궤적과 본질상 일치한다. 작품 속 화자에게는 자신의 의구심을 친구와 지인들에게 털어놓는 일이 불안감을 떨쳐내는 유일한 방편이었던 것처럼, 쿠네르트에게는 글쓰기가 바로 '두려움을 물리칠 수 있는 유일한 희망'[12], 즉 유일한 탈출구였다. 나아가 이 작품에서 지구로부터 더 나은 행성으로의 집단이주와 우주비행이 사실은 조작을 통한 허구

---

12) "[...] einzig die Hoffnung, dass Schreiben den Schrecken vielleicht bannen könnte." (Zimmermann 2009, p.506)

라는 설정에는 자본주의 사회보다 더 나은 사회주의 체제로의 발전이라는 희망이 사실은 허구이자 기만이라는 개인적, 역사적 평가가 풍자적으로 담겨있다.

4. 논의를 맺으며

SF문학은 과학시대의 낭만주의 판타지 문학이다. 산업화와 자본주의의 태동기에 직면한 인간정신이 신화와 종교, 전설과 민담의 토대 위에서 구축한 상상의 문학세계가 200년 전의 근대 낭만주의였다면, 현대의 SF문학은 자본주의의 막다른 골목에 봉착한 인간정신이 과학기술과 기술문명의 토대 위에서 구축한 상상의 문학세계이다. 그만큼 주제의 폭도 넓고 장르도 다양하며, 대중적이고 상업적인 성격도 강하다. 그래서 SF문학은 '동독문학'이라는 말에서 풍기는 무게감이나 그 어떤 선입견과는 결이 다른 문학인 것처럼 보일지도 모른다. 쿠네르트는 독일통일 이전의 구동독을 몸소 체험한 기성작가 중에서 의미 있는 공상과학소설을 남긴 몇 안 되는 작가들 중 한명이다. 그의 SF단편들이 보여주는 강점들은 여러 가지를 들 수 있다. 포스트모더니즘의 기법들을 다양하게 구사하는 압축적 글쓰기 방식을 통해서 아주 짧은 분량 속에 많은 다양한 메시지를 담아낸다. 풍자적 성격이 강한 그의 SF 작품들은 위트와 유머가 풍부해서 코믹하고 재미있게 읽히면서도 그 속에 진지하고 엄숙한 주제들을 담고 있는 경우가 보통이다. 본고에서 다룬 두 개의 작품들도 그렇다.

〈동화적인 독백〉은 그림동화 〈강철 한스〉의 현대적 수용 혹은 포스트모더니즘적 변용이라고 할 수 있다. 쿠네르트는 말하자면 한 개인의 낭만적인 성장소설에서 독일이라는 한 민족의 역사적인 성장소설을 만들어낸 셈이다. 그러면서도 원작의 동화적 분위기를 제목에서만이 아니라 작품내용에서도 훌륭하게 살려낸 것은 온전히 쿠네르트의 작가로서의 능력 덕분이다. 반면에 〈때 아닌 안드로메다 성좌〉의 경우에는 그 반대의 흐름으로 말할 수 있을 것이다. 쿠네르트는 동독이라는 한 국가의 거대한 모순을 이야기하면서 동시에 그 속에 쿠네르트라는 한 개인, 즉 자신의 생애와 문학세계를 정교하게 교차시키고 있다. 그렇기 때문에 〈때 아닌 안드로메다 성좌〉는 작품 속의 파국적 배경 및 밖으로 드러나는 생태적 주제와는 달리 해석될 여지가 많다. 그것은 생태적 의미의 디스토피아 소설일 수도 있고 정치사회적 의미의 디스토피아 소설일 수도 있으며, 유토피아를 지향하는 일체의 이념과 사상에 대한 우화이고 풍자일 수도 있다.

---

* 이 글은 「귄터 쿠네르트의 SF단편 분석」,『독일언어문학』, 96권, 한국독일언어문학회, 2022)을 수정하여 재수록한 것임.

시간용해여행: 프랑스 SF의 전환점
미셸 죄리의 『불확실시간계 *Le Temps incertain*』

이 정 환

1. 논의를 시작하며

　SF 혹은 공상과학으로 불리는 소설 장르는 이제 전 세계 남녀노소에게 문학에서 영상에 이르기까지 다양한 방식으로 소비되는 것이 현실이다. 그러나 이 장르는 미국의 장르라는 것이 뿌리 깊이 자리 잡혀있다. 다양한 나라에서 다양한 SF가 나오고 있음에도, 미국 이외의 SF라는 것은 외국 독자들은 물론이고 심지어 자국 독자들에게도 다소 생소한 경우가 많다. 이제는 세계문학의 거인이 된 쥘 베른_{Jules Verne}이나, 현재의 베르나르 베르베르_{Bernard Werber}를 배출한 프랑스 임에도 이러한 프랑스 SF 전반에 대한 이해 부족은 여전하다. 프랑스에서조차 SF를 전문적으로 다루는 학술지는 『레스 푸투레_{Res futurae}』가 2022년 현재 유일하다[1]. 그러나 이러한

---

[1] 이 학회지는 2012년 창간하였는데, 미국의 대표적 SF 학회지 『SF연구 *Science Fiction Studies*』(인디애나 주 드포 DePauw 대학이 1973년부터 발간)와 협력관계를 통해 운영되고 있다. 여기서 나오는 창간의 변(辯)은 프랑스 학술계의 SF에 관한 관심의 정도를 엿볼 수 있게 해준다. "프랑스 SF는 프랑스 국내와 프랑스어권 전반에서 아직도 [장르의 인기에 걸맞은 관심을 받고 있지 못하다. […] 지난 50년이라는 시간 동안 SF는 꾸준한 비평을 통해 성장해 왔음에도, 학교 커리큘럼, 학회 주제, 연구 평가 항목 등에서 SF는 지금까지 쌓아

학술지의 부재에도 불구하고, 프랑스 SF는 잡지나 인터넷을 통해 활발히 움직이고 있고[2], SF 작가도 꾸준히 나오고 있다.

그럼 쥘 베른과 베르나르 베르베 외에 어떤 작가가 있고 어떤 작품이 있을까? 본 연구는 바로 이 질문에 대한 답변으로, 미셸 죄리 Michel Jeury,[3]의 1973년 작품 『불확실시간계 *Le Temps incertain*』을 선정하였다[4]. 이 작품은 프랑스 SF의 전환점을 대표하는 작품이라는 평가와[5], 60-70년대 당시 세계적 SF 흐름과 프랑스 SF를 조화시키면서도 프랑스가 보여줄 수 있

온 지식의 양과 질을 잘 관리할 수 있는 [프랑스 내] 학술 출판 기관조차 갖고 있지 않다." Irène Langlet, Arthur B. Evans, "Éditorial" in *Res Futurae*, n° 1 (2012) "Ce que signifie étudier la science-fiction aujourd'hui" https://journals.openedition.org/resf/181(온라인 학회지)

2) 이 중 가장 눈여겨 볼 만한 것이 있다면 nooSFere라는 협회 association로, 1999년 5월부터 지금까지 사이트 (https://www.noosfere.org/)를 통해 해외와 프랑스의 SF 정보를 꾸준히 업로드하고 있다. 이 협회는 프랑스 SF 작가들에 대한 서지 정보, (주로 미국 출신인) 해외 SF 작가의 프랑스어 번역현황과 대표적인 프랑스 SF 잡지를 소개한다. 특히 1953년부터 1990년까지 존재했던 프랑스의 대표적 SF 전문지 『픽시옹 *Fiction*』과 1996년 창간하여 현재 가장 영향력 있는 프랑스 내 SF 전문지 『비프로스트 *Bifrost*』의 내용을 싣고 있어서, 프랑스 SF 비평 역사 파악에 매우 유익하다.

3) 작가에 대한 평가는 다음의 연구들을 주로 참조하였다. Roger Bozzetto, "Intercultural Interplay: Science fiction in France and the United States (As viewed from the French shore)" in *Science Fiction Studies*, vol. 17, N° 1, Mars 1990, Indiana (US), pp. 1-24; Richard Comballot, "Dossier Michel Jeury : Retour en terres de science-fiction" in *Bifrost. La revue des mondes imaginaires*, n° 39, éd. Avon, Fontainebleau, 2005. Natacha Vas-Deyres, "Michel Jeury et l'écriture du temps" in *Res Futurae. Revue d'études sur la science-fiction*, n° 3, 2013 (http://journals.openedition.org/resf/501).

4) 『불확실시간계』는 1973년 로베르 라퐁 Robert Laffont 출판사에 의해 『외계와 미래 *Ailleurs et demain*』총서로 처음 출간되었다. 이 책은 현재까지 프랑스에서 총 다섯 가지 판본으로 유통된 바 있다. 본 연구에서는 1989년 『포켓북 *Livre de poche*』 총서의 판본을 사용하였다. 3부에서 나오는 쪽수는 이 판본에 기초한 것임을 밝힌다.

5) "1973년 출판된 이후로, 『불확실시간계』는 프랑스의 SF 평론가들에게 [특히 시간여행에 관련해서] 아주 새로운 SF적 표현 방식을 보여주었다는 평가를 받고 있다." Natacha Vas-Deyre, *art. cit.*

는 대안적 SF란 무엇인가를 보여주었다는 평가를 동시에 받는 프랑스 SF 의 대표작이다[6].

본 연구는 『불확실시간계』와 미셸 죄리 모두 국내에서 처음 소개된다는 점을 고려하였다. 영미권 SF와 비교하면 부재[7]한 것처럼 묘사되는 프랑스 SF에 대한 인식의 전환을 위해서는 프랑스 SF가 영미권 SF를 수용을 하면서도 어떻게 자체적인 SF를 만들려 노력했는지를 알아 봐야 한다. SF 문학시장을 특정 이데올로기가 압도적 중심이 되는 장(場 champ)으로 보기보다, 좋든 싫든 시장이 제시하는 게임의 법칙을 수용하고 도전하며, 출간하고 홍보하는 것이 바로 미셸 죄리가 『불확실시간계』를 낼 때의 자세였다는 것이 본 연구의 관점이다. SF는 대중문학으로 소비되기도 하지만, 대중문화가 가지고 있는 넓은 시장 차원의 가능성은 '예술 작가라는 게토'[8]를 넘을 수도 있게 해주는 특징이 있기 때문이다. 작품과 작가가 모두 처음 소개되는 만큼 작가 관련 전기 혹은 문헌적 언급이 꼭 필요하다. 그래서 소설이 출간된 총서도 언급할 것이다. 작품 분석은 줄거리 흐름을 따라가면서 등장인물에 대한 분석 위주로 진행할 것이다. 그래서

---

[6] "미셸 죄리 등을 비롯한 70년대 초반 등장한 일련의 프랑스 SF작가들은 여러 가지 형식 실험을 통해 분명히 '혁명적인 révolutionnaire' 성향을 띠면서도, 영미권 뉴웨이브 SF와는 또다른 자신들만의 특징을 보여주었다." Natacha Vas-Deyre, *Ces Français qui ont écris demain. Utopie, anticipation et science-fiction au XXe siècle*, col. Littérature générale et comparée, Paris, Honoré Champion, 2013, p.331.

[7] 이러한 의견은 특히 다음 논문에서 두드러지게 나타난다. 오영주, 「프랑스는 왜 포스트휴먼 담론을 불편해하는가 – SF 문학장(場)과 특징을 통한 고찰」, 『불어불문학연구』, 110집, 2017년 여름호, 75-110쪽.

[8] 이정환, 「예술 작가라는 게토를 넘어 – 장-파트리크 망셰트와 '네오–폴라르'로 보는 추리소설 장르의 범장르, 범매체적 변주」, 『프랑스학연구』, 91호, 2020, 27-60쪽.

책이 나오던 시점에 영향을 주었던 68혁명 이후라는 역사적 상황에 대해서도 언급할 것이다.

2. 프랑스의 '불확실SF계'

2-1. 과학소설에서 SF로 가는 여정

오늘날의 SF, science fiction이라는 명칭은 1920년대 미국의 휴고 건스백과 존 W. 캠벨의 과학소설 전문잡지의 창간과정에서 사용한 용어에서 유래했다. 과학과 허구의 조합 자체는 이 당시에도 새로운 것은 아니었지만, 이러한 조합을 중심으로 잡지를 만들어 대중에게 유통하고, 특정 콘셉트로 신진작가를 소개하거나, 과거에는 단행본으로 통일성 없이 유통되던 '과학 중심 소설'을 SF라는 하나의 장르로 인식하게 만든 것은 이 두 사람의 역할이 컸다. 즉 이러한 홍보, 마케팅, 편집 과정이 개별적 과학소설에서 SF 장르로의 전환과 연결된다.

〈그림 1〉에서 왼쪽이 건스백이 1926년 4월에 창간한 『놀라운 이야기

〈그림 1〉
『놀라운 이야기들 Amazing Stories』(좌),
『초과학적인 경이로운 이야기들 Astounding Stories of Super-Science』(우)

들』의 창간호 표지9)이고, 오른쪽은 캠벨이 1930년 1월에 창간한 『초과학적인 경이로운 이야기들』의 창간호 표지10)이다. 이 중 건스백은 『놀라운 이야기들』 창간호에서는 과학적 소설(Scientifiction)이란 용어를, 1929년 새로 창간한 『과학 경이 이야기들 Science Wonder Stories』에서는 science fiction이란 단어를 처음 사용하였다. 이 두 사람은 이때부터 이 science fiction이라는 단어를 경쟁적으로 사용하면서 과학소설 고전에서부터 신진 SF 작가를 키우면서 자연스레 이들이 만들어낸 science fiction(SF)라는 용어도 퍼지게 된다11). 또한, 이 두 잡지의 형형색색 삽화 커버는 오랫동안 SF 잡지는 물론이고 단행본 커버제작에도 자주 사용되면서 (처음엔 미국에서 나중에는 프랑스를 포함하는 전 세계의) 독자들에게 SF라는 장르의 이미지를 심어주는데도 큰 영향을 끼치게 된다.

이러한 장르 중심의 'SF'라는 개념은 주로 2차세계 대전 이후 SF문학이 대량으로 수입되기 전의 프랑스에서는 분명하게 정립된 개념은 아니었다12). 19세기 초 중반에는 쥘 베른이 가장 대표적인 작가로 불리는 '과학소설

---

9) https://en.wikipedia.org/wiki/Amazing_Stories#/media/File:Amazing_Stories,_April_1926.
_Volume_1,_Number_1.jpg
10) https://en.wikipedia.org/wiki/Analog_Science_Fiction_and_Fact#/media/File:ASTJAN 1930.jpg
11) 이러한 초창기 SF라는 용어의 정착 과정에 관해서는 다음의 자료를 참조했다. 셰릴 빈트, 마크 볼드, 『SF연대기 시간 여행자를 위한 SF 랜드마크』, 송경아 옮김, 허블, 2021; Gerry Canavan, Eric Carl Link (ed.), The Cambridge History of Science Fiction, Cambridge, Cambridge University Press, 2018.
12) 여기서의 내용은 주로 다음 자료를 참고하였다. Arthur B. Evans, "Science Fiction" in Handbook of French Popular Culture, New York, Greenwood Press, 1991, pp. 229-265; Natacha Vas-Deyres, Ces Français qui ont écrit demain. Utopie, anticipation et science-fiction au XXe siècle, Paris, Honoré Champion, 2013.

(roman scientifique)'이란 단어가 유행했다. 이는 과학을 통해 역경과 어려움을 해결하는, 과학을 대체로 긍정적으로 그린 (개별) 소설들에 대한 편의상 명칭에 가까웠다. 19세기 후반은 과학경이소설(merveilleux scientifique)이라 불렸던, 대체로 앨런 포나 상징주의, 데카당스 문학과 연결되는 과학성과 기괴함이 뒤섞인 소설들이 주목을 받았던 시기다. 이 당시의 작가로는 『불의 발견 La Guerre du feu』과 J.-H. 로니 J-H. Rosny aîné가 대표적이다.

이러한 과학경이소설은 20~30년대 모험소설의 유행과 연결되어 프랑스의 과학소설 전통을 계속 잇게 해주는 원동력으로 작용하였고, 50~60년대를 거쳐 미국식 SF가 프랑스에서 주로 소비되는 과학소설의 주류가 되는 과정에서도 꾸준하게 소비되었던 것으로 보이는데, 미셸 죄리 자신도 10대 이전에 자주 읽었던 책들 중 상당수가 이러한 과학모험소설이었다고 밝힌 것으로도 알 수 있다[13].

이러한 미국 SF의 유행은 미국식 범죄소설의 프랑스 유통과 많은 부분 유사점을 가진다. 20~30년대부터 40년대 초 중반 유럽의 전쟁 상황으로 소개되지 못했던 영미권 작가들이 다양한 총서 시리즈를 통해 대량으로 수입되면서 (특히) 프랑스 대중문학 유통 콘텐츠의 지각변동을 일으켰다는 점이 첫 번째 공통점이다. 두 번째는 프랑스식 단행본과 미국식 장르 소설 전문잡지의 영향 속에 해당 장르의 프랑스 수용에서 프

---

[13] "여덟 살인가 아홉 살 때부터 (1942, 1943년도) 책을 이것저것 막 읽기 시작했죠. 그 중에서 특히 환상소설 le fantastique이나 예지 소설류 anticipation을 좋아했어요." Michel Jeury, *Carnets chronolytiques*, textes réunis et présentés par Natacha Vas-Deyres, Richard Comballot, Bordeaux, Presses universitaires de Bordeaux, 2015, 20 (이 인터뷰는 원래『불확실시간계』1982년『골든북 *Le Livre d'or*』총서를 통해 재발간 될 때 머리말 부분에 실렸던 내용이다).

랑스식 SF (그리고 범죄소설)은 무엇인가라는 질문과 이에 맞는 신인의 발굴로 발전하기 시작했다는 것이다. 세 번째는 초기에는 프랑스식 이름으로 불리다가 점차 미국에서 사용하는 장르명이 같이 유통되었다는 점이다. 이 당시만 해도 SF라는 명칭은 (미국SF 영향을 크게 받았던) 잡지 비평에서 많이 사용되는 명칭이었고, 대중적으로는 예지소설(roman d'anticipation)이라는 명칭이 우세하였다. 지금도 SF를 가리키는 (다소 예스러운) 이 이름은 (범죄소설 총서로도 유명했던) 플뢰브 누아르 출판사의 당시 가장 유명한 과학(모험)소설 총서 제목인『예지*Anticipation*』덕분에14) 유행이 지속하였던 면이 있었다.

물론 50~60년대 프랑스 예지소설이 미국 소설의 번역만 있었던 것은 아니다. (본명 혹은 가명을 번갈아 사용하던) 프랑스 작가들의 활약도 상당하였던 시기이기도 하였으나, 대체로 기본적인 스타일은 당시 미국 SF의 주류 장르이던 '스페이스 오페라', 즉 주로 젊은 층 남성을 대상으로 하는 (영미권에서 Sci-fi 라고 불리며 지금도 SF 하면 생각나는 이미지와 가장 유사한) 우주 모험 SF의 스타일과 주된 줄거리를 따르는 편이었다.

미셸 죄리 역시 이 시기에 작가로서 활동한 적이 있는데, 본명 미셸

---

14) 이 명칭은 19세기 후반에 프랑스에 소개 되어 큰 인기를 끌었던 H.G. 웰스의 과학 에세이집『인간의 삶과 사상에 기계 및 과학의 진화가 일으키는 반응에 대한 예측 *Anticipations of the Reaction of Mechanical and Scientific Progress upon Human Life and Thought*』(1901, 프랑스어 번역 1904)에 영향을 받은 것으로 보인다. 본 연구에서는 인간의 일반적인 능력 내에서 발휘되는 예측(豫測)이라는 단어보다, 일반적 능력 이상에서 발휘되는 예지(豫知)라는 단어를 이용해 번역하는 것이 불어 단어 anticipation이 SF와 곧잘 연결되는 의미와 더 맞는다고 여기고 해당 단어를 사용했음을 밝힌다.

죄리가 아닌 '알베르 이공Albert Higon'이라는 가명으로 두 편의 장편소설 『운명성좌를 향해 Aux Étoiles du Destin』(1960)와 『권력기계 La Machine du Pouvoir』 (1960)를 발표하였다. 미셸 죄리라는 본명은 작가가 1957년 발표한 일반 문학작품 『미소짓는 악마 Le Diable souriant』에서 처음 사용하였다. 이는 작가가 80년도부터는 SF 이외에도 (주로 아동, 청소년 문학장르로 분류되는) '향토소설' 장르 작품도 내기 시작하면서 미셸 죄리라는 이름 자체가 이 중적인 정체성을 가지는 것과도 연관이 있다. 『운명성좌를 향해』는 대체로 스페이스 오페라의 스타일을 충실히 따른다. 반면, 『권력기계』는 인간의 모든 운명을 결정하는 기계를 둘러싸고 벌어지는 투쟁을 다루고 있는 SF 철학 소설이다. 후자는 미셸 죄리가 『불확실시간계』 발표 이후 명성과 호평을 얻고 나서 다양한 판본으로 재발매 되었는데, 이는 소설 줄거리가 70년대 SF에서 중요한 위치를 차지하는 '뉴웨이브SF'와 많은 부분 교차점이 있기 때문이라고 볼 수 있다.

60~70년대는 영미권에서도 SF에 대한 반성과 새로운 시도가 일어난 시기였는데, 이 당시의 SF를 통틀어 뉴웨이브 SF라고 부른다. 과거 잡지 위주 유통시장을 주도하던 SF 전문지들이 점차 폐간되면서, 작가들이 대체로 소설 단행본이나 영화 판권 판매 쪽으로 홍보 방향을 바꾸었고, 그로 인해 개별작가들의 소재선택 및 표현의 자유 폭이 늘어나게 된다. 또한, 베트남 전쟁 반대 운동과 함께 촉발한 히피 문화, 반문화의 유행, 그리고 이 반문화와 동반자처럼 연결되는 (처음에는 과학으로 인식되었지만 결

---

15) 이 당시 가장 주목을 받은 것은 흔히 LSD로 불리는 리세르그산 디에틸아미드 lysergic acid diethylamide였다. 1938년에 처음 만들어진 후 정신질환 치료에 상당한 효과가 있을 것으로 기대했지만 통제하기 어려운 부작용으로 인해 1968년에 마약류로 분류되어

국 탈락하게 되는15)) 마약 문화가 접목되면서, 모험 위주였던 스페이스 오페라에 대항하는 SF가 탄생하게 된다. 대표적인 작가로 누보로망 등의 실험적 소설기법과 성적인 묘사를 접목한 과격한 주제로 유명한 제임스 밸러드James G. Ballard, 반문화 쪽에서 큰 지지를 받던 톨킨의 환타지 문학과 SF를 접목한 사변소설 작가 어슐러 르 귄Ursula Le Guin 등이 있다. 이러한 반미 정서는 60~70년대가 동구권 및 소련 SF가 서구에도 유통되기 시작한 시점이라는 점에서 많은 시사점을 준다. 또한, 페미니즘이 SF에 존재감을 늘려가기 시작한 시기가 60~70년대 이기도 하다.

2-2. 프랑스 SF의 전환점 그리고 미셸 쥐리

이 당시 뉴웨이브 작가 중 본 연구에 가장 중요한 작가가 있다면 바로 필립 K 딕(1928~1982)이다. 마약 사용 경험, 베트남전 반대 등 전기적인 측면에서도 필립 K 딕은 당시 반문화-뉴웨이브 SF를 대표한다. 50년대부터 작품 활동을 시작하여, 50년대 중반부터 60년대 후반까지 전술한 SF의 신경향을 대표하는 많은 작품을 남겼다. 특히 약물 복용으로 인한 현실/환상간 경계 파괴를 중요 소재로 다룬 세 편의 소설『파머 엘드리치의 세 개의 성흔』(1965),『작년을 기다리며』(1966),『유빅』(1969)과, 기계가 인간

일반사용이 금지된다. 금지되기 전에 1960대 하버드 의대에서 이 약을 실험하는 과정에서 연구 비윤리 행위가 지적되어 당시 연구교수였던 티모시 리어리 Timothy Leary (1920-1996)가 1963년 5월에 교수직에 파면되는 중징계를 당한다. 그러나 이 사건으로 LSD에 대한 명성이 세계적으로 높아지면서, 리어리는 이 약의 효과와 당시의 히피 문화를 접목하는 홍보대사로 변신한다. 필립 K. 딕의 경우 이 약을 통해 본격적으로 향정신성 약품에 손을 대기 시작했다고 알려져 있다. LSD 관련 역사와 사회, 문화적 영향에 대해서는 다음의 책을 참고 하였다. 돈 래틴,『하버드 환각 클럽』, 김지원 옮김, 자음과 모음, New York, Harper Collins, 2010.

의 운명을 결정하게 된 세계에 관한 이야기『태양복권』(1955)은 각각 프랑스에서 1969년, 1968년, 1970년, 1968년에 번역되어, 미국뿐만 아니라 프랑스의 SF 팬들 및 평론계도 주목하게 되는 작가로 부상하게 된다16). 이 시기가 프랑스 68혁명 시기와 겹친다17)는 것도 당시 필립 K 딕의 작품이 어떤 식으로 프랑스 출판계에 각인이 되었는지 어렵지 않게 추측할 수 있게 하는 부분이라 하겠다18).

60~70년대는 프랑스에서 과학소설이나 예지소설, 모험소설이라는 장르명이 'SF'로 통일되기 시작하는 시기와 맞물린다. 그러면서도 영어권의 science fiction이 아니라, science-fiction으로 표기 방식이 약간 차이가

---

16) 필립 K 딕의 작품은 환상이나 상상을 가미함으로써 글쓰기에 대한 자의식을 드러내고, 실험적, 철학적 통찰을 작품에 은연중에 드러내는 경향이 많은데, 이는 60-70년대 뉴웨이브 SF가 전반적으로 이전의 SF를 뒤집는 메타픽션 요소를 많이 드러내는 경향과 일치한다 (셰릴 빈트, 마크 볼드, 기인용. 본 연구는 이 책 6장 "새로운 현실, 새로운 소설: 1960년대와 1970년대" (259-309)에서 특히「메타픽션 SF」챕터를 많이 참조했다(266-274쪽)).

17) 68 이후 프랑스에서는 정체성 혼란을 다룬 SF작품들이 원작이 나온 미국에 비해 더 큰 인기를 얻는 사례가 적지 않았다고 한다.『불확실시간계』에 영향을 주었다고 평가받는 A.E. 밴 보트의 1949년 작 (1969년 프랑스 번역)『영A의 세계 The World of Null-A』의 1970년도 판 서문에는 다음과 같은 말이 있다. "[내 책을 출간한] OPTA 출판사의 자크 사둘에 따르면,『영A의 세계』가 첫 출간 당시 프랑스 SF 시장을 [재편성한 수준의] 판매량을 달성했다고 한다. 초판만 2만 8천부가 팔려서, 내 작품이 1969년 프랑스 최고의 베스트셀러가 되었다." A.E. van Vogt, "Author's introduction" in The World of Null-A, New York, Berkeley Medallion Books, 1970, 3.

18) "[…] 필립 K. 딕이나 미셸 쥐리 같은 작가들은 […] 현재 대학교 문학교육 및 분석을 통해 순수문학적 lettré 혹은 準 문학적 paralettré SF 작가로 분류되고 있다" Roger Bozzetto, "La Terre et les terriens dans la science-fiction française des années 1950" in Planète Terre. Acte du deuxième Colloque international de science-fiction de Nice, 1986 (이 연구는 인터넷을 통해서도 열람 할 수 있다. 주소는 다음과 같다. https://www.quarante-deux.org/archives/bozzetto/ecrits/territoires/terre.html)

있는데, 그래서 영어권에는 잘 없는 과학과 픽션 사이의 (필연적) 관계성에 대한 여러 가지 의문 및 답변 제시가 프랑스 SF에서는 매우 활발하기도 하다.[19]

프랑스에서 이러한 신경향 SF 소개 및 프랑스 SF 신인 발굴을 위해 1969년 프랑스의 경제학자이자 SF작가인 제라르 클렝Gérard Klein이 만든 총서가 『외계와 미래Ailleurs et demain』이다. 대체로 삽화 위주로 구성된 커버가 많았던 당시 SF/예지소설 커버가 아닌, 은색의 금속 재질이 느껴지

〈그림 2〉『불확실시간계』의 『외계와 미래』 총서판 커버 (좌, 1973)와 『포켓북』 총서판 커버 (우, 1989)

---

19) "현재의 SF는 다양한 윤리적 가치를 무관하게 돌아가는 듯한 진보의 톱니바퀴에 매어있는 인류에게 경종을 울리곤 한다. 이런 측면에서 과학 science와 허구 fiction 사이의 붙임표 기호 trait d'union은 과학에 대한 허구를 통한 비판적 고찰을 재가동 시켜 줄 수 있는 공간으로 활용될 수 있음을 보여준다." Kawthar Ayed, "Entre science et fiction, trait d'union ou espace d'exclusion ?" in *Littérature, langages et arts : Rencontres et création*, Huelva (Spain), Universidad de Huelva, 2007 (원문은 인터넷에서 열람가능하며, 주소는 다음과 같다. https://dialnet.unirioja.es/servlet/articulo?codigo=2554416

는 추상적인 커버는 직관적이고 오락물 느낌이 많이 나던 당대의 예지소설과의 거리 두기 차원에서 정해진 편집정책의 결과물이기도 하다[20]. 이 총서가 프랑스에 당시 신경향 SF의 한 부분인 SF환타지를 대표하는 프랭크 허버트 Frank Herbert의 『듄 Dune』 (1965, 프랑스 번역 1970)을 처음 소개한 곳이기도 하다.

그 와중에 제라르 클랭은 이런 신경향 SF에 맞는 프랑스 신인을 발굴하는데 큰 관심을 가지고 있었는데, 1972년 『불확실시간계』라는 제목의 원고를 받는다. 여기에는 미셸 죄리라는 생전 처음 들어보는 작가의 이름이 쓰여 있었다. 소설의 내용을 읽은 (경제학자이기도 한) 클랭은 특히 다국적 기업이 소설의 주요 배경인 것에 큰 주목을 한다. 이 작품이 단순히 신경향 SF가 추구하는 새로운 소재 찾기뿐 아니라, 그가 관심이 있던 재정 및 기업의 국제화, 그리고 이로 인해 생길 수 있는 문제를 작품이 소재로 삼고 있다는 점에 큰 인상을 받게 된다. 처음에는 자신과 비슷한 대학교육을 받은 정치, 경제계 엘리트가 아닐까 하고 연락을 해보니, 보르도 지방 도르노뉴의 한 농장에서 그것도 일꾼으로 살아가고 있는 죄리의 모습에 (좋은 의미에서) 크게 놀란다[21].

---

[20] 이 당시 미국의 SF에 영향을 받은 프랑스 예지 소설의 전반적인 스타일을 정리하면 다음과 같다. "[예지 소설] 작가들 작품의 줄거리는 영미권 SF의 주요 작품의 특징으로 평가받는 과학 및 기술에 대한 리얼리즘적 확장이 거의 담겨 있지 않았다. 등장인물들 역시 현대 소설의 특징이라 불리는 자세한 심리묘사도 별로없는, 1차원적이고 스테레오 타입으로 가득한 모습을 보인다. 이들은 20-30년대의 영미권 SF 초창기 작품과 문체나 구성에서 유사성을 더 많이 가지고 있었다. 뿐만 아니라, (누보로망 같은) 당대의 프랑스 소설에서 나오는 문체, 등장인물 구성이나 주제에 대한 실험도 찾아보기 어렵다." Bradford Lyau, *The Anticipation Novelists of 1950s French Science Fiction. Stepchildren of Voltaire*, London, McFarland and Company, 2011, 8.

3. 『불확실시간계』 속 시간용해여행의 역학

제목 속 『불확실시간계』는 유럽, 무슬림-기독교 서방, 중미 연합 등으로 나눠진 2060년의 세계 바깥에 있는, 시간용해제를 통해 통과가능한 불확정계라는 공간속 구역을 말한다. 불확정계는 일종의 의식 세계와 동시에 존재하는 평행세계의 일종으로, 그 중 가장 치열한 전투가 벌어지는 곳이 불확실시간계이다. 불확실시간계는 시간용해여행을 통해 과거와 미래사람이 접촉하는 과정에서 생기는 세계로, 작품 속 설정이자, 『불확실시간계』 소설의 이야기 그 자체이다.

그런데 이 구역을 어떻게 갈 수 있는가? 바로 시간용해여행(chronolyse)을 통해서 가능하다. 이는 소설 속 주인공이 일하는 네렉(Nerek)이라는 다국적 화학기업에 의해 1966년도부터 개발된 멥시탈(mebsital)을 통해 이뤄진다. 이 당시에 이 약은 일종의 부작용으로 프랑스 정부에 의해 개발 허가를 못 받는 상태다. 주요 부작용은 다음과 같이 설명된다.

다니엘: 시간용해여행이 뭐야?
엘렌: 일종의 시간 교란작용이지.
다니엘: 복용자의 정신에서 일어나는 거야?
엘렌: 응. 그런데 복용자에게 기저질환이 있거나, 과다복용을 할 때 환자에게는 시간이란 존재가 없어져 버려. 그 후 꿈이 영원

---

21) Gérard Klein, "Préface" in *Le livre d'or de la science-fiction : Michel Jeury*, Paris, Pocket, 1982. 본 연구는 인터넷을 통해 해당 글을 열람했음을 밝힌다. 주소는 다음과 같다. https://www.quarante-deux.org/archives/klein/prefaces/jeury.html

히 지속해. (그 상태에서) 꿈이 현실을 대체해 버리고, 어떤 경우는 영원히 깨어나지 못해. 불과 몇 분이 며칠 혹은 몇 달처럼 느껴지지 […]"[22]

이러한 미로 같은 평행세계는 미셸 죄리 스스로가 스티븐 호킹에 의해 주창된 웜홀(…)과 드 브로이 가정 ('모든 것은 양면을 가진다') 등에서 아이디어를 얻은 것이라고 개인적으로 밝힌 바 있다[23]. 동시에 이 평행세계의 접속을 하는 것 자체가 정확한 과학적 계획이 아니라, 일종의 사고 발생 과정에서 나온 것이라는 설정이 특이하다. 즉 과학의 설계와 실패가 공존하는 것이 소설 속 불확실세계이며, 이는 소설의 중요한 갈등 관계를 설정하는 데 큰 역할을 한다.

---

22) Michel Jeury, Le Temps incertain, 『포켓북』 총서, p.51.
23) 죄리는 『불확실시간계』에 나오는 평행우주 설정에 관련해서 다음과 같이 동료작가이자 출판기획자였던 피에르 베르생(Pierre Versins, 1923-2001)에게 설명한 적이 있다. "빛보다 빨리 이동하기 위해 SF 작가들은 초공간 hyperespace라는 개념을 발명했다네. 독자들은 이미 알고 있을 수도 있을 텐데, 스티븐 호킹같이 유명한 물리학자들의 이론을 일부 빌려서 나중에는 '웜홀 trous de ver'라는 개념도 발명했지. 최근 뉴스에 의하면 우리 SF 작가들에게는 없어선 안 될 평행우주도 물리학자들이 인정할지 모른다더군. 말이 나왔으니 말인데 (뭐 엉뚱하게 들릴 수도 있겠지만), […] 스티븐 호킹이 의심하는 것처럼 우리가 사는 우주는 일종의 끈 brane일지도 모른다는 생각을 한 번은 해봐야 할 걸세." ("À Pierre Versins : La Perte en Ruaba" Michel Jeury, Carnets chronolytiques, 75-76.) 여기서 "끈"이라는 것은 스티븐 호킹을 비롯한 물리학자들이 주장하는 물리학 프레임으로, 공간을 차지 하지 않는 점입자 point particle가 끈으로 물리는 1차원 공간의 물질로 전환되는 과정에 대한 설명을 위해 만들어 진 것이다. 대체로 각 입자가 어떤 식으로 진동이나 자신의 운동을 전달하는지에 관한 설명을 할 때 이용하는 것인데, 블랙홀(…)이나, 행렬 matrice (영어명 matrix인데, 여기서 영화 〈매트릭스〉가 자연히 연상될 것이다) 움직임을 설명할 때 사용된다. 여기서 알 수 있듯이 현대 SF 등지에서 작품의 기본 설정으로 종종 사용된다.

『불확실세계』가 이러한 사고 자체를 처음 다룬 작품이라고 확신하는 것은 다소 성급한 일반화일 수도 있다. 그러나 이러한 문제점을 중요한 작품의 설정으로 만들어서 줄거리 전개에 크게 활용하는 과학에 대한 믿음이 아니라 과학에 대한 불신을 작품의 중심에 놓고 있다는 것은 작품의 독특함을 더해주면서, 과거 SF에 대한 의문 제기, 그리고 이 과거 SF가 미국 SF의 동의어와 같았다는 점에서 프랑스식 SF를 추구하는 작품의 특성을 설명해 주는 것은 분명하다.

이는 어느 정도는 과학적 발상과 설명에 근거해 줄거리를 짜는 전통적 (혹은 모범적이라 할 만한) 과학 SF에 작품이 근거하고 있다는 점을 보여 준다. 또 한 이러한 설정을 통해 철학적 질문, 즉 정체성에 대한 질문을 독자 스스로 하게 만든다는 점에서, 작가 스스로가 밝힌 적이 있는 누보로망과의 연관성에 대한 설명도 가능하게 만들어 준다[24].

3-1. 불확실한 빛 - 로베르 올자크 - 가리샹카 병원

본 연구의 제목에서 나오는 시간용해라는 것은 미래에서 온 로베르 올

---

[24] 죄리는 1960년대 중, 후반경에 잠시 작가 생활을 중단하고 고향인 도르도뉴에 일을 하면서 창작에 다시 관심을 갖게 만들어준 작품으로 제라르 클랭이 1969년부터 발행하기 시작한 『외계와 미래』 총서와 뷔토르, 로브-그리예 같은 누보로망 작가들의 책을 꼽고 있다. 이는 그를 발굴해준 제라르 클랭의 다음의 회고에서도 확인 가능하다. "『불확실시간계』는 SF와 누보로망의 교차점과도 같은 소설이었습니다. 로브-그리예의 『밀회의 집 La Maison de rendez-vous』을 통해 저는 '기표적 방법으로 글쓰기'가 가능하는 생각을 했었죠. 이 기대에 걸맞게 『불확실시간계』는 누보로망 같은 형식 탐구를 통해 소설의 내러티브에 대한 혁신이라고 할 수 있죠. 동시에 인식가능하고 사회적으로 상상할 수 있는 미래를 그림으로써 이 누보로망의 과도한 탐미주의를 지양하는 데도 성공했습니다." (Gérard Klein, https://www.quarante-deux.org/archives/klein/prefaces/jeury.html 기인용-).

자크가 1966년 프랑스에 사는 다니엘 디에르상이라는 다국적 화학회사의 직원에게 '용해-lytique'되는 방식의 시간여행을 뜻한다. 때는 2060년의 세계로, 유럽 이외에는 중미 연합 무슬림-기독교 서방, 레소 제국 등으로 나뉘진 상태다. 로베르 올자크는 유럽에 있는 가리샹카 병원이라는 시간용해여행 연구 및 파견 기관의 요원이다. 이들의 최대의 적은 HKH라고 불리는 동일한 시간용해여행을 통해 정복과 파괴를 일삼는 악의 제국이다. 여기서 시간용해여행은 시간용해제라는 약물을 통해 가능하다. 시간용해여행이란 1966년 최초의 시간용해제 멥시탈이라는 약의 발명을 통해 20세기부터 조심스럽게 시작된 것이다. HKH의 시간용해정복 행위는 그들이 어떤 시간을 선택할지 알 수 없기에 임무 자체가 사실상 끝이 없는 것이나 다름이 없다.

올자크는 HKH의 기습으로 다니엘이 죽기 전의 시간으로 가서 시간용해제를 통해 계속해서 다니엘을 살려내지만, 그때마다 HKH이 계속 와서 다니엘을 죽이고, 다시 시간용해여행을 통해 살리고 죽이고 이 과정이 반복된다. 시간용해작용은 시간용해를 주도한 사람이 시간용해를 당하는 사람의 몸속에 들어가 그 사람의 정신으로 흡수되는 것이 특징이다.

3-2. 입자파괴의 동력 - HKH

HKH의 정체는 소설 속에서 다음과 같이 설명된다.

> 로베르: [HKH]는 지난 세기에 존재한 후 파괴되었지만 시간용해우주속에서 지금도 유령 혹은 유충같은 모습으로 생존을 지속

하고 있는 산업제국이지. 제국의 유령들은 하리 크룹 히틀러 1세라는 전설 속 황제를 섬기고 있네. [이 황제는] 그와 동일한 이니셜을 가진 한스 카를 하우저 (HKH)라는 20세기의 재벌의 편집증으로 인한 꿈을 통해 탄생하였지[25].

HKH의 약어 자체는 계속 변화하는데, 하리 크룹 히틀러 1세, 한스 카를 하우저, 하워드 케네디 휴즈, 허니웰 K. 하이드리히, 해롤드 K. 호커, 히믈러 K. 휴즈, 헤라클레스 키신저 하데스까지 총 일곱 가지가 나온다. 대체로 미국의 기업가, 정치가 이름 (Howard Hughes, Honeywell, Kissinger)과 나치 독일과 연관된 이름 (Hitler, Krupp, Heydrich), 혹은 신화 속 이름 (Hercule, Hades)가 뒤섞여 있다는 것을 알 수 있다. HKH는 가리샹카와 세계에 대한 무차별 공격과 침략으로 작품 속에서 존재감을 드러내면서도 정작 자신의 존재 자체는 프랑스 (작가와 다니엘) 측면에서 보면 위협적인 외국의 혼합이라는 모호한 존재이다.

3-3. 파동이 향하는 곳 - 다니엘 디에르상

소설 속 다니엘은 자신이 누구에 의해 살아났는지 죽었는지도 확실히 모르는 채 이 삶과 죽음이 반복되는 과정과, 올자크를 따로 만나 사실을 알게 되고 이 시간용해작용을 인지한 상태에서 이 삶과 죽음을 반복하는 과정을 겪는다. 이런 면에서 『불확실시간계』는 동일한 상황이 약간의 변주를 거쳐 반복되는 '타임 루프'물의 특성이 있다. 소설이 15장으로 나누

---

[25] Michel Jeury, *op. cit.*, p.79.

어져 있는데, 2장에서 6장까지가 무지無知의 반복이고, 10장에서 14장까지가 의식된 반복이다.

특히, 특정 장면이 계속 반복되는데, 이는 다음과 같다. 다니엘은 퇴직이 확정된 상태에서 연구 책임자이자 회사의 중역인 로베르 사르테스의 호출을 받고 자신의 차인 폭스바겐을 타고 도착한다. 그가 있는 건물은 경비가 지키고 있는데, 그때마다 카드를 건넨다. 여기서 카드에 써있는 문구가 계속 바뀌는데, 한 장 안에서도 가리샹카 병원에서 보낸 것이 HKH가 보낸 것으로 2~3번씩 변경된다. 그 과정에서 기습을 당해 사르테스를 만나지도 못하고 죽거나 만나는 데는 성공하지만, 사르테스가 HKH의 영혼인 것이 드러나 그에게 죽임을 당하기도 한다.

소설 중간의 7장에서 9장까지는 그가 가는 곳 중간에 가리샹카 병원이 등장하여 다니엘이 병원의 요원을 만나면서 이게 어떻게 된 것인지를 알게 되는 장면이 있다. 다니엘은 병원 측의 설명을 들으면서 임무에 설득되기보다는 오히려 임무에 환멸을 느끼게 된다. 시간용해여행이 가능한 2060년은 알파 센타우리라는 먼 행성계까지 갈 수 있는 세계이다. 그러나 비용 문제가 있어서 행성계 여행은 힘들고, 비교적 저렴하게 병원이 임무를 완수할 수 있는 것이 시간용해여행이라고 설명된다.

로베르 올자크는 불안해 하지 않았다. 그의 [시간용해여행]에 대한 준비는 그동안 그래왔던 것처럼 빈틈이 없었기 때문이다. 21세기 중반에 인류는 정신기술(technologies psychologiques)을 완벽히 마스터한 상태였다. 이에 대한 대가 역시 치른 상태였고, 어쨌든 간에 알파 센타우리행 여행보다는 싸게 먹히는 여행이었다26).

가리샹카 병원이 다니엘에게 임무의 중요성은 말하지만, 다니엘이 무슨 생각을 하는지, 걱정이나 욕망은 무엇인지 알려고 하지 않으니, 다니엘은 이 모든 것이 답답하기만 하고 환멸까지 느끼게 되는 것이다.

> 다니엘: 솔직히 좀 말해줘요. 당신의 설명이 점점 지겨워진다고요. HKH가 오히려 옳은 게 아닌가 하는 생각도 들고요. 제가 도대체 뭘 해야 하나요?
> 로베르: 그냥 가만히 있으면 되오. (시간용해여행의) 순서를 잘 따르기만 하면 말이오. 움직이지 말고 절대 먼저 뭘 하려 들지 마시오. 네가 곧 HKH가 적이라는 것을 증명해 보일 테니 말이오27).
> […] "내 개인적인 문제는 아무것도 아니라 이거 아닙니까!" 다니엘이 쓴웃음을 지었다28).

그리고 여기서 1966년이란 숫자가 선택된 이유는 다음과 같다.

> 다니엘: 왜 1966년이죠?
> 올자크: 특별한 이유는 없소. 탐사 시스템 프로그램이 1960년에서 1985년까지를 우리 역사에서 중요한 시기로 지정해 놨기 때

---

26) Michel Jeury, *op. cit.*, p.9.
27) Michel Jeury, *op. cit.*, p.96.
28) Michel Jeury, *op. cit.*, p.157.

문이오.

　　다니엘: 어디서 들은 것 같긴 하군요. 그런데 제 임무가 HKH와 관련이 있긴 한 건가요?

　　올자크: 간접적으로 보면 있다고도 할 수 있겠지요[29].

이는 HKH라는 적이 시간용해여행을 통해 어떤 시간이든 도착할 수 있다는 작품 내 설정과 연결되어 있지만, 동시에 기계에 의해 지배되는 미래사회에 모습을 보여주는 것이기도 하다. 그러한 미래사회에 속해 있지 않은 다니엘에게는 전혀 이해가 되지 않고, 환멸의 대상으로까지 격하되는 것이다.

3-4. 불확실시간계의 변수 - 레나토 리지

여기서 다니엘이 탈출할 방법이 하나 있다. 바로, 올자크의 과거를 이용하는 것이다. 시간용해여행 자체가 여행자의 정신 작용을 극대화하는 만큼, 로베르 올자크의 시간용해여행을 통해 다니엘은 그의 의식뿐만 아니라 무의식 속의 인물까지도 같이 받아들인다.

올자크는 어렸을 때 뤼아바 망각계(La Perte en Ruaba)라는 신비의 장소를 여행한 적이 있다. 그리고 이 뤼아바 망각계에는 올자크의 여자인 세렐렌[30]과, 그녀의 곁을 지키는 레나토 리지라는 외팔이 남자가 있다. 레나토

---

[29] Michel Jeury, *op. cit.*, p.103.
[30] 이 인물은 소설 속 올자크의 시간용해여행이 시작될 때 용해제의 작용으로 그의 과거 기억이 되살아나면서 나오는 여자이다. 작품 속에서는 1장 앞 부분에만 번만 나온다 (pp.12-14), 그의 애인이 레나토 리지이고, 이 인물의 철자가 Serellen인데, 이후 등장

는 시간용해여행 연구실 옆에서 또다른 시간용해여행에 참가하고 있다. 9장에서 레나토와 다니엘이 만나고, 엘렌과 사랑을 나누게 되면서 시간용해여행이 주는 고통을 벗어날 수 있는 곳을 처음 발견하게 된다. 시간용해작용으로 인해 올자크의 기억 속에 있는 레나토 리지는 다니엘에게도 나타난다. 가리샹카 병원의 무심한 설명만을 듣고 지친 다니엘에게 레나토 리지는 일종의 해방의 가능성이다. 그는 탈출을 꿈꾸고, 1966년 상태인 현재의 자기 회사가 만든 멥시탈 약을 먹고 올자크의 정신으로 들어간다. 그리고서는 레나토 리지라는 인물이 사는 섬인 뤼아바 망각계에 도착한다. 이 곳은 프랑스 열대 환경과, 과거의 모험소설에서 곧잘 미화되던 프랑스 제국주의의 흔적으로 가득한 곳이다[31].

    레나토 리지는 그러한 (모험가들) 중 하나였다. 전쟁이 발발하기 몇 달 전이었던 열여덟 살이 되던 해, 그는 선원이 되었다. 프랑스에 사는 이탈리아 이민자 집안에서 태어나 (프랑스 남동부) 도피네와 (남서부) 랑그도크에서 어린 시절을 보냈다. […] 1939년부터 1945년까지 영웅이 될 기회를 만나지 못한 채 평화로운 화물선을 타고 다니며 이곳저곳을 떠돌아다녔다. […] 그는 그가 맛보지

하는 엘렌(Ellen)의 철자와 서로 연관성이 있으며, 바로 이 엘렌이 레나토와 같이 사는 인물이라는 점에서 이후 시간용해여행의 진행과정과 연결이 된다.
31) "주변은 마치 해양식민연맹(Ligue maritime et coloniale)의 포스터 같은 느낌이었다. 배들은 20년전의 모습 그대로였다. 마치 시간도 역사도 모두 멈춘 느낌이랄까. 그래도 사람들에게는 『해양과 식민지 Mer & Colonies』의 전설 같은 시절에 대한 기억이 있었고, 순수와 선의라는 것이 있었던 제국시절의 마지막 강물 위로 끝나가는 영광을 흩뿌렸었다." (p.150.)

못한 모험에 대해 아쉬움과 참가하지 못한 전투, 그가 놓쳤다고 봐야 할 화려한 경력들을 곱씹어 보곤 했다[32].

즉 레나토는 모험을 겪은, 미셸 쥐리 혹은 『불확실시간계』이전 유행한 스페이스 오페라의 인물들과는 완전히 대척점에 서 있는, 환상적이지만 아무 일도 없는 (이름 그대로) 망각의 세계인 뤼아바 망각계에 멈춰있는 사람이다. 이곳 자체는 올자크의 세계이지만, 시간용해여행을 이용해서 디에르상이라는 인물이 들어왔고, 그 안의 무의식을 깨우고 HKH의 존재에 대해서도 알려준다. 영웅이 아닌 평범한 사람에 의해 모험이 시작되면서 레나토는 위의 인용문이 나오는 9장부터 다니엘 디에르상의 의식 안에서 더 많은 비중을 차지한다.

소설의 후반부로 갈수록 HKH의 기세는 강력해지고, 이제는 불확실시간계를 넘어 다니엘 디에르상이 사는 1966년까지 모조리 파괴하려 들면서, 가리샹카 병원 존재의 근거인 소설 속 원래의 미래세계마저 파괴되기 일보 직전의 상황이 된다[33].

3-5. 관찰자의 현실 – '68혁명적' 소재와 불확실시간계

이 장은 등장인물 분석을 중심으로 소설의 줄거리를 따라가던 분석에

---

32) Michel Jeury, *op. cit.*, pp.150-157.
33) 14장의 (가상) 신문 기사 타이틀을 통해 과거의 세계가 HKH에 의해 지배되고 있음을 보여준다. "하느님에게 구원을 요청하는 기도회 1977년 11월 20일자 『프랑스-수아르』 (p.224)." 참고로 『프랑스-수아르 France-Soir』는 실제 신문이다. 1950년에서 70년대 초반까지 대표적인 대중 신문이었다.

서 벗어나 『불확실시간계』에서 나타나는 여러 68혁명 관련 상징들에 대한 설명이다. 이렇게 따로 지면을 할애한 것은 68혁명과 관련된 다양한 상징이 소설 이곳저곳에 산재해 있기 때문이다. 만약 이를 앞의 장에서 각주를 달아 놓는 방식으로 처리한다면 이 작품에 나오는 68혁명 관련 참조를 놓치기가 쉽다. 68혁명의 여파라는 것은 『불확실시간계』가 출판될 때의 출판사가 염두에 둘 수 있는 시장과 관련된 외부 상황 중 하나라는 점에서도 의미가 있다. 또한, 중요한 역사적 사건이라는 점에서 산발적 언급보다는 한 장을 통해 집중적으로 소개하는 것이 효과적이라고 판단이 되어 이렇게 지면을 따로 할애하였다.

작품 속에서 비교적 선에 가까운 가리샹카 병원과 악이라고 할 수 있는 HKH 사이에 어떤 편도 들지 않고 독자적 길 (뤼아바 망각계)을 택하는 것은 마치 이 책이 나오던 70년대의 냉전 논리 편들기를 거부하던, 68년 5월 당시의 분위기에 영향을 받지 않았을까 추측이 가능한 부분이 아닐까 한다. 이 작품과 68과의 연관성[34]에 대한 근거로 제시될 만한 것이 있다면 가리샹카 병원장의 이름인 벤 바르카이다. 이 이름은 모로코의 반체제 지식인 메흐디 벤 바르카 (1920-1965?)에서 따온 것인데, 당시 프랑

---

[34] 68혁명과 자신 간의 관계성에 대해 죄리는 다음과 같이 대답한 적이 있다. "(사회적 참여를 거부하고 자아 찾기를 추구하는 소설의 내용에 관해 68의 영향이 아닌가 하는 인터뷰에 대해) 뭐 그렇게 볼 수도 있겠죠. 그런데 그런 감정이야 당시 수백만 청년들에게도 별반 다르지 않았으니 저만의 특징은 아닙니다. 정신은 68을 미리 내다봤지만 이미 저는 그때 서른넷이었으니 나이로는 많이 늦었죠. 5월사건은 확실히 제 창작물에 영향을 주었고 저의 정신을 해방 시켜 주었지만, 당시에는 의식을 못했어요. 신문도 없고 라디오도 없이 시골 생활 중이었으니까요." Richard Comballot, "Michel Jeury, aux dieux du temps…" in *Bifrost. La revue des mondes imaginaires*, n° 39, 2005, Fontainebleau, éd. Avon, p.144.

스에서 망명 중에 1965년 10월 29일 파리 한복판에서 한 괴한들에 의해 끌려가 실종된 인물이다. 이 당시 언론 (특히 시사주간지 『렉스프레스 *L'Express*』지)을 통해 이 괴한들이 프랑스 정보국과 정보국의 사주를 받은 조직범죄자들이라는 소문이 퍼졌다. 그리고 1965년은 드골이 재선은 되었지만, 아무도 기대하지 않았던 민주사회좌파연맹당 소속 프랑수아 미테랑 후보에게 10%라는 근소한 차로 재선된 일종의 정치적 파란이 있었기도 하다. 덕분에 드골에 대한 프랑스 국민의 최초의 신뢰가 그가 제5공화국을 세웠던 1958년 이후로 (특히 1962년 알제리 독립으로 극우의 미움까지 합쳐서) 점점 실망으로 바뀌던 시기이기도 했다. 벤 바르카는 그래서 프랑스에서 60~70년대 '드골(과 드골주의자들)의 민낯'을 보여주는 상징으로 통용되었다. 『불확실시간계』에서 이 이름이 직접 언급된다면 드골에 대한 반대가 주를 이루던 68년 5월의 분위기와 작품이 일정한 연관성이 있다는 식의 주장은 허무맹랑한 것은 아니라고 할 수 있지 않을까?

68의 분위기와 작품의 관계성이 또 발견되는 부분이 있는데, 1966년 이후 (1972년 발표된 조건 없는 경제 성장의 위험성을 지적한 로마 클럽 보고서에 대한 참조이자, 68이후 지지세를 늘려가던 탈성장 환경운동에 아이디어를 얻은 듯한) 세계인들은 탈성장을 요구했지만 HKH에 의해 주도된 기업 파시스트의 독재가 70년도부터 시작되었다. 1998년 대대적인 봉기로 HKH가 무너진 적이 있었다는 것이다[35]. 1968이란 숫자

---

35) (올자크가 디에르상에게 설명) 1980년 경, 선진국들은 산업발전이냐 지구파괴냐는 딜레마에 빠지게 되었소. 이미 1970년부터 그런 예상은 나왔지만, 여론은 경제 성장 쪽이었죠. 그러던 여론이 80년부터 변했죠. 그 덕분에 자본주의 기업들은 무차별적 산업화

는 직접 나오지 않지만, 세 번째 숫자 6이 9로 바뀐 1998년이라는 숫자는 이 책이 나오던 1973년 독자들에게는 1968을 충분히 상기시킬 수 있었을 것이다.

4. 논의를 맺으며

『불확실시간계』는 작품 전체가 이중성과 혼동을 중심으로 전개되는 매우 특이한 작품이다. 이는 이전 미국 중심으로 진행되는 악과 싸워 선이 이기는 스페이스 오페라 SF에 대한 반기로도 볼 수 있으며, 새로운 SF의 가능성, 그리고 미국의 확신에 가득한 과학 혹은 오락적 SF에 대한 프랑스의 SF를 통한 '철학적' 답변이기도 하다. 이 소설의 가치는 1974년 프랑스 SF 작가들을 위한 상상문학 대상(Grand prix de l'Imaginaire)의 최초 수장작품이라는 점에서 입증되었고, 이후에도 프랑스 SF의 대표작으로 자주 언급되면서 계속해서 가치를 인정받고 있다.

본 연구는 미셸 죄리와 그의 대표작이자 프랑스 SF의 대표작『불확실시간계』를 국내에서 최초로 소개하는 논문이다. 그래서 분석과 신문서평 같은 모습이 다소 혼재된 것이 본 연구의 단점이라고 할 수 있을 것이다. 이러한 단점은 "시간용해여행 3부작(la trilogie chronolytique)"으로 불리는 죄리

광신도들과 함께 점차 소수로 전락하게 됩니다. 이 과정에서 파시스트 반동이 터집니다. 기업들은 자신들의 세력을 유지하기 위해 대중의 압력 때문에 점차 자신들의 말을 듣지 않는 정부에게서 벗어날 수밖에 없었소. 그 후 1985년에서 1990년 사이에 민간 산업제국들 empires industriels privés이 탄생한 것이오. 유럽에서 [이러한 민간 산업제국들 중] 가장 강력한 존재가 HKH였고, 독점을 통해 다른 기업들을 먹어치웠소. 1998년 혁명 발발 전까지 말이오…" Michel Jeury, op. cit., p.104.

의 후속작 『시간의 유인원들 Les Singes du temps』(1974)과 『뜨거운 태양 심연의 물고기 Soleil chaud poisson des profondeurs』(1976)에 대한 후속연구를 통해 상쇄되기를 바란다.

* 이 글은 「시간용해여행: 프랑스 SF의 전환점 미셸 죄리의 『불확실시간계 Le Temps incertain』」(『인문학연구』 133호, 충남대학교 인문과학연구소, 2023)를 수정하여 재수록한 것임.

|2|
동양의 SF 문학

중국 SF의 포스트휴머니즘적 문학 상상: 류츠신의 『삼체三體』를 중심으로

손 주 연

1. 논의를 시작하며

류츠신劉慈欣은 왕진캉王晉康, 한쑹韓松, 허시何夕와 함께 중국 SF소설의 사대천왕으로 일컬어질 정도로 인기가 많은 SF 작가다. 그중에서도『삼체三體』삼부작은 류츠신의 대표작으로『삼체 제1부: 삼체문제』는 2007년에 제18회 중국 SF문학 은하상을,『삼체 제3부: 사신의 영생』은 2010년 제22회 은하상을 수상하였다. 특히 제3부는 중국 내 출판 한 달 만에 판매량이 10만권을 돌파하는 기염을 토했다.[1] 이후 2015년『삼체』가 SF계의 노벨상이라 일컬어지는 휴고상 최우수 장편소설상을 수상하면서 류츠신은 국제적으로 명성을 떨치게 되었다. 2019년 류츠신의 중편소설『유랑지구流浪地球』가 영화화되고 국제적으로 큰 반향을 일으키면서 다시 한 번 류츠신을 중심으로 한 SF 열풍이 일었다. 2020년에는『삼체 제1부: 삼체문제』로, 2021년에는『삼체 제2부: 암흑의 숲』으로 일본의 SF 문학상인 성운상도 수상하였다.[2]

---

[1] 嚴鋒,〈創世與滅寂─劉慈欣的宇宙詩學〉, 南方文壇, 2011年, 第73頁.
[2] "劉慈欣憑〈三體2：黑暗森林〉再獲日本星雲獎",『人民資訊』, 2021年7月22日, https://baijiahao.baidu.com/s?id=1705990857275159502&wfr=spider&for=pc

『삼체』 삼부작이 세계 SF 문학계에서 주목을 받은 이유는 다양하다. 이는 "아무리 과학기술 기반에서 출발하는 문학이라 하더라도 자국의 전통문화를 계승하여 중국다운 특색을 드러내려 하는 성향"3)의 90년대 중국 SF소설의 특징을 그대로 담고 있기 때문이기도 하다. 하지만 그보다도 『삼체』 삼부작은 SF소설 특유의 방대한 우주적 서사 속에서 외계 문명을 통해 인간 문명을 또 다른 측면에서 인식하게 해 준다는 점에서 많은 이들을 감동시켰다. 『삼체』 삼부작에서 인간 문명과 외계 문명의 조우는 인간 문명의 외연을 확장시켜주는 역할을 한다. 작품에서 인간 문명은 '인간 대 인간'의 세계관에서 '인간 대 미지의 외계 생명체'로 그 시야가 확대된다. 뿐만 아니라 이러한 외계 문명과의 조우는 기술이 매개되었을 때 발생하는 윤리성 문제와 인간성 개념에 대한 의문을 대두시킨다. SF소설답게, 『삼체』 삼부작에는 상상력이 가미된 다양한 신기술들이 등장한다. 여기서 제시된 발전된 기술은 많은 부분 윤리성 문제와 결부된다. 멘털 스탬프, 극한의 상황 하에서의 식인食人, 외계 문명을 소멸시키기 위한 전략으로서의 외계와 인간 문명의 공멸 등은 도덕적 존재로서의 인간, 그리고 윤리성의 절대적 기준에 대한 논의를 불러일으킨다. 이 밖에도 인간의 정신으로 상징되는 뇌와 신체의 분리, 인간의 모습으로 체현體現된 외계 생명의 모습 등 발전된 기술들은 '인간으로 하여금 인간이게 만드는 요소란 무엇인가'의 질문을 대두시킨다.

그간 SF소설은 대중적 장르문학으로 일반 대중에게 친근하게 다가감과 동시에, '공상 과학'의 세상 속에서 인간성에 대한 철학적 고찰을 선도하는

---

3) 고장원, 『중국과 일본에서 SF소설은 어떻게 진화했는가? - 중국과 일본의 과학소설 역사』, 부천 : 부크크, 2017년, 81쪽.

역할을 하였다. 이 때문에 SF소설은 '과학'과 '공상'의 영역을 넘나들며, 때로는 인간의 지나간 과오에 대해, 때로는 인간이 앞으로 마주할 수 있는 문제에 대한 화두를 끊임없이 던져왔다. 류츠신의『삼체』삼부작은 이러한 맥락 속에서, '현재'를 살고 있는 사람들이 '근미래'에 직시해야 할 수 있는 인간의 본성과 존엄성의 문제를 다루고 있다.『삼체』삼부작에서 묘사하고 있는 미래 세계는 독자들로 하여금 기술을 중시하는 시대에 접어든 인간 문명을 반성하게 해주며, 기술의 발전이 담보하는 문명의 진보와 미래에 대한 희망, 인간 존재의 의미가 가지는 철학적 의미를 다시금 생각해보게 해 주는 것이다. 이러한 맥락에서 봤을 때 포스트휴머니즘적 시각은『삼체』삼부작의 문학적·철학적 분석에 도움을 줄 것으로 생각된다. 이에 본 논문은 포스트휴머니즘적 시각을 통해 류츠신의 문학적 상상력을 통해 구현된『삼체』삼부작의 SF 세계관에 묘사되어 있는 기술·인간·외계 및 인간 문명의 연관관계를 분석하고, '인간과 인간 문명이란 무엇인가'로 귀결되는 문학적·철학적 의미를 고찰해 보고자 한다.

2.『삼체』삼부작의 포스트휴머니즘적 요소들

현대 사회는 기술 발전이 점점 가속화하는 가운데 기술적 특이점(technological singularity)를 향해 나아가고 있으며, 과학적 상상력과 현실 기술의 경계선이 점차 모호해지고 있다. 1968년, 필립 K. 딕.의 SF소설『안드로이드는 전기양의 꿈을 꾸는가?』[4] 발간 당시만 하더라도 공상과학과 현

---

4) 필립 K. 딕 지음, 박중서 옮김,『안드로이드는 전기양을 꿈꾸는가』, 서울: 폴라북스, 2013.

실기술의 격차는 명확하였다. 저자가 허구 속의 21세기 샌프란시스코를 그려내며 '인간의 피조물과 인간성이란 무엇인가'라는 화두를 던지고 포스트휴머니즘의 태동을 알리던 그 시기5)에, 현실 세상에서는 아직 개인용 컴퓨터조차 보편화되지 못한 상황이었다. 그러나 알파고를 필두로 한 각종 딥러닝 기반 인공지능은 한때 인간의 전유물로 여겨졌던 영역조차 넘보고 있다.6) 딕이 소설에서 묘사했던 홀로그램 기술도 가상현실(Virtual Reality; VR), 증강현실(Augmented Reality; AR), 혼합현실(Mixed Reality; MR) 등 다양한 형태로 발아하고 있다. 즉, 이전에는 포스트휴머니즘과 인간성에 대한 고찰이 SF소설과 상상력이라는 울타리 안의 전유물이었으나 이러한 울타리가 점차 허물어져 현실의 영역으로 확장되고 있음을 의미한다.

류츠신은 2016년 『뉴욕 타임즈』에 기고한 *The Robot Revolution Will Be the Quietest One*에서 자율주행 자동차의 발명을 예로 들며 "아직 아무도 눈치채지 못했을지라도 로봇 혁명이 시작되었음을 경고하는 것은 SF 작가로서의 의무"라 말한다. 류츠신은 이러한 로봇혁명을 눈앞에 둔 인류에게 주어진 미래는 유토피아적인 시나리오와 디스토피아적인 시

---

5) Galvan, Jill. "Entering the Posthuman Collective in Philip K. Dicks' Do Androids Dream of Electric Sheep?" Science Fiction Studies, 24(3). 1997, pp.413~429.

6) 체스의 경우 이미 1997년 인공지능이 인간 챔피언에게 승리하였으나, 바둑은 체스와 달리 경우의 수가 너무 많아 인공지능이 인간을 이기는 것은 20~30년 내에 불가능한 것으로 여겨졌었다. 그러나 구글 딥마인드에서 개발한 인공지능 알파고(AlphaGo)는 2016년 첫 데뷔 이후 여러 프로 바둑 기사를 상대로 연승을 거듭했으며, 2016년 3월 13일 이세돌 9단이 거둔 1승이 알파고를 상대로 한 인간의 유일한 승리로 기록되고 있다. 「[IT] 첫 네 수만 167억가지… '꾀'를 부린 알파고」 『조선비즈』, 2016년 4월 2일. https://biz.chosun.com/site/data/html_dir/2016/04/01/2016040101422.html Galv

나리오 두 가지가 있다고 말한다. 디스토피아적인 시나리오는 인류가 AI에게 모든 직업을 빼앗겨 인류 사회가 혼란에 빠지는 것이고, 유토피아적인 시나리오는 이러한 문제가 일어나기 전에 미리 대안책을 마련하는 것이다. 류츠신은 인류에게 어떠한 미래가 주어질지는 불분명하나, 한 가지 확실한 것은 과거의 직업 형태가 '야만적'(barbaric)으로 느껴질 만큼 큰 변화가 불어 닥칠 것이라 강조한다. 이때, 중요한 것은 '인간' 형태의 변화다.

> AI 시대에는 모든 생각이 기계들에 의해 행해진다. 왜냐하면 지난 세월 동안 우리는 점진적으로 우리의 자율성을 포기했기 때문이다. 한 걸음씩 우리는 스스로를 AI의 유순하도고 멋지게 길들여진 반려동물로 변모시켰다.[7]

다시 말하면, 류츠신은 스스로 사고할 수 있는 '자율성'을 박탈당한 인간은 AI의 '반려동물'에 불과하며, 이것이 로봇 혁명을 맞이하는 인류 문명이 분명하게 인지하고 있어야 하는 점이라고 강조한다. 류츠신은 이러한 로봇 혁명을 긍정적인 관점으로만 바라보고 있지는 않다. 그러나 이러한 로봇 혁명은 불가피한 변화이며, 이로 인해 이 세계에서 인간 존재가 가지는 의미와 역할이 바뀔 것이라는 점은 분명히 인지하고 있다. 이는 "독립적이고 자율적인 주체로서의 개별 인간에 대한 신화 역시 무너"졌다

---

[7] Liu Cixin, *The Robot Revolution Will Be the Quietest One*, The New York Times, Dec. 7, 2016. https://www.nytimes.com/2016/12/07/opinion/the-robot-revolution-will-be-the-quietest-one.html

는 포스트휴머니즘의 논의를 연상시킨다. "신체와 정신의 경계가 해체·재구축되고 '몸'의 성립 조건이 달라지면서, 기계와 인간 사이의 경계가 해체된 풍경"은 이제 더 이상 낯설지 않게 되었다.[8] 이러한 디지털 문명의 도래는 인간에 대한 새로운 고찰을 야기하고 있는 것이다.

이러한 류츠신의 현대 인류 문명과 인간성에 대한 고찰은 SF세계관이라는 색다른 공간 속에서 전개되며, 지구 문명과 외계 문명의 접촉을 주 소재로 삼고 있다. 이는 SF 소설에서 흔히 찾아볼 수 있는 설정[9]이나, 『삼체』 삼부작에서는 독특하게도 그 이면에서 다양한 '인간'과 '외계 생명체'가 '인간성' 경계를 넘나들며 인간성이란 무엇인가에 대한 끝없는 질문을 제기하고 있다. 특히 『삼체』 삼부작에서는 이러한 화두를 던짐에 있어 기존 서구권 SF에서 잘 다루지 않고 있었던 중국의 역사적·정치적 문제를 직접적인 소재로 활용하고 있다. 이는 『삼체』가 현대 중국 사회에서의 인간 존재의 의미와 철학적·윤리적 문제에 대한 고찰에 시의성을 제공하고 있음을 의미한다.

이와 유사한 맥락에서 국내외의 많은 학자들도 류츠신의 『삼체』에 관심을 두고 연구를 진행하였다. 그러나 포스트휴머니즘의 관점에서 진행된 『삼체』 연구는 많지 않다. 대표적으로 장쓰샹蔣思翔은 「〈솔라리스〉와

---

8) 안숭범, 『SF 포스트휴먼 오토피아: 한일 SF 애니메이션으로 살펴보는 '우리 안에 온 미래'』, 문학수첩, 2018, 41쪽.
9) 외계인과의 접촉을 다룬 대표적인 고전 SF 소설로는 1953년에 발간된 아서 C. 클라크의 『유년기의 끝(Childhood's End)』이 있다. 『유년기의 끝』은 오버로드라는 외계인이 지구를 침공하면서 발생하는 이야기를 그리고 있는데, "외계인 문학의 고전 명작(a classic of alien literature)"이라는 평을 받은 작품이다. Dick, Steven J. "The Alien Comes of Age: Clarke to E.T. and Beyond". Life on Other Worlds: The 20th-Century Extraterrestrial Life Debate. Cambridge University Press. (2001). pp.127-129.

〈삼체〉시리즈의 포스트휴머니즘 윤리관 비교 연구(《索拉裏斯星》與《三體》系列 後人類倫理觀比較硏究)」에서 폴란드 작가 스타니스와프 렘의 작품 『솔라리스 Solaris』(1961)와 『삼체』를 포스트휴머니즘적 윤리성의 관점으로 비교 연구 하였다. 그러나 장쓰샹의 연구는 포스트휴먼에 대한 정의가 모호하여 『삼체』의 윤리성 문제를 인간 개념의 존재론적 차원의 문제가 아닌 '기술 세계에 대한 비관적 인식', '생존', 그리고 '우주적 차원에서의 윤리'로 귀결 시키고 있다. 이 밖에도 포스트모더니즘적 관점에서 『삼체』를 연구한 논 문으로 류룽룽劉茸茸의 「젠더 · 알레고리 · 유토피아-류츠신 〈삼체〉에서 의 문화적 계시와 포스트휴먼 상상(性別 · 寓言 · 烏托邦——劉慈欣〈三體〉中的文化啓 示與後人類想象)」이 있다. 류룽룽은 『삼체』에 등장하는 예원제葉文潔, 청신程心 등 여성의 인물형상을 분석하며 '포스트휴먼'이 비판하는 계몽주의적 주 체 개념과 마찬가지로 『삼체』에서도 이원대립적인 여성상이 아닌 새로운 주체로서의 여성을 제시하고 있다고 주장한다. 류룽룽의 논문은 젠더 문 제와 포스트휴머니즘을 연결시켰다는 점에서 고무적이나 여성 인물들만 이 연구의 대상이 되었다는 점에서 아쉬움이 남는다.

국내 학계에서 류츠신의 『삼체』를 분석한 선행연구로는 학술지 논문 두 편과 학위 논문 한 편이다. 박민호는 「류츠신의 〈삼체〉를 통해 본 정치적 알레고리와 윤리의 아이러니」에서 『삼체』에 등장하는 문학적 요소들을 대 항해 시대와 식민주의 시대, 20세기 이후의 냉전과 포스트 냉전 시대, '리바 이어던' 등을 비유하는 정치적 알레고리로 보았다. 또한 역사적 현실을 담 아낸 이러한 작중의 냉혹한 우주세계가 '무윤리성'으로 등장하는 것은 평 화세계를 유지하기 위함이며, '사랑', '용서', '관용', '자비' 등의 '윤리성'은 허 황된 것에 불과하다고 분석한다. 박정훈의 「류츠신 〈삼체〉의 니힐리즘적 세계관 고찰」은 인류 문명에 대한 염증을 니힐리즘으로 분석하였다. 박정훈은 『삼체』의 주제의식이 기존의 가치를 부정하고 새로운 가치 정립을 추구한다는 점에서 니힐리즘과 맥을 같이 하고 있다고 보고 『삼체』가 제시하는 철학적 사유의 중요성을 짚어낸다. 박정영의 석사학위논문 『류츠신의 과환소설 〈삼체〉 연구』는 『삼체』 삼부작을 다각도로 분석했다는 점에서 의미가 있다. 박정영은 류츠신의 과학관을 기반으로 하여 『삼체』의 포스트휴머니즘적 요소와 문명론을 분석하였다. 이러한 분석은 『삼체』 삼부작을 포스트휴머니즘의 관점에서 『삼체』를 연구했다는 점에서는 고무적이나 '포스트휴먼'을 인간중심주의에 반대되는 '탈-인간주의'로 해석하여 인간과 기술을 양분하는 계몽주의적 주체관과 인간 개념을 극복하려 하는 포스트휴머니즘의 본래 의미가 흐려졌다. 또한 기술을 대하는 작가의 태도를 낙관과 비관으로 양분하여 분석을 진행하여 『삼체』가 다루고 있는 기술과 인간 그리고 외계 문명 간의 복잡한 관계를 단편적으로 담아내는 한계를 보였다.

　　류츠신의 『삼체』 삼부작에서는 인간이 자연과 대비되는 개념에서의 인간, 물질과 대비되는 개념에서의 정신을 소유한 존재로서의 인간이라는 개념이 외계 생명의 등장으로 인해 필연적으로 변화를 겪게 된다. '우주'의 거시적 관점에서 다시금 지구를 터전으로 하는 인간 세상을 바라보게 되면, '인간 세상'의 규칙들이 무너지게 된다. 이는 외부의 시선으로 다시금 인간 세상을 들여다보는 작업이기도 하다. 이러한 거시적·외부적 시선과 함께 기술과 인간이 분리되지 않은 기술 문명 시대의 도래에 대한 명확한 인지는 인류의 도덕성과 인간성에 대한 새로운 정의를 수반하게 된다. 이러한 『삼체』 삼부작의 주제의식은 포스트휴머니즘의 논의들과 맞닿아 있다.

포스트휴머니즘은 기술이 인간을 구성하는 하나의 요소가 됐을 때 '인간'의 의미를 모색한다. 다시 말하면, "인간은 자연을 넘어선다고 가정된 기초"를 뛰어넘으려 애쓰는 것이다. 이는 자연과 인간이 양분되어 있다는 "근거와 현상학적 가정을 수정하고, 기술의 역할을 인간의 자연적 기초로 되돌려 놓으려"는 시도라 할 수 있다. 이 때 기술은 "비물질적 주체와 물질적 신체를 재통합하고 새로운 형태의 자기 이해를 구축하는" 역할을 하게 된다.10) 이는 '인간' 개념 자체에 대한 반성이자 새로운 이해라 할 수 있다. 해러웨이가 「사이보그 선언문」에서 주장한 것처럼, "사이보그는 인간/기계, 인간/동물, 물질/비물질 등등의 경계의 일탈이자 경계의 융합"이며, "서구의 동일성 논리에 기초한 동질적 주체가 억압시킨 차이의 복원"이다.11) 그렇기에 "사이보그 정치는 언어를 향한 투쟁으로, 완벽한 소통에 대항하며, 모든 의미를 완벽하게 번역해내는 하나의 코드, 즉 남근로고스 중심주의라는 중심 원리에 대항하는 투쟁"12)이라 할 수 있는 것이다.13) 이처럼 포스트휴머니즘은 기술이 인간의 미래를 더욱 발전시킬

---

10) 이화인문과학원 편, 『인간과 포스트휴머니즘』, 이화여자대학교출판부, 2013, 33쪽.
11) 도나 해러웨이 지음·임옥희 옮김, 「사이보그를 위한 선언문- 1980년대에 있어서 과학, 테크놀로지, 그리고 사회주의 페미니즘」, 『문화과학』 제8호, 1995.
12) 도나 해러웨이 지음·황희선 옮김, 「사이보그 선언」, 『해러웨이 선언문』, 서울: 책세상, 2019, 74~75쪽.
13) 여기에서의 사이보그는 신체는 "무수한 촉수와 기계 부품, 외계인, 인간, 짐승, 식물의 조각들이 유려하게 얽혀 있는 테크놀로지 시대의 혼성체로 자아와 타자가 상호 감염된 신체이며 다중적 정체성이 중식하는 신체를 상징한다. 이들은 범주와 위계의 구분에서 자유로울 뿐 아니라 몸 자체로 세상과 소통하고 변모하는 기관 없는 신체로 폐쇄적이며 고정적인 기존의 주체 개념을 편파적이고 유동적이고, 변동적인 것으로 대체한다." 마정미, 『포스트휴먼과 탈근대적 주체』, 커뮤니케이션북스, 2007, 43~44쪽.

것이라는 진보적 낙관주의의 트랜스휴머니즘과는 달리, 일원화된 근대적 주체에 대한 반성이자, 기술이 매개된 인간 개념에 대한 새로운 고찰이라 할 수 있다. 이러한 포스트휴머니즘적 관점에서 『삼체』 삼부작을 들여다보면, 인류의 고유한 영역에 속했던 '윤리성'과 '도덕성'의 개념이 새로운 궤도를 그려나가고 있음을 알 수 있게 된다.

3. 외계 문명의 존재로 재고하는 인간 문명의 윤리성

『삼체 제1부: 삼체문제』는 인간 문명이 기존의 세계관에서 탈피하여 새로운 영역으로 발을 딛게 되면서 발생하는 다양한 변화를 그려낸다. 그 중 가장 도드라지게 드러나는 사건은 '인간 문명'이 '삼체 문명'이라는 미지의 외계 문명과 접촉하는 내용이다. 제1부에 등장하는 다양한 인물들은 '삼체 문명'에 제각기 다른 방향으로 반응한다. 이는 앞서 언급하였던 『유년기의 끝』과 유사한 전개 방식으로, 그간 자기들끼리 대립하였던 인간 문명은 새로운 외계 문명에 대해 반발·굴복·추앙[14]이라는 다양한 방식으로 반응한다.

『삼체 제1부: 삼체문제』의 시작은 전술한 다양한 반응 속에서 예원제

---

14) 지구를 침공한 오버로드들은 시범적으로 아프리카의 아파르트헤이트 제도를 폐지하고, 스페인의 투우를 중지시키고, 핵무기를 무력화시킨다. 미국·소련과 같은 강대국은 오버로드들의 막강한 과학기술 앞에 굴복하나, 웨인라이트(Wainwright)와 같은 인물들은 오버로드들의 속셈을 의심하고 인간의 자유의지를 중시하며 오버로드가 추진하는 세계 정부 구성에 반대한다. 반면 스톰그렌(Stormgren, UN 사무총장)은 오버로드들의 통치가 인류의 평화와 번영에 도움이 될 것이라 생각하여 오버로드들에 의한 신탁 통치를 적극적으로 받아들인다. 아서 C. 클라크 지음, 정영목 옮김, 『유년기의 끝』, 시공사, 2016.

가 삼체 문명을 불러들이는 것으로 출발한다. 예원제는 혼란했던 중국 사회상을 그대로 반영하고 있는 인물 중 하나로, 정치적·사회적 핍박으로 인하여 인간이라는 존재에 회의감을 갖고 있는 인물이다. 예원제는 물리학 교수인 아버지 예저타이葉哲泰의 딸이다. 예저타이는 훌륭한 물리학자였으나, 문화대혁명 시기 홍위병에 의해 목숨을 잃고 만다. 그 과정에서 같은 물리학 교수였던 아내 사오린紹林도 홍위병 앞에서 공개적으로 남편의 '반동성'을 폭로한다. 이러한 가정의 비극 속에서 예원제는 하방 당하고, 정부의 '홍안기지紅岸基地' 프로젝트 투입되어 천문학자로 간신히 살아남게 된다. 이곳에서 예원제는 우연히 살충제 중독을 고발한 책 『침묵의 봄』을 접하고선 다음과 같이 생각한다.

> 레이철 카슨이 쓴 인간의 행위, 즉 살충제 사용은 예원제가 보기에 정당하고 정상적이며 적어도 중립적인 행위였다. 그러나 대자연의 시각에서 보면 이 행위는 문화대혁명과 별 차이가 없었다. 우리 세계에 끼치는 폐해는 마찬가지로 심각했다. 그렇다면 자신이 보기에 정상이거나 심지어 정의라고 생각되는 인간의 행위 중 사악한 것이 얼마나 된단 말인가? (중략) 아마도 인간과 악의 관계는 대양과 그 위에 떠 있는 빙산의 관계로, 둘은 동일한 물질로 구성되어 있을 것이다. 그러나 빙산이 눈에 잘 띄는 이유는 그저 형태가 다르기 때문이고, 그곳의 실체는 거대한 물 중 아주 작은 일부분일 뿐이다. 중이 제 머리 못 깎듯 인간 스스로 도덕적 자각을 하는 것은 불가능하다. 그렇게 하려면 인간 이외의 힘을 빌려야만 한다.[15]

예원제는 외계 문명을 향해 중국 사회주의의 위대함을 발신하는 목적을 가지고 있었던 홍안기지의 시스템을 이용하여 외계에 메시지를 보낸다. 그러나 그 메시지는 사회주의의 위대함이 아닌, 인간 문명에 대한 철저한 실망과 구원의 손길을 요하는 것이었다. 이 지점에서 주목해야 할 점은 예원제의 동기가 외계 문명에 대한 낙관주의보다는 인류 문명에 대한 비관주의가 우선하였다는 점이다.

결말부에 이르면 아이러니하게도 인간에 대한 동정심이라는 '인간성'을 표출한 것은 평화주의자를 자처하는 삼체 문명의 최초 접촉자, 1379호 감청원이었다. 그는 지구의 존재를 알게 되었을 때 삼체 문명의 지도자들이 어떻게 반응할지를 예상하였고,(이는 필시 지구 문명의 파멸로 귀결될 것이었다) 본인의 보전보단 지구의 안위를 우려하여 다시는 삼체 세상에 접촉하지 않도록 예원제에게 경고문을 발송하였다. 1379호 감청원은 "개인과 사회를 정신적으로 취약하게 만들어 이 세계의 열악한 환경에서 살아남는데 불리해지"게 만드는 "공포, 슬픔, 행복, 아름다움 등 모든 감정"을 표출하지 않는다. "삼체 세계에서 필요한 정신은 냉

---

15) "蕾切爾·卡遜所描寫的人類行爲──使用殺蟲劑, 在文潔看來只是一項正當和正常的,至少是中性的行爲；而本書讓她看到, 從整個大自然的角度看, 這個行爲與"文化大革命"是沒有去別的, 對我們的世界產生的損害同樣嚴重.那麼, 還有多少在自己看來是正常甚至正義的人類行爲是邪惡的呢？(中略)也許, 人類和邪惡的關係, 就是大洋與漂浮於其上的冰山的關係, 它們其實是同一種物質組成的巨大水體, 冰山之所以被醒目地認出來, 只是由於其形態不同而已, 而它實質上只不過是這整個巨大水體中極小的一部分⋯⋯人類眞正的道德自覺是不可能的, 就像他們不可能拔著自己的頭髮離開大地.要做到這一點, 只有借助於人類之外的力量."
류츠신 지음, 이현아 옮김,『삼체 제1부: 삼체문제』, 자음과모음, 2020, 113~114쪽. 劉慈欣,《三體》, 重慶：重慶出版社, 2008年, 70頁.

정함과 무감각"16)이기 때문이다. 그러나 감청원 1379호는 삼체 문명에 염증을 느끼고 "정신의 획일화와 메마름"17)을 견딜 수 없다고 토로한다. 여기에서 '인간성'에 대한 아이러니가 수면 위로 떠오른다. 인류 문명의 일원인 예원제는 인간의 전유물처럼 여겨졌던 '인간성'을 부인하고 비인간, 즉 외계 문명에 희망을 건다. 반대로 외계 문명인 삼체 세계에서는 도리어 정신을 허약하게 만드는 '감정'을 갈구한다. 이 지점에서 소설은 인간/외계, 이성/감정의 경계가 모호해진다.

"당신은 왜 그들이 인류 사회를 개조하고 완전하게 해줄 수 있을 것이라고 기대했습니까?"라는 심문관의 질문에 예원제는 "그들이 행성 사이를 뛰어넘어 우리 세계에 올 수 있다면 그들의 과학은 이미 상당한 단계로 발전했을 것이고 과학이 그토록 발전한 사회라면 더 높은 문명과 도덕 수준을 갖고 있을 것이라 생각했습니다."라고 대답한다. 이에 대한 심문관의 대답은 "그 결론이 과학적이라고 생각합니까?"이다.18) 이 대목에서 소설은 과학/비과학, 인간/비인간, 기술 발달/기술 낙후, 높은 윤리의식/타락한 윤리의식의 이분법에 정면으로 도전하며, 삼체 외계 문명으로

---

16) "以上這些情緒, 還有其他的所有情緒, 想恐懼, 悲傷, 幸福, 美感等等. 都是三體文明所極力避免和消除的, 應爲它們會導致個體和社會在精神上的脆弱, 不利於在這個世界惡劣的環境中生存. 三體世界所需要的精神, 就是冷靜和麻木," 류츠신, 위의 책, 397쪽. 劉慈欣, 同上書, 267頁.

17) "我最無法忍受的是精神生活的單一和枯竭," 류츠신, 위의 책, 399쪽. 劉慈欣, 同上書, 268頁.

18) "審問者：那你爲什麼對其抱有那樣的期望, 認爲它們能夠改造和完善人類社會呢？ 葉文潔：如果他們能夠跨越星際來到我們的世界, 說明他們的科學已經發展到相當的高度, 一個科學如此昌明的社會, 必然擁有更高的文明和道德水準. 審問者：你認爲這個結論, 本身科學嗎？" 류츠신, 위의 책, 388쪽. 劉慈欣, 同上書, 260~261頁.

대변되는 신기술 기반의 세상에서 기존의 관념들은 모두 의미가 없어졌음을 다시금 강조한다. 그리고 여기에서 소설의 초점은 '윤리성'의 문제에 맞춰진다.

오늘날 마법처럼 여겨지는 일들이 미래에 현실로 구현되었을 때에, 도덕 준칙의 변화는 불가피하다. 같은 맥락에서 류츠신은 "우주에는 공동의 도덕 준칙이 있을까?"라는 질문을 던진다. 그는 "도덕감 제로인 우주 문명이 존재할 가능성이 100퍼센트라고 생각한다"며, 이를 전제로 할 때 "도덕이 있는 인류 문명은 이 우주에서 어떻게 생존해야 하는가?"라는 질문에 답하기 위해『삼체』삼부작을 쓰기 시작했다고 밝힌다.[19] 이러한 맥락에서 봤을 때, 기술의 발전과 윤리성 문제에 대한 고찰은『삼체』삼부작을 관통하고 있는 주제 의식이라 할 수 있다. 이러한 기술의 발전에 따른 윤리성 문제는 크게 두 가지 소재로 드러난다.

첫 번째는 '멘털 스탬프'라는 기술이 야기하는 윤리성 문제다. 멘털 스탬프는『삼체 제2부: 암흑의 숲』에 등장하는 인간 사고를 바꾸는 기술이다. 이는 대뇌의 신경망의 구조 중 인간이 판단을 내리게 만드는 메커니즘을 응용한 것이다. 소설에서는 인간의 대뇌가 사고하는 과정을 기계, 즉 컴퓨터에 비유한다. 대뇌도 컴퓨터와 마찬가지로 특정 정보가 입력되면 나름의 프로세스를 거쳐 결과물을 내놓는 것이다. 이에 착안하여 대뇌에 있는 특정 신경망을 기술적으로 처리하여 대뇌에 특정 정보를 입력하게 되면 사고를 거치지 않고 그 정보를 사실로 인식하게끔 만드는 것

---

[19] "如果存在外星文明, 那麼宇宙中有共同的道德準則嗎? (中略)我認爲零道德的宇宙文明完全可能存在, 有道德的人類文明如何在這樣一個宇宙中生存? 這就是我寫"地球往事"的初衷." 류츠신, 위의 책, 444~446쪽. 劉慈欣, 同上書, 300~301頁.

이다. 이 기술을 소설에서는 '멘털 스탬프'라고 명명했다. 즉, 인간의 사고 조작이라는 마법과도 같은 일이 과학 기술로 구현된 것이다.

소설에서는 멘털 스탬프 기술을 인간에게 적용시킨다. 삼체 함대가 지구를 함락시키기 위해 날아오고 있는 상황 속에서 인간은 깊은 절망에 빠진다. 삼체 문명의 기술력을 미루어 봤을 때, 인류가 생존할 수 있는 가능성이 희박했기 때문이다. 인류에게 가장 필요한 것은 삼체 문명과의 전쟁에서 승리할 것이란 신념이었다. 그러나 이는 이성적인 사고로는 가질 수 없는 감정이기에 멘털 스탬프로 '정치사상 공작'을 진행하게 된다. 이 대목에서 소설은 본질적인 의문을 제기한다. "그건 기술이 컴퓨터 프로그램을 수리하듯 생각을 바꿔놓는 겁니다. 그렇게 수리된 인간은 인간일까요, 자동 기계일까요?"[20]

이 지점에서 소설이 제기한 질문은 철학적인 차원으로 넘어가게 된다. 멘털 스탬프는 비물질적 세계에 존재하던 기술이 신체 내부로 침투한 과정으로 볼 수 있다. 이는 "인간 종 바깥에서 비-인간으로 다루어졌던 다른 생명체들과 기계들에 대해 전면적인 재-성찰"을 제기하며, 이 "타자들과 공존-공생-공진화할 수 있는 새로운 주체성의 발명을 촉구"[21]한다. '인간의 자유롭게 생각할 권리와 능력'과 '전쟁에서의 승리' 사이의 충돌. 그리고 멘털 스탬프를 강요하지 않고 자발적으로 멘털 스탬프 기술을 적용받았을 때의 윤리적 책임. 이 모두는 기계와 인간의 공존과 공생을 전제

---

20) "技術已經做到了能像修改計算機程序那樣修改思想, 這樣被修改後的人, 是算人呢, 還是自動機器?" 류츠신 지음, 허유영 옮김, 『삼체 제2부: 암흑의 숲』, 자음과모음, 2020, 380쪽. 劉慈欣, 〈三體Ⅱ:黑暗森林〉, 重慶 : 重慶出版社, 2008年, 244~245頁.
21) 김재희, 「우리는 어떻게 포스트휴먼 주체가 될 수 있는가?」, 『철학연구』 106집, 2014, 216쪽.

로 한 새로운 윤리적 기준과 도덕적 위계의 정립을 요구하고 있다.

둘째는 우주 세계에서의 윤리적 기준의 문제다. 이에 해당하는 내용은 『삼체』 삼부작 곳곳에서 볼 수 있다. 『삼체 제2부: 암흑의 숲』에서 뤄지羅輯는 "과학에서는 선과 악의 구분이 명확하지 않으니까 정의가 필요하다"며, "선의는 다른 문명을 자발적으로 공격하지 않는 것이고 악의는 그 반대"22)라고 말한다. 이를 기준으로 봤을 때 『삼체』 삼부작에서 선의에서 비롯된 인간의 많은 판단은 악의로 귀결된다. 그 예로 『삼체 제2부: 암흑의 숲』에서 장베이하이章北海는 삼체의 침공을 앞두고 우주선에 인류 문명의 모든 정보를 싣고 우주의 심연을 향해 나아간다. 당초 장베이하이가 이끄는 우주 함대는 총 다섯 척이었다. 그러나 부품과 식량의 부족으로 장베이하이는 다섯 척의 함대 중 네 척을 파괴시킨다. 이는 많은 사람들을 살해하는 반인륜적 행위라고 볼 수 있다. 그러나 장베이하이는 우주 환경에서는 인간의 개념이 사라지며 "새로운 문명이 탄생하고 새로운 윤리도 형성되고 있"23)다고 생각한다. 우주 세계에서 장베이하이에게 남은 윤리란 '인간 문명의 씨앗을 보존하는 일'인 것이다. 남은 한 척의 함대는 나머지 네 척에 타고 있던 선원들의 시신을 먹으며 생존한다. 이 역시 제3부 『사신의 영생』에서 윤리적 문제로 언급된다.

또 다른 예로 공멸의 문제가 있다. 소설에서 삼체인은 자신의 생각을 투명하게 드러내는 것으로 소통하는 생명체로 등장하게 된다. 삼체 세계

---

22) "下面要定義兩個槪念：文明間的善意和惡意。善和惡這類字眼放到科學中是不嚴謹的, 所以需要對它們的含義加以限制：善意就是指不主動攻擊和消滅其他文明, 惡意則相反." 류츠신, 앞의 책, 672쪽. 劉慈欣, 同上書, 443頁.
23) "新的文明在誕生, 新的道德也在形成," 류츠신, 위의 책, 638쪽. 劉慈欣, 同上書, 420頁.

에서는 모든 생각이 그대로 드러나기 때문에 생각을 숨기는 것이 불가능하다. 그리하여 삼체인은 인간의 '지략'과 '음모'의 개념을 이해하기 힘들어한다. 이러한 점에 착안하여 인류는 '면벽자'를 선발한다. 실력을 갖춘 인간을 선발하여 머릿속으로 삼체 문명에 대항할 수 있는 지략을 짜 지구의 멸망을 막는다는 전지구적 플랜이었다. 그러나 면벽자로 선발된 자들은 삼체 문명을 파멸시키기 위해 인류가 공멸하는 전략을 내놓는다. 이는 현대 사회의 윤리를 포기한 살인 행위이다. 그러나 후에 뤄지는 '공멸' 전략을 활용하여 '위협 게임학'을 적용, 삼체 문명과 인류 문명이 서로를 침공하지 못하는 '평형상태'를 이루게 된다.

이는 인간과 기계, 인간과 외계의 구분을 모호하게 만듦으로써, 인간 주체와 외부 세계의 경계가 선험적으로 주어진 것이 아닌 하나의 구성물로 거듭나는 과정을 묘사한 것이라 볼 수 있다.[24] 인간과 비인간, 생명과 비생명의 경계가 불분명해지기에 인간을 중심으로 한 기존의 윤리적 기준도 흔들리게 된다. 제3부로 들어가면 인간 종은 우주의 수많은 종들 중 하나로 등장하게 되며, 이는 인간중심주의적인 사고를 해체하게 된다. 또한 "다양한 관점과 방법(생물학적 · 정보과학적 · 인지과학적)의 과학기술 사이에 밀접한 다중접속력을 가진 비판적 포스트휴머니즘 윤리"를 촉구한다.[25]

---

25) 최용성 · 이왕주, 위의 논문, 73쪽.

4. 기술 중심주의 문명에서의 인간성 문제

앞에서 언급한 바와 같이 인간의 문명과 문화에 기술이 개입했을 때, '인간'과 '인간성'은 새롭게 정의된다. 『삼체』 삼부작은 '기술적 인간'의 존재와 '인간성'의 정의라는 두 가지 측면에 집중하여 기술로 인해 변화하는 '인간' 개념과 '인간성'이란 무엇인가의 질문에 답하고 있다.

'기술적 인간'이란 "기술 (혹은 기술결정물)을 이용해 부분 혹은 전체적으로 인간 몸의 물리적 기반을 보완·극복·모방한 '인간적인 비인간/비인간적인 인간'을 통칭"한다.[26] 기존의 SF에서 이러한 기술적 인간은 인간이 기술과 결합된 사이보그 인간의 형태로 제시되곤 했다. 앞서 언급한 『안드로이드는 전기양의 꿈을 꾸는가?』에서도 안드로이드나 레플리컨트의 '인간적 행위'를 그리며 인간에 대한 정의에 도전장을 내밀었다. 아이작 아시모프의 『이백 살을 맞은 사나이 The Bicentennial Man』에서도 '인간'과 '안드로이드'의 경계가 점차 희미해지는 것을 주 소재로 하였다. 『삼체』 삼부작에서도 유사한 테마가 보인다. 제3부 『사신의 영생』에서 윈톈밍雲天明의 뇌를 우주로 보내는 사건에 이에 해당된다. 앞서 언급한 바와 같이 인간은 자신의 생각을 숨길 수 있지만 삼체인은 생각이 투명하게 드러난다. 이를 이용하여 인간이 삼체 세계에 숨어든다면, 그들의 생각과 전략을 알아내 지구에게 그 정보를 보낼 수 있다. 문제는 삼체 문명과 지구의 거리가 너무 멀어 지구에서 인간을 삼체 문명에 보낼 수 있는 기술이 없다는 것이었다. 인간을 삼체 문명으로 보내기 위해서는 무게를 줄여야 했다.

---

26) 안숭범, 앞의 책, 44~45쪽.

이 때문에 인간의 뇌만 삼체 문명으로 보내게 된다. 그 전제는 뇌에 이미 인간 신체에 대한 정보가 다 들어있기 때문에, 삼체 문명이 뇌만 가지고도 인간의 신체를 만들 수 있다는 것이다. 기술로 다시 부활한 인간은 '인간'이라 할 수 있을까? 흥미로운 점은 지자(智子, 삼체인이 지구와 소통하기 위해 보낸 양성자) 역시 '인간'의 외양을 하게 된다는 것이다. 지자는 인간과 유사한 모습으로 등장하게 된다. 그렇다면 지자는 어떠한 '인간'인가.

이는 포스트휴머니즘과 트랜스휴머니즘에서 제시하는 '포스트휴먼'의 정의로 분석 가능하다. 트랜스휴머니즘에서의 '포스트휴먼'은 "'진보(progress)'에 대한 계몽주의적 기획을 수용"한 결과다. 즉 "더 건강하고 더 현명하면서 주로 불멸성, 아름다움, 도덕적 순결성 등과 같은 욕구를 실현할 더 많은 힘을 가진 독립적인 '자아'"라 할 수 있다.[27] 트랜스휴머니즘에서 제시하는 '포스트휴먼'은 기술력이 극도로 발전할 때, 인간은 보다 완전한 '초인'으로 거듭날 것이라 기대한다. 포스트휴머니즘은 포스트휴먼의 육체가 "감각과 지각의 총체로서의 육체"가 지닌 의미가 해체되었다고 보고, "과학기술적으로 경험되고 증명되는 과학기술 대상으로서의 육체"[28]로 본다. 이는 정합적이며 통합적인 존재론적 인간 개념에서 벗어나 과학기술과 공진화하는 인간 개념으로 접어든 것으로 볼 수 있다. 『삼체』의 윈텐밍과 지자가 상징하는 인간 형상은 극도로 발전된 기술이 탑재된 이상적인 인간의 모습이라기보다는 과학기술과 인간이 공진화하는 모습을 보여주고 있다. 이러한 모습의 인간에 『삼체』는 '인간성'이란 무엇인가의 질문을 대두시킨다.

---

27) 토머스 필벡, 앞의 책, 27쪽.
28) 김응준, 「포스트휴먼 조건 또는 인간의 조건」, 『인문과학』 제67집, 2017, 199쪽.

인간성으로 대변되는 것은 인간 고유의 감정이다. 삼체인에게는 감정이 없다. 그들은 공포, 슬픔, 행복, 아름다움 등의 감정은 유약한 것이며 냉혹한 우주 세계에서의 생존을 방해하는 요소로 인식한다. 이러한 묘사는 마치 류츠신이 기술중심주의를 긍정하는 것처럼 보인다. 그러나『삼체』에서 인간과 기술의 관계는 그리 단순하지 않다.『사신의 영생』에서 청신은 '위협 게임학'을 통한 삼체 문명과 인류 문명의 평형상태를 유지하는 역할을 담당하는 '검잡이'가 될 것을 제안받는다. 망설이던 사이, 한 어머니가 태어난 지 얼마 되지 않은 자신의 아이를 청신에게 안겨주며 청신을 '성모마리아'라 칭한다. 그리고 이 세상을 지켜줄 것을 부탁한다. 이 순간 느낀 모성의 감정으로 청신은 검잡이가 된다.

아기 엄마의 말과 품에 있는 따뜻하고 보드라운 아기가 청신에게 한 가지 사실을 일깨워주었다. 그녀가 이 새로운 세계에 대해 품고 있는 감정이 모성이라는 것을 분명히 알았다. 그녀가 서기 시대에 경험해보지 못한 그 감정이 잠재의식 속에서 깨어나며 새로운 세계 사람들이 마치 품안의 아기처럼 느껴졌다. 그들이 상처받는 걸 볼 수 없었다. 예전에는 이것을 책임감으로 오해했지만 모성과 책임감은 다르다. 모성은 본능이므로 벗어날 수 없다.[29]

---

29) "年輕母親的話和懷中溫暖柔軟的嬰兒讓程心突然明白了一件事, 她看清了自己對這個新世界的感情的實質：母性。是她在公元世紀從未體會過的母性, 在她的潛意識中, 新世界中所有的人都是自己的孩子, 她不可能看著他們受到傷害。以前, 她把這誤認為是責任, 但母性和責任不一樣, 前者是本能, 無法擺脫." 류츠신 지음, 허유영 옮김,『삼체 제3부: 사신의 영생』, 자음과모음, 2020, 176~177쪽. 劉慈欣,〈三體Ⅲ:死神永生〉, 重慶 : 重慶出版社, 2010年, 111頁.

그 후 청신에게 인류를 구할 수 있는 두 번의 기회가 주어진다. 청신은 두 번 다 '인류를 구하기 위한' 선택을 내리고, 그 결정의 근거는 '인간성'이었다. 그러나 그 두 번의 결정은 모두 더 많은 인류를 죽음으로 내몰게 된다. 이 지점에서 작가는 독자들로 하여금 '인간성'을 기반으로 한 결정이 '인간성'에 반하는 결과를 낳을 때, '인간'을 규정짓는 '인간성'의 개념은 무엇일지 다시금 생각해 볼 것을 촉구한다. "인류는 추상적인 개념이 아니"며, "인류에 대한 사랑은 한 사람 한 사람의 사랑에서 시작"된다는 청신의 사유[30]는 우주세계와 기술문명 속에서도 유효한가?

우리가 주목해야 하는 부분은 윤리성과 마찬가지로, 우리의 시야가 우주세계로 확장되었을 때 윤리성과 인간성이 인간 고유의 문제가 아니게 된다는 점이다. 『스타워즈』나 『스타트렉』과 같은 스페이스 오페라에서는 이미 외계 문명과 인간 문명이 서로 뒤섞이며 융합한 모습을 묘사했다. 현재 지구에서 인종의 다양성을 찾아볼 수 있듯, 우주적 관점에서도 생명체의 다양성을 찾아볼 수 있다. 『삼체』에서 외계 문명과 인간 문명은 서로를 학습한다. 인간 문명은 삼체 문명의 발달된 기술을 학습한다면, 삼체 문명은 인간 고유의 영역이었던 '생각을 숨기고 계획을 짜는' 지략을 배운다. 또 인간은 삼체 문명의 냉혹한 이성을 배워 양심과 도덕은 '사회 강박중'이라는 생각을 가지게 되지만, 삼체 문명은 연약하지만 아름다운 꽃과도 같은 인간 감정의 가치를 동경하기도 한다. 외계 문명과 인간 문명의

---

30) "인류는 추상적인 개념이 아니에요. 인류에 대한 사랑은 한 사람 한 사람의 사랑에서 시작돼요. 먼저 사랑하는 사람들에게 책임을 다 하는 것이 잘못은 아니에요. 이것 때문에 자책하는 게 도리어 황당하죠." "人類不是一個抽象的概念, 對人類的愛是對一個一個人的愛開始的, 首先負起對你愛的人的責任, 這沒什麽錯, 爲這個自責才荒唐呢!" 류츠신, 위의 책, 107쪽. 번역은 필자가 일부 수정. 劉慈欣, 同上書, 63頁.

이러한 시도는 모두 한 가지 원칙을 전제로 한다. 그것은 바로 "생존은 문명의 첫 번째 필요조건"이라는 점이다. 이는 외계 문명과 인간 문명 모두 생존을 목표로 할 때, '인간성'이라는 것은 어떻게 정의될 수 있을 것인지에 대한 물음이기도 하다.

이러한 물음은 해러웨이의 「사이보그 선언문」에서도 잘 나타난다.

> 사이보그 세계는 사람들이 동물 및 기계와 맺는 친족관계를 비롯해 영원히 부분적인 정체성과 모순적 입장을 두려워하지 않으면서 살아가는 데서 경험하는 사회적·신체적 현실과 결부될 수 있다. 이 두 관점을 동시에 보는 것이 정치 투쟁이다. 각각이 다른 시점에서 상상할 수 없는 지배와 가능성을 드러내는 데 유리하기 때문이다. 단일한 시각은 이중적인 시각이나 머리가 여럿 달린 괴물의 시각보다 나쁜 환상을 만들어낸다. 사이보그 연합체는 기괴하고 위법적이다.[31]

해러웨이 논의의 초점은 사이보그가 '단일한 시각' 혹은 '이중적인 시각'을 극복하게 해준다는 점에 맞춰져 있다. 즉, '본질적' 통일성을 지닌 '여성'은 존재하지 않는다. 여성은 그 자체로 역사적·사회적 구성물이며 복합적이고 모순적인 요소들의 집합체이다. 이는 '여성'을 단순한 통일체로 보는 단일한 시각, 혹은 남성의 대척점에 서 있는 '남성이 아닌' 존재로서의 여성으로 인지하는 이중적 시각을 극복하게 해 준다.

---

31) 도나 해러웨이, 앞의 책, 22쪽.

마찬가지로, 『삼체』 삼부작에서도 삼체 문명의 존재는 '윤리성' 혹은 '도덕성'이라는 인간에게 근본적으로 주어진 것이 아님을 깨닫게 해 준다. 우주적 관점에서 보면 '윤리성'과 '인간성'은 모두 철저하게 인간 중심적인 것이다. 이를 우주적 관점에서 확장했을 때 '윤리성'과 '인간성'은 인간을 넘어선 새로운 영역으로 접어들게 된다. 높은 수준의 기술은 더 높은 수준의 윤리성을 담보할 수 있는가? 인간의 생존과 인간 문명의 생존이 충돌할 때, 어떠한 선택이 윤리적인가? 이러한 윤리성이 새로운 궤도를 그리게 되면, 인간을 인간으로 만드는 '인간성'이란 무엇인가? 멘털 스탬프로 인간의 사고를 조작하면, 그 인간을 '인간'으로 부를 수 있는가? 만약 인간이 아니라면 그 존재는 무엇일까? 인간성의 본질이 '공포, 슬픔, 행복, 아름다움' 등의 감정을 풍부하게 느끼는 것이라면, 외계 생명이 이러한 감정을 느낄 때, 그 외계 생명은 '인간성'을 지닌 존재라고 볼 수 있을까? 그렇다면 반대로 이러한 감정을 느끼지 못하는 인간은 '인간'이 아닌가? 그리고 이러한 '인간성'을 기반으로 한 선택이 '윤리성'을 확보하지 못할 때, 그 '인간성'은 무엇으로 정의내릴 수 있을까?

이러한 모든 질문들은 "인간이 더 이상 문명의 중심이 아닐 때, 기술이 문명의 중심이 되었을 때, 인간을 인간으로 만들어주는 요소들은 무엇인가"에 초점이 맞춰진다. 즉, 우주적 측면에서 바라보면 우리는 더 이상 '인간'을 기반으로 한 단일한 관점에 머물러 있을 수 없다. 인간/외계의 이중적 관점은 더더욱 불가능하다. 우주 속에서 인간은 미물에 불과하며, 이러한 점을 인식하게 되면 인류는 그동안 음지에 머물러 있던 인간 문명의 복잡함과 모순성을 직시할 수 있게 되는 것이다.

5. 논의를 맺으며

헤어브레히터는 SF야말로 명실상부 포스트휴먼의 장르라 할 수 있다고 주장한다. "왜냐하면 SF에 있어서 중요한 것은 대부분 과학과 기술에 의한 인간 규정이며, 문제는 우리의 '기술문화적 조건'이기 때문이다."[32] 이는 인간과 기술을 바라보는 포스트휴머니즘적 관점에서도 여실히 드러난다. 포스트휴머니즘은 기술과 인간을 이원화시키는 것을 지양하고 "기술이 인간을 구성하는 근본원리의 일부여야 한다"[33]고 본다. 물질적 세계와 비물질적 주체인 자아를 구분하는 계몽주의적 관점의 극복을 통해 우리는 '인간'이라는 개념을 다른 관점에서 사고할 수 있다. 포스트휴머니즘을 통해 신체를 통제가능한 정신이라는 존재론적 틀에 기반 한 윤리성과 인간 존엄성의 틀은 무너진다. "자기 자신 안에서의 불완전성과 불일치를 인식하고, 객관적인 관찰에 있어서 지적인 엄격함과 헌신을 유지하고자 노력하며, 이질적 관점을 통해 세상을 이해하는"[34] 포스트휴먼은 기술이 매개된 '인간의 새로운 구성'을 제시한다. 포스트휴머니즘이 제안하는 새로운 구성체로서의 인간은 유동적으로 변화하며 계속적으로 생성 중인 존재이다. 이러한 관점은 SF에서 다루는 기술의 발전과 인간의 미래를 낙관/비관 혹은 긍정/부정의 이원화된 관점으로 분석하는 것

---

[32] 슈테판 헤어브레히터 지음, 김연순·김응준 옮김, 『포스트휴머니즘: 인간 이후의 인간에 관한 문화철학적 담론』, 성균관대학교 출판부, 2012, 167쪽.
[33] 토머스 필벡, 「포스트휴먼 자아: 혼합체로서의 도전」, 이화인문과학원 편, 『인간과 포스트휴머니즘』, 이화여자대학교 출판부, 2013, 29쪽.
[34] 이혜영·안지현·유수연·김예원 지음, 『트랜스휴머니즘과 포스트휴머니즘』, 한국학술정보, 2018, 110쪽.

을 극복할 수 있게 해 주며, 동시에 정의와 윤리, 인간 존엄성을 복합적으로 인식할 수 있게 해 준다.

『삼체』는 다양한 SF 장르 중에서도 하드 SF에 속한다. 류츠신은 『삼체』 삼부작 중 제1부 『삼체문제』의 「작가의 말」에서 다음과 같이 말한다.

> 아, 시리즈 이름을 '지구의 과거'라고 한 것에 큰 의미가 있는 것은 아니다. 과학소설이 다른 환상문학과 다른 점은 그것이 진실과 가늘게라도 연결되어 있다는 것이다. 바로 이 때문에 과학소설이 현대의 신화이지 동화가 아닌 것이다. (고대 신화는 당시 동자들의 마음속에서는 진실이었다.) 잘 쓴 과학소설이란 제일 변화무쌍하고 제일 정신 나간 상상을 뉴스 보도처럼 진실하게 쓴 것이라고 나는 늘 생각했다. 과거의 기억은 언제나 진실하다. 나는 역사학자가 과거를 진실하게 기록하는 것처럼 소설을 쓰고 싶다. 할 수 있을지는 별개의 문제지만.[35]

특히 그는 SF 세계 창작의 어려움을 언급한다. 장편 SF 경우 '소설적 생동감', '과학적 지식', '논문적인 진지함'을 갖추지 않으면 '속 빈 강정'이 되

---

[35] "哦, 這個設想中的系列叫"地球往事", 沒有太多的意思, 科幻與其他科想文學的區別就在於它與眞是還牽著一根細綫, 這就使它成爲現代神話而不是童話 (古代神話在但是的讀者心中是眞實的). 所以我一直認爲, 好看的科幻小說應該是把最空靈最瘋狂的想象寫得像新聞報道一般眞實. 往事的回憶總是眞實的, 自己希望把小說寫得像是歷史學家對過去的眞實記敍, 但能不能做到, 就是另一回事了." 류츠신, 『삼체 제1부: 삼체문제』, 447쪽. 劉慈欣, 〈三體〉, 302頁.

[36] 류츠신, 위의 책, 447쪽.

기 쉽다고 지적한다.36) 이러한 측면에서 류츠신의『삼체』는 독자들을 만족시킨다. 특히『삼체』의 문학적 상상력이 드넓은 우주를 향해 무한히 확장되어 나가면서 철학적 질문들을 끊임없이 던지고 있다는 점에서 SF소설이 계속해서 제기해왔던 포스트휴머니즘의 담론을 이어나가고 있다. 류츠신 소설의 근간은 '인간'이고, 그 '인간'이 영유하고 있는 현실세계다. 포스트휴머니즘적 관점은 류츠신 소설이 제기하는 기술과 인간의 관계, 기술이 매개되었을 때의 윤리성 문제, 그리고 기술을 중심으로 한 시대를 살아가는 인간 존재에 대한 물음에 보다 깊은 사유를 가능하게 할 것이다.

---

* 이 글은「중국 SF의 포스트휴머니즘적 문학 상상 – 류츠신(劉慈欣)『삼체(三體)』를 중심으로」,『한중언어문화연구』, 제52집, 한국중국언어문화연구회, 2022)를 수정하여 재수록한 것임.

전근대 일본의 과학기술과 SF적인 상상력:
로봇 서사의 시작과 판타지 여행소설

김 학 순

1. 논의를 시작하며

일본은 실체가 과학적으로 증명되지는 않았으나 요괴나 만화 캐릭터 등과 같이 이미지화된 존재들과 공존해 온 나라이다. 게다가 로봇이라는 상상 속 기계장치를 현실 세계로 데려와 끊임없이 개발하며 공생하는 나라이다. 예부터 정형화된 이미지와 스토리를 지닌 창조물을 구체화, 시각화하며 그것들을 즐기며 함께 생활해왔다. 이런 경우 현실과 상상의 경계는 허물어지며 중요시하지 않게 된다. 상상과 현실의 경계 구분을 하지 않고 비현실 속 존재들을 생명력 있는 주변인으로 대하며 성장시켜 왔다. 특히 만화와 애니메이션에 등장하기 시작한 로봇이 문화와 산업 분야에서 활약하며 세계적인 인기를 누려왔다.

〈그림1〉 철완 아톰

로봇에 대한 관심과 사랑은 일본인 대다수가 좋아하는 인기 캐릭터인 〈철완 아톰〉부터 오타쿠들이 열광한 〈신세기 에반게리온〉에 이르기까지 역사가 깊다. 여전히 로봇 소재 작품은 일본 애니메이션 장르에 있어 큰 비중을 차지하고 있다. 한편 혼다(HONDA)에서 개발한 이족 보행 로봇인 아시모 ASIMO와 소니 SONY의 로봇 강아지인 아이보 Aibo는 실제 생활에 활용 중이다. 니쇼가쿠샤대학 입학식에는 일본을 대표하는 문학가인 나쓰메 소세키 사후 100주년을 기념하여 그와 흡사한 로봇을 만들어 화제가 되었다. 이처럼 일본은 이미지화된 가상의 세계와 실제 현실의 공간에서 로봇을 계속해서 창조하며 공존 중이다. 그러한 전통은 이미 전근대 시기부터 시작되어 현재까지 계승되어 발전해 온 것이다. 또한 SF장르로 일컬어지는 서사물에서 주로 등장하는 로봇이 단지 서사적 기능에만 그치는 것이 아니라 로봇에 대한 상상의 영역을 넓혀 주어 현실 세계의 기술적 영감으로 작용하기도 한다는 점은 주목할 만하다.[1]

　전근대 시기 근대적인 과학기술 면에서 일본은 아직 서구에 미치지 못했다. 일본 전근대 시기인 에도시대 3대 쇼군 도쿠가와 이에미쓰德川家光는 외국과의 교류를 중국과 네덜란드에 한정시켜 서양 서적의 유입을 금지했다. 이러한 막부의 쇄국 체제, 봉건적인 주종관계, 고착된 신분제도, 이동 제한 등으로 근대적인 과학기술의 발전은 정체되었다. 중기에 이르러 크리스트교 관련 이외의 외국 서적 유입은 해금되어 난학蘭學이 융성하는 계기가 되었다. 하지만 서구적인 과학기술에 대한 지식의 도입은 제한적이었고 학자 간의 교류나 상호비판도 없었다. 그래서 과학적인 사

---

[1] 안병욱, 『로봇을 향한 열정, 일본 애니메이션』, 살림출판사, 2009, 3쪽.

고와 지식은 일반 대중들에게 전파되지 못했고 일부 학자들의 전유물이 되었다. 그들은 서적에 의한 단순한 지식에 만족하지 못해, 스스로 실험 기구와 측량기구를 사용하여 실험, 관측하며 실전적인 이해를 추구했다.

이처럼 당시 과학기술을 지식으로 이용했던 이들은 난학자나 양학자와 같은 지식인들뿐으로 일반 대중들은 쉽게 접할 수 없었다. 일부 지식인들이 이론과 실험을 병행한 점은 현재의 과학자들과도 상통한다. 하지만 다른 점도 분명히 존재한다. 그것은 현대 과학자들은 자신의 전문분야가 명확하고 그 분야를 끊임없이 연구하여 세밀한 분야에 정통하다. 그에 반해 에도시대 과학지식에 관심을 보인 지식인들은 전문성보다는 물리, 화학, 생물학, 천문, 지질학 등, 그 분야가 다양했다. 또한 그들의 과학적인 호기심은 문학과 예술 분야까지 확대되며 여러 문화적인 창작물을 생산했다. 특히 로봇과 관련된 창작물로는 일본 기계 기술의 시작점으로 볼 수 있는 〈가라쿠리カラクリ〉와 관련 서적을 들 수 있다. 간단히 말하자면 가라쿠리는 에도시대 시기에 만들어진 단순한 기계장치를 뜻한다. 가라쿠리 인형이 유명하고 축제에 사용되기도 했다. 먼저 이러한 가라쿠리를 기술한 서적을 중심으로 일본의 과학적인 사고 전파와 로봇 서사에 대한 시작점을 보고자 한다. 나아가 일본 로봇 만화와 애니메이션을 포함한 로봇 서사에 대한 SF적인 상상력의 출발점으로 볼 수 있는 전근대 대중 소설도 함께 살펴보고자 한다.

현대의 수많은 SF물을 보면 과학기술을 활용한 인위적인 창조물이 등장하여 새로운 세계를 창조하거나 아니면 지구를 멸망시키려 한다. 〈공각기동대〉의 디스토피아적인 미래에서 사이보그가 인간의 기억을 조작하는 장면은 예부터 로봇 서사가 있었기에 가능했다고 볼 수 있다. 또한 영상 작품들의 미래 세계는 판타지 성격이 강한 환상의 세계로 그려지기도 한다. 이러한 점은 전근대 일본 대중 소설에서도 볼 수 있다. 판타지 세계에서 인간과는 다른 모습의 존재들이 인간을 위협하거나 아니면 인간에게 지배당한다. 현재의 수많은 SF에 등장하는 AI나 사이보그 로봇들의 행동과도 유사하다. 이러한 점에 주목하여 판타지 여행소설에 등장하는 외국을 포함한 상상의 세계가 어떻게 묘사되고 있는지, 그 세계에 거주하는 인조인간과 같은 존재들이 어떻게 인식되고 있는지를 살펴보고자 한다. 나아가 소설에서 보이는 일본의 자국 우월의식과 일본 사회를 비판, 풍자하는 공간으로서의 판타지 세계를 고찰하고자 한다.

2. 전근대 기계 기술 〈가라쿠리〉와 로봇의 원형

과학기술은 자연과학 및 공학의 성과로 생긴 도구와 기술, 체계를 이용하는 것과 그것에 관련한 지식 체계를 의미한다. 특히 인공지능인 AI와 로봇산업은 현대 과학기술의 핵심을 이루며 인간의 삶에 큰 영향을 끼치고 있다. 일본의 과학기술 발전을 논할 때, 독자적인 기술과 문명이 발생한 에도시대를 빼어놓을 수 없다. 그 과학기술이 독자적이든, 서양의 영향을 받았든 간에 과학적 인식의 출발점인 것은 사실이다. 에도시대 과학기술의 시작과 발전은 세 번의 중요한 시기로 구분할 수 있다. 시대순으로 살펴보면, 처음은 도쿠가와 이에미쓰가 확립한 쇄국 체제로 토목산업 기술이 발달하고 생산력이 비약적으로 증가한 전기 17세기이다. 다음으로는 도쿠가와 요시무네德川吉宗가 시행한 교호享保개혁(1716-1745)의 영향으로 네덜란드어와 난학을 통한 서양 지식과 기술이 유입된 중기 18세기이다. 마지막으로는 러시아를 시작으로 한 서양 열강이 일본에 접근하여 네덜란드어 이외의 외국어를 배우며 군사 및 의학 중심의 양학이 발달한 후기 19세기이다.

17세기 일본 생산력 발전은 농업을 중심으로 한 여러 산업 기술의 진화로 가능했다. 산을 뚫거나 땅을 파서 길을 내는 개착 기술의 발전으로 저수지나 용수로가 정비되고, 축제기술 발달로 큰 하천이나 해안부에 대규모의 밭이 조성되었다. 이전부터 시작된 축성과 광산 기술이 큰 영향을 끼쳤다. 그러나 대규모 개발은 산림 고갈, 홍수 발생 등, 환경파괴를 일으키게 되었다. 그 결과 농업은 1650년경을 기점으로 경작지 확대가 아닌 단위면적당 수확량 증대를 목표로 한 정농법으로 전환되었다. 광산 기술도 채굴, 배수, 정동(精鍊) 등을 개량하여 세계적인 금은 생산국이 되었다. 이와 같은 여러 기술산업의 발달로 생산력이 증가하여 에도 사회는 풍요로워지기 시작했다.

18세기는 17세기 과학기술 발달과 함께 요시무네의 개혁 정책으로 서양의 지식과 기술이 유입되어 보급된 시기이다. 요시무네는 한문으로 번역된 서양 서적의 수입 제한을 완화하고 아오키 곤요青木昆陽와 노로 겐죠野呂元丈에게 네덜란드어를 배우게 했다. 이를 계기로 서양의 지식과 기술이 도입되어 난학이 발달했다. 실용적 학문인 난학은 천문학, 역학, 지리학, 의학, 박물학 등의 분야에서 융성했다. 곤요에게 네덜란드어를 배운 마에노 료타쿠前野良沢와 스기타 겐파쿠杉田元白가 『해부도보(解剖圖譜, Anatomische Tabellen)』를 번역하여 1774년 본격적인 의학 서적인 『해체신서解体新書』를 간행했다. 이러한 난학의 발달에는 에도시대의 합리주의적이면서 실증주의적인 인식과 사상이 큰 역할을 담당했다.

19세기는 서양 열강의 접근과 함께 영어, 러시아어, 프랑스어, 독일어 등을 배워 군사나 의학을 중심으로 난학보다 양학이 발달했다. 무사 계급은 물론 서민들도 양학을 배우며 지역과 신분을 초월해 일반화되었다. 한편 전국 각지에서는 장인들의 자부심과 노력으로 전통공예와 문화가 발전했다. 일본의 전통적인 계산법, 도자기, 칠기, 가라쿠리, 우키요에(浮世絵), 직물 분야의 기술이 발달했다. 일본 고유의 혹은 서양을 통해 전해진 테크놀로지가 발달한 가장 큰 계기는 국민 규모의 교육이 있었기에 가능했다. 또한 도시와 시장경제의 발전, 전국적인 교통망의 확대라는 경제적인 성장과 함께 계급과 이데올로기보다는 경제적인 성공과 기술 진보에 관심을 쏟은 정책이 주효했다. 근대적인 의미의 합리주의적이면서 실증주의적인 인식이 고취되었고 과학기술에 대한 흥미로 인해 지속적인 발전이 가능했다.[2]

　이처럼 전쟁이 끝나고 평화를 기반으로 하여 경제력이 성장했던 에도시대는 독자적인 과학기술이 번성하고 대중들의 과학 문명에 관한 관심이 증폭했던 시기이다. 메이지유신을 통한 일본의 근대화는 에도시대 과학기술을 부정하거나 옛것으로 치부하지 않았다. 오히려 중소기업의 정밀기계 및 장인 정신, 일본형 시스템과 기업 경영 등, 에도의 사회시스템과 과학기술, 그에 관한 정신과 규범 등을 계승하며 발전해 왔다. 이러한 사례로 상용화된 로봇이나 아동용 완구인 조립형 프라모델의 원형을 전 시대의 기계 기술인 가라쿠리에서 찾아볼 수 있다. 또한 가라쿠리를 기록한 서적을 통해 움직이는 기계장치의 기능과 로봇 서사에 대한 일면을

---

[2] 大石学, 『江戸の科学力』, 学習研究者, 2009, pp.5-7.

살펴볼 수 있다. 가라쿠리 기술과 로봇과의 연관성에 주목하여 문화적으로 접근한 선행연구로는 소년 로봇 아톰과 가라쿠리 인형 기술과의 관계를 논한 것이 있다.3) 한편 변신 로봇의 원조로 가라쿠리 인형을 언급한 논문도 있다.4)

　18세기 후반 유럽에서는 산업혁명으로 증기기관이 생산의 원동력이 되며 과학기술이 급격하게 발전했다. 같은 시기 일본은 해외와의 교역을 금지하는 쇄국을 지배이념으로 일부 외국과의 교류만을 허가했다. 그 결과 일본은 유럽 산업혁명의 영향을 받지 못해 산업 기술적인 면에서는 발전하지 못했다는 생각이 지배적이었다. 물론 나가사키 데지마에서 네덜란드, 중국 등의 외국과 일부 교역이 이루어졌으나 전면적인 개방 무역은 아니었다. 그러한 연유로 일본의 기계 기술은 유럽과는 다른 독자적인 방식으로 발전하는 계기를 맞이했다. 그것이 바로 〈가라쿠리〉 기술이다. 가라쿠리 인형이 가장 널리 알려져 있으며 가부키 연극과 축제에 등장하기도 했다. 이러한 독창적인 기계 기술에 에도시대 중기 이후 서양으로부터 전해진 시계 기술이 접목되어 일본 전통 시계와 가라쿠리 인형이 더욱 발전하게 되었다. 당시 대중들도 기계 기술에 큰 관심을 보이며 생활의 즐거움을 주는 대상으로 정착해 갔다.

　무엇보다 에도시대 기계 기술이 발달한 이유로는 가라쿠리 기술에 대한 서적의 간행과 서적을 통한 기술의 공개를 들 수 있다. 일본에서 전통

---

3) 최유경, 「아톰의 '소년성'과 가라쿠리인형의 전통」, 『일본학연구』 제57집, 단국대학교 일본연구소, 2021, 103-123쪽.
4) 최유경, 「일본의 가라쿠리인형과 변신캐릭터의 문화적 고찰-데즈카 오사무의 만화 속 변신캐릭터의 의미-」, 『일본연구』 제91집, 한국외국어대학교 일본연구소, 2022, 101-119쪽.

적으로 기술은 스승에게서 제자로 이어지며 그 기술의 전부를 전수해 왔다. 이러한 전통을 「면허개전免許皆伝」이라 부르며 학문, 예술, 무술 등 다양한 분야에서 통용되어왔다. 특히 한국어로는 깊은 뜻이나 비결로 번역되는 「오쿠기奧義」를 전수하는 것을 가장 중요시하며 외부에는 오픈하지 않았다.5) 이전까지 비밀스럽게 전수되던 여러 기술과 달리 가라쿠리에 관한 기술은 1796년에 출판된 『가라쿠리즈이機巧図彙』를 통해 일반 서민들에게도 공개되었다. 이 책은 호소카와 한조細川半蔵가 집필한 일본 전통 시계와 자동 인형에 관한 해설서이다. 가라쿠리라는 단어는 기계장치를 의미하며 한자로는: 〈낙조絡繰〉, 〈기계機械〉, 〈기관機関〉, 〈기교機巧〉 등으로 표기한다. 축제와 제사 때 사용되던 가라쿠리, 개인을 대상으로 만들어진 가라쿠리, 무대 등의 일반 대중의 볼거리로 만들어진 가라쿠리로 나눌 수 있다. 특히 내부에 기관을 가지고 동력으로 탄성 스프링, 물, 모래, 공기, 수은 등을 사용하여 인형을 움직이는 것, 원동력으로 인력과 수력을 사용하고 실과 꼬치로 조작하여 작동하도록 보이게 하는 것을 의미한다. 연극에서 이용했던 가라쿠리는 현재에도 가부키와 인형극인 분라쿠 무대에 사용되고 있다. 이러한 움직이는 인형은 17, 18세기 유럽에도 존재했다. 원 형태의 캠과 지렛대를 이용해 움직일 수 있게 한 것으로 상류사회에서 선풍적인 인기를 끌었다. 바퀴를 장착해 앞뒤로 움직이며 목도 자연스럽게 돌아가는 「시튼 연주자(Citten Player)」와 시계 제작 기술을 이용해 글을 쓰면 눈동자가 쫓아가는 「서기(Scribe)」라는 인형이 유명하다. 동서양의 인간과 유사한 자동 인형에 대한 동시대적인 관심을 엿볼 수 있다.6)

---

5) 吉野敏弘,「ミニ茶運び人形」,『大人の科学マガジン04』, 学研プラス, 2021, p.6.

〈그림2〉 다케다 가라쿠리 무대(『셋쓰메이쇼즈에(摂津名所図会)』)

『가라쿠리즈이』가 출판된 배경에는 가라쿠리 기술의 발전과 보급이 큰 역할을 담당했다. 게다가 서양으로부터 기계 시계의 도래가 가라쿠리 기술을 한 단계 업그레이드시켰다고 할 수 있다. 서양으로부터 도입한 기계 시계는 태엽, 톱니바퀴, 조속기 등으로 구성되었고 이것을 응용하여 에도 장인들이 독자적인 가라쿠리를 고안해낸 것이다. 이 책의 출판으로 일본 기계 기술은 큰 전기를 맞이하게 되었다. 이후 『가라쿠리즈이』는 기계 기술의 입문서로 대중들에게 널리 읽히며 같은 분야의 서적 출판에도 영향을 주었다. 가라쿠리를 대표하는 기계장치로는 가라쿠리 인형과 시계를 들 수 있다. 가라쿠리 인형의 경우는 1662년 오사카 도톤보리에서 공연된 가라쿠리 무대에 등장한 것이 가장 유명하다. 이 무대는 다케다 오미竹田近江가 연출했으며 그는 태엽을 사용한 가라쿠리에 능했다고 한다. 무대에서 사용된 기이한 기술은 데지나手品라는 일본 전통예능에서 출발한다.

---

6) 김문상, 『로봇이야기』, 살림출판사, 2005, 7쪽.

데지나라고 하면 바로 트럼프를 사용한 마술이나 서커스와 같은 매직쇼를 생각하게 된다. 하지만 서양 기원의 마술이 유행하기 이전부터 일본에는 이미 마술과 유사한 문화가 존재했다. 일본의 전통 마술로는 바람잡이나 무대 담당이 소개 인사 때 했던 간단한 가라쿠리와 물을 이용한 수예水芸 등이 알려져 있다. 큰 기계를 사용하는 서양의 마술과는 다른 소소한 재미를 선사했다.7) 하지만 〈다케다 가라쿠리 무대〉에 등장하여 관객들의 관심을 끌었던 가라쿠리 인형에 대한 놀라움과 기대는 점차 쇠퇴해 갔다. 결국 인형에 대한 인기는 스토리가 중심인 가부키와 분라쿠로 대체되었다. 한편 그 전통은 가라쿠리에 대한 내용과 그림을 기록한 서적을 통해 이어져갔다.

가라쿠리 기술을 기록한 서적인 『가라쿠리 긴모카가미구사機訓蒙鑑草』는 에도 초기 가라쿠리 해설서로 1730년 다가야 간추센多賀谷環中仙이 집필했다. 간추센은 교토의 한의사로 수학과 가라쿠리 연구에 매진한 인물이다. 이 책 상권은 당시 대표적인 가라쿠리 28종을, 하권은 각각의 그림을 첨부한 해설과 기술을 증명할 수 있는 서적들을 열거했다. 도르래나 지렛대를 이용한 실이 사용된 가라쿠리가 9종, 펌프, 스프링, 톱니바퀴, 수은을 이용한 것이 각 1종, 그 이외는 마술과 비슷한 것으로 기술적으로 단순하고 유치한 것도 있다. 가라쿠리 기법을 교육하고 설명한다는 의미인 「지남도해指南図解」라는 용어를 사용했다. 「삼단 공중제비 도는 기술 인형(三段かへりかるわざ人形)」, 「중국인 피리 부는 가라쿠리(唐人笛吹からくり)」, 「이로하 인형 가라쿠리(いろは人形のからくり)」, 「대장장이 가라쿠리(小かじのか

---

7) 神崎宣武, 白幡洋三郎, 井上章一(2016) 『日本文化事典』 丸善出版, pp.34-35.

〈그림3〉 인형 글자 쓰는 가라쿠리
(『가라쿠리 긴모카가미구사』)

らくり)」,「인형 바람총을 쏘는 가라쿠리(人形吹矢をふくからくり)」,「하늘 북 가라쿠리(天鼓のからくり)」,「인형 개에 올라탄 가라쿠리(人形犬に乗からくり)」,「인형 샤미센을 켜는 가라쿠리(人形三味線ふくからくり)」,「인형 글자 쓰는 가라쿠리(人形文字書からくり)」 등, 유치하게 보이는 것도 있지만 소소한 기계 기술의 재미를 동시에 선사하고 있다.

예를 들어 「삼단 공중제비 도는 기술 인형」은 허리 쪽에 수은이 든 인형을 세우면 위로 이동한다. 인형이 뒤로 젖혀지면 실 조작으로 다리가 올라간다. 마침내는 손을 짚고 공중제비를 돌고 수은은 다시 허리로 내려간다. 이 동작을 반복하며 삼단의 층을 차례로 공중제비를 돌며 내려가는 방식이다. 「이로하 인형 가라쿠리」는 인형을 지면에 세우고 무대 없이 구경거리 공연장에서 선보였다. 이로하 글자가 적힌 종이를 붙인 우산 아래에서 손님이 말하는 글자의 종이를 지휘봉으로 가리킨다. 인형의 끝을 조정하여 돌출한 부분을 발로 밟아 인형을 움직인다. 「인형 글자 쓰는 가라쿠리」는 여러 인위적인 트릭을 사용한 가라쿠리와는 다른 방식을 취했다. 태엽을 사용하여 움직이며 인형은 손으로 칠판 위에 글을 써간다. 이처럼 『가라쿠리 긴모카가미구사』에 기록된 가라쿠리 인형의 대부분은 자동 장치나 자동 기계를 과학적, 역학적으로 적용하지는 못했다. 그림 역시 불충분하다. 그렇지만 자동 기계장치에 대한 상상력은 점차 현실에서 실현 가능한 존재로 바뀌었다. 특히 인형을 사용한 가라쿠리에 관해서는 이후 관련 서적에서 더욱 세밀하게 기술적인 내용을 기록했다.

앞서 언급했던 가라쿠리 기술을 일반에게 공개한 『가라쿠리즈이』는 처음으로 시계 내부 기구를 해설한 서적이다. 가라쿠리 기술을 기본으로 하여 앞부분은 주로 시계 제작 방법에 대한 설명이다. 가라쿠리 인형은 도식과 치수까지 정밀하게 기록하여 이 책을 활용하여 실제 인형을 제작한 이들도 많다. 책의 전체적인 내용은 일본식 시계와 그것에 사용한 태엽 장치나 탈진기 등의 기구를 응용한 가라쿠리에 관한 것들이다. 일본 고전 기구학의 원전이라 할 수 있는 책으로 공학 관련 서적으로도 자료적 가치가 크다. 특히 상권에 등장하는 「차 나르는 인형(茶運び人形)」이 유명하다. 차를 나르는 인형은 등속 제어 기구나 입출력 응답 등, 자동 제어 원리를 포함하고 있다. 인형은 전동의 힘으로 차가 들어 있는 찻잔을 놓은 쟁반을 들고 손님 앞으로 나아간다. 손님이 인형이 들고 온 차를 들면 인형은 멈춘다. 손님이 찻잔을 인형의 쟁반에 돌려주면 인형은 방향을 바꾸어 원래 위치로 돌아간다. 간단한 원리이지만 그 모습은 인간의 모습을 한 엄연한 인조인간 로봇과 유사하다. 이 인형은 태엽을 이용하여 구동하며 인간을 도와주는 현재의 산업형 로봇처럼 보인다. 당시 일본의 발전된 기계 기술과 장인 의식을 엿볼 수 있다. 서구 공학 서적과 비교해 보아도 뒤지지 않는 기계학 서적으로 평가할 만하다. 「차 나르는 인형」은 당시 최고 작가인 이하라 사이카쿠(井原西鶴)가 감탄할 정도로 선진적인 인조인간이자 움직이는 로봇이었다.

이외에도 「투계(鬪鷄)」, 「고적아동(鼓笛兒童)」 등, 당시 유행했던 가라쿠리 기술을 엿볼 수 있다. 먼저 「투계」는 바위와 매화나무를 심어 놓은 분재 풍

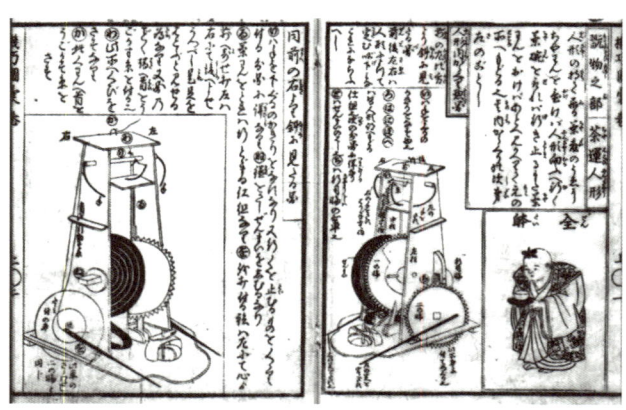

〈그림4〉 차 나르는 인형(『가라쿠리즈이』)

의 받침대에 동자를 사이에 두고 두 마리의 닭이 노려보고 있다. 동자가 닭들 사이에서 부채를 들면 깃털을 세워 싸움을 시작한다. 바위 뒤에서 개가 나오면 닭들이 날아가고 동자도 사라진다. 「고적아동」은 상자 위에 앉아 있는 아이 인형이 북을 치고 피리를 분다. 피리는 인형 몸 안에 들어있는 풀무로 소리를 낸다. 북은 상자 안의 태엽으로 움직인다. 마치 현재의 태엽 오르골과 흡사하다. 이전 가라쿠리 인형보다 한층 복잡해지고 발전된 움직임을 보인다. 서적의 주 내용은 서양에서 전해진 기계 시계의 지식을 활용하여 고안한 전통 시계 구조와 제작 방법에 대한 과학적인 해설, 9종에 이르는 가라쿠리 인형의 구조를 그림을 이용해 설명했다. 정면과 평면으로 된 전체도면과 부분도면, 각 부품과 재료, 제작 방법을 상세하게 기록했다.

그 이후 다나카 히사시게田中久重라는 기술자가 등장하여 가라쿠리 기술은 산업 기술로 발전해 갔다. 그는 구루메 시 출신으로 에도시대 후기부터 메이지시기까지 활동한 발명가이다. 일본 최초의 민간 기계 공장이

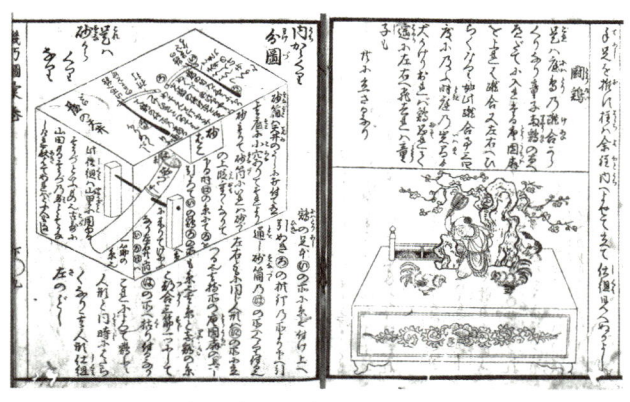

〈그림5〉「투계」(『가라쿠리즈이』)

자 도시바의 전기, 전자 부문 전신인 시바우라(芝浦) 제작소의 창업자이기도 하다. 청년 시절부터 다양하고 정교한 가라쿠리 인형과 일본식 시계의 최고 걸작인 〈만년자명종万年自鳴鐘〉을 비롯한 시계 제작으로 〈가라쿠리 기에몬からくり儀右衛門〉으로 불렸다. 증기기관이나 대포의 연구 개발과 제조에 임하는 한편, 생활에 편리한 다양한 기계를 발명하는 등, 일본의 근대 기술 발전에 크게 공헌했다. 이처럼 가라쿠리 기술은 일본 기계 기술 발전에 초석을 다졌고 그것을 기록한 서적들이 있었기에 지식의 공유 및 발전이 가능했다. 또한 가라쿠리를 활용한 전동 인형 제작으로 일본 로봇의 원형이 만들어졌다. 그 결과 현재 일본에서 탄생한 로봇의 다양한 문화와 산업을 지탱하는 근원이 되었다. 이러한 로봇들의 등장은 가라쿠리 해설서에만 그치고 있지 않다. 로봇에 대한 서사는 전근대 일본 대중 소설에 보인다. 다음으로는 전근대 일본 대중 소설에서 로봇과 유사한 존재가 어떠한 세계에 어떠한 모습으로 등장하고 있는지 살펴보고자 한다. 대중 소설 중에서도 일본과는 다른 이계異界로 표상되는 상상의 세계를 창조해낸

판타지 여행소설을 중심으로 보고자 한다.

3. 전근대 판타지 여행소설과 인조인간

불완전한 쇄국 체제로 에도 막부에서 살아가던 대중들은 일본 근해에 교역을 요구하며 출몰하기 시작한 외국 선박으로 외부 세계에 공포와 호기심을 갖기 시작했다. 이러한 시대적 배경의 영향으로 대중들의 외국을 포함한 새로운 세계에 대한 관심은 가장 쉽게 접할 수 있는 대중 소설에서 보이기 시작한다. 앞에서 살펴본 전근대적인 기계 기술을 기록한 해설서 성격의 서적들과 달리 대중 문예에서는 판타지 성격이 강한 소설들이 인기를 끌었다. 특히 에도시대 간행된 문학 작품 중에서 단기본(談義本)이라는 장르가 실재하거나 상상의 판타지 세계를 가장 잘 묘사했다. 단기본은 시기적으로 에도 소설을 의미하는 게사쿠(戱作)의 선두에 위치하는 장르로 우화 형식의 교훈적인 문체가 핵심이다. 초기 작품들은 신도(神道)교훈, 불교권화, 서민교화를 목적으로 했고 점차 내용 면에서는 통속성이 커지고 표현 면에서는 골계성이 확대되었다. 또한 당세(当世)라는 수식어가 붙은 에도의 세속적인 유행을 다루며 골계 안에 교훈을 포함시켰다. 특히 히라가풍(平賀ぶり)이라 불릴 정도로 히라가 겐나이(平賀源内)의 작품이 유행했다.[8]

이러한 단기본 작품 중, 판타지 세계를 소재로 한 히라가 겐나이의 『후류시도켄덴(風流志道軒伝)』(1763), 유 코쿠시(遊谷子)의 『와소뵤에(和荘兵衛)』(1774),

---
[8] 日本古典文学大辞典編集委員会篇, 『日本古典文学大辞典』第4巻, 岩波書店, 1984, p.205.

사와이 보_沢井某_의 『와소뵤에 후편』(1779) 등이 인기가 많았다. 이들 작품에 영향을 받은 아류작들이 등장하게 된다. 위 작품들의 특징으로는 이전 작품들이 이계라는 현실을 초월한 시공간의 장소를 방문하는 것과는 달리, 현실과는 동떨어져 있지만 어딘가에 존재할 것 같은 상상의 나라나 세계를 방문한다는 것이다. 물론 이계와 상상의 세계가 당시 일본과는 다른 공간이자 타자성을 내포하고 있다 하지만 시대 상황의 변화에 따라 그 성격은 다르다. 물론 이계적인 성격을 가진 상상의 나라도 등장하고 있으나, 그 다른 공간에 대해 일본을 중심에 두고 평가하고 풍자하는 것이 큰 차이점이라 할 수 있다.

판타지 세계로도 볼 수 있는 이계는 일본 문학, 민속, 종교, 요괴 등 다양한 연구 분야에서 현실과는 다른 시공간의 장소나 나라를 지칭할 때 자주 사용하는 용어이다. 하지만 그 의미와 범주가 분야에 따라 애매하고 한국에서는 보편적으로 사용하지 않는 용어이기에 낯설게 느껴진다. 이계를 영어로는 the other world, 독일어로는 die andere welt이며 사후 세계뿐만 아니라, 시공간적으로 다른 영역인 유토피아, 대우주인 매크로코스모스_makrokosmos_, 이문화, 비일상적인 공간, 공상 세계, 가공 공간 등까지 포괄하고 있다. 고대부터 현대에 이르기까지 인간의 일상생활 및 정신생활의 그림자, 안과 밖에 존재할 수도 있는 필요불가결한 공간영역으로 정의하고 있다.[9]

이계는 일본과 공간적으로 상이하고 일본인과 신체적 특징이 다른 타자들이 사는 장소가 아닌 제도, 풍습 등이 문화적으로 다른 상상의 공간,

---

9) 大野寿子, 『超域する異界』, 勉誠出版, 2015, p.5.

〈그림6〉 합체한 인조인간 『후류시도켄덴』

실제로 존재하는 외국, 에도를 풍자한 다른 세계로 볼 수 있다. 판타지 여행소설은 인간이 사는 일상적인 장소와 경계를 넘어서 인간과 닮은 존재가 사는 공간, 인간의 논리에 반하는 생각이 허가되는 공간, 상상의 경계를 넘어선 테크놀로지가 지배하는 공간 등, 현실에는 존재하지 않는 불가사의한 세계를 여행하는 주인공의 모험담을 그리고 있다. 유럽에서는 『로빈슨 크루소』(1719), 『걸리버 여행기』(1726) 등의 소설을 판타지 여행소설의 초기 작품이라 할 수 있다. 이러한 18세기 작품들은 해양을 이동하며 터득한 지식과 기이하고 놀라운 모험을 통해 다양한 인간 군상과 사회를 풍자하고 있다. 일본 역시 이와 비슷한 시기에 외국을 포함한 상상의 세계를 여행하거나 모험하는 소설이 등장한다. 이러한 판타지 세계를 소재로 한 일본 전근대 작품들로는 『사이카쿠메이도모노가타리(西鶴冥途物語)』, 『사요아라시(小夜嵐)』, 『조쿠요아라시(続小夜嵐)』, 『산젠세카이이로슈(三千世界色修行)』, 『진주쓰케시산고(珍術罌粟散国)』, 『이코쿠키단와소뵤에(異国奇談和荘兵衛)』, 『이코쿠사이켄와소뵤에후편(異国再見和荘兵衛後編)』, 『이코쿠후조

〈그림7〉 거대한 인조인간 『와소뵤에』

쿠쇼추렛시(異国風俗笑註烈子)』, 『모로코시사이켄바나시(東唐細見噺)』, 『조센다마히토쿠치겐단(成仙玉一口玄談)』 등이 있다.

일본 판타지 여행소설의 초기 작품으로는 샤라쿠사이 돈쿠사시(舎楽斎鈍草子)의 『겐가이시로우루리(見外白宇瑠璃)』(1758)를 들고 있다. 작품의 내용을 보면, 교토(京都) 북쪽 산 암자에 사는 선승이 산신령으로부터 무엇이든 볼 수 있는 안경을 받는다. 선승은 개미의 세계, 용의 수도, 지옥, 텐구(天狗)의 세계 등을 돌며 꿈에서 깨어나며 이야기는 끝이 난다. 선승이 방문하는 기이한 세계는 안경이라는 도구를 이용하여 외국이라기보다는 이계에 가까운 일본과 다른 세계이다. 그곳들을 돌며 설교를 하는 내용이다. 이 작품 이후로 『후류시도켄덴』, 『와소뵤에』, 『와소뵤에후편』 등이 간행되어 대중들에게 인기를 얻었다. 그 중에서도 『와소뵤에』는 이후 간행된 판타지 여행소설에 큰 영향을 주었다. 교쿠테이 바킨(曲亭馬琴)이 집필한 『무소뵤에코초모노가타리(夢想兵衛胡蝶物語)』(1810)도 그 계보를 잇고 있는 작품이다. 이러한 여행소설은 모순되고 상반된 요소가 불안정하게 공존하고 있다. 주인공들은 소년국少年国, 색욕국色欲国, 강음국強飲国, 탐람국貪婪国 등, 황당무계한 원더랜드를 여행하며 대중들에게 오락적 성격이 강한 구경거리를 제공한다. 한편 원더랜드에 정착된 제도와 그곳의 지배계층이 도덕적이지 못하고 미개함을 풍자하는 도덕주의 관점을 가지고 있다. 주인공과 동일한 언어로 소통하며 때로는 인조인간처럼 인간과 닮아있으나 스스로 감정을 조율하거나 생각하지는 못한다.

이처럼 작품 속 배경과 도덕적 주제가 기이한 캐릭터들과 결합하여 혼재하고 있는 것이 일본 판타지 여행소설의 특징이라 할 수 있다. 중국 중심의 질서가 붕괴하고 서양이 대두하기 시작하며 글로벌한 질서로 이행하는 시대적 배경을 반영하고 있다. 당시 이러한 과도기적 상황에서 원더랜드도 이계와 외국이라는 경계가 모호해져 서로 융합되거나 혹은 분리되고 있다. 이러한 판타지 세계의 오락적인 성격은 대중들의 흥미를 끌기 위한 주요 방법이었다. 하지만 주인공이 방문하는 원더랜드의 허구화된 문물과 풍습은 결국 풍자되는 대상으로 전락하게 된다. 노다 히사오野田寿雄는 중세적 로맨틱한 상상의 세계로부터 현실 세계의 풍자 세계로 공간이 변경되는 점에 주목했다. 중세적인 로맨틱한 이상향은 근세에서는 퇴보하여 이향異郷이 현실이 되는 근세적인 특색이 전면에 등장하고 있다. 한 발자국 더 나아가 이향은 단순하게 가상의 세계로 바뀌고 현실을 투영함으로 현실을 골계화하는 풍자성도 가지게 된다. 사실 근세의 여행소설은 점차 풍자소설의 형태를 보이기 시작했음을 논했다.[10]

도원경과 같은 중세시대의 이상향은 현실과는 동떨어진 로맨틱한 세

---

10) 野田寿雄,「近世後期の異国遍歴小説」,『国語国文研究』, 北海道大学文学会, 1965, p.2.

계이다. 그에 반해 에도시대가 되면 이상향이 점점 현실화되어 현실을 허구화, 풍자하기 위한 가상의 세계로 변화한다. 여행소설에 등장하는 판타지 세계는 중국 백과사전인 『산사이즈에(三才図会)』와 그 영향을 받아 일본에서 간행된 『와칸산사이즈에(和漢三才図会)』 등에서 상상의 생명체와 가상의 장소를 소재로 취하기도 한다. 『와칸산사이즈에』에 등장하는 판타지 세계에 대한 기록은 문화권의 경계가 확대, 유통되며 동서의 신구자료가 합쳐진 형태에 기인한다. 에도시대 중기 이후부터는 중국 경유의 지식보다는 서양 지식을 통한 외국 정보 습득이 커졌다. 그리하여 당시 보이는 중국의 구 자료와 서구의 새로운 자료가 혼용된 외국에 대한 소개는 이러한 시대의 과도기적 상황을 잘 구현하고 있다.[11]

이처럼 여행소설은 당시 경제적, 문화적으로 서구의 아시아 진출이 확대됨에 따라, 중국으로부터 전해져 온 지식의 영향력이 낮아지고 있음을 보여준다. 여행소설이 유행하기 이전, 외국에 대한 정보는 중국으로부터 전래한 백과사전, 지리서에 크게 의존했다. 실제로 존재하는 외국은 물론, 대인국, 소인국, 불사국과 같은 불가사의한 나라들도 혼재하며 에도 외부의 다른 세계로 이해되었다. 『와칸산사이즈에』에도 조선, 중국, 인도와 같은 외국과 아시나가(足長), 데나가(手長), 센쿄(穿胸)와 같은 상상의 세계가 함께 공존하고 있다. 이와 같은 판타지 세계는 기이한 모습의 인조인간이 사는 세계인 동시에, 대중들에게는 재미와 오락을 제공한 공간이었다.

---

11) 竹島淳夫, 「『和漢三才図会』に見る異国・異国人」, 『国文学 解釈と鑑賞』, 至文堂, 1996, p.102.

4. 논의를 마무리하며

교쿠테이 바킨이 집필한 『니와소지친부쓰차와庭荘子珍物茶話』(1797)의 주인공 와토뵤에和藤兵衛는 센쿄국의 남성과 데나가섬의 여성을 데리고 와서 남성은 구경거리로 여성은 유녀로 만들어 큰돈을 번다. 와토뵤에는 돈을 벌기 위해 상상의 섬들을 여행하며, 여인섬의 바람 주머니, 데나가섬의 처녀, 센쿄국의 가슴에 구멍이 난 무리를 일본으로 데리고 온다. 이들의 모습은 인간과 유사하나 감정이나 아픔을 느끼지 못하는 인조인간으로 묘사했다. 작품의 첫 시작 부분은 다음과 같다.

옛날 하치몬지야八文字屋가 글로 쓴 와소뵤에和荘兵へ의 아들인 와토뵤에라는 선원이 있었다. 어느 날 지쿠젠(筑前)으로 배를 타나 풍랑을 만나 여러 섬을 돌며 마침내 5년 만에 고향으로 돌아온다. 하지만 섬의 이야기와 희귀한 물건을 아버지인 와소뵤에가 소문을 내자, 무언가 손쉽게 돈 벌 수 있는 방법을 섬을 도는 중에 발견하여 이것저것 가벼운 것 두, 세 개를 선별하여 가지고 왔다. 첫 번째로 생각한 것은 여인섬의 바람 주머니, 데나가섬의 처녀, 센쿄국의 가슴에 구멍이 난 무리, 단지 세 가지 종류였다. 이것은 아무리 인색한 사기꾼으로 보여도 일족一足이나 이족二足 가격은 받을 만한 물건이다.[12]

---

12) 清田啓子,「翻刻 曲亭馬琴の黃表紙(四) 庭荘子珍物茶話」,『駒沢短期大学研究紀要』第6号, 駒沢短期大学, 1978, p.67.

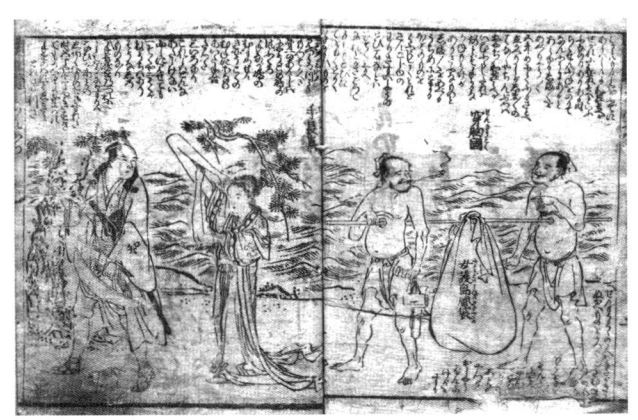

〈그림8〉 기이한 인조인간 『니와소지친부쓰차와』

　인용문을 보면 상상의 세계와 그곳에 살던 주민들을 돈을 벌기 위한 희귀한 상품으로 표현하고 있다. 와토뵤에는 진귀한 물건을 찾아 여행하지만, 다른 세계의 섬이나 공간을 정치적으로 지배하지는 않는다. 그들의 토지를 빼앗거나 정통성을 왜곡시켜 그곳의 주민들을 노예로 삼지 않고 일본으로 데리고 온다. 팔이 긴 여성과 가슴에 구멍이 난 남성들은 사전에 고용조건을 맺어 노동에 대한 타당한 임금을 지불받기로 한다. 이러한 팔이 긴 여성과 가슴에 구멍이 난 남성들은 마치 인간의 모습을 한 인조인간처럼 보인다. 와토뵤에는 외부의 기이한 주민과 문물을 구경거리로 제공하는 엔터테인먼트 사업을 하며 그들과는 비즈니스적인 고용조건을 맺는다. 이러한 점에서 타자에 대한 폭력적 정복이나 식민주의적인 요소를 찾기는 어렵다. 그렇지만 외부의 주민들을 일본으로 데려와 구경거리 상품으로 이용하고 있는 것 자체가 외부 세계와 그곳 주민들에 대한 차별적 시선이라 할 수 있다. 결국 인간적인 감정이 없고 공감 능력이 없는 로봇처럼 외부인을 묘사했다. 판타지 세계는 자신과 다른 세계에 대한 재미와 호기심을 충족시키는 단순한 흥미의 대상으로 묘사되었다. 하지만 상상의 세계에서 온 타자를 자신보다 열등한 존재로 인식하는 차별적 시선을 통해 일본이라는 자국의 세계를 우위에 두고 있음을 알 수 있다. 데나가섬의 여성은 유곽으로 팔려가 긴 팔로 유곽에 온 손님들을 무리하게 끌어들이는 호객행위를 한다. 상점 앞에서 지나가는 남성들을 낚아채어 호객을 하며 돈을 번다. 여성의 긴 팔과 외모가 성적인 신체로 표현되며 와토뵤에라는 남성에 의해 경제적인 착취를 당하고 있다. 당시 실제 유녀들의 경쟁적 비즈니스를 우회적으로 희화하며 풍자하고 있다. 섬의 여성이 갖는 신체적 특징은 인간과는 다른 기계적인 모습이다.

　이러한 작품에서 판타지 세계는 신비로운 상상의 공간이지만, 당시 에도 사회를 우회적으로 풍자하기 위한 비유의 장소이기도 하다. 일본을 위협하거나 정복하려는 공포의 장소는 아니다. 외부와 그곳의 주민들은 당시 악습과 악덕을 희화하여 풍자, 비판하기 위해 이용된 우화적 성격을 지닌다. 작품에 등장하는 데나가섬의 여성과 센쿄국의 남성은 진정한 의미의 타자는 아니다. 상상의 세계 안에 존재하는 기이한 모습과 풍습을 가진 구경거리로 전락한 팔이 길거나 가슴에 구멍을 가진 감정 없는 인조인간의 로봇과 같은 존재이다. 판타지 세계는 일본의 우월성을 나타내거나 일본 내부를 비판하기 위한 매개채로 기능한다. 가령 『와소뵤에』를 보면 불사국不死国, 자재국自在国, 교식국矯飾国, 호고국好古国, 자폭국自爆国, 대인국大人国 등과 같은 상상의 세계를 여행하며 각각의 여행이 끝나면 양생養生이라는 교훈적 논리로 훈계하며 다른 세계로 이동한다. 이하 인용문은 불사국의 양생으로 죽음에 대한 교훈이다. 죽음에는 약, 뜸, 침 등의 의약도 무용하다. 그래서 불사국 주민이 불로장생하는 것을 부러워할 필요가 없다는 내용의 교훈적 이야기이다.

지금 세상에 부유한 자의 병 없는 신체는 여러 가지 약을 항상 복용하고, 안마를 받고, 뜸을 맞아, 모두 불양생不養生하는 자가 많다. 약도 뜸도 침도 안마도 모두 병을 치료하는 능력은 있으나, 천명을 늘릴 수는 없다. 불사국에 대한 것은 포기하고 무리하게 선인을 부러워하지 않는다. 죽음을 두려워하지 않고 단지 자신의 마음을 태산의 평온함에 두는 것을 무병한 자의 양생이라 하겠다.13)

『니와소지친부쓰차와』는 양생이라는 부분을 따로 두지는 않았다. 그렇지만 상상의 세계에서 데려온 인조인간과 같은 외부인을 이용하여 돈을 번 것을 반성하고 임신을 할 수 없는 여성에게 여인국의 바람을 팔아 성공한다는 내용이다. 결국 돈에 대한 욕망을 버림으로써 더욱 큰 돈을 벌 수 있다는 처세훈이 주제이다. 결론의 내용은 다음과 같다.

와토뵤에는 욕심을 버리고 지금까지 번 돈을 사람들에게 나누어주고 현재는 신변도 홀로 되었다. 그 후에 여인섬의 바람을 팔아보려고 전단지를 돌리니, 일생 아이가 없는 사람들은 이것을 진귀한 바람으로 보며 이 바람을 맞으면 지금껏 생기지 않았던 아이를 갖게 되었다. 오냥五両, 십냥十両의 돈으로도 바꿀 수 없기에 너도

---

13) 岡雅彦校訂, 『滑稽本集』, 国書刊行会, 1990, p.18.

나도 몰려들어 와토뵤에집 문 앞에는 매일 백여 명의 사람들이 몰려들었다. 참으로 거짓은 없는 것으로 여인섬의 바람을 맞고 돌아온 날부터 임신을 하는 노파도 있었다. 특히 대대로 후사가 중요한 영주로부터는 가마에 태우러 오기도 했다. 와토뵤에는 고작 한 봉지의 바람을 팔아 순식간에 수천만 냥의 부자가 되었다. 세상에서 아이가 생기는 것만큼 경사는 없다하여 와토뵤에는 별명을 바람 파는 기치지(風うり吉大)라 선전하며 경사스러운 봄을 맞이했다.14)

소설의 주인공은 상상의 세계를 구경거리의 돈을 버는 수단으로 여기지 않고 세상에 공헌하는 사회적 행위로 자연스럽게 부자가 된다. 자신의 행위에 대한 반성을 통해 고도의 도덕적 수준에 도달한다는 이야기이다. 이러한 의미에서 판타지 세계는 양생과 교훈을 부여할 수 있는 공간적인 장소이자 의식적인 장소가 되기도 한다. 의식적인 장소의 역할을 하는 가상 공간 체험은 일본이 도덕적, 문명적으로 가장 좋은 나라라는 것을 대중들에게 일깨워준다. 와토뵤에가 자신의 행동을 반성하고 상품화한 것은 여인섬의 바람이다. 『후류시도켄덴』에도 여성이 바람을 바라면 임신하여 다시 여자아이를 낳는다는 속설을 교훈적으로 확대한 이야기가 등장한다. 『와소뵤에』와 그 후편에 등장하는 여인섬도 여성의 임신에 바람이 영향을 주며 바람과 관계한 여자아이의 출산이 일반화되었다. 이러한 여인섬 이미지는 외부 세계에 대한 일본, 일본인의 문화적 우월성을 암묵적으로 보여준다. 소설 속 주인공은 여인섬의 여성, 센쿄국의 가슴에 구

---

14) 앞의 논문, 「翻刻 曲亭馬琴の黃表紙(四) 庭荘子珍物茶話」, p.78.

멍이 난 무리를 이용하여 돈을 모았던 때를 반성하고 불임 치료와 출산에 공헌하는 등, 도덕적인 가치 상승으로 전환시키고 있다.

　에도시대 판타지 여행소설은 중세시대의 섬 기행처럼 편력이라는 다른 세계로의 이동과 그곳에서 상상력을 극대화시키는 구상은 동일하다. 하지만 중세시대 유명한 무사를 등장시킨 작품들과 에도시대 시도켄, 와토뵤에와 같은 서민이 외부를 여행하는 소설에서 상상의 세계에 대한 인식과 태도는 다르다. 중세의 섬 기행은 영웅 전설과 같은 형식이지만 여행소설은 서민이 여행하며 종국에는 일본으로 회귀한다. 가상 공간 경험을 꿈으로 치부하는 설정이 많다. 이처럼 판타지 여행소설은 외부 세계의 기괴한 생명체와 일본과 다른 풍습으로부터 교훈을 끌어내어 일본의 우월성을 드러낸다. 결국 설교색채가 짙은 작품이 되어버린다. 그로 인해 판타지가 가득한 상상의 세계는 사라져버린다. 물론 감정 없는 인조인간과 같은 외부 존재들을 등장시키기도 하지만 그들이 주역은 아니다. 단지 소설의 흥미를 위한 상상 속 창조물로 그치고 있다. 또한 교훈이 중심이 된 판타지 여행소설은 세상의 법도로부터 분리되어 자유로운 상상이 뛰어노는 세계까지 미치지 못한다. 현실 세계의 논리를 초월한 상상과 경이의 세계는 양생과 도덕이라는 관점에 흡수된다. 또한 현실에서 탈피하고자 하는 욕망, 먼 외국에 대한 동경, 세계인식에 대한 경계의 확대 등, 절대적인 타자 인식까지는 미치지 못했다. 상상력이 활개를 치는 판타지 세계는 당시 현실 논리에 의해 억제되고 규제받기도 했다.

　하지만 가라쿠리 기술을 활용한 기계가 발달하고 인조인간과 유사한 창조물들이 등장하며 대중들을 흥미롭게 했다. 한편 판타지 여행소설을 통해 가상과 상상의 세계에서 거주하거나 일본으로 건너와 합체한, 혹은 거대하고 기인한 인조인간들을 통해 전근대 일본의 SF적인 상상력을 엿볼 수 있었다. 일본의 전근대 기계 기술은 서구의 산업혁명과 같은 획기적인 기술 발전에 의한 것은 아니었다. 오히려 인간의 상상력을 자극하는 문예가 그 중심에 있었다. 간단한 기계장치를 의미하는 가라쿠리 기술에 기반한 인형을 통해 과학기술에 대한 상상력은 물론 실제 기술을 향상시켜 왔다. 이러한 상상력은 단순히 문예와 무대 연극의 소재로만 그치지 않고 가라쿠리 해설서에서 움직이는 인형이나 작은 기계로 제작되었다. SF적인 상상력이 기술적 영감을 제공하며 일본의 기계 기술은 독자적인 발전을 이루었다. 이러한 인문학적인 상상력과 기계 기술의 접목을 잘 보여주는 존재가 일본의 로봇이며 현재에도 애니메이션과 영화는 물론, 기술 산업분야에서 활약 중이다.

---

* 이 글은 「에도(江戶)의 이국(異国)여행소설-풍자와 희화를 통한 이국에 대한 우월의식-」(『일본어문학』 제84집, 한국일본어문학회, 2020), 「에도시대 과학기술과 SF적인 상상력-〈가라쿠리〉 기술의 발전과 로봇의 시작-」(『일본어문학』 제99집, 한국일본어문학회, 2023)을 수정·보완하여 재수록한 것임.

일본 SF소설 『일본침몰』이 그리는 국가와 인류의 미래

이 가 현

1. 논의를 시작하며

일본은 2011년 동일본대지진 이후에도 끊임없이 자연재해의 영향을 받아왔으며, 이러한 자연재해로 인한 사회적 변화와 불확실성은 일본의 미래에 대한 관심을 높여왔다. 이에 더해 코로나 팬데믹과 같은 글로벌 위기는 이와 같은 불확실성을 한층 더 키워왔음을 추측할 수 있다. 이러한 상황에서 OTT 플랫폼을 통한 미디어 소비는 더욱 중요한 역할을 하게 되었으며 OTT 서비스의 큰 인기는 미디어와 엔터테인먼트가 사회와 문화를 형성하는 주요 요소로 떠오르고 있음을 시사해 준다.

코로나 팬데믹이 한창인 2020년 넷플릭스에서 오리지날 애니메이션 시리즈로 〈일본침몰 2020〉이 방영되는데 이는 지금까지 영화화, 드라마화된 〈일본침몰〉과는 달리 일반 시민 가족의 시점에서 그려져, 작품 속의 자연재해, 지진과 화산폭발은 더욱 리얼하게 묘사된다. 즉 일반 대중이 겪는 비참함이 그대로 시청자에게 전해지는 것이다[1]. 또한, 마지막 화

---

[1] 주인공 가족은 아버지는 일본인이지만 어머니는 필리핀인으로 구성된 혼혈 가족이다. 이러한 설정 또한 원작 소설이나 다른 영상화된 작품과 차별되며, 미래의 인류 세계에 대해 생각하게 하는 장치라 할 것이다.

인 9화 「부활」은 소설 원작에는 없는 8년 후의 일상까지를 그리며 일본의 희망적인 미래를 보여준다.

현재 한국 넷플릭스에서는 2006년도의 영화 〈일본침몰〉2) 과 2020년의 애니메이션 〈일본침몰 2020〉, 그리고 2021년 TBS를 통해 방영된 TV드라마 〈일본침몰-희망의 사람〉3) 의 세 가지 변주된 '일본침몰'을 볼 수 있다. 고마쓰 사쿄小松左京4) 의 SF 소설 『일본침몰日本沈没』5)을 원작으로 하는 이 이야기는 이렇듯 다양한 형태로 일본의 삶과 미래에 대한 상상력과 비평을 통해 계속해서 재생산되고 있으며, 새로운 시대의 도전과 불확실성에

---

2) TBS 등이 제작비를 투자하고, 도호(東宝)의 배급으로 2006년 7월 15일 공개되었다. 감독은 히구치 신지(樋口真嗣), 구사나기 쓰요시(草彅剛), 시바사키 고우(柴咲コウ)의 출연으로 2006년 공개 영화 일본 내 흥행 순위 제4위인 히트작이 되었다. 원작 소설과는 달리 2006년 영화판 〈일본침몰〉의 결말은 일본 국토 전체가 아닌 부분적으로만 침몰된다.

3) 소설 『일본침몰』을 바탕으로 한 2번째 텔레비전 드라마로 2021년 10월 10일부터 12월 12일까지 TBS에서 방영되었다. 오구리 슌이 주연을 맡아 화제가 되었으며, 원작과는 달리 일본침몰에 대한 대책이나 지구환경의 위기, 리더십 등이 주로 다뤄졌다.

4) 고마쓰 사쿄(小松左京, 1931-2011): 일본의 소설가로 인류와 문명의 가능성을 SF소설을 통해 모색했다. 대표작으로 『일본 아파치족(日本アパッチ族)』(1964), 『끝없는 시간의 흐름 끝에서(果しなき流れの果に)』(1966) 등이 있다.

5) 1973년 고분샤(光文社)에서 간행한 고마쓰 사쿄의 SF 소설. 대규모 지각변동으로 일본에 대규모 지진이 발생하고, 화산이 연쇄 폭발하며 일본 열도가 바다로 가라앉는다는 설정의 이야기로, 1964년부터 집필을 시작해 9년에 걸쳐 완성했다고 한다(東宝株式会社出版事業室 『東宝特撮映画全史』東宝, 1983, pp.372-373 참조). 1973년과 2006년에는 영화화가, 1974년과 2021년에는 TV 드라마화, 1973년과 1980년에는 라디오 드라마화, 1970년대와 2000년대에는 만화화, 2020년에는 애니메이션화 되는 등 다양한 미디어믹스가 이루어진 작품이다.

'일본침몰'이라는 아이디어는 고마쓰가 10대 때 그린 데뷔 만화 『괴인 스켈레톤 박사(怪人スケレトン博士)』(1948)에 이미 사용되었다. 이 작품은 고마쓰가 세상을 떠난 3년 후인 2014년 GHQ가 보관하고 있던 전후의 일본문화자료 중에서 이 작품이 발견되었다. 또, 일본 국토의 소멸이라는 아이디어는 단편 『일본 팝니다(日本売ります)』(1964)에도 사용되었다.

대한 사회적 대화와 고찰을 이끌어내는 역할을 하고 있다.

'일본침몰'이라는 용어는 일본 국토의 실질적인 지리 공간의 침몰 외에 일본의 경제적, 정치적인 위기를 상징하는 표현으로도 자리 잡아 일본 사회의 침몰을 의미하기도 한다6). '일본침몰'의 이러한 다층적인 의미는 일본의 자연재해에 대한 담론과 함께 일본 사회의 미래에 대한 고찰을 조명하는데 중요한 배경이 되며, 이 의미에 대한 고찰을 통해 일본이 현재와 미래에 직면한 불확실성에 대한 이해를 확장할 수 있다. 본장은 고마쓰 사쿄의 『일본침몰』을 중심으로 이러한 불확실성이 SF적 상상력을 통해 일본이라는 국가와 인류 세계의 미래를 어떻게 반영하고 있는지를 분석하고자 한다.

2. 고마쓰 사쿄와 일본 SF 소설 『일본침몰』

호시 신이치星新一7), 쓰쓰이 야스타카筒井康隆8)와 함께 일본 SF의 3대 거

---

6) "이대로라면 일본 경제는 침몰할 것이다"(德成旨亮「このままだと日本経済は沈没する―海外投資家が三菱UFJのCFOに放った厳しすぎる本音」『DIAMOND online』2023.6.3.)라는 일본 내의 신문 기사에서뿐 아니라, "침몰 위기에 놓인 일본"(김태균「침몰 위기에 놓인 일본…韓과 달리 'IMF 구제금융'으로도 해결 안돼 日석학의 경고」『서울신문』2023.9.2) 등 한국의 신문 기사에서도 이러한 예를 찾을 수 있다.

7) 호시 신이치(星新一, 1926-1997): 일본의 SF 소설가로 단편소설보다도 짧은 '쇼트 쇼트(short-short)' 형식의 개척자로 유명하며, SF 이외에도 자신의 부친과 조부의 일대기 및 그 시대를 그린 전기문학 등을 집필하였다. 대표작으로 『미래의 이솝우화(未来いそっぷ)』(1971), 『봇코짱(ボッコちゃん)』(1971) 등이 있다.

8) 쓰쓰이 야스타카(筒井康隆, 1934-): 일본의 SF 소설가 겸 배우로 1960년 SF 동인지 『NULL』을 창간하기도 했다. 대표작으로 『시간을 달리는 소녀(時をかける少女)』(1967), 『일본이외 전부침몰(日本以外全部沈没)』(1973), 『나의 할아버지(わたしのグランパ)』(1999) 등이 있다.

장이라 불린 만큼 고마쓰 사쿄와 일본 SF의 관계는 깊다. 사쿄가 SF에 관심을 갖게된 계기는 1959년 12월 하야카와 쇼보早川書房의『SF매거진SFマガジン』9) 창간호에 실린 로버트 쉐클리Robert Sheckley의 단편「위험의 보수The Prize of Peril」를 읽고 충격을 받은 것으로 그 후 작가 스스로 미국식 사이언스 픽션에 도전하겠다는 일념으로 계속 집필에 몰두하게 되었다.

고마쓰는 몇 번의 실패 끝에 1961년 하야카와 쇼보 주최의 제1회〈하야카와 · SF콘테스트ハヤカワ・SFコンテスト〉10)에서『땅에는 평화를地には平和を』11)로 노력상에 입선한다. 1963년에는 '일본 SF 작가 클럽' 창설에 참가를 하고, 1970년에는〈국제 SF 심포지엄〉을 주재하며, 1980년에는 일본 SF 작가 클럽 회장으로서 '일본 SF 대상'을 창설한다. 2000년부터는 그의 이름이 붙은 고마쓰 사쿄 상小松左京賞12) 이 제정되기도 한다. 또한, 직접 제작

---

9) 1959년 12월, 미국의 SF, 판타지 전문지『판타지 앤드 사이언스 픽션(Fantasy & Science Fiction)』잡지와 제휴하여 창간되었다. 후쿠시마 마사미(福島正実)가 초대 편집장을 지냈고 하야카와 쇼보의 'SF문고(SF文庫)'와 더불어 1960년대에서 1970년대에 걸친 일본 SF의 황금기를 일궈내는 원동력이 되었다. SF계에서는 단순히『매거진』이라고 호칭되며, 하드 SF 등 좁은 의미의 SF 외에 판타지나 기상소설(奇想小説), 만화 작품 등 다양하게 게재된다.
10) 하야카와 쇼보가 주재한 SF소설의 공모 신인상이다. 1961년에 개시되어 1992년까지 지속된다. 그 후 2012년에〈하야카와 SF콘테스트(ハヤカワSFコンテスト)〉로 재개된다.
11) 1963년 일본에서 가장 오래된 SF 동인지『우주진(宇宙塵)』63호에 게재된『땅에는 평화를』은 1945년 8월15일 종전이 선언된 후 쿠데타가 일어나 주전파(主戦派)가 정권을 장악하여 본토결전이 벌어지는 '또 하나의 역사'를 만들려던 5000년 후의 세계에서 온 시간범죄자와 그를 저지하려는 시간 순찰 이야기이다. 이러한 대체역사라는 설정은 과거의 제국주의 담론과 함께 발달한 일본 근현대 SF의 하위장르 중 하나이다.
12) 1970년대 중반 가도카와 서점(角川書店)에서 SF소설 붐을 일으킨 실적을 가진 가도카와 하루키(角川春樹)가 21세기 새로운 SF의 등용문을 만들자고, 자신의 이름을 붙이는 것은 싫다며 반대하는 고마쓰를 설득해 2000년 제정하였다. SF소설을 대상으로 주최한 공모 신인문학상이다. 2009년 10회로 휴지되었다.

사를 차리고 젊은 작가를 모아 대형 SF 영화를 제작하며 라이트노벨 작가와 애니메이터 등 차세대 크리에이터 육성에 힘쓰기도 했다. 일본 SF계를 대표하는 SF 작가였을 뿐 아니라 전후 일본을 대표하는 소설가였던 고마쓰 사쿄는 2011년 3월 동일본대지진을 겪고 얼마 지나지 않아 폐렴으로 사망한다.

이렇듯 고마쓰는 일본 SF 역사에 있어 빠질 수 없는 인물로 그의 첫 상업적 SF 작품이자 대체역사를 다루는 『땅에는 평화를』을 썼을 때의 기분을 그는 다음과 같이 남기고 있다.

> 그때 생각한 것은 '자신의 전쟁'이라는 것에 책임을 지자는 것이지요. 불과 한발 차이로 실제 전쟁에는 나가지 않았지만, 다음에는 자신들이라며 태세를 갖추고 있었지요. 바로 윗세대는 점점 특공대로 가버리고. 다음 특공을 기다리고 있는 무리들이 마지막으로 어떻게 되느냐 하는 것은 나에게는 매우 절실한 것이었지요.[13]

여기에서 주목해야 할 것은 '전쟁'과 이로 인한 '인간들의 미래'에 대한 언급이다. 즉, 고마쓰의 작품에는 과거 일본이 경험한 원폭과 패전이 그

---

[13] 「その時に思ったのは、「自分の戦争」というやつに落とし前をつけておこうということね。ほんの一足ちがいで実際の戦争には行かなかったけど、次は自分たちだと身構えていた。つい上の世代はどんどん特攻隊で行っちゃうし。次の特攻を待っている連中が最後にどうなるかというのは、僕にとっては非常に切実なものがあったんだな」小松佐京『SFへの遺言』光文社, 1997, p.83).

근저에 깔려있으며[14], 이러한 실제의 경험으로 인한 불안이 SF적 상상력과 결합하여 인류의 비참한 미래로 생생하게 소묘된다. 이하에서『일본침몰』에 그려지는 비참한 인류의 모습을 살펴보고자 하는데, 그에 앞서 SF에 대한 정의를 먼저 확인하고자 한다. 미국의 SF 작가 하인라인[15]은 SF에 대하여 다음과 같이 정리한다.

> 거의 모든 과학소설에 통용될 수 있는 간략한 정의는 다음과 같다. "과학소설은 있을 법한 미래의 사건들을 현실감 있게 사색하는 것으로 그 근거는 실제 세계, 과거, 현재에 대한 충분한 지식에 든든한 바탕을 두고 있어야 하며 과학적 방법의 성격과 중요성에 대한 철저한 이해가 기초되어 있어야 한다." 만일 거의 대부분이란 범주 대신 100% 모든 과학소설에 통용되는 정의를 내리고자 한다면 그것은 "미래"라는 단어 하나로 밖에 집약할 수 없다.[16]

위의 정의에서 지적하듯이 SF는 미래의 사건을 다루지만 현재에 있을

---

14) 실제로 고마쓰는 "전쟁을 경험하지 않았다면 SF는 쓰지 않았을 것이다"라는 말을 남기고 있다(小松左京『小松左京自伝―実存を求めて』日本経済新聞出版社, 2008, p.224).

15) 로버트 앤슨 하인라인(Robert Anson Heinlein, 1907-1988): 미국의 SF 작가로 장편 과학소설로 베스트셀러를 기록한 초기 작가 중 한 명이다. 주로 급진적 개인주의, 종교, 인류 문제에 대한 고찰 등 다양한 사회 문제를 다룬다. 대표작으로『여름으로 가는 문(The Door into Summer)』(1957),『낯선 땅 이방인(Stranger in a Strange Land)』(1961) 등이 있고, 과학소설상인 휴고상을 네 번 수상한다.

16) Robert A. Heinlein, "Science Fiction: Its Nature, Faults and Virtues", in The Science Fiction Novel, Advent, Chicago : 1969. 고장원『SF란 무엇인가?』부크크, 2015, 56쪽에서 재인용. 강조는 필자에 의함(이하 같음).

법한, 과학에 근거하여 미래의 어느 시점에는 가능성이 있는 사건을 그린다. 본장에서 다루는 『일본침몰』은 지진으로 인한 재난소설로 분류할 수 있지만, 일본에서는 재난소설, 재난문학이라는 장르의 구분이 없으며, SF에 대한 위의 정의를 생각해 보면 『일본침몰』은 있을 법한 미래의 자연재해를 현실감 있게 그리고 있어 SF소설로 분류할 것이다. 이렇듯 미래의 사건을 현실감 있게 그려내기 위해 실제로 고마쓰는 『일본침몰』 집필에 계산기 등 당시의 최첨단 기기를 사용하여 비전문가임에도 불구하고 변형력 등 물리 계산을 했다고 하며[17], 이러한 정밀한 조사에 기반한 생생한 상상은 인류의 미래에 대한 불안으로 응축된다.

일본의 소설가 아베 코보安部公房[18] 또한 『SF매거진』 창간호를 기념하며 SF 장르에 대해 다음과 같이 설명한다.

> 과학소설은 콜럼버스의 발견과 거의 맞먹는다. 이 장르문학이 이성적인 가정을 비이성적인 환상의 열정과 결합한다는 점에서 그렇다… 지적 긴장과 모험에의 초대 사이의 갈등이 빚어내는 시학은 현대적일 뿐 아니라 독창적인 문학정신과 맞닿아 있다.[19]

---

17) 『小松佐京自伝―実存を求めて』 앞의 책, pp.225-226.
18) 아베 코보(安倍公房, 1924-1993): 일본의 제2차 전후파 대표작가로 도쿄에서 태어나 만주에서 소년 시절을 보냈다. 노벨문학상에 가장 가까운 인물이라고 노벨위원회로부터 평가를 받던 중 뇌출혈로 급사했다. 대표작으로 『벽(壁)』(1951), 『모래의 여자(砂の女)』(1962) 등이 있다.
19) 安部公房 『SFマガジン』 創刊号, 1959. 고장원 『중국과 일본에서 SF소설은 어떻게 진화했는가?』 부크크, 2017, p.133에서 재인용.

과학소설(SF)의 중요성을 강조하는 위와 같은 아베의 언급은 초기작품이 SF에 속하는 것이 많았던 탓에 SF의 특성을 이해하는데 도움이 된다. 의사로 진로를 삼았던 그는 자신의 의학 지식을 활용하여 SF적이고 현대적인 배경을 주로 다뤘는데, 아베가 그리는 의학 기술은 (현재에는 많은 부분 상용화되었거나 상용 가능성을 갖지만) 당시로서는 창작, 즉 이성적인 가정으로서 비현실적인 소재를 통해 인간의 실존 문제가 주로 비극적으로 그려진다.

SF 장르에 대한 이와 같은 설명은 평론가 미야자키 데쓰야(宮崎哲弥)의 다음과 같은 언급과도 그 궤를 같이 한다. "SF는 철학이나 종교, 더 말하자면 인간 실존의 문제('나는 "존재" 하는가', '나는 왜 여기에 존재하는가', '나를 있게 하는 것은 무엇인가', '우리는 무엇을 바라고 어디로 가는가' 등)를 물을 수 있다."[20] 이러한 정의들을 생각해 볼 때 SF란 비현실적인 세계를 구체적으로 그림으로써 보편적인 인간의 실존에 대해 고찰하는 장르임을 알 수 있다. 고마쓰 사쿄의 『일본침몰』은 현재에도 지속적으로 일어나고 있는 지진이라는 자연재해를 다루며, 현실을 리얼하게 반영하여 그리는 일본 SF의 특징이 두드러진다.

『일본침몰』의 설정은 197X년으로 집필 당시부터 근미래로 설정이 된다. 이 작품에서 그려진 설정 중 집필 당시에는 상상이었으나 실현된 미래에 대한 묘사는 신도쿄 국제공항 즉, 나리타 국제공항 및 세이칸 터널[21], 간사

---

20) 宮崎哲弥『小松左京スペシャル』NHK出版, 2019, p.6.
21) 일본의 혼슈(本州)와 홋카이도(北海道) 사이의 쓰가루 해협(津軽海峽)을 관통하여 두 지역을 연결하는 해저 터널로, 1964년 3월 23일에 공사가 개시되었고, 27년만인 1988년 3월 13일에 정식 개통되었다.

이 국제공항의 건설과 대형 컴퓨터의 LSI(대규모 직접 회로화) 등을 들 수 있다. 그리고 현재까지 실현되지 않은 미래의 묘사, 다시 말해 현재의 시점에서 SF적인 설정이 유지되는 것으로는 수심 1만m 잠수정, 초음속 수송기 등이 있으며 이는 아베 코보의 초기 SF 소설과 같이 과학기술의 진보와 함께 미래의 시점에서는 실현될 가능성을 갖는다. 픽셔널한 묘사로는 일본 열도를 침몰시키는 과학 설정을 들 수 있는데, 9년에 걸쳐 방대한 조사를 바탕으로 완성한 이 작품에서 고마쓰는 왜 이토록 국가와 인류의 멸망을 집요하게 상상하는 것일까. 고마쓰는 『일본침몰』의 집필 동기를 다음과 같이 남기고 있다.

> 쓰기 시작한 동기는 전쟁이었다. 본토 결전, 일억 옥쇄로 일본은 멸망할 것이 종전으로 구원되었다. (중략) 일본인은 고도 경제 성장에 취해 들떠 있다고 생각했다. 그 전쟁으로 국토를 잃고 모두 죽을 각오를 했을 텐데, 그 비장한 마음을 잊고 무엇이 세계와 어깨를 나란히 하는 일본인가 하는 생각이 내 안에 맴돌고 있었다. 태평하게 들뜬 일본인을 허구속이기는 하지만 나라를 잃을 위기에 처하도록 해보자는 생각으로 글을 쓰기 시작한 것이다. 일본인이란 무엇인가, 일본이란 무엇인가를 다시 생각해 보고 싶기도 했다.[22]

---

[22]「書きはじめた動機は戦争だった。本土決戦、一億玉砕で日本は滅亡するはずが戦争で救われた。(中略)日本人は高度経済成長に酔い、浮かれていると思った。あの戦争で国土を失い、みんな死ぬ覚悟をしたはずなのに、その悲壮な気持ちを忘れて、何が世界に肩を並べる日本か、という気持ちが私の中に渦巻いていた。のんきに浮かれる日本人を、虚構の中とはいえ国を失う危機に直面させてみようと思って書きはじ

소년 시절 전쟁을 겪은 고마쓰에게 국가와 개인의 관계는 영원한 주제로 위의 인용문에서 언급한 대로 『일본침몰』에는 당연히 존재한다고 여겨지는 국가의 존립과 인간(개인)의 실존 문제가 동일시되어 그려지는데, 일본이 겪은 과거의 경험이 강하게 투영되어 전쟁과 지진으로 인한 자연재해, 이로 인한 물질적, 사회적 붕괴 및 멸망이 '일본침몰'이라는 SF적 상상으로 상징되는 것이다.

『일본침몰』을 다룬 선행연구는 영화, 드라마 등 다양한 매체와의 비교 연구[23]나 영화 〈일본침몰〉을 중심으로 공동체 침몰에 주목한 연구[24], 환경 재난 서사에 주목하여 영화 〈일본침몰〉을 분석한 연구[25] 등으로 1973년의 원작 소설 자체보다는 영상매체 중심의 연구가 주를 이룬다. 그 밖에 내셔널리즘을 테마로 한 연구[26]도 등장한다. 하지만, '일본인이란 무

めたのだった。日本人とは何か、日本とは何かを考え直してみたいとも強く思っていた」(小松佐京『小松佐京自伝―実存を求めて』日本経済新聞出版社, 2008, pp.76-77).

[23] 예를 들어 유은경의 「문학의 현실반영과 미디어믹스에 대해서―고마쓰 사쿄의 『일본침몰』을 중심으로」(『일본근대학연구』76, 한국일본근대학회, 2022), 金津日出美의 「沈積する<日本沈没>の物語」(『일본근대학연구』38, 한국일본근대학회, 2012) 등이 있다.

[24] 〈고지라〉 시리즈와 비교 분석하는 대상으로서 영화 〈일본침몰〉을 언급하며 일본이라는 공동체의 파괴와 폐허에 대해 논한 강태웅의 논문「고지라는 왜 일본으로 돌아오는가―일본 SF가 그려내는 공동체 이미지의 특성과 변화」(『일본연구』30, 고려대학교 글로벌일본연구원, 2018.)가 있다.

[25] 강윤주·윤종욱의 「환경재난 영화에서의 공포의 재현 방식」(『인문콘텐츠』22, 인문콘텐츠학회, 2011.) 등의 논문이 있다.

[26] 김영심의 「『일본침몰』이 그리는 '국토' 사상」(『일본언어문화』19, 한국일본언어문화학회, 2011), 박정의「日本学教育の映像資料『日本沈没』―1973年と2006年との比較からみるナショナリズム化.」(『일본문화학보』64, 한국일본문화학회, 2015) 등의 연구가 있다. 김영심의 논문은 국토와 건국 신화를 근간으로 하는 내셔널리즘 사상에 주목하였고, 박정의의 논문은 1973년과 2006년의 영화 〈일본침몰〉을 분석하여 일본 사회가 내셔널리즘으로 움직이고 있음을 지적한다.

엇인가, 일본이란 무엇인가'라고 하는 재난을 통한 국가론 및 국민론에 대한 종합적인 논의가 필요하다. 따라서 본장에서는 이러한 선행연구와 작가 고마쓰의 집필 동기를 토대로 하여 SF 소설『일본침몰』이 그리는 국가 영토와 인류 세계의 미래에 대해서 차례로 살펴보고자 한다.

3.『일본침몰』에 드러난 '영토' 사상

국가란 '일정한 영토와 거기에 사는 사람들로 구성되고, 주권에 의한 하나의 통치 조직을 가지고 있는 사회 집단'으로 정의된다. 일본의 영토는 태평양의 네 개의 큰 섬으로 구성되고 구체적으로는 37만 7973km², 인구는 1970년 시점으로 약 1억 5백만으로『일본침몰』에서는 국가를 이루는 영토와 국민이 아래와 같이 정확한 수치로 서술된다.

> 비록 작다고는 하지만 길이가 2천 킬로미터요, 면적이 37만 평방킬로미터나 된다. 3천 미터가 넘는 거봉을 여럿 싣고 있는 산과 숲, 들과 강, 1억1천만의 인간과 그들의 생활 터전인 도시, 공장, 주택, 도로를 싣고 있다. (중략) 이 섬, 이 땅, 이 역사적 축적 위에 꽃 핀 한 사회 안에서 1억1천만이나 되는 인간이 마음 속에 품고 있는 내일에 대한 작은 꿈은 어떻게 될 것인가?[27]

『일본침몰』의 내용은 일본 영토가 자연재해(지진)에 의해 바다 밑으로

---

27) 고마쓰 사쿄, 고평국 옮김,『일본침몰』범우사, 2006, 190쪽.

가라앉고 겨우 살아남은 일본인들이 난민이 되어 세계 각지로 흩어져 살게 된다는 줄거리로, 위의 인용에서 알 수 있듯이 일본이라는 국가가 없어졌을 때 일본인은 어떻게 살아갈까를 상상한다. 일본 영토가 침몰되는 과정을 간략하게 정리하면 다음과 같다.

(1) 197×년 여름, 오가사와라제도小笠原諸島의 작은 섬이 소멸되어 지구물리학자 다도코로 유스케田所雄介 박사가 현지 조사를 한다. 그곳에서 기이한 해저의 균열과 난도류乱泥流를 발견하게 된다.

(2) 이즈반도伊豆半島에 지진이 발생하고 이어 교토 대지진, 제2차 관동 대지진이 발생한다.

(3) 후지화산대가 폭발하며 시코쿠四国의 침하가 시작되고, 긴키近畿 지방의 초광역진원 지진이 발생한다.

(4) 서 일본이 침몰한 후 다카쓰마산의 폭발에 이어 간토와 홋카이도가 침몰하며 막을 내린다.

여기에서 주목할 점은 일본침몰을 유발하는 지각변동의 시작점이 도시마 섬鳥島 부근 무인도라는 점이다. 이와 관련된 서술을 아래에서 확인하고자 한다.

> "사실을 말하지만 그 섬은 4, 5년 전에 발견되어서 영토권의 확정은 3년 전에 행해졌을 뿐입니다. 정식명칭도 아직 결정되지 않았으니까요."(중략) "섬이 없었으니까 그렇지요." 조서원이 대답했다. "암초 같은 것은 일부 어민에게 알려져 있었겠지만 항로에

서 떨어져 있었기 때문에 거의 아무도 주의해서 보지 않았습니다. 5, 6년 전 일본의 기상관측선이 발견했을 때는 남북 1.5킬로미터, 동서 800미터 최정상부의 높이 80미터 정도의 자그마한 섬이 나타났습니다." (중략) "이상한 일입니다만, 그 섬은 총리실 직할로 되어 있었습니다. 영토권이 확정되고 나서도 별로 하는 것 없이 방치해 두었습니다. 기상청과 수산청에서 이 섬을 이용해 보자는 얘기도 겨우 일년 반 전부터 입니다. 이곳을 무엇에 쓸려는지 모르지만 주일 미군이 이 섬을 폭격연습에 쓰게 해달라고 청원해 왔고 미국 정부에서도 가능하다면 매수하겠다는 뜻을 전해 왔습니다."[28]

위의 인용의 현실화인 것처럼 2023년 11월 6일 일본 남동쪽에 있는 화산섬인 이오섬 앞바다에서 화산 활동으로 새로운 섬이 만들어졌다는 뉴스 보도가 있었다[29]. 이오섬은 일본과 미국령 괌 사이에 있는 섬으로 2차 세계대전 당시 미군과 일본군이 전투를 벌인 곳이기도 한데, 이러한 배경은 위의 마지막 부분과 관련이 있어 보인다. 또, '총리실 직할'인 도쿄도 관할의 화산섬을 보면 미야케지마 섬, 하치조지마 섬, 아오가시마 섬, 베요네즈 열암列岩, 스미스지마 섬, 도리시마 섬, 오오시마 섬, 이오섬 등으로 점점 남태평양으로, 동남아시아로 가까워지는 것을 알 수 있다(도쿄도 방재 홈페이지). 이러한 점에서 위의 '항로'라는 표현은 동남아시아로의 항로임을 추측할 수 있다.

---

28) 앞의 책, 32-33쪽.
29) NHK 2023년 11월 6일 기사 「東京 小笠原諸島 硫黄島沖で噴火 新たな島出現 今後どうなる？」https://www.nhk.or.jp/shutoken/newsup/20231106a.html (검색일:2023.11.10.)

여기에서 일본의 영토에 대한 역사적 흐름을 살펴보면, (1) 도쿄에서 오사카, 교토까지를 포괄하는 혼슈, 시코쿠, 규슈와 몇 개의 섬을 포괄하는 범위인 소일본 (2) 메이지 유신 후 일본 땅에 강제로 편입된 오키나와와 홋카이도 지방까지를 포괄하는 중일본 (3) 괴뢰국 '만주국'을 건설하고 아시아 태평양 전쟁을 통해 동남아시아 지역까지 확장하여 '대동아 공영권'을 이루는 대일본 (4) 패전 후 오키나와, 홋카이도 지방까지인 중일본으로 다시 축소되는데, 『일본침몰』의 침몰 지역 - 이는 위에서 살펴본 작품 속의 지각변동 순서라고도 할 수 있다 - 은 대일본을 상정하는 지역에서부터 침몰이 시작되어 홋카이도, 혼슈, 시코쿠, 규슈, 오키나와가 남은 중일본으로 일본의 영토는 한정된다. 이러한 정의를 생각하면 위의 '항로'라는 화산섬의 루트는 도쿄도, 즉 정부 관할의 (3) 동남아시아 지역까지 확장된 대동아 공영권으로 볼 수 있다. 이는 작품에서 등장하는 가나카 인에 대한 이하의 서술에서도 확인할 수 있다.

"이쪽이 가나카어부를 구해낸 어선 스이덴 호의 야마모토 씨로 가나카 어를 조금 할 수 있어서 이들과 함께 남아있었습니다. 저쪽이 가라앉았을 때 섬에 남아있던 사람들로 우라가쓰 섬의 어부라 합니다." (중략) 야마모토라고 불리는 남자는 권하는 의자에 앉을 생각은 않고 멍청히 서서 쉰 목소리로 대답했다. "가나카어를 그렇게 잘하지는 못합니다. 저는 전쟁 전에 아버지의 일로 사이판, 파라오, 야푸, 앙가우르 같은 곳을 잠시 돌아다녀서, 어쨌건 배고팠던 시절이라 대단치는 않습니다. 이 사람들은 어느 정도의 영어 단어와 그리고 저 노인은 일본말도 좀 떠들어댑니다."

"곤니치와(안녕하십니까)……." 문신을 한 가나카 인은 주름살투성이의 얼굴을 제법 엄숙히 조아 붙이고 일본말로 인사를 했다.30)

가나카 인은 하와이 및 태평양 제도에 거주하는 민족의 총칭으로 남태평양 주민의 대부분이다. 그들에 대해 일본인은 "대체로 피부는 암갈색 혹은 황갈색으로 머리색은 검고, 콧방울이 넓으며 입이 크고 입술이 두꺼운 것이 특징이다. 이 종족도 대체로 온순하고 쾌활하지만 천혜에 길들여져 일상이 나태하고 노동을 싫어하며 이욕에 집착하지 않아서 그만큼 사물에 대한 집착과 연구심이 결여되어 있으며, 따라서 향상심이 부족하여 아직도 원시적 상태를 벗어나지 못하는 이가 많다"31)고 인식하고 있었다.

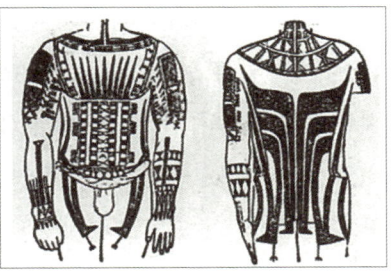

〈그림1〉 가나카 인 차림새32)   〈그림2〉 가나카 인 문신기33)

위의 인용문에 등장하는 '사이판, 파라오, 야푸, 앙가우르'와 같은 지명에서는 남양군도南洋群島를 떠올릴 수 있다. 남양군도는 1919년 6월 28일에

---

30) 앞의 책, 33쪽.
31) 야마다 기이치, 이가현 옮김, 『남양대관 1』 보고사, 2021, 111쪽.
32) 앞의 책, 7쪽.
33) 앞의 책, 113쪽.

체결된 베르사유조약에 따라 설치된 일본 제국의 위임통치령으로 마리아나, 캐롤라인, 마셜 군도로 구성된다. '사이판, 파라오, 야푸, 앙가우르'는 마리아나군도, 서 캐롤라인군도에 속했으며, 남양청南洋庁[34)]이라는 남양군도 관할 행정 조직을 두어 통치했다. 『일본침몰』에서 그려지는 가나카인의 묘사나 동남아시아로의 항로 등에서 과거의 '대일본'을 상정하는 동남아시아 지역까지 확장된 제국주의 일본의 영토 사상을 확인할 수 있다.

이러한 영토 사상은 전쟁, 패전으로 인하여 '중일본'으로 축소되는 과거의 경험과 달리 작품에서는 화산, 지진으로 인한 자연재해를 통해 중일본으로 영토 사상이 변화한다. 대일본을 의미하는 지역에서부터 침몰이 시작되어 홋카이도, 혼슈, 시코쿠, 규슈, 오키나와가 남은 중일본으로 일본의 영토는 한정되는데, 과거 제국 일본이 꿈꾸던 동남아시아로의 영토 확장, '항로'는 바로 역순으로 파괴로의 길을 걸으며 축소, 침몰하게 되는 것이다. 앞에서 확인한 고마쓰의 집필 동기에 주목하면 바다로 침몰된 지역의 범위가 이렇듯 중일본이라는 점에서——이는 전쟁 전의 영토로 돌아갔다고 이해할 수도 있는데——과거 제국 일본의 영토 확장과 전쟁 발발에 대한 비판임과 동시에 "나라를 잃을 위기에서" 일본 영토가 갖는 의미에 대한 고찰임을 아래에서 확인할 수 있다.

> 일본이라는 것은…… 이 네 개의 섬, 이 자연, 이 산과 하천, 이 숲과 풀과 생물, 읍과 촌, 선조가 살다 남긴 유적과 일체인 것입니

---

34) 1919년 설립 당시에는 사이판(Saipan), 팔라우(Palau), 야프(Yap), 트루크(Truk), 포나페(Ponape), 젤루잇(Jaluit)의 6개 지청이 설치되었다가 1943년 북부, 동부, 서부의 3개 지청으로 개편되었다.

다. 일본인과 후지 산, 일본 알프스, 도네 강, 아시즈리 곶은 같은 것입니다. 이 섬세한 자연이 ······섬이 ······파괴되고 소실되어 버리면 ······이미 일본이라는 것은 없어지는 것입니다······.35)

『일본침몰』에는 동남아시아를 향한 영토 확장에 대한 야욕 대신에 일본 영토의 상징으로 후지산이 그려지고36), 전쟁으로 국토를 잃을 뻔한 그 비장한 마음을 다시금 환기시키며 이를 위해 일본의 파괴를 상상한다. 인용에서 알 수 있듯이 일본이라는 국가는 곧 일본인을 의미하며 영토의 소실은 국가의 소멸이며, 이는 곧 국민의 상실을 의미한다. "전쟁과 지진은 다르니까······. (중략) 패전은 일본에게 있어서 뜻밖의 행운을 가져다주었지. (중략) 하지만 지진은 달라(304쪽)", "불안과 동요의 기색은 지금까지 많은 사람들이 잘 되어간다고 느끼고 있던 세상에 대해 사람들이 자신을 잃어가고 있는 것(311쪽)"이라는 작품 속 묘사에서 알 수 있듯이, 자연재해라는 위기로 인해 파괴되고 폐허가 되는 영토는 과거 제국 일본의 영토 확장과 전쟁 발발에 대한 비판임과 동시에 인류의 미래에 대한 불확실성을 상징하고 있음을 알 수 있다.

일본 SF가 그리는 미래의 재해, 그리고 이로 인한 미래의 폐허와 관련하여 깅태웅은 "미래의 폐허에 대한 일본의 상상은 어디까지나 직접 경험

---

35) 앞의 책, 554-555쪽.
36) "흰 환영과 같이 하늘로 솟은 후지 산의 자태가 보였다. 온 산이 새하얀 눈으로 덮인 그 수려한 산은 초연히 아름답고 해맑은 겨울 하늘에 걸려 있었다. 지상의 무엇도, 아무리 거대한 힘도 그 자태를 더럽힐 것 같지 않게 보였다. (중략) 천길 바다 밑 그 아래 숨어있는 불뱀火蛇은 해상으로 불과 연기와 증기와 재를 뿜어내면서 몸을 도사리고 일본의 상징인 빼어난 산봉우리 아래로 시시각각으로 다가오고 있었다(『일본침몰』앞의 책, 333쪽)."

제2장 동양의 SF 문학

한 세계에서 온다"37)고 지적하며, 세계 유일의 원폭피해를 입은 경험, 그리고 관동대지진(1923년)과 한신·아와지대지진(1995년), 동일본대지진(2011년)을 겪은 경험에서 오는 폐허의 이미지에 대해 서술한다. 여기에서 주목할 점은 이러한 미래에 대한 파괴와 폐허가 종말로 수렴하지는 않는다는 점이다. 이를 『일본침몰』로 치환해 보면 일본이라는 영토의 침몰이 국가의 파괴, 국민의 종말로 귀결되지 않는다는 것이다. 이러한 맥락은 위의 인용에서 상정하는 '영토의 소실=국가, 국민의 소실'과 모순되어 보이지만 고마쓰는 작품 말미에 '다나바(丹那婆) 전설'38)을 차용하며 침몰하는 일본 영토에서 해외로 도피한 일본 국민에게 "일본 민족의 피와 말과 풍속과 습관은 남아있고 또 어디선가 작은 나라를 만들 것"39)을 기대하며 희망의 미래를 상상한다.

4. SF로 그리는 인류 세계와 미래

『일본침몰』에서 일본 영토가 침몰함에 따라 정부에서는 D계획을 수립

---

37) 강태웅은 「고지라는 왜 일본으로 돌아오는가」(앞의 논문)에서 일본을 대표하는 애니메이션 작가 미야자키 하야오의 작품 〈미래소년 코난(未来少年コナン)〉(1978), 〈바람계곡의 나우시카(風の谷のナウシカ)〉(1984) 등에서도 '폐허'가 많이 다루어지고 있으나 그것이 종말과 연결되지 않는다고 분석한다.
38) 하치조지마 섬의 시조 전설 중 하나로 쓰나미에서 홀로 살아난 임산부가 남자아이를 낳고, 그 아이가 성인이 되면서 모자 교합하여 자손을 늘렸다는 전설이다. 2006년 고평국의 번역본 564쪽에는 '단나바(丹那婆)의 이야기'로 쓰여있으나 『난카이 타임즈(南海タイムズ)』를 참고하면 '다나바'의 오기인 것으로 보인다. 다나바 전설에 대해서는 김영심의 논문(2011)에 자세하다.
39) 앞의 책, 557쪽.

한다. 이는 일본열도의 지질적 대변동의 가능성을 조사·연구하는 것으로 이것이 D-1, 그리고 D-2는 최악의 사태가 일어났을 경우 일본 민족과 그 자산을 어떻게 처리할 것인가를 연구하는 것으로서 이는 '일본' 공동체에 대해 생각하게 한다. 먼저 일본이라는 국가를 '가족' 공동체로 인식하는 모습을 살펴보고자 한다.

> 전쟁 전 또는 적어도 메이지 시대까지의 일본사회에서는 가문과 세상이라는 것이 사회의 기본단위였다. 남자는 성인이 되면 가문을 대표해 세상과 접촉을 가지든지 혹은 가문을 나와 세상 속으로 들어가든지 했다.
> 그러나 전쟁 후에는 그런 관계가 완전히 바뀌고 말았다. (중략) 지금 일본사회 자체가 통털어서 마이홈화 하고 말았다. (중략) 일본사회가 모든 의미에서 포화화, 가정화하고 말았다고 한다면 새로운 세상은 이제 일본의 외부일 수밖에 없다. 국가가 예전의 가문이 되고 세계가 예전의 세상이 되는 것이다.[40]

이전의 메이지 민법에 기초한 가족제도, 즉 이에(家)제도[41]는 천황을 아버지로 한 가족국가 형성을 목적으로 하였다. 이를 기반으로 메이지 시대, 그 후의 제국 군국시대에 이르기까지 일본이라는 국가는 '가족' 공동

---

40) 앞의 책, 166-167쪽.
41) 1898년 제정된 민법에 의해 규정된 일본의 가족제도로 호주, 즉 가장에게 가정의 통솔 권한을 부여한 제도이다. 에도시대에 발달했던 무사계급의 가부장제 가족제도를 기초로 하였다(가노 미키요, 손지연 옮김, 『천황제와 젠더』, 소명출판, 2013, 81쪽 참조).

체로 인식되어 국가가 곧 가문, 민족이고 일본이 곧 일본인을 의미하였다. 하지만 인용의 마지막 부분인 '새로운 세상은 일본의 외부'이며 '세계가 예전의 세상이 되는 것'으로써 일본인의 이민(더 정확하게는 피난)을 정당화하는 듯한 작가 고마쓰의 의도적 서술에서 '일본침몰'을 계기로 일본이 곧 일본인이라는 공식은 깨지며, 일본인을 침몰하는 일본의 외부로, 세계 공동체의 일부로 편승시켜야 할 필요성이 시사된다.

한편, '일본침몰'이라는 사건, 재난이 개인에게는 '가족' 공동체를 인식시키는 계기를 제공하고 있다는 점을 아래에서 확인할 수 있다.

> 자기 마음속에 지금까지 그다지 생각지 않았던 육친에 대한 정이란 것이 숨어있음을 발견한 것은 충격적이었다. (중략) 형과 그 일에 대해 서로 이야기해 보고 골육의 정이란 것이 뜻밖에도 강렬히 마음속에 그대로 살아 있음을 깨달았다. (중략) 한 마디, 단 한 마디로 좋으니까 알려줄까! 피해, 형…… 일본은…… 이제 틀렸다고…….42)

위의 인용은 잠수정 조종사 오노데라 도시오(小野寺俊夫)43)가 모친의 장례식에 참가하기 위해 오랜만에 방문한 오사카에서 형과의 재회에 느끼는 감정에 대한 서술이다. "조직(국가—인용자주)의 통제"44)에 "가족에게 그

---

42) 앞의 책, pp.365-367.
43) 원래 해저 개발 회사 KK에서 근무했지만 나중에 D-1 계획에 참가하게 된다. 전후 출생으로 출세나 조직, 국가에 대해 관심이 없고 단지 바다를 좋아해 잠수정을 조종하며, 이에 계획본부의 해양 연구에 본격적으로 힘을 보탠다.
44) 앞의 책, 367쪽.

것(D계획—인용자주)을 털어놓고 도피 준비"45)를 생각하는 그에게 일본침몰
은 개인과 국가를 분리시키는 역할을 한다.

　　보답이라는 표현을 듣고 유키나가(해양지질학자—인용자주)는 빙긋
이 웃었다. 그런 사고방식이 꼭 전후태생 청년다웠다. 일본인으로
태어났으면서도 나라와 겨레라든지 국가에 대해서 어둡고 질퍽한
숙명적인 유대 같은 것을 전혀 느끼지 않고 있다. 그러면서도 국가
에 대한 셈은 분명히 의식하고 있고 그래서 혜택이라는 것을 느끼
고 있다. 그러나 그 은혜의 감정 역시 민족이나 국가에 대해서 무
한적 책임을 느낀다든지, 운명 공동체라는 숙명적인 유대감을 느
낀다든지 하는 형태로 표현되는 것은 아니다. 그것은 극히 건조하
고 경우가 밝아 신세만 갚으면 언제라도 자유로운 관계로 돌아갈
수 있는 것으로 파악되고 있다.46)

이러한 예문을 통해 일본침몰은 국가 공동체로의 인식이 소멸되는 계
기로 작용함을 알 수 있다. 즉, "일본인으로 태어난 것은 피부의 빛깔이나
용모의 차이, 신장과 같은 누구나가 가지고 있는 지극히 당연한 개인차,
집단차 정도로 의식하고 있다. 이들은 일본이 아니면 살 곳이 없다고 생
각하지 않는다. 지구 어디를 가든지 살아갈 수 있다고 생각한다. 살아간
다는 것이 특정사회에서의 입신출세라는 망집妄執과 연결되어 있지 않
기 때문에 어디서 어떻게 살더라도 자기의 인생을 실패나 낙오로 생각함

---

45) 앞의 책, 368쪽.
46) 앞의 책, 403쪽.

으로써 스스로 비참해지는 일이 없다."⁴⁷⁾ 즉, 국가에 대한 유대를 느끼지 않는, 스스로를 국가 공동체로 인식하지 않는 인물들이 "새로운 종류의 인간"⁴⁸⁾으로 그려지며, 앞에서 살펴본 영토관에 기초한 영토=국민, 즉 일본(국가)=일본인의 공식을 벗어나 개인의 존재가 강조된다. 이러한 개인의 '가족' 공동체 의식이 국가와 직결되지 않는다는 사상이 일본침몰이라는 국가적 재난을 통해 그려지는 것이다.

한편, 앞에서 확인한 대로 일본인을 새로운 세상으로, 세계 공동체의 일부로 편승시켜야 할 필요성이 제기되는데, 이는 이하에서 알 수 있듯이 일본이라는 '국가' 공동체가 '세계' 공동체로 확장될 수 있음을 의미하는 것은 아니다.

> 일본이 침몰한다……. (중략) 패전 후, 1억의 국민이 전시, 전후의 지옥을 벗어나서 인내와 노고로 쌓아올린 모든 재화, 각자의 반생을 희생하고 겨우 얻은 생활이 불과 몇 달 안에 모조리 바다 밑으로 가라앉고 만다. 그 다음에 다가오는 것이 무엇인가? 대피용 선박과 비행기에 서로 먼저 타려고 생지옥을 이룰 것이다. 그리고 생전 보지도 못했던 낯선 땅 위에 피난민용 판잣집이나 천막을 치고, 학대와 괄시를 받으며 타향살이를 해야 하는 것이다.⁴⁹⁾

"이 지구상의 인류 사회는 아직 한 나라 국민이 자기 국토 이외의 땅에

---

47) 앞의 책, 404쪽.
48) 앞의 책, 404쪽.
49) 앞의 책, 444쪽.

서 살 수 있는 권리가 보장되어 있지 않"⁵⁰⁾다는 위와 같은 예시에서 국가 공동체가 곧 새로운 세상, 세계 공동체와 동일선상에 있지 않음이 그려지며 이로 인한 역경이 담담히 서술된다. 그리고 세계 공동체로 편승하기 위해 일본이라는 국가 공동체 대신 등장하는 것이 국가와는 분리된 일본인 공동체이다.

오노데라는 교토 가모카와에서 대학시절의 옛 친구 3, 4명과 산불놀이를 구경하고 있었다. (중략) "참 우습군." 최근에 MIT에서 돌아온 전자공학과 출신의 기무라木村가 중얼댔다. "방송위성을 띄우고, 원자력 유조선을 만들려는 나라가 이런 것을 아직도 즐기고 있다니……. 뭐 어떻다는 건 아니지만 그래도 8월이 되면 저 산불놀이가 그립지." (중략) "그렇더라도 묘한 나라야. 왜 이런 낡은 풍습을 남겨놓고 있지? 일루미네이션이나 네온이 없었던 시대에는 볼만 했겠지만 지금이야 누가 알아준다고 남겨뒀을까? 한 시대가 끝나면 그 시대와 더불어 그 시대의 문화도 모두 소멸되는 거야. 그 시대와 같이 매장을 해주는 것이 괜찮다고 생각되는데……" (중략) "그게 일본이야."⁵¹⁾

『일본침몰』이 출판된 1973년은 일본의 고도경제성장이 끝나고 일본이 성장과 발전을 목표로 하는 국가적 존재감을 상실한 시기라고 할 수 있

---

50) 앞의 책, 360쪽.
51) 앞의 책, 360쪽.

다. 한편, 1963년에는 하야시 후데오 林房雄의 『대동아전쟁긍정론 大東亜戦争肯定論』이 출판되어 정부와 국민이 일본 국민의 목숨보다 국가의 존립을 우선시하는 '일억옥쇄'의 분위기가 난무한다. 이러한 상황속에서 고마쓰는 "정말로 일본 국민이 모두 죽어도 괜찮은가. (중략) 일본인은 어떻게 살아갈 것인가"[52]를 상상하며 국가와 국민을 분리한다. 국가의 소멸이 국민의 상실을 의미하지 않음을 강조하는 그의 생각은 산불놀이에 집약되어 드러나는데 교토의 산불놀이라고 하니 교토고잔오쿠리비 京都五山送り火를 가리키는 것임을 알 수 있다. 8월15일 오본 お盆의 정령을 보내는 전통행사로 무형 민속문화재인 이 산불놀이는 위의 인용에서 언급한 대로 일루미네이션이나 네온이 일반적이게 된 2023년 현재에도 지속되며 일본인은 물론 방문 외국인도 즐기고 있다. 불운을 없애고 평안을 기원하는 일본의 전통을 지키는 일본인 공동체를 강조함으로써 고마쓰는 국토 소실이라는 재난에도 미래에 희망적인 일본인 공동체를 그리는 것이다. "일본 열도가 1년 안에 바다 밑으로 침몰할 것이라는 일본 정부의 공식발표가 전 세계에 큰 충격을 준 것에 비해 당사자인 일본 국민의 반응은 의외로 조용했다. (중략) 대부분의 사람은 그다지 허둥대지 않았다"[53]는 작품 속의 묘사는 2011년 동일본대지진 때 일본인이 취한 침착하고 냉정한 태도에 대한 다음과 같은 고마쓰의 발언과 깊은 연관이 있다.

> 세계인이 칭찬했어요. 이것은 기뻤습니다. 자연에 살아가고 있는 일본인의 온순함. 일본은 반드시 다시 일어설 거예요. 자신감

---

52) 小松佐京『SF魂』新潮社, 2006, p.126.
53) 앞의 책, 428쪽.

을 가져도 좋아요.[54]

『일본침몰』에서 그려지는 지진, 재해에 대한 묘사는 마치 2011년 동일본대지진의 예언과도 같아서 지진 직후 작가 고마쓰에게 취재요청이 쏟아진다. 인터뷰에서의 이러한 언급을 통해 고마쓰는 '미래'를 강조하며 일본인들의 재난 대응 능력과 공동체 의식을 역설하고 있다. 전례 없는 대규모 지진으로 고향을 잃은 경험이 있는 일본인들이 이를 다양한 위기 상황에서 활용할 수 있고, 이는 세계적으로도 도움이 될 수 있다는 희망적인 미래를 강조하고 있는 것이다. 이러한 점에서 『일본침몰』을 집필한 고마쓰의 의도는 나라를 잃은 일본인들이 세계에서 다시 자리를 잡을 수 있다는 가능성, 세계 공동체로서 살아갈 수 있는 힘을 SF적 상상력을 통해 그려내고자 한 것이라 할 것이다.

5. 논의를 맺으며

본장에서는 고마쓰 사쿄의 소설 『일본침몰』을 중심으로 SF적 상상력을 통한 일본의 미래를 영토와 인류 세계적 측면에서 살펴보았다. 자연재해라는 위기로 인해 파괴되고 폐허가 되는 영토, 이를 통해 국가와 국민의 존립에 대한 물음이 작품 전체에서 끊임없이 제기되고 있음을 확인하였는데, 이러한 미래에 대한 파괴와 폐허가 종말로 수렴하지는 않는다는 점을 분석하였다. 나라를 잃은 일본인들이 세계에서 다시 자리

---

54) 小松左京, 『每日小学生新聞』, 2011.7.16. 다음에서 재인용 하였다. 小松左京, 『日本沈没 (下)』, 角川文庫, 2020, p.402

를 잡을 수 있다는 가능성, 세계 공동체로서 살아갈 수 있다는 희망적인 미래를 고마쓰는 이 작품을 통해 그리려고 했던 것으로 이해될 수 있다.

한편, 1973년의 이 작품은 출간부터 현재까지 끊임없이 재생산되며 아래와 같이 다양한 미디어에 등장한다.

다음의 표에서 알 수 있듯이 1973년 원작 소설에서부터 같은 해 쓰쓰이 야스타카의 『일본이외 전부침몰』[55]이라는 패러디 소설이 등장하고, 영화, 만화, 드라마 등으로 리메이크되며 현재까지 『일본침몰』은 재생산되고 있다. 나라가 소멸하는 일본의 재난을 소재로 한 작품이 왜 이렇게까지 만들어지는 것일까. 그 이유 중 하나는 끊임없이 발생하는 진재, 자연재해라 할 것이다. 역대 발생한 지진을 사망자 행방불명자 수를 기준으로 살펴보면 1923년 발생한 관동대지진이 1위, 그리고 2011년 동일본대지진이 2위이다. 그리고 고마쓰 사쿄와도 깊은 연관이 있는 한신·아와지대지진이 5위를 기록한다[56]. 일본은 이러한 진재가 끊임없이 발생하여 일본이 침몰한다는 작품도 등장하게 되는데, 이러한 진재는 『일본침몰』에서 마치 예언처럼 자세히 그려진다.

> 고속도로를 달리고 있던 자동차들은 여기저기 지하도 합류점에서 핸들이 달아나 기둥에 부딪치기도 하고 추월하다가 서로 충돌하기도 했다. (중략) 고가도로 교각이 기울어지고 도로는 뒤틀

---

55) 〈시간을 달리는 소녀〉(2006)의 원작자인 쓰쓰이 야스타카가 잡지 『올요미모노(オール讀物)』 1973년 9월호에서 발표한 단편 SF 소설로, 『일본침몰』의 패러디 작품이다. 박정희, 김일성도 등장한다.
56) 일본기상청 홈페이지 https://www.data.jma.go.jp/svd/eqev/data/higai/higai1996-new.html(검색일: 2023.10.28.)

발행년도	작품종류	작품제목	지은이 · 감독 등
1973	소설	일본침몰	고마쓰 사쿄
1973	소설	일본이외 전부침몰	쓰쓰이 야스타카
1973	라디오드라마	일본침몰	오카모토 요시히코
1973	영화	일본침몰	모리타니 시로
1973~1974	만화	일본침몰	사이토 다카오
1974	TV드라마	일본침몰	나가노 스구루
1980	라디오드라마	일본침몰	쓰가와 이즈미
2006	영화	일본침몰	히구치 신지
2006	영화	일본이외 전부침몰	가와사키 미노루
2006~2008	만화	일본침몰	잇시키도 키히코
2020	애니메이션	일본침몰 2020	유아사 마사키
2021	드라마	일본침몰-희망의 사람	히라노 슌이치

[표 1] '일본침몰' 작품 리스트

어져서 몇백 대에 이르는 자동차가 모래알 쏟아지듯 땅 위로 떨어졌다. 그들이 흘린 가솔린 위에 충돌 때 생긴 불꽃이 떨어져서 인화했다.[57]

이러한 묘사는 즉 '미래'를 그리는 SF소설『일본침몰』의 현실화된 부분이라고도 할 수 있다. 이는 2020년 방영된 넷플릭스 애니메이션 〈일본침몰〉에 그대로 재현되는데, 2020년에 재구성된 작품인 점을 감안하더라도 원작『일본침몰』은 1995년의 한신 · 아와지대지진, 2011년의 동일본대지진의 예언이라는 느낌을 지울 수 없다.

한신 · 아와지대지진을 겪은 고마쓰 사쿄는 다음과 같은 말을 남기고 있다.

---
57) 앞의 책, 235쪽.

길고 긴 하루였지만, 그러나 그것으로 끝난 것은 아니었다. 그 날 밤 나는 새빨갛게 타오르는 업화에 휩싸여 어슬렁거리는 꿈을 꾸었다. 같은 꿈을 3일간 연달아 꾸고, 3일째에야 그것이 50년 전, 1945년 8월 초에 겪은 한신간 야간 대공습의 꿈이라는 것을 알게 된 것이다.58)

반복되는 재난은 일본인에게 현실, 그리고 미래에 대한 불안을 가져오는데 작품 집필을 위한 방대한 자료조사—고마쓰는『일본침몰』을 1964년부터 집필하기 시작하여 9년에 걸려 완성하였다—와 함께 현실에서 겪은 몇 번의 진재는 작가 고마쓰에게 전쟁을 상기시킬 정도로 불안한 것, 무서운 것이었음을 추측할 수 있다. "'그때 그 전쟁'으로 내달리던 과거 일본의 모습에 현재"59)가 겹쳐 보였을 것이다.

소설가이자 비평가인 아즈마 히로키東浩紀는『일본침몰』에 대해 다음과 같이 설명한다.

『일본침몰』은 (중략) 일본열도 침몰을 축으로 하는 패닉 소설입니다. 원작의 매력은 지진이나 분화 등 침몰과정의 박진감 넘치는 묘사나, 그것을 뒷받침하는 지질학적 지식에 더해, 그 거대한 '국난'에 맞서는 선량한 사람들, 즉 관료나 정치가, 과학자들의 활약

---

58) 小松左京,「阪神大震災の日 わが覚書」『中央公論』110 (5), 中央公論社, 1995, pp.30-35. 고마쓰 사쿄 라이브러리 홈페이지에서 재인용 하였다. https://sakyokomatsu.jp/4662/(검색일: 2023.11.6.)
59) 白井聡,『永続敗戦論──戦後日本の核心』, 講談社, 2016, p.39.

에 있습니다. 특히 중요한 것이, 그들 선량한 사람들이 주고받는 '국가론' '일본론'의 존재입니다. 고마쓰 사쿄는 당시 SF작가인 동시에 미디어에 빈번히 등장하는 언론인으로서도 알려져 있었습니다. 국가란 무엇인가, 일본이란 무엇인가에 대해 독자들을 사고에 끌어들인다는 것이 이 소설의 특징이기도 합니다.[60]

이러한 설명처럼 이 작품은 재난을 통해 국가 존재에 대한 물음을 끊임없이 상기시키고 있다. 자연재해라는 위기로 인해 파괴되고 폐허가 되는 영토에 대한 분석을 통해 과거 제국 일본의 영토 확장과 전쟁 발발에 대한 비판인 동시에 인류의 미래에 대한 불확실성을 상징하고 있음을 알 수 있었다. 이러한 불확실한 미래에 대항하며 국가 공동체를 대신하는 일본인 공동체는 일본의 전통을 지키며 희망적인 미래를 상징하고 있다. SF적 상상력을 통해 국가 재난과 인간의 실존 문제를 다루는 고마쓰의 『일본침몰』은 단순히 재난 서사를 넘어 '있을 법한 미래의 사건들을 현실감 있게 사색'하고 있어 무엇보다 SF다운 작품임을 확인하였다.

---

* 이 글은 「일본 SF가 그리는 국가와 인류의 미래―고마쓰 사쿄(小松左京)의 『일본침몰(日本沈沒)』을 중심으로―」(『일본어문학』 제99집, 한국일본어문학회, 2023)를 수정·보완하여 재수록한 것임.

---

60) 東浩紀, 『セカイからもっと近くに 現実から切り離された文学の諸問題』(Kindle版), 東京創元社, 2013, pp.121-122.

|3|

한국의 SF 문학과 문화콘텐츠

한국 SF 소설의 역사가 보여준 장르적 특징과 개별성
- 근대문학의 시작에서부터 현대문학의 새로운 목소리까지

이 지 용

1. 논의를 시작하며

한국 SF의 시작을 이야기 할 땐 근대문학의 시작 지점에서부터 함께 언급 되어야 한다. 특히 SF 소설의 경우엔 더욱더 그러하다. 한국에 최초로 SF 장르의 소설이 소개된 『태극학보太極學報』에 실린 「해저여행기담海底旅行記譚」은 1907년이었고, 한국의 근대문학이 태동하여 자리를 잡고 있던 시기라고 할 수 있다. 그런데 이 시기에 한글로 번역되어 소개된 문학 텍스트 중에 SF 소설이 있었던 것이다. 비록 번안되어 소개된 것이고, 이후로 소개된 『철세계鐵世界』(1908)나 『비행선』(1910), 『팔십만년 후의 사회』(1920), 『이상촌理想村』(1921), 『이상의 신사회』(1923), 『월세계 여행』(1924), 『인조노동자』(1924)까지의 작품들 역시 번안된 것이긴 하지만 당대의 유명했던 SF 작가들인 쥘 베른이나 H.G 웰스, 에드워드 벨라미, 카렐 차페크의 작품들이 그 대상이었다.[1)]

물론 이 시기의 작품들의 경우 SF 소설이라는 문학 형식을 도입하는

---

1) 「해저여행기담」, 『철세계』, 『월세계 여행』은 각각 쥘 베른의 『해저2만리』, 『인도왕비의 유산』, 『지구에서부터 달까지』에 대한 번안이다. 비행선은 미국의 다임노블 시리즈인 '닉 카

개념이 아니라, 서양의 문물을 받아들여 근대화를 이루려는 다양한 시도의 일환이었던 것으로 보인다. 특히 『해저여행기담』은 일본 유학생들의 소식지였던 『태극학보』에 실렸고, 해당 잡지의 출간 목적 등이 제법 명확했기 때문에 이러한 사실들이 증명된다고 할 수 있다. 뿐만 아니라 이후에 소개된 작품들만 보더라도 『이상촌』, 『이상의 신사회』와 같은 작품들에서 드러나듯, 근대 사회와 구조에 대한 프로파간다적 성격을 가진 에드워드 벨라미의 작품들을 소개한 것으로 보아 단순히 문학 작품에 대한 장르의 취향들을 반영한 것이 아니라 근대화를 의식하면서 SF 소설들이 유입되었던 것을 확인할 수 있다.

그런데 이러한 현상들로 인해 오히려 그동안 SF 소설들은 한국 문학의 자장 내에서 배제되어왔었다고 할 수 있다. 특히 사실주의 문학을 근간으로 형성된 근대문학의 의미작용 내에서 시뮬라크르와 환상성을 기반으로 하고 있으며, 사회 구조에 대한 알레고리와 프로파간다를 전달하는 문학 형식으로서의 SF는 장르라는 취향과 대중문화적 소비의 형태 등으로만 정의되어 왔던 것이다.[2] 하지만 이러한 접근은 결국 근대문학의 태동

터 연대기'의 에피소드들을 짜깁기 한 것이고, 『팔십만년 후의 사회』는 H.G 웰스의 『타임머신』, 『이상의 신사회』는 에드워드 벨라미의 『뒤돌아보며』를 번안한 것이다. 또한 최근의 연구에 따르면 『이상촌』은 『뒤돌아보면』과 윌리엄 모리슨의 『유토피아에서 온 소식』을 번안하여 구성한 것이다. 마지막으로 인조노동자는 카렐 차페크의 희곡 『R.U.R』을 번안한 것이다. (이지용, 『한국 SF 장르의 형성』, 커뮤니케이션북스, 2016, 2-9쪽 참조.; 김미연, 「유토피아 '다시쓰기' - 1920년대 초 식민지 조선의 중역을 중심으로」, 『현대문학연구』 70, 한국문학연구학회, 2022, 222쪽 참조.; 최애순, 「1920년대 미래과학소설의 사회구조의 전환과 미래에 대한 기대 : 『팔십만년 후의 사회』, 『이상의 신사회』, 『이상촌』을 중심으로」, 『한국근대문학연구』 제20권1호, 한국근대문학회, 2020, 9쪽 참조.)

[2] 이지용, 「한반도 SF의 유입과 장르 발전 양상」, 『동아인문학』 제40호, 동아인문학회, 2017, 159-161쪽 참조.

기부터 자리하고 있었던 한국의 소설 문학과 그 경험들에 대한 맥락에서 SF의 다양한 의미들을 간과하는 형태로 나타나게 되었다. 특히 김동인의 「K-박사의 연구」(1929)와 같이 창작물이 등장했음에도 불구하고 이러한 작품들에 대한 SF 장르로서의 정의들은 이루어지지 않은 채, 한국의 문학사가 정리되어 왔음을 확인할 수 있다.

그중에서도 「K-박사의 연구」에서 보여주는 현실에 대한 재인식 문제와 문제해결을 위한 행위의 모든 지점들에 근대 자연과학을 근간으로 하는 새로운 합리주의적인 사고방식이 자리하고 있는 것을 확인하는 작업들이 진행되었음에도, 그것이 이른바 SF라는 장르를 형성하는 기본적인 맥락임을 주지하는 접근은 제대로 이루어지지 않았다. 'Science Fiction'이라는 단어가 처음 출발에서부터 과학으로 인해서 드러난 세계의 진실들이 기존의 이야기 형식과 얽히면서 만들어 내는 새로운 형태의 서사 방식이라는 것을 감안했을 때, 한국의 근대문학 태동기에 있었던 SF 소설들은 한국 문학의 다양한 배경을 형성해 주는 단서들이었다고 할 수 있다.[3]

특히 일제 식민지를 거치고, 한글의 사용이 제한되며, 그에 따라 한글로 발행될 수 있는 도서의 종수가 문화적인 소비의 형태 자체가 축소되다 보니 한국 SF 소설의 창작은 그 흔적을 찾기 힘들 정도로 현저히 줄어들게 된다. 또한 해방 이후에 바로 이어진 전쟁과 냉전이라는 거대한 시대의 흐름은 한국에서 SF 소설이 발전할 수 있는 가능성들을 축소시켰다. SF라는 장르의 세계적인 흐름으로 보았을 때 1923년의 휴고 건즈백의 기

---

3) William Wilson, *A Little Earnest Book Upon A Great Old Subject*, Darton and Co., London: holborn hill, 1851, pp.138-139 참조.

획으로 인해 비로소 장르로서의 정의들이 생겨났던 것을 감안하면, 한국의 SF는 이러한 장르적 개별성 형성의 맥락들에 동참하지 못했던 것으로 보인다. 그러기 때문에 오히려 본격적으로 SF 장르가 문화적인 영향력을 형성하면서 다양한 가능성들을 만들어내기 시작한 1920년 이후의 미국 SF의 맥락들은 한국 SF에 영향력이 미치지 못했다고 볼 수 있다.

그러기 때문에 한국 SF소설의 장르적 맥락들을 살펴보는 것은 미국을 중심으로 하는 SF의 역사를 들여다보는 것과는 다른 형태를 취할 수 밖에 없다. 특히 미국의 SF가 프랑스나 영국 등에서 발달했던 장르의 선험적 모습들을 토대로 1920년대 잡지 시대와 건스백의 공로들을 통해 장르의 개별성을 형성했던 것과 다른 형태를 보일 수 밖에 없는 것이다. 그것은 건스백이 선언했던 대중문화의 장르적 성격에 대한 지점들이 한국에는 역사적이고 정치·사회적인 맥락으로 인해 소거되어 있기 때문이다. 뿐만 아니라, 처음 선험적 SF 작품들을 받아들일 때도 태동하고 있던 자연과학의 발달로 세계를 보는 인식의 방법론 자체의 변화가 소설 내에 반영되던 것과는 조금 다른 형태로, 근대화 혹은 서구화를 위한 방법론으로 SF 소설들이 도입되었던 것을 간과해서는 안된다.[4]

이러한 맥락들이 있었기 때문에 한국에서 SF가 대중문화적인 관점에서 가지는 가치를 발견하는데도 상당한 시간이 걸렸고, 근대문학의 태동 시기부터 자리하고 있던 서사 양식이었음에도 불구하고 문학의 학술적이고 예술적인 논의장에서 조차 배제될 수밖에 없었던 것이다. 미국을 중심으로 발달한 장르의 맥락들을 그대로 가지고 오기에는 한국에서의

---

[4] 이지용, 「한국 SF의 장르적 개별성과 현대적 주제의식」, 『한국연구』 제8호, 한국연구원, 2021, 41-41쪽 참조

SF 소설들이 보여주었던 양적인 예시들이 20세기 내내 적었고, 그나마 그것을 장르적으로 정의할 수 있는 방법론의 도입 역시 한국의 문학 담론장 내에서는 활발하게 접근되지 않았기 때문이다. 하지만 한국 SF 소설이 근대 문학의 시작 지점에서 함께 자리하고 있었던 사실 역시 부정할 수 없는 것이고, 한국 SF의 의미맥락들을 살피는 작업 역시 그곳으로부터 시작할 수 밖에 없다.

이에 이 글에서는 한국 근대문학의 시작지점부터 함께하고 있었던 한국 SF 소설들의 역사적 맥락들을 정리해 보고, 그 과정에서 드러나는 장르적 특징의 단절과 연속 지점들을 재의미화 해보고자 한다. 그리고 이를 통해 2016년 이후 현재까지 이어지고 있는 한국 SF의 양적이고 질적인 성장의 지점들이 어떠한 의미로 등장하게 되었으며 이후로 어떠한 궤적을 그리며 변화할 수 있을 것인가에 대한 외삽(extrapolation)을 시도해 보고자 한다. 이는 단순히 소수의 작가나 작품들 만을 조명하는 것으로 규정되는 것이 아닌, 한국의 SF 소설이라는 거대한 흐름 자체를 문화사회학적으로 살펴보고 논리적으로 의미화하여 한국 문학 담론장 내에서의 위치를 재고하기 위한 작업의 일환이라고 할 수 있을 것이다.

2. 냉전과 분단, 거대담론의 시기를 지나

한국 SF는 식민지 시기에 시기에 눈에 띄는 창작물이 없이 번안과 중역을 통한 작품들의 소개가 주를 이루었던 반면, 해방 이후 전쟁을 지나 새로운 가능성들이 생겨나기 시작했다. 특히 대중문화로서의 SF의 발전이 비로소 이루어질 수 있는 사회적 환경이 마련되었다는 것은 한국 SF에게 있어서도 중요한 지점이었다고 할 수 있다. 하지만 이러한 가능성들을 가로막고 있는 지점들이 있었는데, 바로 냉전이라는 거대한 이데올로기 시대의 중심에 한국이 있었다는 것이었다. 이데올로기의 시대를 지나면서 대중문화 뿐만 아니라 문학적인 의미화는 거대담론에 의해서 좌지우지되는 경향을 보여주게 된다. 이러한 상황에서 대중문화적인 취향의 다양한 발달은 요원한 일이었고, SF는 그 중에서도 유독 한국에서 대중문화적인 접근이 지연되는 모습을 보여주게 된다.

무엇보다도 SF라는 대중문학 장르를 의식한 창작에 대한 활발한 개진이 없다는 것이 근본적인 문제였다. 실제 한국 전쟁 이후 냉전이 시작되는 시기 미국의 SF는 잡지의 황금기가 저물고 있긴 했지만, 뉴웨이브의 등장과 다양한 매체로의 확장을 통해 새로운 장르적 의미와 가능성들이 만들어지는 시기이기도 했다. 하지만 한국의 경우 오히려 창작에 대한 시도들이 눈에 띄지 않았고, 번역이나 번안본이 저작권의 문제 등을 해결하지 않고 출간되기도 했다.[5] 이와같은 현상들 때문에 이 시기에 가장 큰 문제가 되는 부분은 창작의 부재라는 분석이 있을 정도이다.[6] 결국 대중문화에서 향유하는 요소로 SF는 부각되지 못한 채 다른 형태로의 필요를 부여받게 된다. 구한말 근대국가로의 전환을 위한 서양의 자연과학에 대한 프로파간다의 도구로 인식되었던 것이 그대로 이어지면서 과학강국이라는 국가적 목표를 이루기 위한 아동·청소년 대상의

---

[5] 대표적으로는 김복순의 저작으로 알려진 『화성마』(1954)가 일본 SF의 대표작가인 운노주자(沖田 十三)의 『화성병단(火城兵端)』(1941)을 번역한 것임이 2010년대 이후에나 밝혀지기도 했다.
[6] 대중서사학회, 『대중서사장르의 모든 것 - 5 환상물』, 이론과실천, 2016, 440-441쪽 참조.

교보재로서의 가치가 그것이다.

  이를 대표적으로 나타내주는 예시가, 1970년대에 두 차례에 걸쳐서 간행되었던 'SF 전집'류라고 할 수 있다.[7] 해당 전집류에는 당시의 과학기술처 장관인 최형섭의 격려사가 실려있는데, 이를 확인해 보면 해당 시기에 한국 사회가 SF를 인식하고 있던 모습을 확인할 수 있다. 해당 격려사에서는 SF를 과학기술에 대한 교보제로 인식하고 있고, 그러한 교보제를 청소년들이 이른 시기부터 경험해 국가의 과학기술발전에 이바지하는 역량에 도움이 되기를 바라고 있다. 이러한 모습들은 당대에 한국 사회가 SF를 인식하고 있던 단적인 모습이라고 할 수 있다. 하지만 이러한 현상들이 비단 부정적인 영향만을 형성한 것은 아니었다. 창작의 활발한 개진이 제한되었다는 것과, 독자군의 제한 등이 아쉽지만 이 시기에 전집류를 비롯해 아동·청소년 잡지 등을 통해서 SF 소설들이 지속적으로 한국 사회에 제공되는 길을 열어준 것 또한 사실이었기 때문이었다.

  특히 식민지 시기 이후에 선험적 SF의 소개 이후 미국의 잡지 시대가 탄생시킨 소위 BIG3 작가들과 같은 유명 작가들의 작품이 이러한 형태로 한국 사회에 소개되었던 것은 의미있는 지점이라고 할 수 있다. 이는 당장에 SF의 대중적인 독자군을 만들어내지는 못했지만, 아동·청소년들에게 SF 장르의 경험들을 확산시킴으로서 이후의 한국 SF 소설의 연속 지

---

7) SF 전집류는 해외의 유명 작가들의 작품을 번역해 싣고, '한국SF클럽' 소속 작가들의 작품을 10여편 실어 1975년에 『한국과학소설(SF) 전집』이라는 제목으로 발간되었고, 이 듬해에 아이디어 회관에서 『세계SF명작』이라는 제목으로 재출간되었다. 해당 전집은 1999년도에 SF 팬덤들을 중심으로 구성된 '직지프로젝트'의 일환으로 데이터화 되어 CD로 발행 된 뒤에 웹사이트에 아카이빙 되는 형태로 현재까지 이어지고 있다.(https://sf.jikji.org/)

점들을 만들어내는 근간이 되기도 했다. 하지만 그럼에도 불구하고 여전히 창작자의 부족과 창작물의 부족 문제는 계속해서 해결되지 못한 채 남아 있는 숙제와 같은 것이었다. 접진류에 소개된 작가클럽 소속 작가들의 작품은 제한된 독자를 너무 의식한 나머지 과학기술 교보재와 같은 서사의 구조를 보여주는 한계가 여실히 드러났고, 한국적인 배경이 반영된 SF소설의 등장이 절실해진 상황이었다고 할 수 있다.

이러한 상황에서 문윤성의 『완전시대』(1967)와 같은 작품들이 등장한 것은 고무적이고 흥미로운 일이었다. 1965년에 있었던 추리소설공모전을 통해 당선된 문윤성의 작품은 해당 시기에 미국에서 유행하고 있었던 페미니즘 SF의 유토피아적 설정들을 가지고 있는 흥미로운 작품이라고도 할 수 있다. 이 작품은 이후에 재출간을 거치면서 『여인공화국』이라는 제목으로 바뀌기도 했지만 2018년도에 다시 『완전사회』라는 제목으로 복간이 되었다.

이 작품이 가지고 있는 의의는 해당 시기에 대중문화로서 소비될 수 있는 SF의 모습들이 적었음에도 불구하고 SF 장르가 변화하고 있었던 시류에 걸맞는 소재와 주제들로 SF 소설을 창작하는데 성공했다는 것이라고 할 수 있다. 이러한 의미 때문에 문윤성의 작품들이 소설로서는 한국 SF의 본격적인 장르적 서사의 시작 지점에 놓여 있는 작가로 평가받고 있는 것이다.[8]

---

[8] 문윤성의 작업에 대한 의미부여를 소설문학 한정으로 이야기하는 것은 미국의 SF도 그렇고 1960년대에는 이미 소설이나 잡지와 같은 문자텍스트 위주의 문화에서 영상매체로 장르 소비의 양상들이 전환되었기 때문이다. 한국도 마찬가지여서 1960년대부터 이미 만화 등을 통해 SF 작품들이 발표되기 시작했고, 그 영향력은 아동·청소년 대상의 문학보다 훨씬 더 컸다고 할 수 있다. 이러한 경향은 이후로도 이어져서 한국의 SF 장르 전체의 맥락

이후 문윤성의 지면 연재 작품과 미발표 작품들을 엮은 단편집인 『월드컵 특공작전』(2021)이 발간되었는데, 해당 작품들을 보면 1970년대에서 1990년대 초반까지를 관통하는 국가주의와 민족주의를 기반으로 하는 SF적 상상력에 대한 맥락들이 다양한 지면에 발표되고 있었음을 확인할 수 있다.9) 이러한 작품의 경향들은 분단국가라는 거대한 사회적 구조 안에서 대중문화로서의 다양한 서사를 형성하는 것이 얼마나 어려웠는지를 확인하게 해주는 지점이라고 할 수 있다. 하지만 이러한 시기에 한국 SF 소설의 개별성을 명확하게 보여주는 대표작으로 복거일의 『비명을 찾아서』(1989)를 빼놓고 이야기 할 수 없다.

복거일은 한국 SF가 자신의 인정투쟁을 시작하는 첫 번째 장에 놓을 수 있는 작가라고 할 수 있다. 그동안 다양한 작가들이 SF 작품의 창작자로서의 정체성을 가지고 작품을 발표해 왔고, 특히 한낙원과 같은 작가들은 그러한 지점들을 명확하게 함으로써 한국의 아동·청소년 SF에 있어서 중요한 기반을 만들어 놓은 작가라고 할 수 있다.10) 앞서 이야기한 문윤성 역시 SF 장르로서의 정체성이 명확한 작품들을 꾸준히 발표해왔다. 하

들에서 만화가 차지하는 비중은 이후의 창작자들에게 미친 영향력으로 보았을 때 무시할 수 없을 정도이다. 특히 1980년대 순정만화의 전성기 시기에 SF 장르의 작품들이 많았다는 것을 확인하면 알 수 있다. (전혜진, 『순정만화에서 SF의 계보를 찾다』, 구픽, 2020. 참조.)

9) 이지용, 「새로운 거울조각에 비친 의미들」(아작: https://arzak.tistory.com/288)

10) 한낙원의 대표적인 작품으로는 『금성탐험대』(1962)가 있고, 이후로도 아동·청소년 문학 작품 활동을 꾸준히 진행하였다. 한낙원 이전에 SF 작품들을 전문적으로 창작하고 꾸준히 발표한 작가를 한국에서 찾아보기 힘들기 때문에 한낙원이 한국 SF 장에서 가지고 있는 의미는 크다고 할 수 있다. 이를 기리기 위해 2014년부터 '한낙원 과학소설상'이 재정되어 아동·청소년 분야의 신인작가들을 꾸준히 배출하고 있다. 다만, 본고에서는 소설문학을 중심으로 한국 SF의 맥락들을 살펴볼 것이기 때문에 아동·청소년 문학을 중심으로 창작했던 한낙원에 대한 설명은 주석으로 대체한다.

지만 문윤성의 경우 자신의 작품이 SF라는 장르에 속해있다는 사실들을 명확하게 드러내거나 하진 않았다. 그에 비해 복거일은 자신의 작품이 SF라는 장르의 하위 범주에 속하는 작품이라는 것을 명확하게 밝히면서 작품을 발표했던 것을 확인할 수 있다.

 이러한 모습들은 한국에서 SF 소설이라는 것이 있다는 것을 명확하게 알 수 있게 해주는 일종의 선언의 의미도 있었다고 할 수 있다. 그리고 그 선언들은 이후로 이어질 한국 SF 소설들의 새로운 맥락들에도 일정부분 영향을 미쳤을 것으로 여겨진다. 왜냐하면 『비명을 찾아서』 이후에 발표한 작품인 『파란 달 아래』가 PC 통신에서 연재를 한 이후에 출간이 되었기 때문이다. 이는 한국 SF 소설의 장(field)이 기존의 종이책 출판 시장에 고정되어 있는 것이 아니라 이미 PC 통신이라는 새로운 세계로 넘어가고 있다는 것을 가시화해 준 것이라고 할 수 있다. 복거일의 이러한 모습들로 인해, 한국 SF 소설의 거대담론 시기의 맥락들은 PC 통신이라는 새로운 지경으로 연속되는 지점들을 보여주게 된다. 그리고 한국 SF는 복거일이 보여준 맥락과의 과감한 단절 역시 보여주게 되면서 비로소 대중문화로서의 소설이 보여주는 다양한 가능성과 개별성의 형성이 가능하게 된다.

3. PC통신의 시대와 웹진으로의 진입

 소설은 시대를 담아내기 마련이다. 하지만 SF 소설은 동시대를 뛰어 넘는 지점들을 향하는 특징을 가지고 있다. 그것이 대안적인 지점의 제시이든지, 도피적이고 회피적인 것이든지 SF 소설은 현실 그 너머를 향하는 특성을 보여주게 된다.[11] 이러한 특징들은 대중문화로서의 장르적인 창작이 본격화되면서 한국 SF 소설이 이전까지의 거대담론적이고 사회구조에 대한 요구로부터 자유로워질 수 있게 해주는 요소로 작용하게 된다. 특히 구조적으로 탈 중심적이고 중앙적인 PC 통신의 대안적 매체 성격들은 온전히 해당 시기의 장르적 방법론들과 관습 및 코드들에 취향을 드러내는 이들의 커뮤니케이션과 네트워크를 촉진해 주었다. 소위 4대 통신망에 SF 관련 동호회들이 개설되었고, 그곳에서 번역과 창작, 소비가 동시에 일어나는 모습을 보여주었다.

그리고 이 시기를 대표하는 작가인 듀나DJUNA의 등장으로 인해 한국 SF 소설은 대중문화로서의 정체성을 형성하는 개별성 중 하나를 획득하게 되는데, 바로 장르적 관습에 대한 적극적인 반영이라고 할 수 있다. 이는, 듀나가 SF라는 장르의 관습에 대해서 명확하게 이해하고 이를 창작에 적극적으로 반영하는 장르 작가로서의 정체성이 명확했기 때문이다. 이러한 특징은 한국에서 SF 소설이 가진 장르적 특성을 명확하게 하면서 대중들에게 소비되는 형태로의 변환이 가능하게 해주는 대표적인 예시들로 작용하였다.

특히 외부로부터 유입될 수 밖에 없었던 장르의 수용이 모방적 수용을 지나 변용적 수용으로 전환되는 맥락을 그대로 보여주는 것이 듀나라고 할 수 있다. 1990년대 PC통신 시절부터 시작해 지금까지 활발하게 창작을 이어오면서 장르적인 문법들을 능수능란하게 다루는 듀나의 창작활동은 한국 SF 소설이 보여주는 모방적 수용에서부터 변용적 수용까지의

---

[11] Jame Gunn, *The Science of Science Fiction Writing*, The Scarecrow Press, 2000, pp.73-80 참조.

궤도 그 자체라고 볼 수 있을 것이다.[12]

이 시기를 시작으로 비로소 한국 SF 소설의 장르적 특성이라고 할 수 있는 특징들이 드러나게 된다. 앞서 말한 복거일 역시 분단상황과 민족주의적인 성향이 드러나는 세계관을 SF 장르의 문법들로 이야기하는 서사들을 내어놓았다. 이외에도 이성수 등은 PC 통신이라는 기술적인 변화가 가지고 온 정보통신 기술의 발달 양상들을 작품 『바이러스 임진왜란』(1992)와 같은 작품을 통해 발표하면서 한국 SF 소설이 가지고 있는 장르적 다양성을 보여준 작가로 볼 수 있다. 이와 같이 이 시기의 PC통신 동호회들이 보여준 모습은 말 그대로 그동안 한국 사회에서 나타나지 않았던 SF 팬덤 문화를 형성하는 것이었다. 팬덤에 의해서 고정적으로 소비되고 재생산되는 문화의 양상들은 장르문화에 있어서 중요한 영역이었고, SF 장르가 태동하고 발전한 미국에서는 이미 다양한 형태로 발전하고 확장된 상태였다.

하지만 한국에서는 앞서 언급한 다양한 사회적 한계들 때문에 해당 영역에서의 발전이 본격화되지 못하고 있던 실정이었다. 하지만 PC통신의 등장으로 인해 팬덤 문화가 형성되고 발전할 수 있는 기반이 마련되었고, 단순히 창작활동 뿐만 아니라 SF가 하나의 문화적인 기반을 만들어 낼 수 있는 활동들 역시 이 시기를 통해 형성되었다고 할 수 있다. 그렇기 때문에 이 시기에 동호회로 모인 팬덤들이 2000년대로 넘어가면서

---

12) 해당 내용들에 대한 언급들은 다음의 자료들을 참고하였다. (박진, 「장르문학의 정치성은 어떻게 진화하는가?」, 듀나, 『브로콜리평원의 혈투』, 자음과모음, 2011, 367쪽.; 복도훈, 「한국의 SF, 장르의 발생과 정치적 무의식-복거일과 듀나의 SF를 중심으로」, 『창작과비평』 제26권 2호, 창작과비평사, 2008, 59쪽.; 이지용, 「듀나론-모르는 사람 많은 유명인의 이야기」, 『오늘의 SF』 #2, arte, 2020, 2020, 30쪽.)

웹진의 시대를 만들어내고, 과학기술창작문예와 같은 공모전을 만들어 내는 데 결정적인 역할을 하게 된다고 할 수 있다. 그러기 때문에 PC통신은 거대담론의 시대에 사회 구조적인 필요에 의해 도입되고 기획되었던 한국 SF가 비로소 팬덤이라는 자율적인 동력을 형성하고 발전할 수 있는 계기가 되어준 것이라고 할 수 있다.

PC통신 시대가 저물고 웹과 인터넷의 시기가 빠르게 한국 사회에 자리를 잡으면서 SF 팬덤 역시 웹을 중심으로 재편되기 시작한다. 그러면서 현재까지 활동을 이어오고 있는 〈환상문학웹진 거울〉이 출발하게 된다. 이러한 변화 속에서 결정적으로 전문작가의 탄생이 본격화되기 시작한 '과학기술창작문예' 공모전의 등장이 주목해 볼만한 사건이다. 2004년부터 2006년까지 총 3회 동안 시행되었던 공모전에서 현재 한국 SF의 기반을 마련한 김보영, 배명훈, 정소연, 박성환, 김창규, 배지훈과 같은 작가들이 등장하게 된다. 특히 언급된 작가들은 현재까지도 한국 SF 소설 작가들 중에서도 중요한 의미를 만들어내고 있는 작가들이라고 할 수 있다. 이들은 SF 장르의 창작을 한다는 의식을 가지고 작품활동을 하는 전문 작가군의 실질적인 1세대를 형성하고 있다고 평가할 수 있다.

이렇게 평가할 수 있는 몇 가지 요소가 있는데, 첫 번째로는 공모전을 통해서 일종의 통과의례를 거친 전문 작가군이라는 것이다. 이전에 문윤성 등도 공모전을 통해 소위 데뷔 형식을 거친 작가였지만 SF 장르에 특정된 공모전은 아니었고, 그랬기 때문에 이후에 함께 활동을 할 수 있는 그룹이 만들어지지 못했다. 『완전사회』 이후에 다양한 작품들이 지면에 발표되었지만 미발표 작품을 비롯해 수많은 작품들이 이후에 출간되지 못하다가 2021년에야 발간된 것은 이러한 구조적 한계도 있었을 것이다.

하지만 과학기술창작문예 출신의 작가들은 3년 간의 꾸준한 공모를 통해 작가군이 형성되는 모습을 보여주게 된다. 그리고 두 번째의 차이점이 발생하는데, 아직까지 SF 장르 작가라는 정체성에 대해 익숙하지 않았던 한국의 문학계나 출판계의 소극적 반응에도 불구하고, 이들이 〈환상문학웹진 거울〉을 통해서 작품활동을 이어나갈 수 있었다는 것이다.[13] 이를 통해 한국 SF 작가들은 대안공간인 웹에서의 활동에 익숙한 모습을 보여주게 되었고, 이는 이후의 한국 SF 소설 장을 대표하는 특징을 형성하는 기반이 되었다고 할 수 있다. 이와 같이 한국의 SF 소설은 기존의 한국 소설문학들이 보여주던 맥락과 전혀 다른 형태들로 자신들 만의 장르적 정체성을 전문 작가군을 통해 만들어냈을 뿐만 아니라, 그것을 웹이라는 대안적 공간이자 헤테로토피아에서 보여주는 형태로 발전해 왔음을 알 수 있다.

게다가 이러한 공간들이 지탱해 준 전문작가들의 작품은 현재 한국 SF의 정체성을 구성하는 대표작으로 자리매김하고 있다. 그중에서도 미국의 대형 출판국인 하퍼콜린스에 작품 판권계약을 하면서 한국의 SF를 세계적으로 알리고 있는 김보영의 작품들이 대표적이라고 할 수 있다. 특히 글로벌 판권 계약을 맺은 『진화신화』, 『저 이승의 선지자』, 『당신을 기다리고 있어』와 같은 작품들은 한국의 설화적인 요소들과 과학기술적 상

---

[13] 대표적으로 배명훈 작가가 과학기술창작문예의 수상 이후 자신의 작품을 발표할 마땅한 지면이 존재하지 않았는데, 그때 〈환상문학웹진 거울〉이 자신이 작품 활동을 이어나갈 수 있게 해주는 공간이었다고 밝히기도 했다. 이후 김보영, 김창규, 김성환과 같은 작가들 역시 해당 공간을 통해 작품 활동을 이어왔다.

상력을 배치한 인상적인 작품들이라고 할 수 있다. 박성환의 경우도 대표작인 「레디메이드 보살」을 통해 한국 SF가 가지고 있는 개별성이 무엇인가를 보여준 좋은 예라고 할 수 있다. 박성환의 작품은 그러한 개성을 인정 받아 영화 〈천상의 피조물〉로도 제작이 되었고, USC에서 발간한 한국 SF 소설 선집의 표제작이 되기도 했다.[14]

이러한 성과들을 토대로 한국에서는 SF 소설을 연재할 수 있는 공간들이 하나 둘 만들어지기 시작했는데, 역시 종이책 출간이 아닌 웹상에서의 형태들이 주를 이루었다. 이들은 지금까지도 유지되고 있는 포스텍 아시아이론물리센터 웹진인 〈크로스로드〉가 그것이다. 〈크로스로드〉는 과학문화 진흥사업의 일환으로 웹진을 발간하면서 SF 소설 연재란을 만들고, 고료를 지급하면서 작가들이 작품활동을 할 수 있는 구조를 마련했다. 이를 통해 한국 SF 소설은 고료를 받으면서 글을 창작하는 전문작가의 지면이 공식적으로 존재해왔고, 이를 통해 장르적 특성과 전문성을 유지해 올 수 있었던 것이다. 물론 웹에서만의 시도들이 있었던 것은 아니다. SF 팬덤과 작가들은 자신들의 작품과 팬덤의 활동들을 기록하고 남길 수 있는 방법들을 다양하게 모색해 왔다. 그 일환으로 잡지 『판타스틱』을 출간하기도 했고, SF 전문 잡지인 『HAPPY SF』가 발간되기도 했다. 하지만 수익성 등의 문제로 인해 정기간행물로 유지되지 못하고 무크지의 형태로 전환된 뒤 이후에는 폐간되는 수순을 밟았다는 것은 한국에서 SF가 문화적으로 경쟁력을 가지기까지의 어려움을 대변하는 것이

---

14) 박성환의 「레디메이드 보살」은 〈인류멸망보고서〉(2012)라는 옴니버스 영화 중 하나인 〈천상의 피조물〉이라는 영화로 제작되었다. 연출은 김지운 감독이 맡았다. 또한 USC에서 기획한 한국 SF 소설 선집 『Readymade Bodhisattva』(2019)에 표제작으로 이름을 올리기도 했다.

라고 할 수 있다.

특히 언급된 두 잡지는 각각 장르문학 작품들에 대한 전문성과 SF 장르의 전문성을 표방하여 해당시기에 한국의 대중문화 장에서 장르문학이 가지고 있는 효용성을 확인해 볼 수 있는 잣대이기도 했다. 결과적으로 이 시기에 한국 사회에서 장르문학이 가지고 있는 가능성을 확인하는데는 다소 실패했다고 할 수 있지만, 잡지『판타스틱』에서는 이후에 한국 SF와 장르문학을 비롯해 문학계 전체에서 조망을 받게 되는 작가인 정세랑을 데뷔하게 했다는 소기의 성과들을 도출하기도 했다. 이러한 모색들이 반복되는 실패들로 인해서 다소간에 위축된 형태들을 보여주기도 했지만, 작가들은 웹진에 꾸준히 작품을 발표해 오면서 앤솔로지를 엮어내고, 또한 '문지문화원 사이'나 '문학광장 문장 글틴' 혹은 '한겨레아카데미'와 같은 곳에서 SF 창작 방법론 등에 대한 강연을 진행하기도 했다.

4. 양적인 팽창과 질적인 성장의 시기

앞서 언급한 것과 같은 창작 방법론 강연은 꾸준하게 그 수요가 증가하고 있었는데, 청소년 혹은 젊은 세대를 중심으로 SF 창작 방법론들에 대한 수요가 이어졌다는 것은 새로운 가능성을 가늠하게 하는 것이었다. 실제 1970년대 SF 전집류를 보면서 자란 일반 독자군들은 이후 〈스타워즈〉와 같은 영상매체를 통해 장르 경험들을 확장해 오고 있었다. 한국 내부적으로는 1980년대의 순정만화에서 보여준 SF 세계관들이 특히 수많은 여성 창작자들에게 영감을 주었던 사실을 간과할 수 없다. 게다가 1990년대 일본문화 개방 등으로 인해서 급속도로 확장된 대중문화 시장에서

SF와 같은 환상성을 기반으로 하는 서사 전개 방식들은 더 이상 낯선 것들이 아니었던 것이다. 거기에 제도권 내에서는 배울 수 없었지만 익숙한 경험이 되어가던 SF 소설에 대한 창작 방법론들을 공모전을 통해 데뷔해 활동하고 있는 전문 작가진들이 강연을 열어 알려주는 형태로 일종의 순환구조들이 만들어지게 된 것이다.

 이러한 기반들이 결국 현재의 다양한 의미들을 만들어 낼 수 있는 기반이 되었다고 할 수 있다. 2016년을 기점으로 하여 한국 SF 소설은 새로운 국면을 맞이하게 된다. 2016년에 '과학문학상'이 신설되고, 현재까지 6회째 진행되면서 수많은 작가들이 등장하게 되었다. 해당 공모전이 이전의 공모전들과 달랐던 것은 장편과 중단편 소설만을 공모한 것이었고, 공모전에서 수상한 작가들의 작품들이 출판되어 시장에 나왔을 때 대중들의 호응이 이전과 다른 형태로 나타났다는 것이었다. 특히 공모전을 통해 데뷔한 김초엽, 천선란, 박해울, 김백상, 김혜진, 오정현, 이루카, 황모과 등의 작가들은 최근 몇 년간 활발한 활동을 펼치면서 한국 소설문학 자체에서도 중요한 의미들을 만들어내고 있다고 할 수 있다. 실제 해당 작가들이 출간하는 책의 판매 자체도 이전과는 다른 양상을 보일 뿐 아니라 SF 소설이 보여줄 수 있는 새로운 가능성들 역시 보여주고 있다.

 과학문학상의 성공은 다양한 공모전의 신설로 이어졌다. 이후 '문윤성 SF 문학상', '김진재 SF 어워드'를 비롯한 수많은 SF 신인 공모들이 생겨나면서 SF 작가들은 배출해 내고 있다. 또한 SF 전문 출판사들이 증가하면서 공모전을 거치지 않고, 출간 작품을 통해 데뷔하는 작가들 역시 점차 증가하고 있는 추세이다. 특히 기존의 PC통신이나 웹진 등을 통해서 지속적으로 작품을 발표하고 있었지만 종이책 출간의 기회가 없었던 작가들이 이 시기를 지나면서 기존의 발표작들을 대거 출간하기도 했다. 여기에는 듀나와 김보영, 김창규와 정보라 같은 작가들이 포함되어 있다. 또한 곽재식, 박문영, 문목하, 이경희, 심너울과 같이 출판사들에서 발굴해서 작품을 출간한 작가들이 늘어나면서 한국 SF 소설은 창작의 부재를 고민했던 시기를 벗어나게 되었다고 할 수 있다.

이러한 현상이 단적으로 드러나는 것은 다양한 지표들을 통해 알 수 있는데, 최근 몇 년 동안 인터넷 서점에서의 소설 판매량 중에 SF 소설이 차지하는 비중이 절반에 육박하기도 하였으며, 김초엽의 『우리가 빛의 속도로 갈 수 없다면』의 경우엔 20만 부 이상의 판매고를 올렸고, 천선란의 『천 개의 파랑』과 같은 경우에도 5만 부를 넘으면서 상업적인 성공을 보여주기도 했다. 이러한 경향을 바탕으로 김초엽은 제11회 젊은작가상과 제43회 오늘의 작가상을 수상했다.[15] 이러한 현상들이 2010년대로 넘어오는 시점에서 일어나고 있었다는 것은 2020년 현재 한국 SF가 보여주는 다양한 의미들이 우연히 만들어진 것이 아니라는 사실을 반증해 주고 있다.

이렇게 양적인 팽창을 보여주는 것과 더불어 그 가능성에 대한 의미를 제고할 수 있게 해주는 것은 작품들이 일정한 경향을 보이는 것이 아니라, 다양한 형태와 방법들을 실험하듯 확장하고 있다는 것이다. 이전까지의 한국 SF 소설들이 보여주는 장르적 특징은 듀나 이후에 진행된 현지화의 과정이라고 할 수 있다. 특히 용어나 지명, 인물의 명칭 등에 서양의 용어들을 사용해야지 어색하지 않다는 관념들을 극복하고 한국어로 창작된 소설에 걸맞는 변용이 이루어지는 것들이 주목할 만한 특징이었다

---

15) 사실 이러한 현상을 그 전부터도 나타나고 있었다. 배명훈이 『안녕, 인공존재』(2010)로 제1회 문학동네 젊은 작가상을 수상한 것이었다. .

고 할 수 있다. 그러기 때문에 듀나는 서울 종로나 부천을 비롯한 우리의 일상적 공간을 SF에서 보여주는 환상적 공간과 맞물리는 세계관을 구축하였고, 이후에는 동양적 설화나 신화의 세계관들을 과감하게 접목하는 모습 역시 보여주었다.

이러한 방법들은 김보영도 개성적으로 보여주었으며, 특히 신화적이고 역사적인 세계관을 SF의 장르적 방법들과 접붙이는 시도들은 훌륭한 성공을 이루었다고 할 수 있다. 박성환이 보여준 동양적, 불교적 세계관과 SF와의 접목은 한국에서 SF 소설을 창작하면서 시도할 수 있는 개성적인 부분이라고 할 수 있다. 하지만 거기에서 그치지 않고, 이후의 SF 작가들의 작품에서는 조금 더 개별적이고 사변적인 영역에까지 변용적 수용을 거친 SF 소설의 세계들을 형성하기 시작했다. 배명훈, 정소연, 정보라, 김창규, 정세랑 등의 작품들이 보여주는 세계는 현대 한국이라는 맥락들을 놓치지 않으면서 거기에서 발생하는 다양한 문제들을 SF 소설이라는 방법을 통해 메시지화 한다. 그들에게 SF 소설을 창작하는 행위는 단순히 장르법칙을 사용하는 것이 아니라 지금 자신들의 세계를 인식하고, 통찰하여 이야기는 건네는 방식인 것이다. 그리고 이러한 방식은 그동안 소설 문학이 의미를 획득하는 과정과 동일한 것이라고 할 수 있다.[16]

배명훈이 『타워』를 통해서 전달하고 했던 구조적으로 불평등하고 불합리한 세상에 대한 문제제기는 해당 시기 한국이 직면한 내면적인 문제이기도 했다. 김창규가 보여준 환상적인 세계의 소설적 구현들은 2015년을 전후로 해서 혼란했던 한국의 정서를 문학적 상징화를 통해 어떻게 이야

---

16) 오윤주, 「기술 문명 시대 문학의 대응 양상 연구 - 2000년대 한국 SF 소설을 중심으로」, 『우리말글』 88호, 우리말글학회, 2021, 354쪽 참조.

기할 수 있는지를 보여주는 것이었다. 정세랑이 보여준 환상적인 세계와 그 기저에 흐르는 희망에 대한 메시지는 각박한 환경에 노출되어 있는 한국의 정서에 호소하는 지점이 비교적 명확했다. 그러기 때문에 정세랑의 작품들이 굳건한 팬덤을 가지며 성장할 수 있었던 것이다. 정소연은 이 세계가 가지고 있는 불합리들에 대한 논리적인 사고실험과 타자에 대한 근본적인 희망을 이야기하며, 정보라는 그러한 세계의 희망을 기괴하고 섬짓한 형태로 만들어 독자들을 낯설게 해 준다.

이러한 다양성들은 한국의 SF 소설이 일정한 맥락을 통해 발전해 온 것이 아니라, 급격한 단절과 기저에 이어지는 연속성들에 의해 만들어졌기 때문이라고 할 수 있다. 미국의 중심으로 한 SF의 경우 시대별로 맥락을 주도하는 세부 장르들이 있기 마련이다. 하지만 한국은 이러한 맥락들의 영향을 실시간으로 받지 않았다. 그러기 때문에 100여 년 정도 이어지면서 각각의 시기마다 발전해 왔던 장르적 특성들이 갑작스런 팽창으로 인해 거의 동시에 실험되고 있는 형태로 나타난다. 그런데 그것이 한국어로 한국이라는 문화적 감각을 가진채 사고실험되고 있기 때문에 전혀 다른 가능성들을 양태할 수 있다고 할 수 있다. 정보라의 『저주토끼』에서 보여준 소설적 개별성과 가치가 바로 이러한 지점에서 발생한 것이라고 할 수 있으며, 그러한 이유로 맨부커 인터네셔널 숏리스트에도 선정될 수 있었던 것이다.[17]

이러한 특징들은 한국 SF 소설들이 2010년 이후 다루고 있는 주제들의 경향을 보면 좀 더 명확해 진다. 2010년 이후의 한국 SF 소설들을 보면 크게 세 가지의 주제들을 드러내고 있는 것을 볼 수 있다. 첫 번째는 페미니즘이고, 두 번째는 포스트휴머니즘이며, 세 번째는 인류세 및 기후위기에 관련된 주제들이다.17) 이 세 주제들은 학술적인 가치들을 인정받아 관련 주제의 연구들도 활발하게 이루어지고 있다. 뿐만 아니라 이러한 맥락들을 통해 현재의 사회구조적인 문제들을 이야기하고, 현 세태들을 재치있게 메시지화하는 작품들 역시 꾸준하게 발표되고 있다. 시장에서의 성공을 통해서 만들어진 작가와 작품의 팽창을 통해 다양한 주제들이 사고실험되고 있는 긍정적인 순환의 형태를 보여준다고 할 수 있는 것이다.

5. 논의를 맺으며

한국 SF 소설은 다른 문화권의 SF 소설과 다른 양상을 보인다. 현재 영상매체 등에 비해 소설이 장르 콘텐츠로서의 경쟁력을 확보하고 활발하게 확장되고 있는 나라는 한국과 중국 등이라고 할 수 있다. 한국은 특히 영상매체의 제작 등에서 보여주는 SF의 장르적인 역량들이 소설이 발전하고 있는 속도에는 미치지 못하는 형태를 보여주고 있다. 그럼에도 불구하고 한국 SF 소설들은 현재 드라마나 영화 등으로의 매체전환(media adaptation)이 가장 활발하게 일어나고 있는 원천 콘텐츠 혹은 IP라고 할 수 있다. 이는 한국의 SF 소설이 단순히 팬덤들이 소비하는 장르물이라는 것에서 벗어나 일반 대중들과 호응할 수 있는 서사방식으로 변모하고 있음을 보여주는 것이라고 할 수 있다.

---

17) 정보라의 『저주토끼』에 대한 의미부여는 부커 인터내셔널에서 제공하는 소개페이지의 글을 통해서 확인해 볼 수 있다.(https://thebookerprizes.com/the-booker-library/books/cursed-bunny)

18) 이지용, 앞의 글, 2021, 51-60쪽 참조.

정세랑의 『보건교사 안은영』은 OTT 플랫폼인 넷플릭스의 오리지널 콘텐츠로 제작되어 두 번째 시즌의 제작에 들어갔고, 네이버에서 론칭한 OTT 서비스인 웨이브Wavve에서는 론칭을 하면서 오리지널 시리즈로 한국 SF 소설들을 원작으로 하는 시네마틱 드라마 시리즈인 〈SF8〉를 제작하였다. 또한 현재 위에서 언급된 많은 SF 소설가들이 작품들이 영상화 판권 계약이 된 경우들도 많고, 직접 영상 매체의 오리지널 시나리오 등에 참여하는 경우들 역시 많아지고 있다. 영상화의 대표적인 경우는 김초엽 작가의 단편소설인 『스펙트럼』을 김보라 감독이 영화로 제작하고 있는 것이라고 할 수 있다.[19]

뿐만 아니라 단순히 소설과 영화라는 기존의 서사방식에만 머무는 것이 아니라 SF 소설 작가들의 작업 영역이 다양한 매체들로 확장되고 있있는 것 역시 볼 수 있다. 정세랑 작가의 경우에 아이돌 그룹인 아이브의 신곡 소설 필름인 〈I'VE SUMMER FILM〉의 스토리 제작을 담당했고, 김초엽 작가도 역시 아이돌 그룹인 르세라핌의 콘텐츠 오리지널 시나리오인 〈크림슨 하트〉의 시나리오를 담당했다.[20] 이와 같은 형태들을 보면 현대 한국에서 SF를 창작한다는 것은 단순히 소설이라는 문학적 형식의 활동에 국한되는 것이 아니다. 오히려 수많은 콘텐츠의 서사를 담당하는 작가로서의 활동 영역들이 계속해서 확장되는 모습을 보여준다. 이는 단순히 문학의 새로운 대안으로서의 가능성이 아니라 이 시대의 필요한 이야기 감

---

19) 「벌새」 김보라 감독, 김초엽 소설 '스펙트럼' 영화화 맡는다」, 『한국일보』 2020.9.18. (https://www.hankookilbo.com/News/Read/A2020091811460004669?did=NA)
20) 「정세랑 작가, 아이브 신곡 필름 참여 '한 편의 청춘 영화'」 (https://www.newsen.com/news_view.php?uid=202208011357050410); 「르세라핌, 김초엽 작가와 오리지널 스토리 '크림슨 하트' 컬래버」 (https://enews.imbc.com/News/RetrieveNewsInfo/362916)

각들을 SF 작가들이 보여주고 있는 것이라고 볼 수 있다.

특히 과학기술의 일상화와 그것의 사회적 도입의 속도감이 현저하게 높은 한국에서 현실의 문제들을 통찰하고 메시지화하는데 유용하다. SF가 가지고 있는 과학기술의 발달과 그것으로 인해 변화하게 될 세상의 문제들에 대한 사고실험이라는 장르적 특징은 더 이상 환상적인 세계를 그리고 공상의 영역에 머무르지 않고 현실의 문제 그 자체를 다루는 형태가 되었기 때문이다. 게다가 한국의 SF가 보여주는 다양한 형태로의 사고실험들은 이후로도 소설문학에 있어서 SF가 단순히 장르적 취향이 아니라, 현실을 서사화하고 소설화하는 방법론으로서 유용하다고 할 수 있다. 현재 문제시되고 있는 거의 모든 영역에 과학기술적인 이해들이 동반되고, 과학기술이 미치는 영향력을 통찰하지 못한다면 문제에 접근하는데 한계가 드러나기 때문이다.

또한 현대의 과학기술이 단순히 실험과 증명에서 그치는 것이 아니라 그것이 사회적으로 얼마나 영향력을 갖게 되는지에 대한 통찰까지를 함께 고민하는 영역으로 들어서고 있다고 했을 때 그것에 대한 사고실험의 최전선에서는 SF가 있다고 할 수 있다. 그런데 이러한 사고실험들을 한국에서는 소설을 통해 활발하게 발표해내고 있다는 사실을 주목해 보아야 한다. 특히 페미니즘 SF의 맥락들은 2015년 이후 한국의 페미니즘 리부트의 영향을 직접적으로 연결하여 다양한 문제의식들을 개진해 왔다. 1970년대 미국의 페미니즘 리부트 이후에 형성되었던 장르적 방법론을 토대로 현실적인 문제들을 밀도있게 다루는 작품들이 쏟아져 나온 것이다. 관련 주제로 앤솔로지들이 기획되어 출간된 것 역시 현상에 대한 즉각적인 대응이 SF라는 방식으로 가능하다는 것을 보여주는 것이라고 할 수 있다.

포스트휴머니즘 담론 역시 SF에서 다뤄오던 방식을 그대로 이어받아 인간-비인간적 전회 등의 문제를 과감하게 다루는 작품들이 나오고 있다. 특히 인간을 소설의 주요한 캐릭터로 상정하지 않고 서사를 풀어나가면서 인간다움이라는 기존의 명제들을 자연스럽게 의식하지 않는 서사의 방법론들 역시 빈번하게 나타나고 있다. 이러한 방식들을 통해서 오히려 사회가 가지고 있는 인간의 소외 양상과 인간중심주의로 인해서 발생하는 다양한 문제들을 사고실험해 볼 수 있게 되는 것이다.[21] 아울러 지난 시간들 동안 마주했던 팬데믹의 문제와 그것의 원인으로 일컬어지는 기후위기 문제 등에 대한 접근 역시 SF에서 이미 다뤄왔던 문제들이라고 할 수 있다. 감염병에 대한 문제들은 다양한 하위장르들에서 이미 다루어 온 것이고, 기후위기 등에 대한 문제들은 에코토피아 Ecotopia 영역에서 다루어 왔던 것이다.

미증유 未曾有 의 시대라고 여기면서 그 충격에 대한 접근와 인식을 어떠한 방법을 통해 할 수 있을지 고민해야 하는 시대에 SF가 그에 대한 사고실험의 예시들을 상당부분 가지고 있던 것이라고 할 수 있다. 인공지능에 의한 인간성의 문제와 위험성에 대한 막연한 두려움들에 대해서도 그 막연함 두려움들을 극복하고 그 다음을 사고실험했던 SF 작품들이 예시로 존재한다. 이러한 특징들 때문에 SF 작품들은 이전의 사고실험 양상들을 토대로 현대적인 해석을 개진하는 나름의 방법들을 구축하고 있는 것이다. 이는 특히 "과학에 대한 우리의 인식과 과학의 혁신이 계몽주의와 산업혁명 이후 물질적·사회적 세계를 변화시켜 온 방식 사이의 변증

---

21) 신상규, 『호모 사피엔스의 미래—포스트휴먼과 트랜스휴머니즘』, 아카넷, 2014, 127~133쪽 참조.

법"이라는 셰릴 빈트의 정의를 상기해 보았을 때 절대 과장되거나 막연한 가치부여가 아닙니다.[22]

그러기 때문에 SF는 이후로도 한국의 소설 문학 혹은 서사형식에 있어서 간과할 수 없는 영역을 차지하게 될 것이다. 우리가 살아가고 있는 현실의 문제를 명확하고 현실성있게 통찰할 수 있는 방법 중 하나로 SF가 유용하기 때문이다. 더군다나 현재 한국의 SF는 시장의 반응과 그에 부응하는 양적인 팽창과 질적인 성장으로 인해 다양한 가능성들을 만들어 낼 역량 역시 확보해 나가고 있다고 할 수 있다. 그리고 이러한 현상은 SF 자체의 발전에도 긍정적인 형태라고 할 수 있다. SF는 메가텍스트megatext성을 기반으로 하여 발전하는 양상을 보여주는데, 메가텍스트성이 작가의 고유성보다는 이미지나 모티프 등의 세계들을 공유하면서 독자와 작가가 상호교환하는 형태를 구현하고 그러한 방법론을 통해서 장르의 특성이 완성된다.[23]

이러한 특성에 비추어 봤을 때 현재 한국의 SF는 장르로서의 가능성들을 제고할 수 있는 좋은 환경을 형성하고 있는 것으로 보인다. 이러한 상황에서 위에서 언급한 것과 같이 다양한 현실적 필요들에 반응하는 모습이 이어진다면 단순히 한국문학의 대안적 도구나 출구전략과 같은 것이 아니라 문화적으로 중요한 형태들을 만들어 낼 수 있을 것이라 기대해 볼 수 있다. 단순히 현대 한국에서 SF는 단순히 한 순간의 유행으로 소비가 잘되고 있는 서사양식이나 소설문학의 형태라고 보기에는 너무 다양한

---

[22] 셰릴 빈트, 전행선 옮김, 『에스에프 에스프리-SF를 읽을 때 우리가 생각할 것들』, arte, 2019, 12쪽.
[23] 앞의 책, 70쪽 참조.

가능성들을 내포하고 있다. 이미 우리 문학사 내에서나 문화적 맥락 안에서 오랜 시간동안 자리해 왔고, 그 안에서 나름대로의 변모의 과정을 거쳐 지금에 이른것이라고 할 수 있다. 그러기 때문에 지금 나타나고 있는 이러한 현상들이 무엇을 의미하는지 확인하고 명확하게 의미화 작업을 진행해야 한다.

---

* 이 글은 「한국 SF 소설의 역사가 보여준 장르적 특징과 개별성 – 근대문학의 시작에서부터 현대문학의 새로운 목소리까지」(『세계 SF장르 콘텐츠의 인문학적 통찰』 학술대회 자료집, 충남대학교 인문과학연구소, 2022)를 수정하여 재수록한 것임.

'확장된 마음'과 인간-기술의 올바른 연합: 김초엽 소설 두 편을 중심으로

신성환

1. 논의를 시작하며

 2018년 개봉한 영화 〈서치〉는 '실종된 딸을 찾는 아버지의 고군분투'라는 진부한 서사를 취하는 데에도 불구하고, 이를 매우 독창적인 형식으로 표현함으로써 큰 화제를 끌었다. 아버지 데이빗이 딸 마고의 디지털 흔적을 추적하면서 차근차근 실종에 얽힌 진실에 도달해가는 과정을 노트북, 데스크탑, 태블릿PC, 스마트폰, CCTV 등 다양한 디지털 기기의 스크린만을 통해서 보여준 것이다. 각종 디지털 기기의 스크린이 영화의 프레임 자체가 되고, 웹사이트, SNS, 휴대폰 문자메시지, PC 안의 사진과 동영상들이 영화의 주요 재료가 된다. 관객은 인물을 직접 대면할 수 없는 대신, 디지털 기기에 비친 인물 혹은 인물이 디지털 기기를 사용하는 과정과 결과로서의 화면을 응시할 수 있다.
 〈서치〉가 카메라로 찍은 영화라기보다는, 무수한 디지털 기기의 화면 조각들을 조립한 영화로 여겨지는 이유다. 이제 타인과 세상에 접속하고 소통하며 이를 수용하는 과정이 디지털 기기의 스크린을 떠나서는 불가능한 시대이다. 우리의 일상과 삶 전체가 컴퓨터나 모바일 기기 안에서 이루어지고 전달되고 수용된다는 점에서 이 영화의 형식은 참신하다기보다는 익숙하게 다가온다. 실제로 우리는 매시간 매분 매초 뚫어져라 PC와 스마트폰을 들여다보며 살고 있으니 말이다. 단, 〈서치〉는 극장 안의 훨씬 커다란 화면을 통해 이를 보여주었을 뿐이다.

흥미로운 점은 〈서치〉의 현란하면서도 인공적인 디지털 화면들이 짙은 인간적 감정과 정서를 전달한다는 것이다. "쓰다 지워버린 메시지들, 이어지는 말줄임표와 이모티콘, 머뭇거리는 커서, 끝내 휴지통에 넣어버린 동영상[1]" 등이 인물의 표정을 전혀 노출하지 않으면서도, 지금 디지털 기기를 사용하는 인물들의 섬세한 감정과 정서를 드러내고 표현한다. 마고의 디지털 흔적을 따라가는 과정에서 데이빗이 발견하는 것은 외로움과 슬픔이라는 딸의 마음이었고, 또 그런 딸을 걱정하고 어려워했던 자신의 처연하고 복잡한 마음이기도 했다. 그리고 이 마음을 확인함으로써 데이빗은 마고에 대한 믿음을 끝내 포기하지 않고 딸과 자신까지 구원해낸다. 결국 우리가 디지털 기기를 통해 애타게 보려 하는 것은 사람과 사람의 마음에 다름 아니다. 만약 디지털 소통이 나쁘고 병들어 있다면, 디지털 기기가 문제가 아니라 그것을 사용하는 사람의 마음이 나쁘고 병들어 있기 때문이라고 할 수 있다. 그런데 기술은 완벽히 무고하고, 사용자인 사람만이 문제라는 평가도 충분히 석연치 않다. 이미 디지털 기술이 사용자와 뗄레야 뗄 수 없는, 사용자의 사회적 자아와 심성, 욕망을 구성하는 환경 자체가 되어 버렸기 때문이다. 그렇게 본다면 디지털 기기는 사용자의 마음을 표현하고 전달하기도 하지만, 애초 사용자의 마음을 창

---

[1] 박지훈, 「〈서치〉가 모니터 안에서 감정을 표현하는 법」, 『씨네21』 1172호, 씨네21주식회사, 2018.

출하고 형성한다고 볼 수 있다. 마고의 마음은 마고 내부의 어딘가에 자리하고 있다기보다는 디지털 기기와의 접촉에 의해서 구성되고 드러난다는 말이다. 마고의 디지털 흔적은 마고가 남긴 것이지만, 또 마고 자체이기도 하다.

자신이 누구인가를 정의하는 중요한 특성은 다른 사람들과 정서적인 유대를 맺고 인정을 주고받는 관계 속에서 이루어진다. 그리고 이제 디지털 환경에서 많은 사람들은 온라인 접속이나 소통을 통해 사회적 존재감을 확인한다. 자신의 정체성을 규정하고 인정받는 방식 자체가 바뀐 것이다. 이미 디지털 기기는 각종 SNS와 결합하면서 우리가 타인과 소통하고 관계맺고, 또 이를 통해 자신의 정체성과 성격을 형성하는 데에 결정적인 영향을 끼치고 있다.

〈서치〉의 형식은 영화라는 장르 안에서는 참신한 것이지만, 현재 우리에게는 너무도 낯익고 익숙한 화면과 이미지들이다. 우리가 실제로 사는 현실은 바로 이러한 디지털 기기의 화면들로 온통 이루어져 있기 때문이다. 그런 면에서 〈서치〉의 화면들이야말로 우리의 진짜 현실이다. 인터넷, SNS 같은 새로운 디지털 소통 수단의 활성화는 인간 자아의 정체성 문제를 새롭게 인식하는 중요한 시사점을 제공한다. 가령 디지털 환경에서 자아와 심성은 한 인간의 두뇌 안에 있는 것이 아니라, 두뇌 바깥에 존재하는 도구나 활동에 의해서 구성된다고 해도 과언은 아니다. 이 두뇌 바깥의 도구나 활동은 컴퓨터와 스마트폰, 인터넷과 SNS 같은 디지털 기기와 그 기능을 뜻한다. 가령 스마트폰을 분실하는 경우, 그동안 자신이 이루어 놓은 모든 관계와 정체성이 붕괴되는 듯한 상실감과 절망에 빠지는 현상은 너무도 자연스럽다.[2] 스마트폰은 바로 그 사람의 정수를 집약하고 있기 때문이다. 이제는 거의 상식처럼 취급되는 명제, "모든 테크놀로지는 궁극적으로 인간의 몸의 확장3)"이라는 마샬 맥루헌Herbert Marshall McLuhan의 선언에서 더 나아가, 디지털 기기들은 인간의 몸의 일부나 확장으로 여겨질 뿐만 아니라, 인간 마음의 일부 혹은 확장으로까지 인식된다는 것이다.

'테크놀로지에 의한 마음의 확장'이라는 발상은, 모든 인간이 도구와 외부 환경으로 연결된 자아를 가지고 있다는 앤디 클라크Andy Clark의 '확장된 마음(The Extended Mind)' 이론을 상기시킨다.4) 클라크는 "우리 마음의 위치가 두뇌나 중추신경계와 같은 우리의 신체 내부로 국한되지 않으며, 다양한 방식을 통하여 환경으로 확장되어 있다는 파격적인 주장5)"을 펼친

---

2) 물론 이러한 양상이, 그동안 인간이 대면 접촉을 통해서 자아나 정체성을 구성해 온 방식을 완전히 파괴하거나 해체하고 종잡을 수 없도록 만들었다기보다는, 다양한 복수의 정체성을 풍부하게 지닐 수 있는 가능성을 제공했다고 볼 수도 있다.
3) 마샬 맥루헌, 박정규 옮김, 『미디어의 이해』, 커뮤니케이션북스, 1999, 77쪽.
4) 클라크는 데이비드 찰머스(David Chalmers)와 공저한 논문, 「확장된 마음」에서 '적극적 외재주의(active externalism)'라는 개념을 제시하면서, 우리의 인지 과정은 우리의 뇌를 둘러싼 두개골 너머 바깥으로 확장되며, 우리가 본격적인 심적 상태들이라고 생각하는 믿음이나 욕망, 그리고 그밖에 일반적인 사유들도 유사한 방식으로 두개골 너머로 저 바깥에까지 확장되는 것으로 간주할 수 있다는 도발적인 주장을 전개한다. 우리 인간의 마음은 생물학적 두뇌 내부에 국한된 것이 아니라, 컴퓨터나 스마트폰 같은 외적 장치를 그 구성적 부분으로 포함하는 확장된 무엇으로 간주되어야 한다는 말이다. 즉 우리 신체 외부의 환경 속에 존재하는 도구들이 우리의 두뇌와 올바른 방식으로 결합할 경우 그것들 자체를 마음의 일부로 볼 수 있다는 것이다. 이 관점에 대해서는 'Clark, A. & Chalmers, D., "The Extended Mind", Philosophy of Mind: Classical and Contemporary Readings, D. Chalmers (ed.), Oxford Univ. Press, Oxford, 2002, p.643~648/신상규, 「SNS 시대의 자아 개념」, 『기호학연구』 30권, 한국기호학회, 2011, 78~79쪽/석기용, 「'확장된 마음'에 대한 비판적 고찰 - R. Brandom의 인지과학 비판을 중심으로」, 『대동철학회지』 76호, 대동철학회, 2016, 84~85쪽' 참고.
5) 앤디 클라크, 신상규 옮김, 『내추럴본 사이보그』, 아카넷, 2015, 315~317쪽.

다. "우리의 마음을 이루는 심성적 과정이 부분적으로 두뇌 바깥의 신체나 그 활동 그리고 신체 바깥의 도구에 의해 구성(constitute)된다[6]"는 것이다. 애초 언어가 존재하고 인간이 불이나 도구를 만들어 사용한 이래, 우리는 한 번도 자연적으로 주어진 정신이나 신체만으로 규정될 수 있는 존재가 아니었다고 말한다. 스케치나 메모를 하고, 구글을 검색하며, 스마트폰을 사용하는 행위는 모두 우리의 마음을 확장시키는 기술들이다. "아이폰은 이미 나의 마음의 일부[7]"라는 말처럼, 과거에는 우리의 머릿속에 저장했던 전화번호, 주소, 일정, 메모, 기록, 이미지, 자주 가는 장소 혹은 가고 싶은 장소 정보 등 각종 텍스트들을 이제는 스마트폰에 저장하고 불러낸다. 스마트폰은 신체 바깥에 존재하는 외부 기억 저장소이며, 기능적인 측면으로 보면 사용자의 두뇌 속에서 이루어지는 과정과 아무런 본질적 차이가 없다. 나아가 기억 뿐만 아니라 스마트폰으로 연결하는 인터넷이나 SNS를 통해 타인과 소통하고 관계맺고, 또 그럼으로써 자신의 정체성을 구성한다는 점에서 스마트폰은 대인 관계의 일부까지 대신한다고 할 수 있다.

결국 심성이나 인지적 과정이 두뇌의 과정만이 아니라 부분적으로 두뇌 바깥의 더욱 폭넓은 신체적 구조와 과정으로 이루어지고 구성된다는 관점이다. 우리의 심성과 자아는 단지 이 몸에만 한정되지 않는다. 마음이나 자아를 생물학적 두뇌와 지능적 기계(도구), 그리고 환경의 결합물로 보아야 한다는 것이다. 〈서치〉가 명시하듯이 데이빗과 마고의 마음은 그들의 두뇌나 심장, 그 어딘가에 갇혀 있는 것이 아니라 그들이 인터넷

---

[6] 신상규, 앞의 글, 79쪽.
[7] 앤디 클라크, 앞의 책, 315쪽.

과 SNS에 접속하는 과정에서 적극적으로 외화外化되는 셈이다. 클라크에 따르면 기술은 인간 신체 및 정신의 확장이며, 인간을 다른 종과 구분시켜주는 차이는 도구나 기술적 환경을 우리의 존재와 통합하는 능력이고, 생명과 기술의 병합은 인간을 인간으로 만들어주는 본질적 특성이다.[8] 따라서 인간과 기술, 마음과 도구의 공생은 인간의 인간다움을 가능하게 하는 근본적인 조건이며, 인간의 두뇌와 신체는 새로운 도구와 결합하여 새롭게 확장된 사유 시스템을 만든다. 또한 이러한 새로운 사유 시스템은 새로운 차원의 설계된 환경을 창조하고, 또 다른 종류의 확장된 사유 시스템이 그 속에서 만들어진다. 그런 면에서 클라크는 스마트폰이나 통신 기술이 발달하기 전부터 이미 인간 자체가 도구와 긴밀히 연관된 '타고난 사이보그'라고 주장한다.[9]

한편 클라크의 논의에서 인상적인 점은 컴퓨터나 스마트폰 같은 외적 도구들이 우리의 두뇌와 '올바른' 방식으로 결합할 경우, 그것들을 우리의 마음을 구성하는 일부로 간주해야 한다는 주장이다. '올바른'이라는 가정은, 자연스레 '올바르지 못한' 경우도 얼마든지 존재할 수 있다는 것, 또

---

[8] "언어가 존재하고 인간이 불이나 도구를 만들어 사용한 이래, 우리는 결코 한 번도 자연적으로 주어진 정신이나 신체만으로 규정될 수 있는 존재가 아니었다. 인간은 외부의 도구나 자원을 활용하는 기술을 통해 생존과 재생산의 문제를 해결하고 문화를 발전시켰다. 기술은 비록 인간에 의해 구성되고 규정되는 것이긴 하지만, 동시에 그것은 인간의 가능성이나 잠재력을 근본적인 차원에서 재구성하고 조건 짓는다."(앤디 클라크, 앞의 책. 317쪽)
[9] 인간은 원래부터 생물학적 육체(정신)와 기술(도구)이 결합된 사이보그적 존재다. 육체와 기계(도구)가 결합되었다는 단순히 피상적 의미에서가 아니라, 인간-기술의 공생자라는 좀 더 깊은 의미에서 사이보그라는 말이다. 기술이 제2의 본성이나 마찬가지여서, 안경이나 스마트폰에 의지하는 우리의 모습과 생물학적 신체와 기계적 장치가 직접 결합된 사이보그의 차이는 종류의 차이가 아니라 정도의 차이라는 것이다.(앤디 클라크, 앞의 책. 10~13쪽 참고)

그것을 경계해야 한다는 인식을 내포한다. 우리가 수행하는 인지적 작업들을 두뇌 안에서가 아니라 두뇌 바깥의 도구나 환경에 넘기고 분산시키는 것은 훨씬 효과적이고 능률적으로 정보를 처리하고 문제를 해결하기 위해서이다. 관건은 우리가 이 도구들이 작동하는 구조와 적절하게 협력하고 이에 맞추어 자신의 활동을 올바르게 조작할 수 있는가 하는 점이다. 컴퓨터, 스마트폰, 인터넷 같은 디지털 도구들은 과거의 어떤 도구와 비교할 수 없을 정도로 정교하게 지능화되고 능동적으로 작동하기 때문에, 우리의 두뇌가 행동의 선택이나 통제와 관련된 다양한 인지적 과정을 점점 더 큰 비중으로 전가하고 위임하게 될 가능성이 높아진다. 여기서 인간-기술의 연합이 올바르지 못한 방식, 즉 인간이 기술에게 종속되거나 지배되는 구도로 변질될 지도 모른다는 두려움이 생긴다. 그것은 "기술에 의해 커가는 일종의 마음의 부패[10]", 기술의 발달이 정체성의 상실, 통제의 상실, 과부하, 프라이버시의 침해, 고립, 그리고 신체의 궁극적인 폐기로 이어질 지도 모른다는 암울한 비판을 불러 일으킨다. 다시 말해 인간-기술 연합이 마음을 확장하는 것이 아니라 오히려 마음을 축소하고 제한하는, (많은 디스토피아물의 경고처럼 초지성 기계에 의해 노예화된 영혼 없는 인간 같은) 올바르지 못한 방향으로 진행될 수도 있음을 인식하는 것이다.

    오늘날 과거에는 결코 가능하지 않았던 첨단의 기술들을 사용하면서 우리 두뇌와 기술의 상호 작용의 속도와 수준은 획기적으로 향상되고 있다. 그 과정에서 인간 마음의 구조도 격렬하게 변화·변경되는 인지적

---

10) 앤디 클라크, 앞의 책, 313쪽.

격변이 일어난다. 기술적으로 향상된 우리의 마음은 과거 인류가 다다를 수 없었던 인지적 공간을 생물학적, 기술적으로 탐사할 자세를 갖추고 있다. 컴퓨터, 스마트폰, 인터넷 등의 기술과 환경에 우리의 마음과 정체성은 그 어느 때보다 더욱 깊이 얽혀 있는 실정이다. 그러한 기술들은 도구라기보다는 차라리 인간의 심성적 장치의 일부처럼 여겨진다. 그것들은 우리가 누구이며 무엇인지, 그리고 어디에 있는지에 대해 강한 영향을 끼친다. 따라서 우리가 지녀야 할 '올바른' 관심은, 새로운 기술 자체가 아니라 우리 자신, 자아감각, 마음을 향해야 한다. 〈서치〉의 데이빗과 마고를 결정적으로 이어준 것은 기술이 아니라, 기술과 접속한 아버지와 딸의 마음이었던 것처럼 말이다. 다시 말해 우리에게 가장 중요한 기술은 우리의 마음이 이전에는 결코 가본 적이 없는 곳으로 갈 수 있게 하는 기술이며, 이를 통해 변형되는 자아, 위치, 체현, 심성적 능력을 이해함으로써 우리를 더욱 올바르게 파악해야 한다. 우리가 자신의 진정한 모습을 파악함으로써 인간-기술 연합을 더욱 능동적으로 구체화하여 더 좋은 기회와 방향을 향할 수 있도록 모색해야 하기 때문이다.

　이 글에서는 '기술에 의해 확장된 마음'과 '인간-기술의 올바른 연합'이라는 문제의식을 바탕으로 김초엽 소설 두 편을 분석해 보고자 한다.[11]

---

11) 사실 '확장된 마음' 이론은 학계와 철학계에서는 다소 비판적으로 다루어지고 있다. 무엇보다도 '마음(mind)'이라는 매우 추상적인 개념을 내세우고 있기 때문일 것이다. 여기서 '마음'은 감정이나 정서, 이성이나 인지능력, 심성이나 인성, 자아나 정체성, 나아가 믿음이나 욕망 같은 차원까지 광범위하게 포괄하고 있기 때문에 더욱 모호한 영역으로 여겨진다. 이 글에서는 이같은 난점을 충분히 전제한 입장에서, '확장된 마음' 이론이 해당 소설 작품 안에 담긴 상상력과 어떻게 연관되는지를 중심으로 접근하려고 한다. '확장된 마음' 이론을 정교하게 증명하기보다는, 그 흥미로운 문제의식을 소설의 상상력으로 풍부하게 구현하는 양상들을 보려는 것이다.

2017년 한국과학문학상 대상과 가작을 동시에 수상한 후, 2019년 첫 소설집12)을 낸 김초엽은 순전히 SF 쓰기로부터 자신의 문학 활동을 시작한 젊은 작가이다. 근미래적인 설정 속에서 과학 기술의 발달과 새로운 인류의 등장, 여기서 생기는 정치적·사회적·윤리적 문제를 다루고 있다는 점에서 '포스트휴먼'에 대한 비판적 성찰을 수행하는 작가로 간주되기도 한다. 특히 "한국에서는 SF에 대한 이미지가 지나치게 과학 중심으로 쏠린 것 같아" "기술을 설명하는 장면은 의식적으로 간략화하고" "사람들의 태도와 변화"를 중요하게 보고 "인간에 대한 추상적인 질문들을 다루고 싶다13)"는 작가의 말처럼, 김초엽 소설의 주요한 관심은 획기적인 새로운 기술이라기보다는, 그 기술로 인해 다시금 상기되는 인간 문제들, 즉 정상과 비정상성의 기준, 약자와 소수자 인식, 젠더 불평등과 차별, 타자성과 환대의 가능성, 소외와 결핍, 경제 만능주의 등의 주제에 집중된다. 시간과 공간의 이동을 통해 일종의 사고실험을 수행하는 '사변소설(speculative fiction)'로서의 특성도 강하다. 그런데 이 글에서는 김초엽 소설이 지닌 SF로서의 장르적 완성도나 세계관을 해명하는 데에 목적이 있는 것이 아니라, 소설에 나타난 인간-기술의 연합이 이루어지는 양상과 또 그것이 어긋나고 실패하는 면모를 주목하고자 한다.

김초엽 소설은 사이보그, 인체 변형 및 개조, 우주여행, 인공지능, 가상현실, 감성공학 등 새로운 기술의 혁신적인 발전이 인간 마음의 확장을 '올바르게' 담보할 수 있는 가능성 여부를 모색한다는 점에서 이 글의 문

---

12) 김초엽, 『우리가 빛의 속도로 갈 수 없다면』, 허블, 2019.
13) 이설, 「신인 작가 김초엽 "SF소설은 기술이 아닌 '사람' 이야기"」, 동아일보 2019. 6. 18 기사 참고.

제의식과 밀접하게 연관되기 때문이다.14)15) 2장에서는 〈나의 우주 영웅에 관하여〉를 통해 올바른 사이보그 되기의 가능성과 '확장된 마음'의 역학관계를 살펴보고, 3장에서는 〈빛의 속도로 갈 수 없다면〉을 분석하여 기술 효율주의에 의해 오히려 축소·제한되는 몸과 마음의 양상을 확인해 보고자 한다. '확장된 마음' 개념을 활용해 볼 때, 두 소설은 인간이 기

---

14) 실제로 김초엽 작가 스스로도 '사이보그'를 다루는 칼럼을 통해 클라크의 '확장된 마음' 이론을 언급하고 있다. '확장된 마음' 이론을 명시하면서, 기계와 유기체, 인간과 비인간, 그 밖의 수많은 이분법을 해체하는 사이보그의 가능성을 제시한다. (김초엽, 「신체와 감각이 변형된 우리들의 질문」, 『시사인』 619호, 시사인 주식회사, 2019.)

15) '확장된 마음' 이론에 대한 선행연구는 주로 철학이나 심리학 분야에서 비판적으로 이루어져 왔다. 먼저 앤디 클라크의 저서를 참고하고(앞의 책/윤초희, 정현철 옮김, 『수퍼사이징 더 마인드』, 교육과학사, 2019), '확장된 마음'에 대한 반박을 검토하고 '내러티브 자아'의 개념으로 보완한 신상규의 논의(「확장된 마음과 자아의 경계」, 『철학논집』 31권, 서강대학교 철학연구소, 2012)와 SNS 환경을 통해 형성된 인격과 인성을 '확장된 마음' 이론과 연관하여 분석한 같은 연구자의 논의(신상규, 「SNS 시대의 자아 개념」, 『기호학연구』 30권, 한국기호학회, 2011), '확장된 마음' 이론의 쟁점들을 인지이론과의 비교를 통해 검토한 이영의 논의(「확장된 마음 이론의 쟁점들」, 『철학논집』 31권, 서강대학교 철학연구소, 2012), 인지과학 관점을 활용하여 마음의 진정한 확장은 개념을 보유하고 사용할 수 있는 능력으로 보아야 한다는 석기용의 논의(앞의 글)에서 시사점을 얻었다. 또한 '공생의 기호학'이란 개념으로 인간과 기계의 공생을 위한 상상력을 타진한 박일준의 논의(「인간/기계의 공생의 기호학: 클라크의 '연장된 정신' 이론에 대한 비판적 성찰」, 『신학논단』 92집, 연세대학교 연합신학대학원, 2018)와 인지 행위를 지속적인 통합적 체계의 표현으로 본 임베디드(embedded) 관점을 '확장된 마음' 이론과 연결한 윤보석의 논의(「확장된 마음, 동등성 원리 그리고 기능주의」, 『철학적 분석』 24호, 한국분석철학회, 2011)도 참고하였다. 한편 김초엽은 2019년에 첫 소설집을 낸 젊은 작가로, 아직 본격적인 학술 연구를 거의 찾기 어려운 것이 사실이다. 문예지에서 작가의 작품들을 언급한 계간평을 찾아 참고하였으며(황현경, 「선택-소설 단행본」, 『문학동네』 25권2호, 2018; 문학동네/전기화, 「그녀들의 방」, 『문학동네』 26권3호, 문학동네, 2019). 따라서 '확장된 마음' 개념이 소설적 상상력으로 어떻게 흥미롭게 구현되었는지를 분석하고자 하는 이 글의 신중한 시론(試論)이 되리라고 생각한다.

술과 연합하는 과정에서 각각 마음의 확장과 축소 양상을 드러낸다는 점에서, 기술에 대한 인간의 낙관과 비관, 기대와 불안 심리를 여실히 보여준다고도 할 수 있다.

2. '사이보그 되기'와 마음의 확장: 〈나의 우주 영웅에 관하여〉

김초엽의 소설집 『우리가 빛의 속도로 갈 수 없다면』에 실린 작품들은 과학기술이 급격하게 발전한 결과, 인간의 활동 무대가 전 우주로 넓어지고 인간의 신체도 탁월하게 업그레이드되는 미래를 배경으로 한다. 하지만 소설들은 첨단 기술이 오히려 인간을 소외시키고 비주류, 이주민, 여성, 장애인, 약자, 소수자 등에 대한 차별을 공고히 하는 조건을 문제시한다.[16] 특히 부족하고 비정상으로 규정되어 타자화되고 밀려난 "각기 다른 모양을 가진 존재들에게 각기 마땅한 가치를 부여하면서 과학기술이 누군가를 배제하는 것이 아니라 더불어 사는 법을 알려주는 세상[17]"임을 지향한다. 대략적으로는 인간 세계 바깥의 우주나 타자를 다룬 작품(〈스펙트럼〉, 〈우리가 빛의 속도로 갈 수 없다면〉)과 인간 세계 내부나 인간의 몸을 다룬 작품(〈감정의 물성〉, 〈관내분실〉), 앞의 둘 모두를 다루는 작품(〈순례자들은 왜

---

[16] 김초엽은 한 인터뷰에서 자신의 소설의 세계관을 '기술, 세계, 변화, 결핍, 타자' 등의 키워드로 설명한다. "기술로 인해 세계가 어떻게 변화할지를 소설에서 담고자 했다. 기술은 타자를 포용하는가, 기술은 결핍을 해결하는가, 기술은 개인에게 무엇을 경험시키는가"라는 질문을 던진다는 설명이다. (김유태, 「개인은 세계에 어떻게 맞서나, 묻고 싶었죠」, 매일경제신문 2019. 6. 18 기사 참고)

[17] 인아영, 「아름다운 존재들의 제자리를 찾아서」, 『우리가 빛의 속도로 갈 수 없다면』, 허블, 2019, 322쪽.

돌아오지 않는가〉, 〈공생가설〉, 〈나의 우주 영웅에 관하여〉들로 구분할 수 있다. 소설의 등장인물들은 대개 여성이며, 자신의 직업에 대한 자부심을 지니고 왕성한 호기심과 의지를 발휘하며 실패를 두려워하지 않는 도전과 모험을 시도한다는 점도 특징적이다.

〈나의 우주 영웅에 관하여〉 역시 우주여행과 신체 개조를 경험하는 여성 주인공이 등장한다. 가윤은 "우주 저편"을 탐사하기 위해 특별히 선발된 우주비행사다. 소설의 배경이 되는 현재는 인류가 주요한 전기를 맞고 있는 시기다. 화성 근처에서 블랙홀과 유사한 터널이 발견되는데 이 통로를 건너가면 지금껏 인류가 가보지 못한 새로운 시공간, 새로운 차원의 "다른 우주"에 도달할 수 있을 가능성이 높다. 인류의 우주가 극적으로 확장되는 것이다. 그런데 터널을 통과하는 순간 엄청난 압력과 온도, 중력가속도 때문에 물질이 심각하게 변형되거나 훼손되기 때문에, 생명체가 통과하기 위해서는 특별한 기술이 필요하다. 이에 따라 항공우주국은 우주의 극한 환경에 맞추어 신체를 개조하고 강화하는 '판트로피Pantropy', '사이보그 그라인딩'이라는 프로젝트를 추진한다. 우주 환경에 신체를 맞추기 위한 방법은 금속 기계와 나노봇을 결합한 사이보그 되기인데, 체액을 나노 솔루션으로 대체한 후 인공장기를 부착하고 피부와 혈관을 교체하는 방식으로 이루어진다. 완전한 개조가 이루어지는 경우 원래 인체의 성질은 1/5 정도만 남게 된다. 사이보그가 되는 대가로 잃는 감각 중 하나가 미각이라는 설정도 흥미롭다. 가윤은 신체 개조가 거의 완료된 시점부터 예전처럼 음식 맛을 즐길 수 없게 되는데, 미각이야말로 인간이 지닌 가장 예민하고 미묘한 감각이기 때문일 터이다. 소설의 설정처럼 유한한 지구 환경을 벗어나서 우주로 이주하거나 여행하는 것이 가능하게 된다면,

우주의 가혹한 물리적·화학적 환경에 적응할 수 있는 강하고 진화된 육체가 필요할 것이다. 기존의 인류가 다른 형태와 성질의 인류로 전환되어야 한다. 그러나 소설처럼 그 대가 중 하나로 미각을 잃고 기계적인 영양 공급 장치에 의존하게 된다면, 이것은 인류의 월등한 진화라고 확신하기도 어렵다. 어쩌면 인간을 가장 인간답게 만드는 것은 개조 과정에서 잃어버리는 4/5 중에 있을지도 모르기 때문이다.

가윤이 우주인으로 선발되기 위해 각고의 노력을 기울인 이유는 어린 시절 영웅으로 숭배해 온 재경 이모 때문이다. 십여 년 전 재경 이모도 우주 비행사로 선발되어 터널 이동을 시도하다가 탑승 캡슐이 폭발하는 바람에 다른 비행사들과 함께 목숨을 잃었다. 그런데 사실은 재경 이모가 폭발사고로 죽은 것이 아니라 미션을 하루 앞두고 팀을 이탈하여 심해深海로 뛰어들었고 항공우주국이 이를 은폐했다는 것을 알게 된다. 애초 재경 이모는 선발 과정에서부터 이런저런 공격과 비난에 시달리기도 했었다.

인류 최초의 터널 우주비행사로 선발된 최재경은 선발 당시 마흔여덟 살이었다. 선발 발표 직후부터 논란이 불거졌다. 마흔여덟 살은 일반적인 우주 비행사로도 첫 비행을 하기에는 너무 많은 나이였고, 그 나이를 감안할 만큼 최재경에게 특별한 경력이 있는 것은 아니라는 지적이 쏟아졌다. 심지어 그녀가 만성 전정기관 이상이라는 부적격한 건강 상태를 지녔으며, 근육도 뼈 밀도로 표준 신체에 미달하는 마르고 작은 체형인 데다가, 이미 한 차례의 임신과 출산을 겪은 동양인 여성이라는 사실이 언론에 하나둘 공개되자, 선발 과정에 대한 논란은 불길처럼 커졌다.

사람들은 어떻게 인류 대표가 최재경과 같은 부적절해 보이는 인물로 선발될 수 있었는지 의문을 제기했다. 재경이 최종 선발된 세 명의 비행사 중 한 명이었다는 것은 그다지 부각되지 않았다. 재경을 제외한 다른 비행사들은 항공우주국 본부 출신의 백인 남성이었다는 사실도, 대신 비난의 대상은 공정한 선발을 위해 항공우주국에 처음 도입되었다는 인공지능 스택마인드를 향했다……(중략)…… 그러나 사람들은 해명에 쉽게 수긍하지 않았고, 인공지능 선발의 공정성에 대한 이의제기는 엉뚱하게도 항공우주업계 바깥으로도 불똥이 튀었다. 각종 주요 직위의 성별·인종 할당제와 적극적 우대조치에 대한 비난이 이어졌다.[18]

재경의 자격에 대한 의심과 비난이 이어지는 반대편에는 열광과 찬사도 존재했다. 전세계 여성과 약자, 소수자들에게는 우상이 되었고, 재경이 인류의 소외된 사람들을 대표하여 우주로 나가는 것이라는 주장도 나왔다. 뒤늦게 재경의 선택이 밝혀지자 많은 언론은 "국고를 낭비한", "망신살을 뻗치게 한", "국제적 망신이 된" 여자 우주비행사라는 표현으로 그녀를 공격한다. 재경의 (비혈연) 조카인 가윤까지 평가절하하며 "재경을 닮은 약한 사람들을 난도질하고" "결함이 있는 존재를 중요한 자리에 올리면 안 된다고, 표준인간의 기준을 다시 세워야 한다"고 떠들어댄다. 게다가 비혼모인 재경과 (가윤의 어머니) 유진, 그리고 두 사람의 딸인 서희와 가윤으로 이루어진 4명의 여성 가족은 분명 사회가 정상가족이라고 규정하는 유형에서 비껴나 있다. 이제껏 인류가 경험해 보지 못한 다른

---

[18] 김초엽, 앞의 책, 279~280쪽.

우주를 최초로 밟게 될 우주인이기에 당연히 인류를 대표할 만한 안정적이고 건강하고 이상적인 사람으로 선발되어야 한다는 여론은 궤변에 가깝다. 그렇다면 다른 두 명의 백인 남성 우주인이야말로 인류를 대표한다는 말이 된다. 거꾸로 보면 40대 동양 여성 비혼모는 인류 대표가 될 자격이 없다는 말이기도 하다. "이모가 아닌 다른 사람이 그랬어도 다들 똑같은 말을 했을까?"라는 가윤의 질문은 정확하게 의표를 찌른다. 그것은 재경의 잘못이 아니며, "어떤 사람의 실패는 그가 속한 집단 전부의 실패가 되는데, 어떤 사람의 실패는 그렇지 않"을 뿐이다.[19]

재경이 우주가 아닌 바다에 몸을 던진 이유는 끝내 의문으로 남는다. 재경은 다른 먼 바깥 세계에 가는 것보다는 자신의 신체를 변형하고 업그레이드하는 데에 더 관심이 있었던 것처럼 보인다. 인터뷰에서 재경이 "일단 인간을 넘어서고 싶어요", "더 나은 몸을 가질 수 있다면 꼭 이대로의 몸으로 살아갈 필요는 없잖아요?"라고 반문한 것은 의미심장하다. 다른 차원의 우주가 우리는 상상할 수 없는 바깥 세계의 아득한 꼭대기라면, 심해는 우리가 살고 있는 지구 내부 세계의 깊은 밑바닥이다. 후자를 선택한 걸 볼 때 재경이 진정으로 탐구하고 싶었던 것은 외부 세계가 아닌 내부 세계, 다름아닌 자기 자신의 가장 깊은 곳이라고 할 수 있다. 특히

---

[19] 이러한 상황은 전적으로 실제 2008년 한국 최초의 우주인으로 선발되어 러시아 소유즈를 타고 우주여행을 한 이소연을 연상케 하는 장면이다. NASA가 규정한 우주비행사의 기초 자질(건강한 신체, 협동성, 과학능력, 우주적합성, 영어 구사 능력 등)에서 높은 점수를 받아 선발되었음에도 불구하고, 왜 강인해 보이지도 않고 능력도 부족해 보이는 여성을 우주인으로 선발했느냐에 대한 비난이 끊이지 않았다. 당시 정부의 기만적 쇼였다든지, 막대한 국고 낭비라든지, 국제적 망신이라든지, 우주인이 아니라 우주관광객이었다든지, 먹튀나 매국노라든지 하는 황당한 공격을 볼 때, 과연 젊은 여성 이소연이 "아닌 다른 사람이 그랬어도 다들 똑같은 말을 했을"지에 대한 의문이 생긴다.

임신과 출산의 경험은 재경이 여성으로서의 자신의 몸을 깊이 성찰하게 하고, 더 진화된 몸이 될 수 있는 가능성을 모색하게 한다. 반면 재경을 제외한 다른 사람들은 오직 "다른 우주"의 새로운 시공간에만 관심을 갖고, 그곳을 식민화할 온갖 속된 기대와 욕망을 품었을 뿐이다.

재경은 인간 대표로 적합하지 않다는 비판에 시달리는 동시에 소수자를 대표해야 한다는 과도한 기대를 받는다. 재경이 이 모든 사회적 압력으로부터 벗어나 심해로 뛰어드는 장면은 일종의 해방으로도 여겨진다.[20] 신체를 개조하고 강화하는 것은 우주와 심해에서도 거뜬히 살아갈 수 있는 우수한 육체를 획득하기 위한 일이다. 우주와 심해는 어쩌면 같은 장소일 수도 있다. 우주만큼 심해도 불가해한 미지의 공간이며, 인류가 의욕적으로 탐구할 대상이다. 가윤 역시 심해에서 기묘한 자유로움을 만끽한다. 가윤도 동양 여성이자 비혼모의 딸임에도 불구하고, 과거 재경의 경우보다 사람들의 비판에 훨씬 당당한 모습을 보이는 이유는 바로 재경으로 대표되는 윗세대 여성들이 힘겹게 편견과 차별에 맞서 싸우며 아래 세대 여성들에게 더 많은 기회와 가능성을 누리게 한 것이라고 볼 수 있다. 그런 점에서 "재경은 수많은 소녀들의 삶을 바꾸었을지도 모"르며, "가윤은 한때 재경을 보며 우주의 꿈을 꾸던 소녀였고, 이제 재경 다음에 온 사람이 되었다." 결국 가윤은 터널을 통과하여, 두 동료 비행사와는 달리 신속하게 의식을 찾는 데에 성공한다.

---

20) 재경의 투신이 사회적 차별과 편견을 끝내 극복하지 못한 현실의 한계를 뜻하는 행위로 볼 수도 있겠지만, 심해 훈련을 하던 중 재경이 경험하는 자유로운 해방감에서 유추할 수 있듯이 재경의 주된 목적은 우주나 심해와 같은 극한의 환경에서도 편안함을 느낄 수 있는 새로운 인간으로의 재탄생 자체였다고 볼 수 있다.

"통과했어요."

진입 성공을 알리자 짧은 정적이 흘렀다.

두 번의 램프 점등 후에 교신기 너머에서 노이즈가 섞인 환호성이 들려왔다.

"상황을 확인하겠습니다."

캡슐을 조망 모드로 전환하자 격벽이 걷히고 캡슐 끝 구역의 조망대가 드러났다. 검은 육각 프레임 너머로 새로운 우주가 보였다. 터널 너머의 우주였다. 가윤은 휘청거리며 벽면의 손잡이를 잡았다. 벽을 밀며 조망대로 다가갔다.

별들과 뿌옇게 흩어진 성운이 보였다. 더 많은 별이 보인다고 생각했지만, 이미 수도 없이 보았던 저쪽 우주와 별다를 바도 없었다.

재경의 목소리가 들려오는 것 같았다. 그래, 굳이 거기까지 가서 볼 필요는 없다니까. 재경의 말이 맞았다. 솔직히 목숨을 걸고 올 만큼 대단한 광경은 아니었다. 하지만 가윤은 이 우주에 와야만 했다. 이 우주를 보고 싶었다. 가윤은 조망대에 서서 시간이 허락하는 한까지 천천히 우주의 모습을 눈에 담았다.

언젠가 자신의 우주 영웅을 다시 만난다면, 그에게 우주 저편의 풍경이 꽤 멋졌다고 말해 줄 것이다.[21]

뜻밖에 '다른 우주'는 이쪽 우주와 별다를 바 없는 그런 우주이다. 우

---

21) 김초엽, 앞의 책, 318~319쪽.

주와 심해가 그러하듯이, 우리 우주와 다른 우주, 이쪽 우주와 저쪽 우주가 크게 다르지 않은 것이다. 〈나의 우주 영웅에 관하여〉는 인류의 무대가 크게 확장됨에 따라, 이에 걸맞는 탁월한 신체로 개조하고 강화할 수 있는 가능성을 이야기한다. 우물 안에서 살던 몸은 우물 밖에서는 완전히 달라져야 한다. 지구라는 우물 안에서 우주라는 우물 바깥으로 나가게 된다면 인간의 몸은 어떻게 달라지고, 달라져야 하는가? 그것이 지난한 '사이보그 그라인딩' 작업이 추구하는 최종 목표이다. 기존의 몸이 더이상 고정불변한 표준이나 기준이 될 수는 없을 것이다. 그런데 앤디 클라크의 관점을 상기해 보면, 애초 인간은 기계와 결합한 사이보그로서 존재했고 현재도 그렇게 살아가고 있다. 안경, 보청기, 인공심장박동기, 인공와우, 합금 인공관절, 인공판막, 인공치아(임플란트) 등 신체와 결합된 기계는 이미 무수하게 많다. 다시 말하면 기존의 인체와 완전히 다른 종류의 사이보그가 되는 것이 아니라, 정도와 수준만 달리하는 다양한 사이보그로 살아갈 뿐이다. 또한 더 진보된 기술과 도구를 통해 더욱 풍부하고 깊은 마음, 자아, 심성을 지니게 된다. 앞서 논의했던 '확장된 마음' 개념에 따르면, 인간의 신체와 감각, 마음은 단지 신체에만 한정되지 않으며, 신체 외부의 다양한 기술과 도구들이 사용자의 인지와 밀접하게 결합된다. 인간은 기술의 공생자이고, 생명과 기계의 혼종체이다. 피부에 직접 닿는 기계는 물론이고, 접촉되지 않은 기술들마저 우리의 인지와 감각, 삶의 방식에 폭넓게 영향을 미친다.[22] 기계와 유기체, 인간과 비인간, 그 밖의 수많은 이분법을 해체하는 사이보그의 가능성을 이미 누리고 있

---

22) 김초엽, 「신체와 감각이 변형된 우리들의 질문」, 『시사인』 제619호, 시사인 주식회사, 2019.

는 것이다. 이는 기술에 인간의 몸을 무기력하게 내 놓고 인간임을 포기하는 것이 아니라, 기존의 인간-기술의 연합을 더욱 정교하고 복잡하게 수행하는 일이다.

과학은 인간의 감각을 확장하기 위해 기술과 도구를 발명함으로써, "인간이 인식하지 못하는 세계를 인식의 영역으로 가져오기 위해 분투[23]"해왔다. '확장된 마음' 이론도 문명과 인간이 기술에 의해 확장된 감각에 빚지고 있음을 강조한다. 우리는 아주 오래 전부터 신체의 불완전하고 부족한 부분들을 각종 기술과 도구로 보완하면서 살아왔다. 어떤 사이보그가 다른 사이보그보다 우월하고, 어떤 인간이 특정한 기술에 접근하거나 접속할 자격이 있고 없다는 위계가 존재할 수는 없다. 우리 모두가 이미 사이보그인 조건에서, 누군가 사이보그가 되기에 '부적격'하거나 '부적절'하다고 규정짓는 것은 성립되지 않는다. 누군가를 사이보그 되기에서 배제하는 것이 아니라 어떤 사이보그가 될 것이고 되어야 하는지를 고민하는 것이 바람직하다. 불완전함, 연약함, 의존성을 지닌 저마다 다양한 신체와 감각으로 기술과 자유롭게 결합할 수 있는 사이보그 되기가 필요하다.

문제는 기술과 '올바르게' 결합할 수 있는 마음에 달려 있다. 재경의 우주인 선발에 대해서 공격하거나 비난하는 여론에 맞서, 항공우주국은 '사이보그 그라인딩' 프로젝트의 경우 기존 신체의 적합성보다는 개조 과정을 감당하고 통제할 수 있는 정신력이 더 중요하다고 항변한다. '사이보그 그라인딩' 기술을 견딜 강한 육체적 능력보다는, 그것을 통제하고 운용할 수 있는 유연한 정신적 능력이 필요한 것이다. 그렇다면 기술 자체

---

[23] 김초엽, 앞의 글 참고.

가 아니라 그 기술에 의해 확장되고 확장될 마음이야말로 우리가 어떤 인간을 평가하는 중요한 기준이 되어야 한다. '사이보그 그라인딩' 기술이 목적이 아니라 '사이보그 그라인딩'으로 확장되는 인간의 마음을 주목해야 하는 것이다. 가윤은 재경 이모가 바다에서 완벽한 자유를 느낄 수 있었다면 그 자체가 목적이 되지 않을 이유가 없으리라고 생각한다. 기술과 완벽하게 결합한 후 조금도 망설이지 않고 바다에 뛰어들어 무한한 해방감을 누렸을 진경의 마음을 가늠해 본다.

> 심해를 유유자적 유영하는 재경 이모를 상상하는 것은 우주에 있는 이모를 상상하는 것보다 차라리 쉬웠다. 심해로 내려간 재경 이모. 그건 너무 아득하고 비현실적이어서 오히려 아무렇게나 그래도 될 것 같은 그림이었다. 이모는 새로 단 아가미로 숨을 쉬고 있을 것이다. 까마득한 어둠 속에서 희미한 빛을 따라 헤엄치겠지. 그러면서 지상에서 일어나는 이 모든 한심한 일들을 마음껏 비웃고 있을 것이다. 가윤은 그곳의 깊은 어둠이 우주와도 닮아 있으리라고, 그래서 이모는 망설임 없이 바닷속으로 떠났으리라고 생각해보았다. 그런데 가윤은 아직 한 가지가 궁금했다. 이모는, 우주의 저편을 보지 못한 것을 그래도 조금은 아쉬워할까?[24]

가윤은 항공우주국 오퍼레이터에게, 터널 통과에서 가장 중요한 것은 신체를 이동 기술에 잘 적응하는 것보다, 도착하고나서 짧은 의식 상실

---

24) 김초엽, 앞의 책, 313~314쪽.

이후 깨어나려는 의지와 강력한 정신력이라고 전해 듣는다. 미션의 성공 여부를 결정하는 수많은 조건과 상황이 있겠지만, 최초로 의식을 되찾는 것만은 비행사 스스로 해야 한다는 것이다. 기술을 주체적으로 조정하고 통제할 수 있는 정신이 더 중요하다는 말이다. 그리고 가장 좋은 방법은 "사랑하는 사람의 얼굴을 떠올리는" 것이라고 듣는다. 사랑으로 충만한 마음이야말로 가장 특출한 기술적 성취를 이룬다. 아무리 발전한 과학기술을 가진 사회라 해도 반드시 누군가는 그 기술과 시스템으로부터 소외될 수밖에 없다. 인류의 우주가 넓어지든 좁아지든 중요한 것은 우주 자체나 우주를 확장해 주는 기술이 아니라 인간과 인간의 관계와 상호인식이라고 할 수 있다. 저쪽 우주가 이쪽 우주와 별반 다르지 않은 것처럼, 인류의 무대가 획기적으로 확장된다고 해도 인간과 인간 사이의 차별과 배제, 억압과 소외는 여전히 존재할 것이기 때문이다. 세계가 확장된다고 해서 인간의 마음, 윤리와 지혜, 인류애가 그만큼 넓어지는 것도 아니다. 과학기술의 발전이, 우주의 확장이 직접적으로 더 좋은 세상을 담보하지는 못한다. 더 좋은 세상은 더 좋은 인간, 더 좋은 마음을 지닌 인간이 만들기 때문이다. 인간은 언제나 몸과 활동 무대에 비해서 협소하고 미숙한 마음을 지닌 존재였다. 첨단 기술에 의해서 인간의 몸과 활동무대가 기하급수적으로 강화되고 증가한 조건이라면, 우리가 더 키울 것은 마음의 부피와 깊이이며, 더 나아가 그런 마음에 부합하는 기술과 세계를 재설계하는 일이 필요할 것이다. 그것은 바로 가윤과 어머니 유진, 재경 이모와 서희가 그러했듯이 부족하고 불완전한 인간들이 서로 다정하게 의존하며 함께 살아가도록 뒷받침하는 인간적인 기술 환경이다.

3. 기술 효율주의와 마음의 종속 〈우리가 빛의 속도로 갈 수 없다면〉

〈우리가 빛의 속도로 갈 수 없다면〉은 〈나의 우주 영웅에 관하여〉와 유사하게, 우주여행과 인체 개조에 대한 흥미로운 상상력이 등장한다. 인류가 외계 행성 개척을 활발하게 추진하는 미래를 배경으로 해서, "빛의 속도" 이상의 이동 기술을 개발하고 활용하는 과정을 다룬다. 소설은 낡은 우주정거장의 유일한 대기 승객인 할머니 안나와, 관리 업무를 맡고 파견된 우주연방 소속 직원 남자가 나누는 대화를 중심으로 전개된다. 안나는 슬렌포니아라는 외계 행성으로 가는 우주선을 기다리는 중인데, 과거 자신은 인체 냉동 수면 기술인 '딥프리징'을 연구하는 과학자였다고 말한다. '딥프리징'은 짧게는 몇 개월, 길게는 10여년까지 걸리는 우주여행의 시간을 감당하기 위해서 출발 전 인체를 급속히 냉동하여 수면 상태를 유지하다가 도착 후에 해동하여 깨어나도록 하는 신기술이다. 동결과 해동 과정에서 인체의 손상이 없도록 혈액과 체액을 액체 화합물로 대체한다는 점에서 〈나의 우주 영웅에 관하여〉의 '사이보그 그라인딩'과 같은 방식의 인체 개조 기술이다.

우주여행 기술 역시 획기적 전기에 도달해 있다. 실질적으로 우주 곳곳을 개척하게 된 계기를 제공한 것은 '워프 항법'의 발명이다. 우주선이 비록 빛의 속도에는 도달하지 못하지만, 우주선을 둘러싼 공간을 왜곡하는 '워프 버블'을 만들어 빛보다 빠르게 다른 은하에 이동하는 방식이다. 이제 인류는 빛의 속도로 가더라도 수백 년에서 수만 년을 가야 할 먼 우주를 몇 년 만에 갈 수 있게 된다. 안나의 남편과 아들도 이 워프 항법을 통해 슬렌포니아 행성으로 개척 이주를 하고, 안나도 '딥프리징' 연구가 마무리

되면 합류하기로 한다. 그런데 곧이어 우주 개척 시대의 2차 혁명이 일어난다. 우연한 계기를 통해 우주의 공간과 공간을 연결하는 고차원의 '웜홀'들이 발견되고, 이 수많은 통로를 이용해서 우주선을 우주 곳곳으로 보낼 수 있게 된 것이다. 웜홀을 이용한 항법은 워프 항법보다 훨씬 빠르고, 안전하고, 경제적인 강점을 갖는다. 자연스럽게 워프 항법의 시대는 막을 내리고, 웜홀 항법이 보편화되는데, 여기서 결정적인 문제가 생긴다.

"문제는…… 웜홀을 이용하는 항법은, 이미 우주가 가지고 있던 통로들만 이용할 수 있었다는 거야. 새로운 통로를 만들어낼 수는 없었지. 대개의 경우는 문제가 되지 않았어. 웜홀을 안정화하는 방법이 알려진 이후로 수많은 통로가 발견되었으니까. 우주 여행의 역사가 다시 쓰였지. 슬렌포니아의 문제는 바로 거기에 있었어. 한때 슬렌포니아는 우리에게 가장 가까운 우주였는데, 웜홀 항법이 도입되면서 순식간에 '먼 우주'가 되어버렸다네. 그곳에는 통로가 없었던 거지. 슬렌포니아 행성계로 향하는 통로도, 심지어 그 근처로 가는 통로도. 항해 기간이 길어야 한 달로 압축되어버린 새로운 개척 시대에 이미 존재하는 통로만으로도 모두 가볼 수 없을 만큼 많은 별과 행성이 있는데, 이제 뭣하러 몇 년도 넘게 잠을 자야만 갈 수 있는 곳에 우주선을 보내겠는가?……(중략)…… 계산기를 두드려본 우주 연방이 통보한 것이지. 슬렌포니아의 인구는 이미 독립적인 행성 국가를 유지하기에 충분하다. 더 이상의 우주선을 보낼 필요도, 경제성도, 에너지도 없다. 그리고 나는…… 연구에 몰두하느라 연방이 그런 식으로 '먼 우주'의 목록에 올린 행성들에 대한 소식을 모르고 있었어. 기가 막혔지."25)

즉 새로운 웜홀 항법이 고안되면서 기존 우주 노선이 폐쇄되고 안나는 가족과 영영 헤어지게 된다. 워프 항법으로 인류가 개척한 우주 가운데 웜홀로 연결되지 않은 곳에는 우주선을 보내지 않게 된 것이다. 안나가 마지막 콘퍼런스에서 연구 결과를 발표하고 나서는 이미 슬렌포니아로 가는 우주선이 끊긴 후였다. 그때부터 안나는 언제가 될지도 모를 슬렌포니아행 우주선을 기다리며 하염없이 우주 정거장에 나와 대기하게 되었다. 워프 항법이 웜홀 항법으로 바뀌듯이, 어떤 기술이 그것보다 훨씬 우수한 다른 기술에 의해서 극복되고 대체되는 일은 자연스러워 보인다. 문제는 그것이 누구의 필요를 위해서, 누구를 위하고 배려하면서 이루어지는가 하는 점이다. 지구에는 가족과 연인을 먼저 보내고 뒤따라가기를 원하는 사람이 여전히 많은 데에도 불구하고, 우주 연방의 논리는 명쾌하다. 한때 각광받던 기술도 '경제성이 떨어진다'는 이유로 한순간에 폐기된다. 어떤 구기술이 신기술에 밀려 사라질 때, 그것은 단순히 기술적 차원뿐만 아니라 그 기술과 연결되어 관계맺고 있던 인간의 특정한 삶의 방식까지 앗아간다. 워프 항법이라는 기술로 구성되어 있던 인간관계가 해체되고, 그 관계와 얽혀 있던 마음들도 훼손되는 것이다.

빛의 속도보다 빠르게 이동이 가능한 기술을 보유한 우주 개척 시대임에도 불구하고 선택과 결정은 순전히 경제 논리로만 이루어진다. 이는 수익이 나지 않는다는 이유로 소수의 이용객의 편의를 전혀 고려하

---

25) 김초엽, 앞의 책, 168~169쪽.

지 않고 기차역이나 버스 터미널, 공항을 철거하는 현재의 모습과 다를 바 없다. 인간적인 배려와 고려 없이 오직 돈이 되지 않는다는 이유로 공간과 장소들이 사라진다. 그것은 그 기차역과 터미널과 공항으로 이루어지던 인간관계와 공동체조차 사라지게 하는 결정이다. 이러한 설정은 과거 1980~90년대 비둘기호나 통일호 같은 완행열차 노선이 폐지되고 곳곳의 간이역들이 사라지면서, 기존의 노선과 역을 중심으로 구성된 삶의 동선, 그리고 그 동선으로 연결된 공동체 관계가 해체되었던 양상을 떠올리게 한다. KTX 고속열차가 서지 않는 곳은 그렇게 망각되고 지워진다. 망각되고 지워지는 것은 노선과 역뿐만 아니라 사람들간의 관계이다. 돈이 안 된다는 이유로 가차없이 구조조정되는 기술과 인프라, 시설, 기관, 공간, 장소들은 직접적으로 사람들의 구체적인 삶을 망가뜨린다. 기술은 인간을 향한 것이 아니라 철저히 돈을 따라갈 뿐이다. 기술이 모든 사람들을 위해 사용되는 것이 아니라, 특정한 사람들의 이권을 위해서만 사용된다. 미래의 우주 연방 역시 경제적 효율성만 우선시하는 현재 자본주의 시스템과 다르지 않다.

"한번 생각해보게. 완벽해 보이는 딥프리징조차 실제로는 완벽한 게 아니었어. 나조차도 직접 겪어보기 전에는 몰랐지. 우리는 심지어, 아직 빛의 속도에도 도달하지 못했네. 그런데 지금 사람들은 우리가 마치 이 우주를 정복하기라도 한 것마냥 군단 말일세. 우주가 우리에게 허락해 준 공간은 고작해야 웜홀 통로로 갈 수 있는 아주 작은 일부분인데도 말이야. 한순간 웜홀 통로들이 나타나고 워프 항법이 폐기된 것처럼 또다시 웜홀이 사라진다면? 그러면 우리는 더 많은 인류를 우주 저 밖에 남기게 될까?"

"안나 씨."

"예전에는 헤어진다는 것이 이런 의미가 아니었어. 적어도 그때는 같은 하늘 아래 있었지. 같은 행성 위에서, 같은 대기를 공유했단 말일세. 하지만 지금은 심지어 같은 우주조차 아니야. 내 사연을 아는 사람들은 내게 수십 년 동안 찾아와 위로의 말을 건넸다네. 그래도 당신들은 같은 우주 안에 있는 것이라고. 그 사실을 위안 삼으라고. 하지만 우리가 빛의 속도로 갈 수조차 없다면, 같은 우주라는 개념이 대체 무슨 의미가 있나? 우리가 아무리 우주를 개척하고 인류의 외연을 확장하더라도, 그곳에 매번, 그렇게 남겨지는 사람들이 생겨난다면……"26)

사실 기술적으로 빛의 속도를 초월하는 우주선을 만든다는 것은 불가능에 가까운 일이겠지만, 인류는 포기하지 않고 빛의 속도로도 도달할 수 없는 머나먼 우주 곳곳을 여행하는 방법을 찾아낸다. 하지만 그 결과로 많은 사람들을 "먼 우주" 바깥으로 내치고 잊어버리는 대가를 치러야 한다. 전 우주를 식민화할 수 있는 기술을 획득했다고 우쭐대지만, 그것은 "점점 더 우주에 존재하는 외로움의 총합을 늘려갈 뿐인" 일에 불과하다. 게다가 '웜홀'이라는 존재가 인간은 이해할 수 없는 우주의 불가사의한 원리에서 생겨난 것이기에, 더더욱 인간 스스로 창안하고 성취한 기술이라고 볼 수도 없다. 결국 획기적인 신기술이 상용화되면서 상상하기 어려운

---

26) 김초엽, 앞의 책, 180~181쪽.

먼 우주에까지 이동할 수 있고 인류의 외연이 급격하게 확장되었지만, 인간의 마음까지 그만큼 확장되었다고 단언할 수는 없다. 기술과 그로 인해 확장된 우주로 인해 어떤 사람들은 망각되고 지워진다. 이것을 인류의 진전이자 진보라고 보기는 어렵다. 기술이 누구를 위해 어떻게 사용되었는지가 중요하다. 기술의 공리성은 만인을 위한 것이기도 하지만 동시에 어느 누구도 기술에 의해서 소외되어서는 안 된다는 전제에서 성립되어야 한다. 기술이 다수의 이익을 위해 사용되는 경우 정당성을 얻는 만큼, 오직 단 한 명을 위해서라도 사용되는 기술 역시 존속되어야 한다.

알고보니 우주 정거장은 이미 100년 전에 폐쇄된 곳이며, 남자는 100년이 넘게 이곳을 무단으로 점거하고 있는 안나를 설득하여 정거장의 부산물들을 회수하기 위해 파견된 참이었다. 그렇게 안나의 나이를 추정해 보면 무려 백일흔 살이었다. '딥프리징' 분야의 최고 과학자였던 안나는 스스로 그 기술을 활용하여 동면과 해동을 반복하면서 긴 시간을 견디며 슬렌포니아 행을 기다려 온 것이다. 남편, 아들과 생이별한 채로 안나는 자신에게 주어진 시간을 무한정 늘림으로써 오지 않는 우주선을 망연히 기다리면서 지구와 슬렌포니아의 아득한 물리적·공간적 거리를 따라잡아 보려 한 셈이다. 그런데 원래 '딥프리징'은 워프 항법 기술에 최대한 부합하도록 고안된 신체 개조 방식이었다. 새로 출현한 기술 환경에 적응하기 위해 신체를 일정하게 개조하고 강화하려는 목적이다. 그렇다면 인간이 기술에 대한 주체성을 발휘하고 있다기보다는, 기술의 특성과 수준에 맞추어 자신의 몸을 가장 효율적인 형태로 적응시키는 방식이라고 할 수 있다. 문제는 인간의 몸을 개조할 만큼 이 기술이 충분히 가치가 있는 것이냐 하는 점이다. 기술에 의해, 기술과 연결하면서 인간의 몸과 마음이 확장되는 것이라기보다는, 확장된 기술이 요구하는 바에 따라 인간의 몸과 마음을 맞추는 행위라는 점에서 분명히 기술 종속적인 태도이기 때문이다. 이는 기술을 도구 혹은 환경으로 삼아 인간의 몸과 마음의 가능성을 풍부하게 확장하는 것이 아니라, 인간의 몸과 마음에 대한 통제력을 포기하고 기술적 도구와 기술 환경에 스스로를 제한하고 축소하는 결과를 낳는다. 인간-기술의 '올바른' 방식의 연합이라고 보기는 어려운 것이다.

"한 번 동결했다가 깨어날 때마다 뇌세포가 우수수 죽어버리는 기분을 아나? 이제 나는 그 감각을 느낄 수 있다네."

"……"

"동결은 대가 없는 불멸이나 영생이 아니야. 살아 있음을 확인하기 위해서는 눈을 뜨는 순간이 있어야 하고, 그때마다 나는 내가 살아보지도 못한 수명을 지불하는 기분이 들지……(중략)……이제 상황 판단이 안 되는 거라네. 내가 여전히 동결 중인지, 사실 이 모든 것이 몹시 추운 곳에서 꾸는 꿈은 아닌지, 내가 사랑했던 이들이 정말로 나를 영원히 떠난 게 맞는지, 그들이 떠난 이후로 100년이 넘게 흘렀다면 어째서 나는 아직도 동결과 각성을 반복할 수 있는지, 왜 매번 죽지 않고 다시 깨어나는지. 얼마나 많은 시간이 흘렀고, 얼마나 많이 세상이 변했는지. 그렇다면 내가 그들을 다시 만나는 일도 일어날 수 있는 것이 아닌지. 그럼에도 잠들어 있는 동안은 왜 누구도 나를 찾지 않고, 왜 나는 여전히 떠날 수 없는지……"[27]

---

[27] 김초엽, 앞의 책, 179~180쪽.

'딥프리징' 기술을 반복하여 사용하면 할수록 점점 더 현실과 꿈, 삶과 죽음이 뒤섞이고 인지능력과 지성이 감퇴하고 급기야 자신의 존재조차 확신할 수 없게 되는 지경에 이른다. 안나는 동면과 해동이 거듭될수록 자의식이 여실히 약화되는 느낌을 겪는다. 기술이 몸과 마음을 부패시켜 정체성을 상실하게 하고 신체의 궁극적인 폐기로까지 이어지는 것이다. 한때 안나는 '딥프리징' 기술이 우주여행 뿐만 아니라 의료계에도 크게 기여할 수 있으리라는 기대를 품는다. 아무리 치명적인 병을 앓는 환자일지라도 10년 정도 동면했다가 깨어나면 새로운 치료법이 발명되었을 것이기 때문이다. "인류 지성의 황금기"를 보는 것 같았다는 안나의 언급과는 달리, 인위적인 수명 연장이 과연 긍정적인 미래만을 보장하는지도 확실치 않다. 건강한 노인들만 가득한 사회, 죽음이 사라진 사회가 가장 이상적인 형태의 사회라고 볼 수는 없다. '딥프리징'이든 워프 항법이든 웜홀 항법이든 과잉기술은 오히려 돌이킬 수 없는 역기능을 양산한다. 기술에 대한 인간의 주체성을 현저히 약화시키기 때문이다. 또한 그토록 오래 사는 것이, 먼 곳에 빨리 가는 것이 인류에게 반드시 필요한 사항인지도 회의적이다. 그 '오래, 멀리, 빨리'와 함께 사라지고 지워지는 아름다운 것들이 분명히 있을 테니 말이다. 인간의 몸과 마음이 감당할 수 없는, 도리어 몸과 마음을 지배하고 억압하고 왜곡하는 치명적인 기술은 필요악을 넘어 그 자체로서 '악'이다.

안나가 100년도 넘게 동면과 해동을 반복하는 동안 슬렌포니아에 있는 가족들은 이미 생을 다 누리고 떠났을 가능성이 크다. 그런데도 안나가 슬렌포니아에 가려 하는 이유는 가족을 만나기 위해서라기보다는 차라리 자기 자신을 위한 것이다. 폐기 직전인 우주 정거장을 고집스레 점거하고 있는 것처럼, 이제는 아무도 사용하지 않는 오래된 구기술을 집착함으로써 그 구기술과 함께 잊혀지고 지워진 사람들을 기억하고자 하는 일종의 추모 행위로도 보인다. 안나는 남자를 엔진실로 유인한 다음, 개인 우주선을 타고 우주 정거장을 빠져 나간다. 낡아빠진 우주선을 아무리 가속하더라도 "빛의 속도에는 미치지 못할 것"이지만, "나는 내가 가야 할 곳을 정확히 알고 있어"라는 안나의 말처럼, 실패가 예견된 항해를 떠나면서도 자신의 목적지를 정확하게 확신한다. 그 "가야 할 곳"은 영원히 도달할 수 없을 슬렌포니아, 도저히 불가능한 목적지, 그리고 기술이나 경제 논리 따위로 인간을 갈라놓고 망각하고 지우는, 여기와는 완전히 다른 세계일 것이다. 그렇다면 굳이 슬렌포니아가 아니더라도, 그저 지금 여기와 다른 우주면 어디든 가능할 지도 모른다.

〈우리가 빛의 속도로 갈 수 없다면〉은 기술 발전에서 파생되는 새로운 결핍과 소외라는 김초엽 소설의 문제의식을 여실히 견지하면서, "빛의 속도"로 대표되는, 과학기술이 궁극적으로 넘어설 수 없는 일정한 한계 지점을 강조한다. 워프 항법/웜홀 항법의 우주 여행과 '딥프리징'의 인체 개조를 함께 다루면서 인간 존재 안팎에 대한 흥미로운 기술적 상상력을 펼쳐낸다. 인류의 시공간을 혁명적으로 확장하고 막대한 경제적 이득을 제공해 줄 새로운 기술이 기존의 인간관계와 마음의 정체성을 축소하고 망가뜨린다면, 우리가 그 대가를 순순히 수용할 수 있을지도 묻는다. 인간의 우주가 넓어질수록 과연 인간의 마음도 넓어질 수 있는가 하는 질문이다. 안나는 170년의 세월을 견디면서 이에 저항하고자 하며, 자신이 "가야 할 곳을 정확히 알고" 도달할 수 없는 곳에 도달하려는 무모하지만 매우 인간적인 시도를 감행한다. 궁극적으로 인간-기술의 연합이 "우주에 존재하는 외로움의 총합을 늘리"는 올바르지 못한 방식으로 이루어지는 것을 비판적으로 사유한다. 인간의 마음, 인간과 인간을 연결해 주는 마음을 망치는 기술은 존재할 가치가 없다.

4. 논의를 맺으며

김초엽의 또다른 소설 〈관내분실〉은 '확장된 마음' 개념을 직접 연상케 하는 흥미로운 설정이 등장한다. 이 소설은 죽은 사람의 기억을 데이터로 보존해 재현할 수 있는 '마인드 업로딩' 기술을 통해 죽은 엄마와 교감하는 딸의 이야기를 다룬다. '마인드 업로딩'은 고인의 생전 모습과 말, 행동을 데이터로 보관해 두고, 유족이나 지인들이 찾아가 접속하면 살아 있을 때처럼 대화를 나눌 수 있도록 한 기술이다. 하지만 변형되지 않고 저장된 마인드는 일종의 박제된 정신에 불과하며, 생전에 축적된 데이터를 기반으로 그럴싸하게 재현된 홀로그램일 뿐이라는 비판도 만만치 않다. 이 소설은 기술이 발달하여 거의 모든 기적이 현실화된 미래에도 인간의 마음과 정신을 포착하고 이해하는 일은 지난한 과제일 수밖에 없음을 보여준다. '마인드 업로딩'이라는 엄청난 기술도 뇌의 시냅스 패턴이 어떻게 자아와 마음을 구성하는지에 대해서 제대로 파악하지 못하기 때문이다. 흥미로운 것은 엄마의 마인드 데이터가 관내분실되는 바람에, 이를 되찾기 위해서는 엄마를 고유하게 특정할 수 있는 물건을 통해 새로운 마인드 검색을 시도해야 된다는 것이다. 사람의 시각이나 촉각, 후각과 같은 감각적 기억을 마인드와 연결해 주는 물건, 기억과 가장 강력한 상호작용을 보이는 물건이 마인드를 복원하는 데에 꼭 필요하다는 설정이다. 그리고 엄마의 고유한 자아, 마인드를 특정하는 물건은 임신으로 인해 일을 중단하기 전 표지 디자이너로 작업했던 소설책이었다. 일을 중단하면서 엄마의 삶은 세계에서 분리되었고 이른바 엄마는 '분실'되었다. 엄마가 표지 디자인을 했던 종이책이야말로 엄마라는 존재를 구성하고 인정했던, 세상과 연결된 끈이었다. 그런 면에서 엄마의 마인드는 그녀라는 인간과 종이책이라는 물건(도구)이 연결되는 어느 지점에선가 구성되었다고 볼 수 있다. 그래서 그 연결이 끊어지는 순간 엄마의 마인드가 분실되는 것은 어쩌면 자연스러워 보인다.

「확장된 마음」의 서두에서 앤디 클라크는 "마음이 끝나고 나머지 세계가 시작되는 그 경계는 어디인가?[28]"라는 질문을 제기한다. 〈관내분실〉에서는 엄마와 도구의 연결이 끊어지는 동시에 엄마의 마인드도 무너지는 것으로 꽤 명확하게 설정하고 있지만, 실제로 기술과 도구와 연결되고 결합되면서 확장되는 마음의 "물리적 너비"가 어디까지 뻗쳐 있는지를 해명하는 것은 매우 까다롭다. 기술과 도구가 점점 더 정교해지고, 기술/도구와 인간의 연결이 점점 더 복잡해질수록 어디서 세계가 끝나고 어디서 마음이 시작되는지를 규정하기가 더욱 어려워지고 있다. 더구나 디지털 환경에서 인간의 사이보그화가 이전과는 비교할 수 없을 정도로 급격하고 광범위하게 진행되면서 마음의 진정한 확장이란 무엇을 의미하는지도 파악하기가 쉽지 않은 실정이다. 아무래도 기술과 도구로 확장된 마음을, 우리가 일반적으로 생각하는 마음의 개념과 동일시하는 인식에도 반론의 여지가 있는 것이 사실이다. 우리가 기존에 생각하는 마음의 영역이

---

28) Clark, A. & Chalmers, D., "The Extended Mind", Philosophy of Mind: Classical and Contemporary Readings, D. Chalmers (ed.), Oxford Univ. Press, Oxford 2002, p.643.

확장되기보다는, 마음이 기술과 연결됨으로써 어떤 특별한 마음의 영역이 새롭게 생성되는 것이라고 볼 수도 있다. 인간과 기술이 만나는 접경 지대를 기존 인간 마음의 식민지로 볼 것이 아니라 완전히 새롭게 발견된 개척지로 보아야 할지도 모른다.

'확장된 마음' 이론이 매우 파격적인 인식을 담은 만큼, 상대적으로 철학적 정합성이나 논리적 엄밀성을 따지는 과정도 더 필요할 것이다. 이 글은 처음부터 이러한 한계를 안고 '확장된 마음' 개념을 더욱 깊이 숙고해 보기 위한 동력을, 우리가 사는 지금의 세계와 복잡하게 연루된 미래를 구체적인 상상력으로 그려내는 김초엽 소설에서 찾아보고자 하였다. 두 편의 소설은 긍정과 부정, 낙관과 비관, 기대와 불안을 교차하면서 기술에 의해 확장된 마음의 양상을 흥미롭게 보여주었다. 이를 통해 첨단 과학기술로 인류가 도달한 인간-기술의 연합이 진정으로 더 좋은 세상을 열 것인지, 과학기술이 누군가(사용자 자신까지 포함해서)를 배제하는 것이 아니라 더불어 사는 법(인간들뿐 아니라 인간과 기계까지)을 열어줄 수 있을지를 숙고해 볼 수 있었다. 〈관내분실〉에서 딸이 엄마와 도구와의 연결관계(책 디자이너라는 직업 활동)를 파악함으로써, 비로소 자신에 대한 엄마의 마음까지 온전히 이해하게 된 것처럼 말이다. 다양한 SF들 속에 구현된 '확장된 마음'의 상상력을 풍부하게 탐색해 보는 일은 후속 연구의 몫으로 돌리고자 한다.

---

* 이 글은 「'확장된 마음'과 인간-기술의 올바른 연합: 김초엽 소설 두 편을 중심으로」 (『동남어문논집』 제49집, 동남어문학회, 2020)를 수정하여 재수록한 것임.

SF 드라마 〈그리드〉의 외삽적 가설과 극적 리얼리티

박 미 경

1. 논의를 시작하며

2022년 디즈니+에서 스트리밍된 〈그리드〉[1]는 과학 기술 장치 그리드(인공 자기장)와 타임머신을 중심 소재로 지구자기장이 사라진 재난 상황을 가상한 SF드라마다. SF는 장르적 특성으로 인해 순수문학과는 별도의 장에서 논의 되어 왔다. SF가 전통적인 리얼리즘적 서사 작법-재현이나 반영과 같은-이나 세계관과는 상이한 문학적 공식에서 움직이기 때문이다.[2] 2010년대 중반 이후 SF장르에 대해 정리한 연구들에서 고장원, 노대원, 장정희, 이지용은 "SF란 과학적 상상력을 바탕으로 한 사고실험"으로 현재와는 다른 낯선 미래를 구현하는 문학 장르이며, 이때 과학적 상상력은 괴생물체, 시간여행, 대체역사 등 비현실적인 요소를 포함한다고 정의하고 있다.[3] 그러나 SF가 현실을 재현하고 이를 반영하면서 사회적 의미

---

[1] 이수연 극본, 리건 연출, SF드라마 〈그리드〉 10부작, 디즈니+, 2022.
[2] 복도훈, 「SF, 타자성을 탐구하는 사고실험의 미학: 『스타니스와프 렘의 SF『솔라리스』(1961)를 중심으로」, 『탈경계인문학』 통권27호, 이화여대 이화인문과학원, 2017, 9쪽.
[3] 고장원의 『SF란 무엇인가?』(부크크, 2015. 198-250쪽), 노대원의 「SF 장르의 특성과 융합적

를 생성한다면 순수문학과 여전히 구별되는가?

SF 드라마 〈그리드〉가 과학기술 소재를 활용하여 현대 사회의 현실을 재현하면서 불합리한 현실을 투영하고 있는 점은 본 연구의 문제 제기에 실마리를 제공한다. 이에 본고는 〈그리드〉에서 개연성 있는 과학 기술에 대한 극적 상상력이 문제적 현실을 재현함으로써 SF에서 극적 리얼리티를 강화하고 있음을 구명하고자 한다.

먼저 본 연구와 관련해서 SF 장르에 대한 최근 연구로 노대원[4])은 'SF는 과학적 상상력을 표현하는 서사 장르'로 과학 기술의 발전에 따른 사회적 영향 때문에 SF와 현실 간의 차이는 의미가 없어졌다고 지적하였다. 노대원은 SF가 인간과 사회에 대한 도전적인 사유를 제기하는 노붐 novum 등을 통해 철학적 논쟁과 사회적 성찰을 촉진한다고 보았다. SF드라마에 대한 연구로 신다슬[5])은 〈만신〉에서 과학 기술인 인공지능이 인간의 삶을 변화시킨다는 과학적 상상력을 통해 디스토피아와 유토피아의 경계에서 인간의 미래에 대해 논하였다. 이다운[6])은 〈간호중〉과 〈우주인 조안〉 분석에서 포스트휴머니즘 시대를 위한 새로운 윤리가 필요하다고 주장하였다. 선행 연구에 대한 검토 결과 본 연구의 대상인 〈그리드〉에 관한 연구로는 아직까지 한 편만 확인되었다. 안신영·신서유[7])는

문학교육」,『영주어문』42권0호., 영주어문학회, 2019, 230쪽), 장정희『SF 장르의 이해』(동인, 2016. 51-71쪽), 이지용「한국 SF의 장르적 특징과 의의-근대화에 대한 프로파간다부터 포스트휴먼 담론까지」,『대중서사연구』통권50호, 대중서사학회, 2019, 36-64쪽).

4) 노대원,「SF의 장르 특성과 융합적 문화교육」,『영주어문』42권, 영주어문학회, 2019, 227쪽.
5) 신다슬,「불안정한 세계에서 능동적 삶의 가능성 모색하기-SF드라마 〈만신〉을 중심으로」,『비평문학』제82호, 한국비평문학회, 2021.
6) 이다운,「일상의 파국과 상상된 재난-시네마틱드라마〈SF8〉연구」,『어문론집』, 중앙어문학회, 2021.

〈그리드〉에 나타난 인물들의 욕망과 결핍 그리고 시공간 이동의 서사를 미장센을 통해 분석하였다. 본 연구의 연구 방법과 관련하여 SF의 외삽법에 대한 연구로 김홍대·윤석진[8]은 SF콘텐츠의 본질에 대해 천착하여 SF 특징으로서 외삽적 가설의 중요성을 고찰하였다.

현재 과학 기술의 고도화로 SF에서 과학 기술과 소재는 관심의 대상으로 주목받고 있으며 SF의 세계는 현실의 삶 가까이에 도래해 있다. 〈그리드〉의 중심 소재로서 서사를 이끌어가는 그리드와 타임머신 장치는 더 이상 '경이로운 낯섦'의 대상이 아니다. 과학 기술의 고도화를 배경으로 과학적 개연성이 있는 중심 소재를 활용한 〈그리드〉가 노붐 Novum[9]을 통해 사회의 "역동적인 변화"를 제시하[10]거나, '인지적 소외'를 일으켜 현실을 창의적으로 이해하고 비판해 온[11] SF의 공식에서 벗어난다는 의미이다. 허버트 조지 웰스의 〈타임머신〉에 등장해 20세기 최고의 노붐을 일으킨 타임머신이 현재의 SF 수용자에게도 여전히 노붐의 효과를 발휘할 수 있을까? SF로서 〈그리드〉의 과학 기술 소재가 일상에 익숙한 과학 지식 혹은 과학적 개연성을 수반한 과학 기술인 점은 자기장이 파괴된 지구

---

7) 안신영·신서유,「SF드라마〈그리드〉에 나타난 욕망 분석-미장센 분석을 중심으로-」,『순천향 인문과학논총』42권, 순천향대학교 인문학연구소, 2023.

8) 김홍대.윤석진,「과학 기술의 상상적 구현과 표상으로서의 SF콘텐츠」,『인문학 연구』127, 충남대학교 인문과학연구소, 2022, 32쪽.

9) 노붐이란 텍스트의 세계와 독자의 세계 사이에서 차이를 불러일으킬 촉매제로 작용할, 텍스트의 세계에 도입된 새로움을 의미한다. 인지적 소외는 노붐의 효과로 이루어진다.(세릴빈트, 전행선 옮김,『에스에프에스프리-우리가 SF를 읽을 때 생각하는 것들』, arte, 2019, 89쪽.)

10) Suvin, Darko. Metamorphoses of Science Fiction: On the Poetics and History of a Literary Genre. New Haven: Yale UP, 1979. Print. p.10.

11) 세릴빈트, 위의 책, 67쪽.

를 상상하고 인공 자기장을 설치하기 위해 타임머신을 활용한다는 외삽적 가설에 개연성을 부여하며 극적 리얼리티의 전제가 된다.

본고의 목적은 〈그리드〉에서 개연성 있는 과학 기술에 대한 극적 상상력이 문제적 현실을 재현함으로써 SF에 극적 리얼리티를 강화하고 있음을 구명하는 것이다. 이를 위해 자연 현상인 태양풍, 그리드와 타임머신이라는 과학 기술 소재의 과학적 상상력이 서사에 개연성을 부여하고 있는 점과 극적 상상력으로서 그리드와 타임머신이 수행하는 보호와 통제의 이중적 기능이 현실을 재현하고 있음을 분석하고자 한다. 또한 〈그리드〉에 표현된 슬로모션, 롱 테이크와 스펙터클과 같은 시각적 기법도 현실감을 강화하는 요소임을 살펴보겠다.[12] SF는 '외삽법(外揷法, extrapolation)'을 통해 미래와 변화 상황을 합리적으로 보여주는데,[13] 〈그리드〉가 과학 기술의 개연성으로 인해 외삽적 가설이 설득력을 발휘하고 현실감을 형성하는 것을 2장의 그리드, 3장의 타임머신과 연결 지어 살펴보겠다. 또한 2장과 3장에서 〈그리드〉의 과학 기술이 인류를 보호하는 절대적 장치로서 기능하지만, 인류를 통제하며 자본과 기술 권력에 의한 현대 사회의 위계화를 재현하고 문제적 현실을 반영함으로써 현실을 환유하고 있음을 분석하겠다. 이와 함께 2장에서 그리드 관리국의 안과 밖에 작동하는 권력의 문제를 미셸 푸코의 『감시와 처벌』[14]을 원용하여 살펴보고자 한다.

---

12) '편집된 현실'을 '실제 현실'로 받아들이게 만드는 극적 장치 유무에 따라 현실성 확보에 영향을 미치기 때문이다.(윤석진, 「TV드라마의 현실성(reality) 확보 방식 고찰-KBS 미니시리즈 〈미안하다, 사랑한다〉를 중심으로-」, 『한국극예술연구』 제21집, 한국극예술학회, 2005, 318쪽).
13) 노대원, 앞의 글, 230쪽.
14) 미셸 푸코, 오생근 옮김, 『감시와 처벌』, 나남출판, 2003.

2. 통제와 보호의 장치로서 '그리드'의 공간

〈그리드〉는 태양풍으로부터 지구를 보호하는 자기장이 사라진 전 지구적 재난 상황에서 정체불명의 '존재'가 나타나 지구 방어막인 '그리드'(인공 자기장)를 창시했다는 설정으로부터 출발한다.[15] 지구의 생명 유지에 절대적인 자기장이 사라진다는 설정은 지진, 해일, 태풍 등 자연재해와 연결되어 실제 세계에서 발생할 수 있다는 기시감을 주기에 충분하다. 과학적 지식을 기반으로 한 실제 일어날 수 있는 자연재해, 과학 기술이론을 바탕으로 분석이 가능한 인공 자기장 소재는 〈그리드〉의 가상 세계에 개연성을 부여하는 동시에 현실과의 접점 역시 시사한다. SF의 가상 세계가 비현실적 판타지와 다르게 현실 세계를 인식하게 하며 과학적 지식으로 인해 현실과 연결된다는 점에서 SF의 개연성은 과학적 개연성이다.[16] 이러한 과학적 개연성은 SF에서 설득력 있는 '외삽적 가설' 수행을 위한 필요조건이다.

---

15) 인공 자기장 설치 후 24년 만에 그리드 창시자가 다시 나타나 살인마 김마녹(김성균 분)을 돕는다. 그리드 관리국의 직원인 주인공 새하(서강준 분)와 경찰, 그리드 관리국의 수뇌부, 군인 등은 '유령'으로 지칭되는 정체불명의 그리드 창시자를 각자의 목적으로 추격한다. 정체불명의 존재는 미래에서 온 인간으로 타임머신 장치를 가지고 시공간을 이동한다. 주인공 새하(서강준 분)는 경찰인 새벽(김아중 분)의 도움으로 미래에서 온 인간을 끈질기게 추적한 끝에 그의 시간 이동 장치를 손에 넣는다. 과거로 돌아간 새하는 그리드 설치 당시 살해된 아버지를 살리고 과거를 바꾼다. 그러나 바뀐 과거로 인해 그리드는 사라지고 인류는 태양풍의 위험에 처해 큰 피해를 입는다. 이에 주인공 새하는 자신의 행복과 다른 사람들의 행복 사이에서 갈등을 겪다가 결국 인류를 위해 그리드가 있는 세상을 선택한다는 서사가 중심 플롯을 이룬다.
16) 신다슬, 「한국 SF 영화의 세계관과 과학적 개연성 -〈승리호〉와 〈정이〉를 대상으로-」, 충남대학교 국어국문학과 박사학위논문, 2023, 126쪽.

존 W. 캠벨 2세가 "판타지와 SF의 구별을 위해 과학적 사실에 근거한 외삽적 예측은 필수적"이라고 언급한 이래[17] SF의 특성으로 과학 이론의 외삽법이 주목 받아왔다. '외삽법'은 과거의 경험과 변화에 근거하여 축적된 지식들의 경향성을 분석하여 경험 또는 실험하지 못한 경우를 합리적 논리로 예측하는 기법이다.[18] 이때 기존의 축적된 지식이란 인간이 살고 있는 현실을 근거로 구성된 자연 현상에 대한 과학적 지식, 과학 기술에 대한 이론과 방법, 역사적 경험에 대한 지식, 미래의 현실에 대한 합리적 예측으로 외삽을 수행하기 위한 사실이나 정보, 자료를 의미한다. 이러한 지식에 의해 "미래에 발생 가능한 사건들에 대한 현실적 추측"에 해당하는 '가설'이 수립될 수 있다.[19] 경험하거나 실험하지 않았음에도 외삽법은 현대의 고도화된 과학 기술과 충분한 지식으로 인해 수용자로 하여금 미래에 있을 법한 실제 현실 세계와 연관된다는 인식을 가능하게 한다. 〈그리드〉에서 태양풍의 재난 상황과 이를 방어하는 인공 자기장, 인공 자기장의 설치를 가능하게 한 타임머신에 대한 외삽적 가설이 과학적 개연성으로 인해 미래에 가능할 수도 있다는 설득력을 발휘하는 이유이다. 이와 더불어 〈그리드〉는 시각적 연출 기법을 통해 과학적 개연성을 수반한 외삽적 가설에 현실감을 강화하고 있다.

먼저 외삽적 가설의 주요 구성 요소인 태양풍의 재난 상황이 과학적 개연성을 확보하여 〈그리드〉의 가상 세계에서 현실감을 강화하고 있음을

---

17) 〈어스타운딩 스토리즈〉의 편집장 존 W. 캠벨 2세가 1947년에 SF에 대해 한 유명한 발언이다. 이후 비평가와 작가들에 의해 SF의 특징적 기법으로 사용된다.
18) 노대원, 앞의 글, 230쪽.
19) 김홍대·윤석진, 앞의 논문, 32쪽.

살펴보겠다. 태양은 지구의 생명 유지에 필요한 에너지를 공급하는 동시에 태양풍, 즉 엄청난 양의 고준위 방사선을 쏟아내고 있다. 태양풍에 직접 노출되면 생명이 유지되기 어려울 뿐만 아니라, 지구 생태계를 보호하고 있는 대기와 물이 지표면에서 사라지게 되어 죽음의 행성으로 변하게 된다. 그러나 다행히 지구는 태양풍을 방어할 수 있는 자체 능력을 가지고 있는데, 바로 지구를 둘러싸고 있는 '자기장'이다. 만일 지구 자기장이 한 순간에 사라진다면 생명이 존재하기 어려운 환경으로 바뀌게 되는데, 실제 화성의 경우가 약 30억 년 전 그와 같은 경험을 한 것으로 알려졌다.[20] 태양풍에 직접 노출되는 것은 매우 강한 방사선을 맞는 것과 동일한 피해를 입게 된다는 의미이다. 과도한 방사선 노출은 유전자 변형, 암 발생률을 높인다.[21] 가장 강한 수준의 태양풍은 10억 개의 핵무기와 맞먹는 위력을 가지는 것으로 알려져 있다. 히로시마에 투하된 원자폭탄의 방사선 피폭 희생자의 참상으로부터 태양풍이 가져올 수 있는 피해를 가늠해 볼 수 있다.

---

[20] Acuna, M.H., et al.,"Magnetic Field and Plasma Observations at Mars: Initial Results of the Mars Global Surveyor Mission",『Science』, 1998, pp.1676-1860 참조.

[21] Jacob T. Sanders, et al.,"Radiation-induced DNA damage and repair effects on 3D genome organization",『Nature Communications』, 2020, pp.1-14 참조.

[22] Karen C. Fox,"Solar Flares: What Does It Take to Be X-Class?", 2011, https://www.nasa.gov/mission_pages/sunearth/news/X-class-flares.html

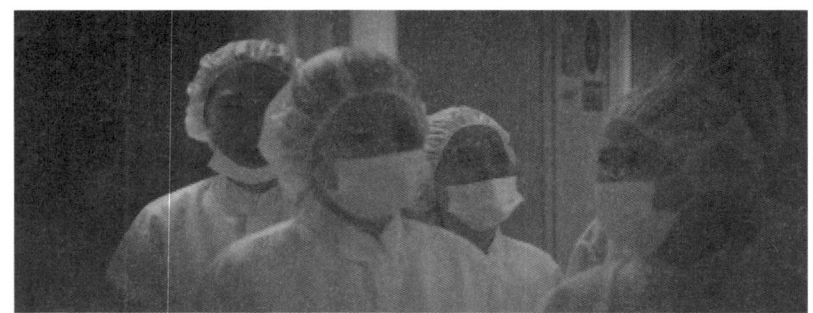

〈장면 1〉

〈장면 2〉

〈장면 3〉

    위 장면들은 주인공 새하에 의해 그리드가 없는 세상으로 뒤바뀌게 된 현실에서 태양풍의 피해를 시각적으로 연출하였다. 전자파와 방사능 피해는 과학적 개연성을 통해 극에 개연성을 부여하고 시각적 이미지를 더해 현실감을 강화하고 있다. 〈장면 1〉(9화 2분 38초)은 전자파와 방사능으로 인해 장애를 입은 사람들이 새하 아버지의 공장에서 일하는 모습을 새하가 목격하는 장면이다. 태양풍으로 인해 피부가 괴사되고 안구가 없는 사람들을 슬로모션으로 시각화하여 자연 재난의 심각성을 강조하고 직관적으로 인식하게 한다. 슬로모션은 수용자로 하여금 눈앞의 사건이 중요하다고 지속적으로 환기시키는 효과가 있다.[23] 〈장면 2〉(1화 3분 12초)는 태양풍의 영향으로 오로라가 발생하는 장면으로 테크놀로지를 이용하여 화려한 스펙터클을 보여주고 있다. 갑작스런 오로라의 등장은 평범한 일상이 전 지구적 자연 재난으로 인해 변화될 것임을 예고한다. 〈장면 3〉(7화 25분 35초)은 지구 자기장 교란에 따른 통신 장해가 발생하여 막대한 산업 피해를 가져올 수 있음을 보여준다.

슬로모션이 재난 상황의 심각성을 배가시키며 수용자로 하여금 위기를 실감하게 한다면, 재난 상황을 롱 테이크로 보여주는 것은 자기장 붕괴로 인한 재난의 현실감과 긴장감을 고조시키는 극적 장치이다. 슬로모션과 롱 테이크를 활용한 재난 상황의 시각화, 스펙터클의 현실감[24] 은 과학적 사실들과 맞물려 강한 설득력을 확보하기 위한 연출 기법이다.

다음에서 〈그리드〉의 중요 과학기술 소재인 '그리드'의 과학적 개연성을 살펴봄으로써 〈그리드〉에서 외삽적 가설이 개연성을 획득하게 됨을 구명하겠다. 〈그리드〉에 구현된 과학기술인 '그리드'는 현재 인공 자기장에 대한 연구가 활발하게 진행된다는 점에서 현실의 세계와 맞닿아 있다. 실제로 NASA와 여러 천문학자들은 화성에 인공 자기장을 형성하여 태양풍을 차단하는 방안을 제안하였다. 화성과 태양 사이에 강력한 자성을 가지는 자기구(Magnetosphere)를 위치시키면 화성으로 향하는 태양풍 유입이 줄어들게 되어 화성 대기 복원이 시작되고, 시간이 지남에 따라 화성 대기압과 온도가 올라가는 효과를 기대[25]할 수 있다. 이러한 과학적 근거는 〈그리드〉의 지구 자기장 소실과 인공 자기장이 설치된 지구라는 외삽적

---

23) 이승조, 「방송 영상물에 사용된 슬로모션이 수용자의 정서 및 인지 반응과 선호도에 미치는 영향」, 『한국방송학보』 통권 22-4호, 한국방송학회, 2008, 264쪽.
24) 김홍대·윤석진, 앞의 논문, 36쪽.
25) J.L.Green, et al., "A Future Mars Environment for Science and Exploration", Planetary Science Vision 2050 Workshop, 『article no. 1989』, 2017.

가설에 개연성을 부여하며 현실에 실재할 수 있다는 설득력을 발휘한다. 이로써 그리드가 인류의 생존에 절대적으로 필요한 안전장치라는 설정과 중심 플롯은 현실과 맞닿아 있다는 인식을 가능하게 한다.

드라마 〈그리드〉는 정체불명의 미래에서 온 인간이 그리드를 설치 후 24년이 지난 현재의 시간에서 시작된다. 드라마 속 '그리드'[26]는 인류를 보호하는 강력한 장치인 만큼 '그리드가' 설치된 후 전파연구소는 그리드 관리국으로 승격된다.

〈장면 4〉

〈장면 4〉(8화 13분 14초)는 태양풍의 전자파와 방사능으로부터 인류를 보호하는 장치로서 그리드가 설치된 안전한 세상을 시각화하고 있다. 벽에 그려진 선명한 격자무늬(그리드)는 그리드를 지시한다. 그리드가 있는 세상은 햇빛이 따뜻하게 비치는 세상으로 인류에게 빛이 생명의 근원이듯 생존의 공간이다.[27] 노란 안전판도 그리드가 보호하는 안전한 삶을 의미한다. 동시에 그리드는 이를 장악하고 관리하는 과학 기술 권력

---

26) 드라마 〈그리드〉에서 그리드(Grid)는 인공 자기장을 말한다. 그리드의 사전적 의미인 '격자무늬'의 선은 드라마의 공간에서 인공 자기장을 상징한다.
27) 강성률, 『영화 색채 미학』, 커뮤니케이션북스, 2017, 5쪽.

에 의해 인간을 감시하고 통제하게 하는 장치로서 이중적으로 기능한다.

그리드 관리국은 무소불위의 권력을 장악하고 사회를 통제하는 중심으로 묘사된다. 그러나 실제 그리드의 창시자는 정체불명으로 관리국에 의해 '유령'으로 지칭된다. 그리드가 창시되는 과정에서 전파연구소에 침입한 '유령'을 저지하려던 새하의 아버지(당시 전파연구원)와 청소부였던 김마녹의 아버지가 죽는다. 새하는 아버지의 죽음에 대한 진실을 밝히고자 그리드 관리국의 직원이 된다. 그리드가 가져다준 막강한 권력을 유지하기 위해 관리국 수뇌부는 진실을 은폐하고 사건에 대한 정보를 극비에 부친다.

그리드 관리국의 기술과 지식 및 정보는 외부와 내부에서 권력의 재(再)강화에 기여하는 구조이다. 특히 관리국 내부의 공간들은 권력 집단 내에서의 이중적 위계화를 드러낸다. 정보 또한 과학 기술의 산물로서 이를 장악하고 있는 그룹과 그렇지 못한 그룹이 위계를 이루며 공간의 대비를 통해 형상화된다. 미셸 푸코는 유기적으로 배치되고 내적으로 통제하기 위한 공간과 수용된 사람들을 가시적으로 만들기 위한 공간의 문제를 지적한다.[28] 이는 권력과 결부되기 때문이다. 공간은 수용되는 사람들에 영향을 미치고 그들의 행위를 지배한다. 〈그리드〉에 나타난 분할된 공간은 사회적 관계에 의한 배치이며, 등장인물들이 겪는 소외감이 개인의 문제가 아니라 공간을 둘러싼 권력의 문제[29]임을 환기한다. 그리드는 태양풍으로부터 인류를 보호하는 장치인 동시에 이를 장악한 권력에 의해 위

---

28) 미셸 푸코, 오생근 옮김, 『감시와 처벌』, 나남출판, 2003, 270-271쪽.
29) 연효숙, 「푸코의 바깥의 공간과 헤테로토피아 공동체」, 『시대와 철학』 통권 99호, 2022, 106쪽.

계화를 이루며 통제의 장치로 이중성을 갖는다.

〈장면 5〉

〈장면 5〉(3화 14분 25초)는 관리국 내부의 위계화된 공간을 시각화하였다. 견고하게 통제된 문을 카메라의 앙각으로 촬영하여 위압감을 자아낸다.[30] 상층부로 통하는 문은 엄격하게 차단된 채 하층부와 분리되며 이는 수직적 위계를 드러낸다. 상층부 정보실의 '제한구역'이란 문구는 이곳이 소수에 의해 독점되는 정보 권력의 공간임을 의미한다. 평직원인 새하가 부국장의 지문을 도용하기 전에는 절대 접근할 수 없었던 배타적 공간이다.

〈장면 6〉

---

30) 앙각은 위협적으로 모습을 드러내고 공포감, 경외심, 존경심을 자아내게 한다. (김종무, 「카메라 앵글의 위치 변화에 따른 감성 선호도 변화」, 디자인융복합연구 9권1호, 디자인융복합학회, 2010, 16쪽.)

⟨장면 6⟩(5화 11분 17초)은 그리드 관리국 내부의 견고한 벽과 통제된 공간을 시각화한 장면이다. 관리국의 두껍고 견고한 벽과 복도, 출입을 통제하는 지문 인식 장치, 텅 빈 공간과 꽉 찬 공간, 사각 공간을 찾을 수 없는 CCTV 등은 위계 질서화하거나 감시하는 공간들이다. 내부 공간을 분할하는 두꺼운 벽은 계층과 계급의 경계를 의미하며 견고한 경계는 허물기 어렵다. 출입이 통제된 문은 권력으로부터 배제를 상징하며 위계 질서화된 공간은 내부의 사람들 스스로 권력에 예속되도록 작동하며 공간 배치와 CCTV 등에 의해 가시화된 일상은 통제된다.

⟨장면 7⟩

⟨장면 8⟩

그리드 관리국 내부에 그리드 조정실과 사무국이 같은 층에 배치되어 있다. 그러나 두 공간에서 기술과 지식 및 정보 권력에 의한 위계화와 배제가 조정실과 사무국의 공간 대비를 통해 형상화된다. ⟨장면 8⟩(1화 35분 29초)의 텅 빈 사무국과 대조적으로 ⟨장면 7⟩(1화 9분 52초)은 꽉 찬 그리드 조정실이다. 사무국의 텅 빈 공간은 타자화의 기표이다. 그리드 관리국이 재현하는 기술 중심 사고는 과학기술이 가지고 있는 유용성에 대한 인식으로부터 시작되었으나, 이는 사회의 기저에 작동하는 자본주의의 성과물이다. 사무국 직원에 대한 조정실 직원들 및 관리국 수뇌부와 정부 관료의 노골적 무시는 직장 내 위계화된 서열 의식을 드러낸다. 직원들의 업무는 상품 교환이나 매매와 같이 몰인격적으로 실현되는 것이 아니기 때문에 인격적 배려가 이루어져야 함에도 관리국은 성과주의에 경도되어있다.31) 그러나 그리드 조정실의 꽉 찬 공간에서도 직원들은 일하는 기계와 같이 대상화된다. 책상 위의 빵 봉지들은 식사 시간이 따로 없이 노동력을 착취당하는 조정실 직원들을 조명한다.

또한 〈장면 8〉의 그리드 관리국 내 사무국은 감시와 통제로 압축된 권력의 도식을 보여준다.32) 부국장은 중앙 높은 곳에서 직원들의 행동을 감시한다. 등 뒤로 느껴지는 부국장의 시선은 직원들을 통제한다. 통제의 다른 이름은 권력이며 억압이다.33) 사무국의 공간 배치는 판옵티콘을 연상시킴으로써 권력의 자동적인 기능을 보장해 주는 가시성의 지속적이고 의식적인 상태에 직원들을 놓이게 한다. 감시 작용이 중단되더라도 규율 권력을 내면화하여 스스로를 감시하게 된다. 권력 행사의 현실성을 약화시키면서 권력의 완전한 상태를 강화하도록 만든다. 이렇듯 〈그리드〉는 공간에서 관리국 내부의 자유로울 수 없는 통제되고 경직된 사회 체제를 공간의 배치를 통해 형상화하고 있다.

한편, 타임머신을 탈취해 과거를 수정한 새하로 인해 그리드가 없는 세상이 된다. 그리드가 없는 세상에서도 고도의 과학 기술은 자본 권력을 창출하고 사회의 제도와 시스템을 자본 권력 중심으로 재편한다. 태양풍의 재난 상황은 새로운 과학 기술 개발을 촉발하고 새하 네는 과학 기술이 가져다준 자본가의 부유한 삶을 획득한다.34) 새하 가족은 전자파와 방

---

31) 이승길, 「성과주의 인사와 근로계약에 대한 연구」, 『성균관법학』, 성균관대학교 법학연구원, 2004, 341쪽.
32) 미셸 푸코, 앞의 책, 10-13쪽 참고.
33) 자크 라캉, 맹정현·이수련 옮김, 『세미나 11』, 자크-알랭 밀레 편, 새물결, 2008, 470쪽.

사능을 차단하는 보호막 안에서 생활한다. 자본가의 보호막은 개인용 소형 그리드를 의미하며 자본가인 새하 가족은 배타적 공간에서 안전한 삶을 보장받는다. 그러나 보호막 밖의 세상은 태양풍의 유해물질로부터 보호받지 못하는 공간이다. 〈그리드〉는 현대 사회에서 자본과 자본 권력이 새로운 위계화를 형성하는 현실을 재현한다.

〈장면 9〉   〈장면 10〉

〈장면 9〉(7화 41분 52초)에서 유리 천정의 격자무늬는 그리드를 상징하며 소형 그리드(보호막) 안은 안전한 공간이다. 기술 자본이 창출한 자본 권력은 사회 제도와 시스템으로부터 보호받는 자본가 계급과 보호막 바깥의 배제된 삶을 분리하고 위계화한다. 〈장면 10〉(7화 37분 30초)의 보호막 밖 세상은 플래카드의 'DISTOPIA NOW, 우리는 지금 멸종을 향해 가고 있다'는 문구와 같이 보호받지 못하는 삶이 있다.

보호막 밖의 배제된 삶에 주목하는 〈그리드〉는 그리드 설치 과정에서 희생당한 청소부의 아들 마녹의 존재를 비추며 현대 사회의 아브젝트 abject[35]들을 주시한다. 마녹은 제도권 밖으로 배척된 '유령'과 같은 존재이

---

34) 새하 아버지 권수근 박사는 방사능 요오드로 방사능 치료제 SOLPA를 개발하여 큰 부를 축적한다.
35) 줄리아 크리스테바, 서민원 옮김, 『공포의 권력』, 동문선, 2001, 20-25쪽.

다. 미래에서 온 인간이 그리드를 설치하는 과정에서 마녹은 아버지의 죽음을 직접 목도하고 그 충격으로 사회 부적응자가 된다. 사회의 법과 제도는 마녹을 '부존재자'로 배치하고 배척한다. 마녹은 범죄와 살인을 저지르고 사회에서 혐오와 두려움, 기피의 대상으로 떠돈다. 그는 살기 위해 훔치고, 도망치기 위해 사람을 죽인다. 드라마에서 지하에 갇힌 살인자 마녹이 바깥세상을 향해 '사람 살려'를 외치는 장면은 사람답게 살기를 간절히 원하는 내면의 표현으로 역설적이다. SF텍스트는 그 사회가 타자를 인식하고 있는 무의식을 투영함과 동시에 그것을 통해 내재되어 있는 편견이 드러나게 한다.[36] 〈그리드〉에서 과학 기술 장치 그리드는 법, 사회 제도 등 시스템의 보호를 받는 안전한 공간을 상징한다. 반면 〈그리드〉는 그리드를 소유하고 통제하여 권력을 장악하려는 세력으로 인해 법과 제도 등 사회로부터 배제된 삶을 환기한다.

 이처럼 고도의 과학 기술 장치 그리드는 인간을 위험으로부터 안전하게 보호하지만, 이를 장악하고 통제하는 권력은 인간을 배제한다. 그리드 관리국은 단순히 내러티브의 배경으로서 뿐만 아니라 막강한 배타적 권력의 상징이다. 관리국 내부와 외부의 분할된 공간들은 권력 집단 내에서의 이중적 위계화를 형상화하며 기술 자본 권력으로부터 배제되고 배척된 제도권 밖의 삶을 조명하여 현대 사회에 작동하고 있는 계급 계층화의 문제적 현실을 재현한다.

---

[36] 이지용, 「한국 SF의 장르적 특징과 의의」, 『대중서사연구』 25-2권, 대중서사학회, 2019, 59쪽.

3. 통제와 구원 장치로서 '타임머신'의 시간

〈그리드〉는 그리드 설치와 관련하여 미래에서 온 인간을 등장시킨다. 타임머신을 이용해 미래에서 과거로 왔다는 설정은 SF로서 〈그리드〉에 흥미를 일으키는 모티프이다. 타임머신은 현대의 과학 기술로는 구현되지 못한 장치이지만 아인슈타인은 일반 상대성 이론에서 블랙홀과 연결된 웜홀의 가능성을 지적하였다. 아인슈타인은 블랙홀과 웜홀이 두 점 사이를 연결하는 시공의 터널로서 기능할 수 있음을 암시하였다.[37] 킵 손 교수는 특별한 속성을 가지고 있는 물질이 있다면 웜홀을 안정되게 만들 수 있고 양자역학적으로 그러한 물질이 존재할 가능성이 있다는 연구결과를 제시하였다.[38] 이처럼 물리학자들이 시간 여행의 가능성에 대해 연구하면서 〈그리드〉의 시간 여행은 과학적 설득력을 갖춘다.

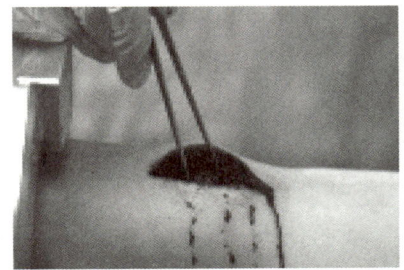

〈장면 11〉

〈장면 12〉

---

[37] A. Einstein, N. Rosen, "The Particle Problem in the General Theory of Relativity", 『Physical Review』 Volume 48, 1935년 7월, pp.73~77.

[38] Kip S. Thorn, Michael S. Morris, "Wormholes in spacetime and their use for interstellar travel: A tool for teaching general relativity", 『American Journal of Physics』 Volume 56, 1988년 5월, pp.395~412.

〈장면 11〉(6화 37분 18초)은 미래에서 온 인간의 팔에 이식되어 있던 전자칩을 감마레이 검사로 찾아내는 장면이다. 이 칩이 뇌에서 보내는 신경 신호를 전자 신호로 바꾸어 주고 외부의 이동 장치가 이것을 다시 운동 신호로 바꾸어 시간 이동을 가능하게 한다는 설정은 초능력이나 판타지적 타임슬립과 구분되는 합리적 지식에 근거한다. 〈장면 12〉(7화 9분 7초)는 새하가 자신의 팔목에 전자칩을 이식하고 칩과 연결된 시간 이동 장치를 탈취하여 시공간을 이동하는 장면을 시각화한 것이다. 타임머신 장치의 과학적 개연성과 테크놀로지를 활용한 스펙터클은 현실감을 강화하고 있다.

〈그리드〉는 지구자기장이 파괴된 SF의 디스토피아적 미래를 가상하고 태양풍으로부터 지구를 보호하는 인공 자기장 그리드와 그리드 설치를 위한 방법으로 타임머신 장치를 설정한다. 가공할 자연재해로부터 인간을 보호하는 절대적 보호막인 그리드는 타임머신으로 인해 미래의 인간이 과거로 돌아가 설치할 수 있었다. 그리드를 설치 가능하게 한 타임머신은 인류 구원의 장치이자 새하가 간절히 원하는 행복한 가정을 되찾는 길이다. 태양풍의 재난 상황에서 그리드 설치를 위한 유일한 방법으로서의 타임머신은 과학적 개연성으로 인해 외삽적 가설에 개연성을 수반할 뿐 아니라, 〈그리드〉의 서사에 설득력을 부여하는 장치이다.

그리드 설치 당시 아버지를 잃었던 주인공 새하는 사건 당일로 돌아가 아버지를 살리고 현재의 삶을 변화시키기 위해 유령의 타임머신을 필사적으로 탈취한다. 자신을 막아서는 정새벽 형사를 향해 새하는 다음과 같이 소리친다.

새하: 그것만 있으면 다 할 수 있어요. 우리 아버지도, 우리 엄마도, 부국장님도 다 살릴 수 있어요. 내가 어떤 심정으로 여기까지 왔는지 당신은 몰라. (6화 49분 10초)

〈장면 13〉

〈장면 14〉

드라마에서 시간이 정지된 듯 의식을 잃은 채 누워있는 어머니와 어린 시절의 상처를 치유하지 못해 과거에 집착하는 새하 모두에게 현재와 미래의 시간은 부재한다. 〈장면 13〉(5화 26분 28초)과 〈장면 14〉(5화 24분 54초)에서 새하는 과거에서 벗어나지 못한 채 과거에 예속된 주체로 성장했을 뿐 진정한 주체로의 전환[39]을 이루지 못한 모습이다. 식물인간이 된 어머니의 삶에 현재가 없는 것처럼 새하의 삶은 과거에 머물고 있다. 과거를 되돌려 현재를 수정하고자 하는 새하는 시간을 통제하고 소유하기 위해 정부와 관리국에 맞선다. 새하는 과거를 수정하는 것만이 현재의 행복이라는 내부의 코드에 갇혀 있다. 이런 새하에게 타임머신은 과거의 아버지를 살릴 수 있는 유일한 길이다.

〈그리드〉의 과학 기술 장치 타임머신은 현실에 대한 결핍감에서 기인

---

39) 미셸 푸코, 심세광 옮김, 『주체의 해석학』, 동문선, 2007, 168쪽.

한 것으로 자신의 운명을 되돌리려는 인간의 욕망이 만들어낸 구원의 장치이다. 과거의 사건에 매몰된 사람일수록 타임머신은 만능의 구원 장치로 인식될 것이다. 사람들은 타임머신을 이용해 각기 자신들이 원하는 삶을 위해 시간을 통제하고 소유하려 한다. 따라서 타임머신에는 권력이 내재한다. 타임머신은 미래 과학 기술의 결정체로 시간을 통해서 인간의 삶을 재분배하며 권력을 장악한 인간은 시간을 재분배한다. 현대 자본주의는 시간을 공간화하여 개인의 삶을 통제하고 있다. 시간에 통제당하는 인간은 끊임없이 시간을 탐구하며, 시간을 소유하고 시간을 통제하며 이를 통해 인간을 통제하고자 욕망해 왔다. 〈그리드〉 속 타임머신 서사는 권력의 강화, 권력의 재분배라는 역학 속에서 전개된다.

그리드를 설치하기 위해 과거로 왔던 '인간'은 24년 만에 다시 나타난다. 그리드를 없애고 새로운 권력을 장악하려는 또 다른 미래 인간들로부터 그리드를 지키기 위해서이다. 드라마에서 관리국의 수뇌부와 정부 인사는 타임머신 장치로 시공간을 이동하는 인간을 잡기 위해 공권력을 동원한다. 그러나 이들이 지칭하는 '유령'은 미래에서 온 인간이다. 관리국과 정부는 전자칩을 이식한 인간이 타임머신 장치를 이용하여 시공간을 이동하자 인간과 다른 '타존재-유령'이라는 프레임을 씌운 것이다. 관리국과 정부는 자신들의 권력을 유지하고 통제를 정당화하기 위해 그리드 설치에 관한 진실을 은폐해야만 한다. 따라서 그들이 지칭하는 '유령'은 존재해서는 안 되는 존재-비체(abject)이며 동시에 두려움의 대상이다. 미래에서 온 인간은 그리드가 설치된 안전한 세상을 위해 필수불가결한 존재이자 관리국을 무너뜨릴 힘을 가진 '진실'이다.

〈장면 15〉

〈그리드〉에서 관리국이 존재를 은폐하고자 하는 미래에서 온 인간은 타임머신 장치를 이용해 정치권력과 자본이 결탁하고 있는 현실의 부정성 또한 폭로한다. 〈장면 15〉(2화 42분 54초)에서 건설업자에게 뇌물을 수수하는 국회의원에게 돈을 빼앗고 뇌물수수 현장을 고발한 '유령'을 통해 부패한 권력을 누설한다.

정부와 관리국이 사회 질서와 안녕을 위해 '유령'을 잡으려는 표면적 목적은 진실을 은폐하고 있다. 아이러니하게 공권력을 동원하는 정부와 관리국은 치안과 시민 보호에 소홀해 무고한 시민들이 희생당한다. 막강한 그리드 관리 업무로 기득권을 획득한 관리국과 정부는 변화의 가능성을 차단하여 닫힌 미래를 고수하려 한다. 자신들의 권력을 유지하고 강화하기 위해 타임머신 장치를 장악하는 것만이 이들의 목적이다. 그간 한국 정부는 그리드 창시국으로서 국제 사회를 선도해 왔다. 정부와 관리국은 미래에서 온 인간에 의해 그리드가 설치된 사실이 밝혀지는 걸 필사적으로 막으려 한다. 이들에게 시간을 통제할 수 있는 타임머신은 권력을 유지할 새로운 무기이다.

〈장면 16〉

〈장면 16〉(10화 14분 14초)은 태양풍의 엄청난 위력을 알고 있는 미래에서 온 인간이 곧 닥치게 될 자연 재난을 앞두고 공원의 한가로운 일상을 바라보는 장면이다. 미래에 닥칠 일을 모르고 평화로운 삶을 영위하는 사람들과 끔찍한 미래를 알고 이를 막기 위해 필사의 노력을 하는 '유령'의 모습을 슬로모션과 롱 테이크로 대비시킨다. 드라마 속 인물들 간의 정보 차이와 수용자와 드라마 속 인물간의 정보차로 발생하는 긴장감의 고조는 미래 권력을 유지하려는 집단의 비인간적인 모습과 인간으로서의 존재를 부정당하는 '유령'의 의미를 다시 생각하게 한다.

새하와 미래에서 온 인간이 자신들이 원하는 현재를 위해서 과거를 수정하면 시간에 잠재된 사건들로 인해 다른 사람을 죽게 하거나 전 지구적 재난 상황을 초래한다. 자신들로 인한 타인들의 불행은 자신들이 과거를 바꾼 일이 과연 정당하고 옳은 것인가를 고민하게 한다. 〈그리드〉에 나타난 '어떻게 살 것인가'에 대한 성찰은 인물들의 자기 반영을 통해 개인과 가족의 협소한 삶만이 아니라, 타자를 향한 시선으로 확장된다.

반면 타임머신을 손에 넣은 관리국 국장과 정부 관료는 타임머신을 빼앗긴 인간을 사이에 두고 기념 촬영을 하는 등 인간을 비인격체로 대상화한다. 〈그리드〉는 관리국 수뇌부와 정부 인사를 통해 권력을 장악하고 유지하기 위해 인간을 도구나 수단으로 대상화하는 위계화된 사고를 투영하고 있다. 이들에게 미래에서 온 인간은 타임머신, 즉 시간을 이동할 수 있는 기계 장치에 불과하다. 타임머신과 분리된 인간은 존재의 가치를 잃는다. 그리드 설치를 위해 미래에서 온 포스트휴먼이 인간으로 등장하는 설정은 SF로서 〈그리드〉에서 포스트휴먼 담론보다 실존적 인간의 도구화라는 부정성에 집중하게 한다.[40] 〈그리드〉는 현대 사회에서 기술 권력, 자본 권력이 인간을 도구화하여 통제의 대상으로 위치시키고 있음을 폭로하고 있다.

〈장면 17〉

〈그리드〉는 관리국과 정부가 권력을 유지 강화하기 위해 인간을 도구화하는 인간의 욕망을 드러내고 시즌 II를 향한 포석으로서 드라마의 말미에서 타임머신 장치를 가진 또 다른 미래에서 온 인간을 등장시켜 권력을 장악하고자 하는 인간의 욕망을 재폭로한다. 〈장면 17〉(10화 22분 49초)에서 그리드를 설치하고 보호하려고 온 인간과 이를 저지하기 위해 쫓아 온 또 다른 인간이 시공간을 넘나들며 맞서고 있다. 그리드를 설치

---

40) 2016년 알파고 이후 한국 SF드라마에 등장한 포스트휴먼은 사이보그, 로봇, AI, 홀로그램 등 과학기술에 의해 현대인과 다른 인간유형으로 변형되는 경향을 보이며 인간과 다른 포스트휴먼에 대한 윤리적 측면에서 논의되어 왔다.

하려는 쪽과 이를 저지하여 새로운 권력을 창출하려는 세력이 각자 자신들이 원하는 과거를 통제하고 조정하고자 대항한다. 인간의 역사는 끊임없는 권력 다툼의 시간이다. 인간이 쟁취하고자 했던 권력은 인간의 유한한 시간성으로 인해 영속될 수 없다. 시간을 통제하고 소유하여 자신들이 원하는 권력과 욕망을 실현하고자 하는 인간의 역사는 유한한 인간 존재의 실증이다. 영상에서 과거로 온 두 시간 여행자를 통해 권력 다툼의 역사를 시각화하고 있다.

인간은 현재의 불만족한 현실을 수정하기 위해 과거로의 여행을 꿈꾼다. 이를 실현해 줄 수 있는 과학 기술 장치인 타임머신의 가능성에 대한 끊임없는 탐구와 타임머신이 환유하는 〈그리드〉의 시간 여행 서사는 인간 욕망을 재현한다. 인간의 욕망은 타임머신을 이용해 과거를 수정하고자 시도하지만 결국 수정되지 않은 과거와 현실을 결말로 시즌 I을 마무리하고 있다. 〈그리드〉의 서사 전개 과정에서 타임머신은 그리드를 설치 가능하게 하고 인류를 지킨 구원의 장치이다. 동시에 인간에 의해 시간을 통제하여 권력을 장악하고 인간을 통제하게 하는 기능은 이중적이다. 〈그리드〉는 그리드와 타임머신이라는 과학 기술에 대한 극적 상상력으로 현실 세계를 재현하고 보호와 통제의 이중적 기능을 통해 현실을 반영함으로써 문학의 본질적 기능을 수행하고 있다. SF의 외삽적 가설이 〈그리드〉의 가상 세계에 실재할 수 있는 가능성의 세계라는 개연성을 부여한다면, 극적 상상력은 문제적 현실을 재현하면서 현실감을 부여한다. 이렇듯 〈그리드〉는 SF드라마에서 극적 리얼리티를 강화하며 그 위상을 높인 작품이다.

4. 논의를 맺으며

　과학 기술과 지식이 고도화된 현대 사회에서 과학적 개연성을 기반으로 한 SF드라마 〈그리드〉는 현실을 재현하고 이를 통해 현실의 부조리를 비판적으로 반영한다. 고도화된 과학 기술에 대한 극적 상상력이 SF의 가상 세계에 극적 리얼리티를 강화하는 것이다. 본고에서는 SF드라마 〈그리드〉에 구현된 과학 기술 소재가 현시대의 고도화된 과학 기술을 배경으로 서사에 개연성을 발휘하고 있음을 포착하였다. 태양풍이라는 전 지구적 재난 상황은 기후 변화와 환경오염 등 일상적 재난 상황에 봉착한 현대인들에게 실제 현실에 일어날 법한 가능성을 인식하게 한다. 태양풍을 막는 방어막 그리드는 과학적 개연성을 수반한 과학 기술 소재로서 인류의 경험과 지식을 근거로 창작된 〈그리드〉의 외삽적 가설에 개연성을 부여한다. 그리드 설치를 가능하게 한 타임머신은 SF에서 더 이상 '노붐'의 효과로 활용되지 않는다. 타임머신은 현실에서 구현 가능성이 높지 않은 과학 기술이나 그 개연성으로 인해 SF의 외삽에 개연성을 뒷받침한다. 〈그리드〉는 과학 기술의 이중성이 유발하는 문제적 현실을 재현하여 현실감을 형성한다. SF 드라마 〈그리드〉가 현대 사회의 실상을 재현하며 극적 리얼리티를 강화하는 방식이다.

　그리드와 타임머신은 태양풍으로부터 인류를 보호하는 장치이다. 그러나 그리드를 통제하는 관리국은 막강한 권력을 행사하며 인간을 대상화한다. 또한 그리드 관리국 내부도 수평·수직으로 위계화된 중층적 권력 구조를 형상화한다. 〈그리드〉는 '그리드'라는 고도의 과학 기술을 장악한 관리국의 외부와 내부에서 작동하며 사회 전체에 섬세하고 구조적으로 펴져 있는 권력에 의한 배제와 통제를 조명한다. 그리드를 장악한 공권력이 편재된 현실을 드러내며, 사회 시스템의 보호를 받는 부유층과 법과 제도로부터 소외된 인간들의 삶을 통찰한다. 이는 〈그리드〉에 구현된 과학 기술에 대한 극적 상상력으로 현대 사회에서 과학 기술 권력이 유발하는 문제적 현실을 환기 한다. 그리드와 타임머신은 보호와 구원의 장치이자 배제와 소외를 야기하는 통제의 장치이다. 그리드와 타임머신 장치는 현대 사회에서 과학 기술 권력 및 과학 기술과 결탁한 자본 권력의 외부와 내부에서 작동하는 통제된 사회를 재현하며 현실감을 더한다. 그리드 설치를 위해 미래에서 온 '유령'은 인간이다. 〈그리드〉는 관리국과 정부가 '유령'이라고 대상화한 미래에서 온 인간을 다루는 방식에서 인간을 도구화하고 있는 현실의 윤리적 문제를 재현한다.

〈그리드〉에서 과학적 개연성이 시각적 효과를 통해 현실감을 강화하는 점도 장면을 통해 드러난다. 〈그리드〉는 태양풍의 재난 상황과 그리드, 타임머신 장치에 대한 외삽적 가설을 스펙터클, 슬로모션과 롱 테이크 기법 등으로 시각화하고 그리드 관리국 외부와 내부의 분할된 공간에서 현대 사회의 위계화를 시각적으로 형상화한다. 이는 수용자가 현실을 직관적으로 인식하는데 효과적인 기법이다. 〈그리드〉는 고도화된 과학 기술이 개연성을 부여한 외삽적 가설에 그리드와 타임머신 장치의 이중적 기능을 포착하여 현실을 재현하였다. 이는 SF 드라마 〈그리드〉에서 극적 리얼리티를 강화하는 요소들이다. 고도화된 현대의 과학기술 사회에서 SF가 과학적 개연성을 확보할 때, 이에 대한 극적 상상력은 문학의 미학적 특성 및 문제의식을 드러내며 극적 리얼리티를 강화할 수 있다는 의미이다. 드라마 〈그리드〉가 후속 이야기를 예고하면서 해결되어야 할 많은 과제를 남기고 열린 결말로 종영한 것은 플롯의 완결성 면에서 한계를 지닌다. 그럼에도 SF 드라마로서 과학적 개연성을 수반한 외삽적 가설이 현실감을 확보하며 극적 리얼리티를 강화하고 있는 점은 〈그리드〉의 성취이다.

* 이 글은 「SF드라마 〈그리드〉의 외삽적 가설과 극적 리얼리티」(『한국극예술연구』 제80집, 한국극예술학회, 2023)를 수정하여 재수록한 것임.

SF 웹툰에서의 '비인간' 청소년 연구

최 배 은

1. 논의를 시작하며

　최근 아동·청소년들은 문학작품보다 웹툰, 웹소설, 웹드라마 등의 웹 플랫폼 서사를 자발적으로 더 많이 향유하고 있다. 그중에서도 웹툰은 가장 먼저 인기를 끌며 개성 있는 작품들을 축적해왔고, 청소년 주인공 비중도 높다.[1] 이미 잘 알려진 것처럼, 이야기 속 아동·청소년은 실제 아동·청소년을 반영할 뿐 아니라 작가인 어른들이 당대 사회문화의 영향 아래 아동·청소년에 대해 가지는 관념 및 욕망을 담지하고 있다. 한편 웹툰은 그 매체의 특성상 아동·청소년을 주인공으로 삼더라도 교육적이기보다 독자들의 적나라한 감정이나 욕망에 부응하는 방향으로 창작하는 경향이 강하다. 그리고 현재 웹툰은 로맨스, 판타지 등 이른바 장르물 비중이 높아서 그러한 장르 관습이 아동·청소년 인물의 성격을 형성하는 경우도 많다. 이러한 점들을 고려할 때, 웹툰 속 아동·청소년을 고찰하여 그에 반영된 당대 아동·청소년 독자의 결핍과 심리적 억압 및 그

---

[1] 최배은, 「'청소년 웹툰'의 효용과 독자 반응 -「집스맨」과 「그날 죽은 나는」을 중심으로」, 『창비어린이』 73, 창비, 2021.6, 138쪽.

에 대한 성인 작가들의 이해와 모색을 읽을 수 있다. 또 현재 한국 사회에서 통용되는 아동·청소년에 대한 이미지 및 그 전복적 시선을 읽을 수 있고, 장르물에서 아동·청소년의 상징과 기능을 파악할 수 있다. 특히 주로 미래 과학기술을 전제로 미래 사회를 상상하는 SF에서 아동·청소년은 미래의 주체를 상징하기에 그에 대해 고찰하면 당대 미래관 및 성인 작가들이 희망하는 아동·청소년 상을 엿볼 수 있다.

웹툰에서 SF는 판타지나 로맨스에 비해 그 수가 적은 편이다.[2] 그러나 최근 한국 사회에서 소설, 영화를 중심으로 SF가 큰 인기를 끌면서 SF 웹툰도 늘고 있다. SF 웹툰에서 아동 주인공은 드물지만[3] 청소년 주인공 비중은 높은 편이다. 아동은 재난물에서 주로 희생양으로 등장하고 청소년이 구하고 지켜야 할 존재로 자리한다. 청소년은 재난 속에서 살아남고 세계를 구하는 영웅으로 자리하는 경우가 많다. 이러한 아동·청소년의 성격은 아동·청소년 과학소설 속 인물들과 유사하면서도 다른 점이 있다. 청소년을 기성세대가 지키지 못한 아동의 보호자로 만든 점은 유사하나, 그들을 '비인간'으로 구성하고 기성세대인 어른들과 대결하는 존재로 만든 점은 다르다. 비인간이란 인간이 아닌 존재로서 포스트휴먼의 주요 관심사인 인공지능, 클론, 사이보그 등을 포괄하는데[4]

---

2) SF여도 그것을 표시하지 않는 경우가 많다. 가령, 이 연구의 대상 작품인 〈나노리스트〉, 〈캉타우〉는 AI, 로봇, 외계인이 중심 제재인 SF임에도 '판타지, 먼치킨, 소년, 무협'으로 소개하고 있다. 이러한 경향은 웹소설에서도 마찬가지인데 그 이유를 정확히 알기는 어려우나 웹 서사에서 SF가 별로 인기를 끌지 못한다는 사실과 무관치 않아 보인다.
3) 한국 최초의 가족형웹툰플랫폼을 표방하는 어린이웹툰플랫폼 〈아이나무툰〉에서도 하위 장르를 '학습, 액션, 어드벤처, 판타지, 개그, 일상'으로 분류하여 SF를 내세우지 않고 실제 작품에서도 SF 비중이 낮다.
4) "나는 현재의 역사적 맥락이 모더니즘적 비인간을 포 스트휴먼적이고 탈-인간중심적인 실

이 글에선 특히 안드로이드처럼 인간의 형상을 한 인간이 아닌 존재를 지칭한다.

요컨대, 본 연구는 21세기 장르인 SF 웹툰에서 '비인간 청소년'을 주인공 인물로 구성하는 현상에 주목하고 그 서사적, 사회문화적 의미를 고찰하는 데 목적이 있다. 그 목적을 이루기 위하여 SF 웹툰에서의 비인간 청소년 인물의 성격과 역할을 분석하고, 그 의미를 해석해 보고자 한다. 이때 '비인간 청소년'은 사전적 의미로는 납득할 수 없는, 허구적 상상력에 기반한 용어이다. 본래 '청소년'이란 인간의 성장을 전제하므로 비인간에게 적용할 수 없는 개념이기 때문이다. 하지만 허구적 이야기에서 동물이 다양한 방식과 형태로 인간적 특징을 지니는 것처럼 SF 웹툰에서 '비인간 청소년' 인물도 청소년의 특징을 지닌다. 그것은 웹툰에서 효과적으로 재현되는 외모뿐 아니라 심리적 기질 등에서 선명히 나타난다. 즉 SF 웹툰에서 '비인간 청소년 인물'은 서사 내적으로 그 인물을 만들거나 바라보는 다른 인물들에 의해, 서사 외적으로는 작가 및 당대 사회문화에 의해 청소년으로 구성된다. 이러한 점은 일반적인 청소년 인물에서보다 청소년의 구성적 특질을 적나라하게 드러내므로 청소년에 대한 작가 및 당대의 관념이나 이미지에 관심 있는 이 연구에 적합하다.

천들로 변형시켰다는 입장을 옹호한다. 비인간이 과거의 비인간이 아니다. 인간과 기술적 타자 사이의 관계가, 욕망, 잔인함, 고통을 포함해서 그 관계에 관련된 정서들이 우리 시대 선진 자본주의 기술들과 더불어 근본적으로 변화했다. 우선, 앞 장에서 살펴본 것처럼 기술적 구성물과 육체가 전례 없을 정도로 뒤섞인다. 더욱이 인간-기술의 상호작용의 성격이 젠더, 인종, 종들 사이의 경계선을 흐려놓는 쪽으로 돌아섰다. 이러한 추세를 리오타르는 우리 시대 비인간 조건의 두드러진 특징으로 평가했다." 로지 브라이도티, 이경란 옮김, 『포스트휴먼』, 아카넷, 2015, 142쪽.

연구 대상은 네이버 웹툰 〈하우스키퍼〉5), 〈나노리스트〉6), 〈캉타우〉7) 〈숲속의 담〉8)인데, '비인간 청소년 주인공'이 등장하는 작품들 중 상업성과 작품성을 인정받고, '비인간 인물'의 다양한 양상을 살펴볼 수 있는 작품으로 선정했다. Y랩의 슈퍼스트링 작품9)에 해당하는 〈하우스키퍼〉와 〈캉타우〉는 상업성과 기존 장르 관습에 충실한 작품들이다. 〈하우스키퍼〉는 2부, 〈캉타우〉는 1부를 완결했다. 아직 전체 스토리가 완결되지는 않았지만 연재를 마친 각 중심서사가 비인간 청소년 주인공 인물의 영웅 성장 서사이므로 이 글의 주제를 탐구하기에 적합하다. 〈나노리스트〉는 대상 작품들 중 관심 수(656,816)가 가장 높은데, 로봇 3원칙 같은 기존의 관습을 무시하고 정서가 불안정한 청소년 AI를 주인공으로 하는 등 혁신적인 작품으로 2018년 12월에 149화로 완결되었다. 〈숲속의 담〉은 2021SF어워드 대상 수상작으로 14세에서 성장이 멈춘 신적 존재를 주인공으로 하는 개성적 작품이다. 2022년 6월 28일 현재, 128화를 연재하였고 완결을 앞두고 있다.

SF 웹툰을 대상으로 비인간 청소년 인물에 주목한 연구는 아직 별로 없다. 대상 작품 중 〈캉타우〉와 〈하우스키퍼〉를 다룬 연구가 있으나 인물에 주목한 연구는 「슈퍼로봇의 신체: 86세대와 Z세대의 표상-〈브이〉와 〈캉

---

5) 채용택/유현 작. 15세 이용가. 관심 수 176,983. 시즌1(2019.1.21.-2020.7.13.)/시즌2(2021.3.8.-2022.5.30.) 연재 완결.
6) 민송아 작. 12세 이용가. 관심 수 656,816. 완결(2016.1.22.-2018.12.21.) 웹툰.
7) 신형욱/양경일 작. 15세 이용가. 관심 수 81,081. 시즌1(2018.8.15.-2019.4.10.) 완결.
8) 다홍 작. 전체 연령가. 관심 수 178,472. 연재 중(2019.12.23.-2022.6.27.128화).
9) "YLAB이 제작한 여러 작가의 웹툰 속 주인공들을 하나의 세계관으로 통합시켜 스토리를 전개, 이를 영화, 드라마, 게임 등의 장르로 확장해 나가는 와이랩만의 블록버스터 IP입니다." 〈와이랩〉, http://ylabcomics.com/bbs/board.php?bo_table=02_01.

타우〉를 중심으로」10)뿐이고, 나머지는 각색이나 슈퍼스트링 창작 방식에 주목한 연구11)이다. 「슈퍼로봇의 신체: 86세대와 Z세대의 표상-〈브이〉와 〈캉타우〉를 중심으로」는 웹툰 〈브이〉와 〈캉타우〉를 대상으로 슈퍼로봇의 신체에 대한 각 소년의 판타지가 작동하는 방식을 분석하고 두 신체에 기입된 세대 구성의 특성을 파악하고 있다. 그 결과 웹툰 〈캉타우〉의 강현은 〈브이〉의 훈이와 달리, 아버지의 세계를 '파괴'하고 '복원'함으로써 연대와 보살핌의 윤리가 보장되는 새로운 세계를 지향한다고 분석하며 〈캉타우〉의 강현은 새로운 시대의 주체(소년)의 탄생을 예고하며, 곧 Z세대의 힘의 역능을 표상한다고 보았다.12) 본 연구의 주제와 다르지만 웹툰 〈캉타우〉의 주인공 소년이 아버지의 세계를 극복한 새로운 세대를 상징한다는 분석은 본 연구와 상통한다. 그밖에 본고의 주제와 비슷한 연구로「포스트휴먼 소녀의 형상에 관한 연구 : 종말 SF 웹툰과 게임의 그려진 소녀를 중심으로」13)가 있다. 웹툰 〈심연의 하늘〉, 〈심해수〉와 '미소녀 수집형 RPG' 장르에 속하는 〈라스트 오리진〉을 대상으로 삼아 포스트휴먼 소녀의 형상화에 나타난 미래 여성 신체의 대안적 의미를 비판적으로

---

10) 서은영,「슈퍼로봇의 신체: 86세대와 Z세대의 표상-〈브이〉와 〈캉타우〉를 중심으로」,『대중서사연구』28(2), 대중서사학회, 2022.6.
11) 권재웅,「원작 콘텐츠의 활용과 세계관 유형 분석 연구-〈브이〉와 〈캉타우〉사례를 중심으로」,『애니메이션연구』15(4), 한국애니메이션학회, 2019; 서은영,「로보트 태권V 부활프로젝트- 웹툰 〈브이〉를 중심으로」,『한국현대문예비평연구』44, 한국현대문예비평학회, 2014.8; 윤태현,「웹툰의 스토리월드 구축 사례 연구 : 슈퍼스트링을 중심으로」, 한양대학교 석사학위논문, 2020.
12) 서은영, 앞의 글, 157-158쪽.
13) 김은정,「포스트휴먼 소녀의 형상에 관한 연구 : 종말 SF 웹툰과 게임의 그려진 소녀를 중심으로」, 이화여자대학교 박사학위논문, 2021.

분석하였다. 그 결과, 아이와 여성의 과도기 단계에 있는 무/성적 소녀의 몸은 SF 상상력을 통해 기술이 개입된 새로운 미래의 여성 신체로 형상화되었고, 인간 '이후'의 인간을 상상하는 작품 속 사고실험은 기존의 포스트휴먼화된 성인 여성과는 다른 결을 보이며 성인 남성이 구축해 놓은 기존의 영웅적 상징체계와 힘의 권력에 편승하지 않았다고 보았다. 포스트휴먼 인물에 대한 본격적이고 심층적인 연구이지만 '소녀'와 '신체'에 초점을 둔 연구로 본 연구의 주제와 거리가 있다. 그래도 포스트휴먼 소녀의 신체에 대한 상상력이 포스트휴먼 성인 여성과 달리, 기존의 남성 중심적 상징체계와 힘의 권력을 벗어났다는 지적은 본 연구와 상통한다.

이와 같이 SF 웹툰에서 포스트휴먼 청소년에 대한 기존 연구는 소년이나 소녀만을 대상으로 하여 신체에 초점을 두고 이루어졌다. 흥미로운 사실은 두 논문 모두 포스트휴먼 소년, 소녀의 특징을 그들이 기성세대의 힘과 질서에서 벗어난 점으로 지적한 것이다. 본 연구는 이러한 기존 연구 결과를 수용하며 대상 작품 수를 늘리고 인물의 신체뿐 아니라 심리 및 신분, 기능적 특질도 분석하여 보다 종합적인 고찰을 시도할 것이다.

대상 작품들은 공통적으로 비인간 청소년 주인공이 가족과 세계를 지키는 이야기이지만 비인간 인물의 성격과 그들이 맞닥뜨린 문제 상황이 다르므로 2-4에서는 그에 따라 분류하여 논하겠다. 인물의 성격은 그들의 신분, 심리, 기능적 특질을 분석하되[14], 웹툰에서 효과적으로 재현되

---

[14] "인물의 성격은 크게 세 가지 맥락에서 해석된 세 종류의 특질들이 복합된 것이다. 이들은 내면적·개인적 특질, 외면적·사회적 특질, 그리고 작품 구조에서의 기능적 특질 등이다. 이에 따라 인물은 세 가지 얼굴을 지닌 존재, 곧 심리와 욕망의 소유자요, 이념과 가치의 모색자이며, 기능과 역할의 행위자라 할 수 있다." 최시한, 『소설, 어떻게 읽을 것인가』, 문학과지성사, 2010, 202쪽.

는 특질인 외모에 주의를 기울일 것이다. 특히 중심사건의 갈등에 주목하여 청소년 인물의 욕망 및 역할을 심층적으로 분석할 것이다. 5에서는 본론에서 분석한 결과를 바탕으로 그 상징 및 사회문화적 의미에 대해 해석하고자 한다.

2. 생명권력과 대결하는 군사용 AI 여성 청소년: 〈하우스키퍼〉와 〈나노리스트〉

〈하우스키퍼〉는 지구가 세계연합정부로 통치되는 미래 공간을 배경으로 한다. AI는 상용화되어 인간을 주인으로 섬기며 과거 계급 시대의 하인 역할을 하고 있다. 〈하우스키퍼〉의 주인공은 아동 네빌을 주인으로 둔 여성 청소년 신체의 안드로이드 하스티이다. 하스티는 노란 단발머리에 허리가 잘록하게 들어간 검정색 원피스를 입고 하얀색 앞치마와 머리띠를 두른, 전형적인 하녀 복장을 하고 있다. 디자인은 프렌치 메이드[15]와 유사하나 그보다 치마 길이가 길고 단정하여 성적인 이미지는 약하다. 동그랗고 큰 하늘색 눈동자와 작은 입매, 상냥하고 따뜻한 말씨는 순수하고 순종적인 소녀라는 인상을 준다. 하지만 하스티는 본래 버려진

---

15) "일본 서브컬쳐를 필두로 한 메이드복과 메이드의 섹시어필적인 부분은 그 기원을 서구권의 이른바 '프렌치 메이드(French maid)'를 필두로 한 메이드의 성적 코드를 근원으로 하고 있다. 20세기 이후 서구권에서 메이드의 성적인 이미지가 음지에서 부각되어 코스튬이나 페티시즘의 일환으로 사용되었다. 이런 일련의 드레스코드가 하필 '프렌치(프랑스인) 메이드'라 불리게 된 것은, 성적 패티쉬의 대상이 된 메이드의 복장이 19세기 프랑스 메이드의 복장에서부터 유래되었기 때문이다."메이드, 〈나무위키〉 https://namu.wiki/w/%EB%A9%94%EC%9D%B4%EB%93%9C 참조.

군사용 AI로 여성 과학자 도로시가 복구하면서 더 막강한 진화력과 인간적 감수성을 획득한다.

하스티는 감염병에 걸린 주인 네빌을 지키기 위해 다른 AI들과 저항 공동체를 만들고, 그곳의 대장이 되어 감염병 환자를 대량 살상하는 정부에 맞서 싸운다. 이때 인간 대 AI들의 갈등은 그 구성원들의 성격을 볼 때 세대 갈등적인 양상을 띤다. 대통령을 비롯한 정치인, 군인들, 크라우처 박사는 권력을 가진 기성세대 인간으로 이 모든 갈등을 일으킨 장본인이다. 그들은 인간의 생명을 소중히 여기지 않을뿐더러 모든 존재를 자기 목표를 이루기 위한 수단으로 본다. 하지만 하스티를 비롯한 주로 여성 청소년 신체를 한 AI들(하우스키퍼, 간호사, 아이돌 가수, 해커 등)은 주인을 위해 자기 생명을 바치고, 공동선을 위해 협력하며 의리가 있다. 또한 하스티의 프로그램을 다운받아 진화하고 성장하는 존재들이다. 여기서 하스티는 가장 독특하게 프로그래밍된 AI로서 그의 진화 프로그램이 다른 AI들의 진화에 결정적 영향을 끼치므로 새로운 AI들의 어머니와 같은 위치에 있다. 또 어린 남성 주인 네빌을 돌보는 그녀의 모습은 희생적 모성과도 닮아 있다.

기성세대 인간 중 AI와 크리처를 돕는 조력자는 두 명뿐이다. 그들은 감염병 치료제를 개발하는 남성 의사와 AI 프로그램을 개조하는 여성 과학자로서 적대자 인간들에 비해 젊은 편이다. 특히 세계 최고의 해커이자 프로그래머 과학자 페넬로페는 35세이지만 십대처럼 보이는 동안이다. 그를 주인으로 섬기는 AI 루이 암스트롱은 처음 주인을 보았을 때 "인식된 시각정보에 의한 판단"으로 "어린이의 웃음을 다시 볼 수 있"어서 "꿈을 꾸는 것" 같았다고 한다(시즌2, 35화). 이와 같이 인간이라도 AI 편 조력자들은 신세대 특질을 보인다. 신세대 AI 중 적대자들도 있다. 이들은 권력자 인간들이 만든 슈퍼솔저로서 대량 살상 무기로 기능한다. 그들은 하스티네보다 덜 주체적이고 덜 인간적으로 보인다. 그 이유는 근본적으로 주인들의 상태가 다르기 때문이다. 하스티네는 주인들이 병들어 AI들에게 명령할 수 없으므로 주인을 지켜야 한다는 절대적인 임무 아래 AI들 스스로 판단하여 행동할 수밖에 없다. 결국 자기들을 만든 인간 권력자들에 대항하는 혁명을 일으켜 비상사태를 맞이한다. 이러한 상황에서 하스티네 AI들은 늘 적들의 침략에 대비하며 발생하는 모든 상황을 스스로 해결해야 한다. 특히 다른 AI들과 달리, 하스티는 '로봇은 인간에게 해를 끼치지 않아야 하고 인간의 명령에 복종하면서 로봇 자신의 존재를 보호'해야 한다는 로봇 3원칙의 제약을 받지 않는다. 안드로이드의 정체성을 가지고 있는 하스티는 자기 의지로 인간을 해치지 않으며 주인의 명령에 복종하지만, 단 한 번 주인의 명령을 어긴다. 바로 적에게 잡혀가는 네빌이 하스티에게 자신을 구하지 말라고 명령했을 때이다. 처음에는 그 말에 따랐으나 네빌이 하스티에게 자기는 하스티 주인이 아니라 가족이라고 말해주던 추억을 떠올리며, 주인의 명령을 따르는 로봇이 아니라 주인을 구하는 가족이 되기로 한다. 이 장면은 하스티 스스로 인간에게 예속된 로봇의 정체성을 버리고 그에 반하는 자유의지를 실현했다는 점에서 하스티의 성장과 변화를 의미한다.

〈나노리스트〉의 주인공도 막강한 힘을 가진, 여성 청소년 신체의 군사용 안드로이드 '나노'이다. 나노는 짧은 단발머리에 키가 작고 아직 제2차 성징도 분명히 나타나지 않은 모습이다. 나노에게 가장 잘 어울리는 옷은 교복일 만큼 중학생 정도의 귀여운 외모를 하고 있다. 보랏빛 눈동자와 화난 듯한 표정은 강렬한 인상을 주는데, 말씨와 마음씨도 하스티와 크게 다르다. 하스티는 다른 이들을 배려하고, 화도 잘 안 내지만, 나노는 자기중심적이고 욕도 잘 한다. 나노는 하스티에 비해 심리적으로 미숙하고 불안정하다. 나노는 대적할 상대가 없을 정도로 막강한 안드로이드이지만 스트레스에 약한 단점이 있다. 스트레스를 받으면 나노리스트 프로그램이 자동으로 작동되어 주변에 있는 모든 사물을 무차별적으로 파괴한다. 나노는 격리 상태에서 자기를 보살펴 주던 임 비서를 사망케 하고, 자기가 사랑하는 주인에게 상처를 입힌다. 그래서 나노는 주인 곁에 머물기 위해 분별력과 자제력을 기르며 성장한다.

나노의 이러한 특징은 프로그래밍된 것이긴 하지만 스트레스를 유발하는 요인은 그에게 트라우마가 된 사건과 관련이 있다. 개발자 안도화가 나노 앞에서 권총 자살을 한 이후, 나노는 주인을 지키지 못하는 상황에 대한 주체할 수 없는 불안과 공포심을 갖게 된 것이다. 나노는 새 주인인 안도화의 동생 안도진이 납치된 이후, 상태가 더욱 심각해진다. 이러한 나노를 진정시킬 수 있는 존재는 그가 사랑하는 주인들이다. 안도화는 나노를 따뜻하게 안아주고 입 맞춰주며 진정시켰고, 안도진도 나노를 품에 안고 재워주며 진정시킨다. 한마디로 나노에게 필요한 것은 육친적 스킨십이다. 이러한 나노의 특질은 안도진의 경호 로봇인 '산'과 비교해봐도 확연히 드러난다. '산'은 육감적인 성인 여성의 신체를 하고 있으며 안도진이 성인이 되고 나서 그와 육체적 사랑을 나눈다.[16] 즉 나노의 주요

---

16) 여기서 짚어둘 사항은 '산'을 비롯한 작품 속 안드로이드들이 인간과 같이 주체적 욕망과 심리를 가지고 있다는 점이다. 그들은 인간들이 즐기는 음식도 먹어서 전투할 때를 빼고는 인간과 차이를 느낄 수 없다.

한 심리적 특질 중 하나는 애착[17]관계를 형성한 존재를 잃은 데 대한 결핍감과 새로운 애착 대상에 대한 분리 불안[18]인데, 이것은 아직 자립적이지 못한 아동·청소년들이 가족 관계에서 맞닥뜨리는 양상과 유사하다.

〈나노리스트〉에서도 적대자의 성격은 엄청난 권력을 가진 기성세대 인간이지만, 정치권력이 아닌 자본 권력이다. 나노는 군사용 안드로이드이지만 〈하우스키퍼〉의 슈퍼솔저와 달리, 정부 소유가 아니라 개발자 개인의 소유로서 계약한 업체(주로 군수 산업체)에 파견 근무를 나간다. 나노가 사랑하는 주인들을 죽음에 이르게 하거나 납치하는 세력은 군수 산업체인 MSA인데, 이 모든 사건의 발단은 오정규 회장(65세)의 여성 안드로이드 차차(72세)에 대한 병적인 집착과 욕망 때문이다. 차차는 자신보다 멍청한 인간들 위에 군림하고 싶다는 욕망으로 나노리스트 프로그램을 차지하기 위해 나노와 안도진을 괴롭힌다. 그래서 표면적으로는 안드로이드 차차가 가장 강력한 적대자로 보인다. 하지만 전횡을 일삼는 차차의 권력은 모두 오정규가 부여한 것이다. 그 사실을 깨달은 차차는 오정규에게 예속된 존재라는 사실에 절망하여 교란상태에 이르다 끝내 자살한다. 이런 설정은 기성세대 안드로이드를 적대자로 만들었다는 점에서 다른 대상 작품들처럼 비인간 청소년 주인공과 기성세대와의 갈등이 드러나긴 하나, 다시 기성세대 안드로이드를 기성세대 인간 남성 권력의 피

---

[17] 애착은 두 사람 또는 그 이상의 사람들 간의 관계에서 형성되는 긴밀한 정서적 관계 또는 유대를 지칭하는 말로, 특히 아이와 그 양육자(흔히 어머니)간의 정서적으로 친밀한 관계 또는 유대를 의미한다. 양돈규, 『심리학사전』, 박영사, 2017, 382쪽 참고.
[18] 애착 발달 과정에서 아이가 애착 대상으로부터 분리될 때 나타내는 불안 반응. 아이가 보이는 불안이 과도한 경우에는 불안정 애착의 발달이나 분리 불안 장애를 의심할 수 있다. 앞의 책, 239쪽.

해자로 만들었다는 점에서 의미심장하다. 나노리스트를 노리는 다른 군수 산업체의 회장들도 오정규처럼 자기 욕심을 앞세우며 손자, 손녀를 희생시키는 부도덕하고 비정한 특질을 지닌다. 이해관계를 따지지 않고 돕는 어른은 안도화의 동료 남성 과학자 한 명뿐이고, 그의 딸 수선을 비롯한 안도진 또래의 신세대들이 주요 조력자로 기능한다. 안도진이 입원했던 병원에서 알게 된 노인들이 조력자로 기능하기도 하지만 그들은 단역 인물들로 중심사건에 실질적인 영향을 끼치진 않는다.

요컨대, 두 작품에서 주인공 AI는 여성 청소년의 신체로 다른 AI들 및 신세대 인간들과 연대하여 부도덕하고 병적인 욕망에 집착한 기성세대 인간들, 특히 생명권력[19]과 대결하며 그들로부터 생명의 위협을 받는 가족(남성 아동·청소년 인간)을 보호한다.

3. 늙은 외계 종족을 물리치는 외계 사이보그 남성 청소년: 〈캉타우〉

〈캉타우〉는 이정문의 〈철인 캉타우〉[20]를 재창작한 것이다. 중심서사는 원작과 같이 지구를 침략하려는 외계인들의 전쟁 이야기이지만, 주인공 강현의 성격과 역할에 큰 차이를 보인다. 원작에서 주인공은 카우카이

---

[19] 이는 푸코의 '생명정치'와 관련 있는 용어로서 주권자의 '죽일 권리'를 포함하여 생명을 유지하고 개발하고 관리하려는 권력을 의미한다. 토마스 렘케 지음, 심성보 역, 『생명정치란 무엇인가』, 그린비, 2015, 19-72쪽 참고.

[20] 만화가 이정문이 1976년 어린이 잡지 『소년생활』에 연재한 SF 만화로서, 서로 적대시하는 외계인들 사이의 전쟁과 이에 말려든 지구인들의 모험을 그리고 있다. 거대한 로봇들의 전투 액션이 극의 주된 내용을 이루고 있으며, 당시 만화로서는 드물게 환경 보호에 대한 고찰이 담겨 있다. 백태경 박사와 그의 조수인 강현, 최경으로 이루어진 북극해 탐험대는 악천후 속에서 나타난 거대 괴수 티아고론의 습격을 받아 난파당한다. 파괴되는 배를 버리

고, 강현은 옆에서 잔소리만 늘어놓는 조연에 불과하다. 〈캉타우〉의 강현은 부산의 고2 남학생으로 홀어머니의 외아들이다. 어린 시절, 아버지가 남을 구하다 죽은 모습을 목격하고 큰 충격을 받은 강현은 가족에게 상처를 주면서 남을 구하는 행위에 반감을 갖는다. 그래서 자기는 결코 타인을 위한 희생을 하지 않겠다고 결심한다. 하지만 오크타인의 오크타 입자가 몸에 들어간 강현은 생명을 유지하려면 오크타 전사가 되어 스펠타인과 싸워야 하는 상황에 놓인다. 그리고 오크타 입자를 가진 자만이 캉타우 로봇 파일럿이 될 수 있는데 그것이 100% 활성화되기 위해선 자발적으로 타인을 위해 행동하겠다는 의지가 발현되어야 한다. 결국 강현도 아버지처럼 타인을 구하겠다는 의지를 가지고 외계인들의 침략으로부터 부산(지구)을 지킨다. 하지만 그는 아버지와 다르다. 그의 타인을 구하려는 의지는 자기 자신을 지키려는 의지로부터 발현되었기 때문이다. 그래서 그는 아버지처럼 타인을 위해 자기를 희생하는 게 아니라, 남도 구하고 자기도 구하겠다는 신념을 갖는다. 그러기 위해 그에게 필요한 것은 압도적인 강인함이다. 여기서 강현과 주로 대결하는 세력은 기성세대이다.

　우선 강현이 오크타인의 전사로 싸우기 때문에, 강현은 주로 기성세대(할아버지, 아저씨)의 모습을 한 스펠타인들과 대결한다. 그리고 NASA

고 바다에 뛰어든 강현은 곧 빙산과 조우하여 그 위로 피신하는데, 그 빙산은 놀랍게도 외계인의 비밀기지로서 외계인 소년 카우카의 집이었다. 강현의 손에 의해 긴 겨울잠에서 깨어난 카우카는, 곧이어 벌어지는 외계인 집단 스펠타와의 싸움에서 거대한 로봇 캉타우를 사용해 승리를 거둔다. 〈위키백과〉

https://ko.wikipedia.org/wiki/%EC%B2%A0%EC%9D%B8_%EC%BA%89%ED%83%80%EC%9A%B0

안전계획보장국 행성보안부서의 지구 어른 인간이 방해자로 기능한다. 하지만 형이라고 불리는 지구의 청년 과학자들은 강현의 조력자로 기능한다. 또 오크타의 젊은 왕자는 외계인이지만 궁극적으로 아름다운 행성 지구를 지구인이 지킬 것이라고 예견하며 조력자이자 협력자 기능을 한다. 특히 캉타우를 만든, 오크타의 젊은 여성 과학자 카우카는 자기 오크타 입자를 강현에게 준 자로서 선생 역할을 한다. 이와 같이, 지구인이든 외계인이든 젊은 세대는 강현의 조력자 기능을 하고, 기성세대는 강현의 적대자 기능을 한다.

강현은 처음엔 평범한 인간이었지만, 오크타 입자가 몸에 들어오고부터 외계 사이보그로 존재 변이를 일으킨다. 머리색과 눈빛이 사파이어 빛으로 빛나고 오른팔 역시 사파이어 빛 로봇팔로 변모하여 로봇 캉타우를 타지 않고서도 싸울 수 있는 힘을 얻는다. 캉타우를 타면 스펠타인들의 로봇을 무찌를 수 있는 압도적 강인함을 갖는다. 존재 변이를 일으키고 난 후의 대결 이야기가 이어지지 않아 완결된 이야기는 알 수 없지만, 지구인 강현이 오크타 전사로 다시 태어난 사건은 외계의 힘을 빈 강력한 지구 전사의 탄생으로 볼 수 있다. 강현은 오크타 전사이지만 오크타인으로서의 정체성이 약하고, 무엇보다 이 이야기는 매우 지구 중심적이기 때문이다. 요컨대, 〈캉타우〉에서 남성 청소년인 주인공 강현은 젊은 세대들이 이끄는 오크타의 선택을 받아 외계 사이보그로 존재 변이를 일으킨다. 강현은 외계 전사가 되어서 압도적인 강인함을 획득한 후, 늙은 외계 종족들이 이끄는 스펠타의 침략에 맞서 지구를 보호한다.

4. 가부장을 죽인 신적 청소년: 〈숲속의 담〉

〈숲속의 담〉은 아포칼립스 이야기로서 지구 환경이 파괴되어 수많은 사람이 죽고 황폐해진 세상을 배경으로 한다. 이 웹툰의 주인공 '담'은 14세에 육체적 성장이 멈춘 채 불로불사하는 존재이다. 그 이유는 제시되지 않지만 담이 가진 특별한 능력과 관련 있다는 점이 암시된다. 담은 초등학생 때부터 생물을 살리고 성장시키는 능력을 갖고 있다. 담의 손이 의지를 갖고 생명 있는 것을 만지면 그것은 엄청난 속도로 성장한다. 담의 손길은 수명이 긴 식물에겐 위협적이지 않지만 그러지 못한 동물에게는 재앙과 같다. 너무 빨리 성장해 죽어버리는 것이다. 그 사실을 알지 못한 담의 품에서 갓난아기가 늙어 죽는 모습을 지켜 본 마을 사람들은 담을 신에게 저주받은 존재라 여기며 두려워하고 꺼린다. 결국 담은 자기 방에 틀어박혀 세상과 등진 채 살아가다 부모가 죽고 동생도 죽자, 죽을 결심으로 숲에 들어온다. 하지만 담은 먹지 않고도 살 수 있었으며, 산짐승들은 담을 잡아먹기는커녕 두려워하고 피한다.

담은 작은 키에 커트 머리를 하고 티셔츠에 바지만 입는다. 성별이 확실히 제시되지 않지만 14세 소년의 모습을 하고 있다. 주로 큰 눈을 내려 뜨고 있어서 졸리거나 내성적인 인상을 준다. 담의 실제 나이는 백 살도 넘지만 외모는 언제나 순수하고 귀여운 아이에 머물러 사람들은 담의 특별한 능력을 알아채지 못한다. 담은 너무 오랫동안 사람들과 격리된 채 살아와서 깊은 외로움과 우울감을 느끼고 있다. 또 사랑하는 사람들은 다 죽어버렸는데 자기 혼자만 살아있다는 사실에 큰 슬픔을 느끼고, 죽고 싶어도 죽을 수 없다는 절망감에 사로잡혀 있다. 담은 자기가 왜 이런 능력을 지니게 되었는지 알지 못할뿐더러 그 능력 때문에 불행해졌으므로 능력의 부정적인 측면만 크게 생각하며 그 능력을 살려 쓰지도 않는다. 담은 아무것도 욕망할 수 없는 운명의 굴레에 갇혀 아무것도 욕망하지 않는 심리 상태로 오랜 세월을 산다. 하지만 숲속에 버려진 아기를 살려주고 그 아기에게 '미쉬'라는 이름까지 지어주고 나서 담의 삶에 변화가 생긴다. 담은 미쉬의 요구로 율리 일행을 따라 바깥세상으로 나와서 황폐해진 세상을 마주하고 그 세상에서 새로운 가족을 지키는 모험을 하다가 자기 사명을 발견한다.

이 웹툰이 SF인 이유는 담이 등진 세계가 과학기술이 고도로 발달한 곳이기 때문이다. 작품에서 과학기술은 핵폭탄을 터뜨려 세계를 멸망에 이르게 하지만, 방공호를 만들어서 인류 절멸을 막게도 한다. 담은 그 방공호에 비치된, 세계의 종말과 구원자에 대한 예언서를 읽고 자기 능력의 사명을 마주한다. 담은 작품의 결말부에 이르러 자기 정체가 발각될 위험을 무릅쓰고 사람들을 살리기 위해 능력을 발휘하며 바깥으로 나가 사람들이 살 수 없는, 죽어있는 땅을 살리기로 결심한다. 결국 이 작품도 앞선 웹툰들과 마찬가지로 주인공 청소년의 성장담에 해당한다. 담은 비록 육체적 성장은 14세에 머물러 있고 내면도 오랜 세월 동안 그때에 머물러 있었지만 미쉬, 율리 등을 만나고부터 내면의 성장을 이루며 자기 사명을 발견하게 된 것이다.

〈숲속의 담〉은 중심서사가 적대자와의 대결보다 어른들로부터 버려지고 소외된 아동청소년들이 사랑과 연대로 성장하는 이야기이다. 특히 관계 속에서 갈등하는 장면들을 세밀히 그려 등장인물들의 내면을 1인칭 시점에서 재현한 비중이 높다. 미약하고 미숙한 아동청소년들은 그 누구의 보호도 기대할 수 없는 상황에서 그들끼리 의지하고 부대끼며 이해심 많고 책임감 있는 어른으로 성장한다. 이 웹툰의 적대자 역시 기성세대인데, 다른 작품들과 달리, 가족이란 점에서 문제적이다. 이 웹툰에서 최고의 악당은 플로리안의 아버지 게일이다. 게일은 마을 사람들에게 지구를 탈출할 수 있는 우주선을 만들고 있다고 거짓말을 해서 대장 노릇을 하고 있다. 게일은 진실을 아는 어른들을 죽이고, 그들의 자식들을 착취하며 자기 권력을 유지하기 위해서라면 친자식에게도 무자비하다. 게일은 자기 권력 유지를 위해 미쉬의 생명을 미끼로 담에게 아이들을 빠르게 성장시킬 것을 요구한다. 게일과 대결하던 담은 플로리안이 보는 앞에서 게일을 가루내어 사라지게 한다.

 이 장면은 〈숲속의 담〉에서 가장 충격적이고 긴장감 넘치는 부분이다. 담이 자기 의지를 가지고 최초로 살인한 장면이자, 아들 플로리안이 그 모습을 보았기 때문이다. 하지만 플로리안은 자기 아버지의 죽음에 대한 슬픔이나 담에 대한 원망을 느끼기보다 해방감을 느낀다. 그리고 나중에 담에게 "네가 족쇄를 끊고 날 구원해 줬"(125화)다고 고백한다. 부모에 대한 효 이데올로기의 억압이 사회 전반적으로 뿌리 깊은 우리나라에서 아버지를 죽인 자를 구원자라고 말하는 이야기는 흔하지 않다. 이것은 우리 사회의 금기를 깬 일이자, 작품 안에선 예언서의 금기를 깬 일이다. 2044년 담의 친구 코나가 발견한 예언서에선 "이대로라면 지구는 곧 기후 재앙으로 멸망할 것이다. 그것을 막을 방법은 단 한 가지가 있다. 2172년 태초의 모든 것에 대한 신이 탄생한다. 이것은 정해져 있는 일이다. 그 신은 선도 악도 아니다. 그 신은 생명의 신도 죽음의 신도 될 수 있다."(70화)며 멸망한 세계를 구원할 신의 탄생을 예언한다. 그 사실을 안 율리는 담이 죽음의 신이 될까봐 사람을 죽여선 안 된다고 걱정했는데 그 걱정대로 된 것이다. 하지만 그 후 담은 죽음의 신이 되지 않고, 사람과 지구를 살리는 첫걸음을 내딛게 된다. 금기는 깨어졌지만 악당이 사라진 세계에선 불길한 일은 일어나지 않고 악당의 악행만 사라졌다. 여기에서 이 웹툰은 혈연 중심의 가족주의 이데올로기로부터 자유롭다는 사실을 알 수 있다. 그밖에 기성세대들인 권력자들이 지구 기후 재앙을 앞두고 소수만 탈출하기 위해 집단학살을 일삼았다는 설정은 인구조절을 위해 일부러 전염병을 퍼뜨려 집단학살을 하는 〈하우스키퍼〉와 유사하다. 코나의 후손들이 사는 마을 어른들이 조력자로 기능하지만 그들의 조력은 중심서사와 큰 관련이 없고 단편적이며 미약하다. 결말 부분의 제3구역 대장 어른도 성숙하고 사려 깊은 조력자이다. 그런데 제3구역은 대장 어른뿐 아니라 모든 사람들이 편견 없이 선량하여 이전의 등장인물들과 이질적인 특성을 보인다. 즉 이전의 어른들 모습이 현실을 반영한 것이라면 제3구역 어른들은 작가가 대안적으로 생각하는 모습을 구현한 것으로 보인다. 요컨대, 〈숲속의 담〉에선 신적 능력을 지닌 청소년 주인공 담이 사람들로부터 고립된 삶을 살다가 어른들에게 버림받은 청소년들과 새로운 가족 공동체를 형성하면서 악당 가부장을 제거하고 자기 운명을 받아들여 지구를 살리는 존재로 거듭난다.

5. 논의를 맺으며

SF 웹툰에서 청소년은 사이보그화되거나 AI, 또 신적 존재로 비인간성을 띠고 기성세대가 만든 질서에서 벗어나 그들과 대결한다. SF 웹툰의 비인간 청소년은 실상 그들이 가진 능력을 제외하고 인간과 별다른 점이 없다. 인간과 같은 욕망과 심리를 지닌 존재로서 관계와 체험을 통해 성장한다. 이러한 성격은 청소년 인물이 인간의 능력을 초월한 강력한 힘을 가져서 가족과 세상을 구하는 영웅이 되게 하기 위한 것으로 보인다. 1960년대에 창작된 과학소설 『우주벌레 오메가호』[21)]의 주인공 인간 청소년들과 비교하면, 그 효과가 더 분명히 보인다. 『우주벌레 오메가호』의 청소년들은 외계의 침략과 지구인들의 세계 전쟁에서 살아남아 인류의 희망을 상징하지만, 그것은 그들의 힘만으로 가능하지 않았다. 힘없는 그들은 지구의 재앙에 속수무책일 수밖에 없어서 운 좋게 목숨을 부지했을 뿐 지구를 구할 수 없었다. 그러나 비인간 청소년은 인간 청소년이 가질 수 없는 최강의 힘을 가져서 가족과 세계를 앞장서 지킬 수 있다. 독자 입장에서 생각해보면 비인간성이 초래한 막강한 힘은 아직 미약한 청소년 독자들에게 대리만족을 줄 수 있다. 이때 독자들은 누군가를 지키는 사명에서보다 기성세대와 대결하며 부조리한 기성 질서를 부수는 데서 더 큰 쾌감을 얻으리라 본다.

그러나 비인간 청소년들에겐 폭주의 위험성이 있다. AI인 하스티와 나노는 폭주하면 프로그램이 꼬여 분별력을 잃게 되고, 담은 생명의 신이 아닌 죽음의 신으로 전락한다. 따라서 압도적인 힘을 가진 존재일수록 자기 힘을 조절하고 절제할 수 있는 성숙한 태도가 필요하다. 이런 메시지는 비인간 청소년에게 막강한 힘을 부여한 작가들의 어떤 불안을 엿보게 한다. 폭력적인 학원물 웹툰에서 인간 청소년에게 폭주의 위험성을 경고

---

21) 한낙원, 「우주벌레 오메가호」, 『학원』, 학원사, 1967.6.-1969.2.

하는 메시지가 드물다는 점과 비교할 때, 인간의 힘보다 인간이 아닌 존재의 힘을 더 두려워하고 그 통제 가능성을 불신하는 방증으로 볼 수도 있다.

  비인간 청소년들은 특별한 능력에 따르는 소외와 고립의 시련을 겪고, 그것을 극복하는 과정에서 성장한다. 이런 구조는 고대부터 현대까지 이어져온 영웅 서사의 마스터플롯[22]에 해당하여 새롭지 않다. 하지만 비인간 청소년 주인공들이 겪는 시련의 양상은 오늘날 청소년들의 결핍과 욕망을 반영한다는 점에서 의미심장하다. 특히 〈나노리스트〉와 〈숲속의 담〉에서 그런 점이 선명히 드러난다. 나노는 앞에서 분석한 바와 같이, 애착 관계를 형성한 주인들을 상실할 상황에 대한 분리 불안 때문에 고립되어야 한다. 이런 모습은 나노가 아직 정서적으로 자립적이지 못할 뿐 아니라 애정 결핍의 상태임을 보인다. 웹소설에서도 청소년 작가가 가정의 불화를 견디기 위해 주인공이 가족에게 무조건 사랑받는 소설을 쓰고, 비슷한 상황의 독자들이 그 소설을 읽으며 위안을 받는 현상[23]을 볼 때, 21세기 청소년들이 부모나 가족 등 애착 대상과의 관계에 어떤 결핍이 있으며, 그들과 나누는 사랑을 신뢰하지 못하는 건 아닌지 조심스럽게 추론해 볼 수 있다. 담은 인간으로 태어나 인간 사회에서 성장했기 때문에 안드로이드들이 겪지 못했던 차별과 혐오를 당한다. 생물을 성장시키는 능력을 가지고서 본인은 더 이상 자라지도 늙지도 않는 존재를 마주하는 인간

---

[22] "다양한 형태로 반복되며 우리의 근저에 위치한 가치, 희망, 그리고 공포에 대해서 말하는 스토리들." H포터 애벗 지음, 우찬제・이소연・박상익・공성수 옮김, 『서사학 강의』, 문학과지성사, 2010, 99쪽 참고.
[23] 안지나, 『어느 날 로맨스 판타지를 읽기 시작했다』, 이음, 2021.5, 13-15쪽 참고.

의 시선은 불온하고 잔인하다. 기실 인간은 바로 그러한 상태를 꿈꾸어왔으면서 말이다. 주지하는 바와 같이, 정상과 비정상을 가르고 다수와 다른 소수자를 혐오하며 사회에서 그들을 배제, 격리시키는 폭력은 현재 우리가 경험하는 심각한 사회문제이다. 〈숲속의 담〉에선 바로 그러한 사회현실이 반영되어 있다. 또 〈숲속의 담〉에선 지구 기후 재앙과 핵폭발로 멸망한 세계를 그리며 환경문제를 경고한다. 〈캉타우〉에서 외계인 침략이라는 시련은 다른 작품들과 비교할 때 이질적인데, 그것은 바로 1970년대 〈철인 강타우〉의 중심서사를 그대로 계승했기 때문이다. 오늘날과 달리, 1970년대는 냉전 체제 하에서 국제 분쟁을 상징하는 외계인 침략 이야기가 많았다. 2019년 4월에 35화의 짧은 에피소드로 시즌 1을 마친 후 3년이 지난 지금까지 후속편을 내지 못하는 이유 중 하나도 원작의 기본 상황이 지금의 현실과 맞지 않기 때문일 수 있다. 시즌 2부터는 외계인과의 갈등이 본격화되어야 하고 그들의 침략 원인 등이 보다 구체적으로 독자들을 납득시켜야 하기 때문이다.

대상 작품들의 비인간 청소년들은 각기 다른 결핍과 문제 상황을 친구들과, 형제자매뻘 되는 청년 세대들의 도움을 받아 해결하며 성장한다. 그리고 그들의 생명을 위협하며 세계를 파괴하려는 자들은 부모를 포함한, 특히 기성세대 남성 권력자들이다. 1990년대 말에 창작된 과학소설 『불멸의 전사 카르마』[24]에서는 기성세대 남성 과학자가 기계와 영혼을 결합하여 강력한 힘을 가진 새로운 생명 카르마를 만든다. 카르마는 그 힘으로 세상을 구한다. 이러한 점은 앞에서 분석한 〈하우스키퍼〉, 〈나

---

[24] 최창숙, 『불멸의 전사 카르마』, 국민서관, 1999.

노리스트〉, 〈캉타우〉의 비인간 청소년 주인공과 비슷하다. 하지만 『불멸의 전사 카르마』에서 비인간 청소년은 자기를 만들어준 박사를 아버지로 섬기며 절대적인 충성의 태도를 보인다. 즉 여기선 세대갈등의 양상이 드러나지 않는다. 하지만 대상 작품들에서 비인간 청소년들과 대결하는 세력은 주로 인간 어른들이고, 인간 기성세대들의 비인간적인 부당한 폭력에 맞서서 비인간 청소년들이 오히려 사람의 생명을 소중히 하고 세상을 구하는 모순을 보인다. 이것이 의미하는 바는 무엇일까?

　이것은 우선 낡은 것(억압하는 자) 대 새로운 것(저항하는 자), 휴먼 대 포스트휴먼을 대립시키며 새로운 것과 포스트휴먼을 긍정한다. 이는 우리 사회에서 청소년에게 가해진 기성세대의 억압을 상징하고, 과학기술 특히 AI에 대한 긍정적 인식과 기대를 반영하며, 기성세대가 해결하지 못한 문제를 청소년 세대가 해결하기 바라는 희망을 나타낸다. 하지만 새로운 것을 지향하고 긍정하면서도 그것을 판단하는 방식과 기준은 낡은 측면이 있다. 우선 이분법적 사고방식이 포스트모던 시대에 낡았다는 점을 지적할 수 있다. 그리고 포스트휴먼을 긍정하지만 주인공 청소년들은 신체와 능력만 인간을 넘어섰을 뿐, 가치관과 정서는 휴머니즘적이고 남성중심적인 면이 강하다. 특히 젠더의 문제가 심각하다. 남도 지키고 나도 지키는 남성 청소년 영웅과 달리, 여성 청소년 영웅은 여전히 희생과 모성을 구현하고 있다. 대상 작품들 중 젠더적 측면에서 가장 혁신적인 〈숲속의 담〉에서도 여성 인물들은 희생적 모성을 구현한다. 이러한 한계는 SF를 비롯한 대중서사의 장르 관습을 답습한 결과이기도 하다. 그래서 통속성과 오락성이 강한 〈하우스키퍼〉와 〈캉타우〉에서 그런 한계가 더 잘 드러난다. 〈나노리스트〉에서도 여성의 성적 대상화와 여성혐오가 드러나 이

에 대해 지적하는 독자도 있다.[25]

　그래도 〈숲속의 담〉에서 보인 혁신은 한국 청소년 이야기가 새로운 방향으로 나아가고 있음을 시사한다. 거기에선 어른들에게 내쫓긴 청소년들이 어른들에게 버려진 어린 존재들을 사랑으로 책임지고 기른다. 그들은 가족주의 이데올로기나 성 역할에 대한 고정관념으로부터도 자유로우며 사랑하는 대상들을 있는 그대로 인정하고, 그들의 마음을 다치지 않도록 깊이 이해하고 배려한다. '아버지 살해'라는 상징적인 사건으로 효 이데올로기의 금기를 깬 이 작품이 2021SF어워드에서 대상을 수상했다는 점은 한국 사회의 청소년 상 및 청소년과 부모의 관계에 대한 인식이 변화하고 있음을 나타낸다.

　요컨대 SF 웹툰에서 비인간 청소년들은 기성세대에 억눌리고 애착 관계에 결핍을 느끼는 현실의 청소년과, '정체성 혼돈을 겪으며 성장하는 존재요, 순수와 미래를 상징한다'는 우리 사회의 청소년에 대한 관념을 반영하는 한편, 어른들에게 맞설 수 있는 강력한 힘을 갖기 바라는 청소년의 욕망과 어른이 버린 가족과 세계를 구하는 영웅이 되길 바라는 청소년에 대한 희망이 담겨 있다. 대상 작품들에서 우리의 성찰을 요하는 문제는 기성세대와의 갈등이다. 앞선 분석들에서 보인 것처럼 모든 작품에는 기성세대에 대한 깊은 불신이 깔려 있다. 〈숲속의 담〉을 제외하고 이 갈등이 표면적으로 드러난 작품은 없다. 단지 세계를 이기적인 과욕으로 파

---

25) 레오나르도디카프리오, "진짜 나노리스트는 여험만 빼면 ㄹㅇ 완벽한 … 정말 완벽한 웹툰인데 하 너무 아쉬워", 〈밀리토리네〉, 2022.06.26.18:03.
　https://cafe.daum.net/baemilytory/8zMg/3810532?q=%EB%82%98%EB%85%B8%EB%A6%AC%EC%8A%A4%ED%8A%B8&re=1

괴하는 자들이 모두 나이가 많은 기성세대들로 묘사될 뿐이다. 그래서 더 의미심장하다. 각 작품에서 공통적으로 드러난 그런 묘사가 우리 사회의 기성세대에 대한 초상일 수 있기 때문이다.

---

* 이 글은 「SF 웹툰에서의 '비인간' 청소년 연구 : 〈하우스키퍼〉, 〈나노리스트〉, 〈캉타우〉, 〈숲속의 담〉을 중심으로」,「방정환 연구」 통권8호, 사단법인 방정환연구소, 2022)를 수정하여 재수록한 것임.

|4|

세계의 SF 영화와 문화콘텐츠

SF 영화에서 기억의 재현 혹은 허구의 기억을 포장하는 방식
: 영화의 시청각적 표현 스타일을 중심으로

오 세 섭

1. 논의를 시작하며

기억은 SF[1]영화에서 자주 등장하는 소재다. SF 장르[2]의 특성상 인간뿐만 아니라 다른 지적 생명체 및 안드로이드[3]가 공존하는 경우가 많은데, 이런 세계에서 인물의 정체성을 간직하고 자신이 누구인지 증명하기 위한 장치로 사용되기 때문이다. 이렇게 기억은 인간적인 것의 원형이자, 안드로이드의 녹음/녹화 기능과 구별되는 정신적 작용이라고 간주되는 듯하다.

그리하여 오래전부터 기억을 매개로 하는 SF 영화들이 만들어졌다. 〈블레이드 러너〉(리들리 스콧, 1982)처럼 필립 K. 딕의 소설을 원작으로 하는

---

[1] SF라는 용어는 1929년에 휴고 건스백이 만든 잡지 『어메이징 스토리』에서 시작되었다. 박상준 외, 『한국 창작 SF의 거의 모든 것』, 케포이북스, 2016, 169쪽.

[2] SF 영화가 정밀한 외삽(Extrapolation)과 과학적 원리를 바탕으로 해야 한다고 생각하는 사람들은 〈스타워즈〉 시리즈 등 일련의 스페이스 오페라 장르를 SF 영화로 인정하지 않는 경향이 있다. 그러나 본 연구에서는 할리우드 영화 산업에 기반한, 넓은 의미에서의 SF 장르를 다룰 것이다.

[3] 안드로이드는 『미래의 이브』(오귀스트 빌리에 드 릴아당)에서 나온 말로, 인간과 가깝게 생긴 로봇을 부를 때 사용한다. 전홍식 · 김창규, 『SF』, 북바이북, 2016, 52쪽.

영화들이나 안드로이드, 복제인간이 등장하는 영화에서 기억은 사건의 실마리를 풀어내거나 반전을 이끌어 내는 도구로, 혹은 자아정체성의 중요한 담보로 활용되곤 했다.

이런 영화에서 기억은 대부분 회상(Flash Back) 장면을 통해 표현된다. 기억을 보여주기 위해서는 사건을 재현[4]해야 하기 때문이다. 이때, 영화는 시청각적 표현 수단을 사용하여 인물의 기억(그 인물이 본 사람, 장소, 사건 등)을 복원한다. 그리고 관객들은 영화가 만들어낸 장면을―그 기억이 진짜인지 거짓인지 알지 못한 채―따라간다. 영화는 이런 식으로 관객의 시선을 붙잡으면서 내러티브를 진행시킨다.

그 동안의 연구에서는 대체로 복제인간(혹은 안드로이드)과 기억 간의 관계, 그리고 이들의 정체성 문제를 파고드는 경우가 많았다[5]. 하지만 본 연구에서는 기존에 수행되었던 기억과 정체성에 대한 철학적 접근보다는 기억을 재현하는 방식, 즉 영화의 양식적 표현 탐구에 초점을 두고자 한다. SF 영화에 등장하는 기억이 언제나 진실을 담은 것은 아니다. 때로는 기억이 조작되거나, 허구의 기억이 주입되기도 한다. 주인공의 착각을 통해 이야기가 진행될 때도 있다. 그럼에도 불구하고 관객은 재현된 기억을 신뢰하며, 인물의 행동을 지지한다. 이것은 영화가 갖는 몰입감 때문이다. 영화는 영화만의 다양한 기법과 장치를 활용하여, 회상 장면을 실제인 양 재현하는데, 여기에 관객이 반응하는 것이다.

---

[4] 국립국어원 표준국어대사전에 따르면, 재현(再現)이란 "다시 나타남. 또는 다시 나타냄"을 말한다. 국립국어원 표준국어대사전, https://stdict.korean.go.kr, (검색일 2022.12.12.)

[5] 대부분 기억과 존재의 관계성을 탐구하였다(강순규 2011; 노시훈 2017; 박소현·함충범 2020; 이연항 2020; 천현순 2020·2021; 김재웅 2022). 그 외에, 비선형적인 시간 관점에서 미래의 기억을 분석한 연구가 있었다(박영석, 2018).

본 연구에서는 진짜 기억/조작된 기억을 재현하는 영화 문법을 분석하고, 영화-관객 사이에서 일어나는 인식의 양상을 검토할 것이다. 그중에서도 특히, 시각적 형상화, 편집 기법, 사운드의 활용 등을 면밀하게 살펴볼 것이다. 이러한 접근을 통해 재현과정에서 드러나는 SF 영화의 특성을 구체적으로 분석할 수 있으며, 기억의 재현에 시청각적 요소가 어떤 영향을 미치는지 알 수 있을 것이다. 아울러 스타일의 관점에서 SF 영화의 양식을 규정하는데 도움이 될 것이다.

2. SF 영화에서 기억의 역할, 그리고 재현 기법

1) SF 영화에서 기억의 역할

기억의 사전적 정의는 "이전의 인상이나 경험을 의식 속에 간직하거나 도로 생각해 냄" 또는 "사물이나 사상事象에 대한 정보를 마음속에 받아들이고 저장하고 인출하는 정신 기능"[6]이다. 기억은 SF 영화에서 중요한 역할을 한다. 등장인물의 정체성을 판단하는 기준이 되거나 내러티브 진행을 위한 열쇠가 된다. 때로는 반전의 계기가 되는 경우도 있다.

기억의 역할	영화 내용
자아정체성의 판단	기억을 통해 자신이 누구인가를 깨닫거나 또는 의심함
사건의 진행	기억을 따라가면서 사건이 진행됨
반전의 요소	숨겨진 기억이 드러나면서 반전이 일어남

〈표 1〉 SF 영화에서 기억의 역할

---

6) 국립국어원 표준국어대사전, https://stdict.korean.go.kr. (검색일 2022.12.18.)

〈표 1〉에서 보는 바와 같이, SF 영화에서 기억은 개인의 정체성을 규정한다. 미래를 배경으로 하는 SF 영화에서는 기억 삭제(Memory Erasure)와 기억 이식(Memory Implant)이 쉽게 이루어지며, 이로 인해 인물의 정체가 뒤바뀔 수도 있다.[7] 사실 기억과 정체성 사이의 관계는 지금도 주위에서 확인할 수 있다. 치매라든지 기억상실증 같은 질병 때문에 기억을 잃고 정체성에 혼란을 느끼는 사람들이 존재하기 때문이다. SF 영화에서는 이러한 혼란을 적극적으로 활용한다. 과학기술의 발달을 가정하여, 얼마든지 기억을 수정할 수 있다고 설정하는 것이다.

기억은 사건을 진행하는 데 있어서도 중요한 역할을 한다. 특히 파편화된 기억은 미스터리와 서스펜스를 제공한다. 그래서 영화에서는 등장인물이 기억을 잃어버린 뒤 다시 기억을 되찾는 과정에서 해결의 실마리를 찾거나 새로운 사건이 발생하는 경우가 많다. 이렇게 기억은 사건의 진행에 영향을 미친다. 한편, 기억이 반전의 계기가 되기도 한다. 이런 경우에는 대부분 잃어버린 기억 또는 숨겨진 기억이 드러나면서 진실이 밝혀진다. 여기서 반전의 대상은 인물의 정체 혹은 숨겨진 사건이다. 처음에 보여준 상황이 기억이 되살아나면서 정반대로 바뀌는 것이다. 그리하여 '그 사람의 정체는 알고 보니 누구였다'라든가, '사건의 전말은 원래 이러하다'라는 식으로 재정의 된다. 이렇듯 SF영화에서의 기억은 인간의 정체성을 증명하는 장치로 활용되는가 하면, 사건을 전개하거나 긴장감을 유발하는 요소가 된다. 따라서 기억의 재현 방식은 영화에서 매우 중요한 요소가 된다.

---

[7] 노시훈, 「SF 서사에 나타난 기억과 정체성의 모티프: 영화 〈오블리비언〉을 중심으로」, 『문학과 영상』 Vol.18 No.1, 2017, 128쪽.

2) 기억 재현을 위한 영화 문법

영화는 재현에 있어서 타 예술 장르와 구별되는 특성을 가진다. 크게는 시각 요소와 청각 요소로 나눌 수 있지만, 구체적으로 들여다보면 훨씬 더 복잡한 방식으로 작동하고 있다. 영화가 기억을 재현하는 감각은 문학 작품에서 문자로 이루어진 설명이나 묘사보다 실제적이다. 그리고 회화가 가진 평면적인 시각화를 넘어서 입체적인 관점에서 표현할 수 있다. 연극처럼 배우의 연기를 통해 이야기를 진행하지만, 영화는 연극과 달리 시간과 장소를 자유자재로 바꿀 수도 있다. 더구나 영화는 다양한 쇼트와 앵글을 적절히 활용할 수 있다. 클로즈업 쇼트나 주관적인 앵글을 사용하여 연출자의 의도를 관객에게 전달할 수 있으며,[8] 카메라 움직임, 조명, CG와 D.I 등의 시각 효과를 이용하여 정교한 시각화가 가능하다. 여기에 서사적 편집을 통한 장면 구축은 물론이고, 몽타주 기법을 이용하여 이미지를 병치시킬 수도 있다.

영화에서 청각 요소는 더 교묘하게 기능한다. 영화는 대사, 음악, 효과음, 현장음 등에서 소리를 디자인한다. 그리고 연출자의 의도에 따라 소리를 추가하기도 한다. 특히, 대사는 감정의 전달뿐만 아니라 정보를 제공하는데 도움이 된다. 그리하여 대사를 통해 숨겨진 사실을 파악할 수도 있다.

---

[8] 클로즈업 숏은 현실에서는 존재하지 않는, 지극히 영화적인 시점이다. 영화는 클로즈업 숏으로 확대된 이미지를 통해 숨겨진 공간을 암시하고, 우리의 시선을 확장하며, 사물의 표정까지 드러낼 수 있다. 방기호, 「영화에서 클로즈업의 상징성 연구 - 이명세 영화 〈인정사정 볼 것 없다〉, 〈형사 Duelist〉 사례연구」, 홍익대학교 석사학위논문, 2006, 20~28쪽.

영화 문법	내 용
시각적 요소	숏 사이즈, 앵글의 종류, 카메라 무빙, 조명, D.I , 편집 등
청각적 요소	대사, 음악, 효과음, 현장음

〈표 2〉 기억의 재현 과정에 활용되는 영화의 양식들

3) 기억을 재현하는 영화들

본 연구에서 심도 있게 논의할 작품은 〈토탈 리콜〉(폴 버호벤, 1990)과 〈페이첵〉(오우삼, 2003), 〈더 문〉(던칸 존스, 2009)과 〈오블리비언〉(조셉 코신스키, 2013), 그리고 〈산책하는 침략자〉(구로사와 기요시, 2017)와 〈애프터 양〉(코고나다, 2021)이다. 이 작품들은 대중적인 교감을 목적으로 만들어졌으며, 일정 수준 이상의 완성도를 가지고 있다. 그리고 기억이 중요한 모티브로 자리하고 있다. 영화에서의 기억은 다시 회상 등의 방법을 통해 재현된다. 이들 영화 속에 등장하는 기억의 재현 방식은 크게 시각적 형상화, 몽타주 기법, 영상 이미지의 저장과 재생, 대사에 의한 전언(傳言), 메시지 전달 등으로 구분할 수 있다. 그리고 대중에게 친숙한 영화 문법을 사용하여 관객들이 쉽게 이해할 수 있도록 제작되었다.

기억 재현 방식	작품 제목	감독
시각적 형상화	산책하는 침략자(2017)	구로사와 기요시
	오블리비언(2013)	조셉 코신스키
몽타주	페이첵(2003)	오우삼
	애프터 양(2021)	코고나다
대사	토탈 리콜(1990)	폴 버호벤
	더 문(2009)	던칸 존스

〈표 3〉 분석 대상 작품들

〈산책하는 침략자〉와 〈오블리비언〉에서는 신체에 침입한 외계인 혹은 복제인간을 통해 인간과 똑같이 생겼지만, 인간과 다른 타자가 등장한다. 그리고 이러한 개체가 가진 기억의 진위를 탐색한다. 〈페이첵〉과 〈애프터 양〉의 경우, 떠오르는 기억을 장면 연결을 통해 보여준다. 〈페이첵〉은 몽타주 기법을 활용하여, 인간이 기억을 떠올릴 때 심리적으로 느끼는 파편적인 경험을 시각화하였다. 반면에, 〈애프터 양〉은 안드로이드의 하드에 담긴 메모리를 검색하다가 갑자기 조우하는 기억을 표현하였다. 그리고 그 메모리 속에 담긴 영상물의 시각적 유사성을 통해 기억과 저장의 차이를 비교하고 있다. 〈토탈 리콜〉과 〈더 문〉은 기억을 드러내는 방식이 앞선 영화들과는 조금 다르다. 〈토탈 리콜〉은 시각화된 회상 장면 대신, 대사를 사용한다. 그래서 〈토탈 리콜〉에서는 등장인물의 말에 따라 기억이 재구성되는 것을 볼 수 있다. 〈더 문〉에서는 상대방이 보낸 영상 편지가 등장한다. 이 영상에 담긴 메시지는 주인공의 가짜 기억을 강화하고, 관객을 혼란스럽게 만든다. 이 글에서는 이상의 작품을 분석하여, SF 영화가 어떤 식으로 기억을 재현하고 허구의 기억을 포장하여 드러내는지 알아볼 것이다. 그리고 이를 통해 영화가 담고자 하는 주제와 기억의 재현 양상이 어떻게 결부되는지 파악할 것이다.

3. SF 영화에서 기억을 재현하는 방식

기억은 주관적이다. 그리고 일방적이기도 하다. 누군가가 자신의 기억을 이야기할 때, 상대방은 잠자코 들을 수밖에 없다. 그런데 영화에서는 이러한 기억을 시청각적인 형상화를 통해 전달한다. 복제인간처럼 외형적으로 똑같은 캐릭터가 등장한다든지, 숨겨진 영상을 복원하여 보여주는 등 시각적 방식으로 표현한다. 그리고 대사를 통해 설명을 곁들인다. 그러다 보니, 등장인물은 물론이고 관객들까지도 재현된 기억을 신뢰하게 된다. 다음에서는 이러한 기억의 재현 또는 허구의 기억을 포장하는 방식을 크게 시각적 형상화, 몽타주, 대사 등으로 나누어 분석할 것이다.

1) 시각적 형상화를 통해 표현되는 기억

(1) 형상화된 존재를 바라보는 입장: 〈산책하는 침략자〉

〈산책하는 침략자〉에서는 인간처럼 행동하는 외계 생명체가 등장한다. 이들은 인간에게 스며들어 신체를 빼앗은 뒤, 그 사람인 것처럼 행세한다. 겉모습은 실제 사람과 똑같기 때문에 다른 이들은 변화를 눈치채지 못한다. 게다가 그 사람의 기억까지도 고스란히 살아 있다. 〈신체 강탈자의 침입〉(돈 시겔, 1956) 이래 자주 등장하는, 이른바 '신체 강탈자(Body Snatcher)' 영화의 전형이다.

〈산책하는 침략자〉의 초반부에, 나루미는 병원에 있는 남편 신지를 만나러 간다. 신지는 신지 그대로의 모습을 하고 있다. 그러나 사소한 행동이나 표정은 조금씩 달라져 있다. 잡지를 거꾸로 들고 있다든지, 나루미에게 존댓말을 쓰기도 한다. 나루미는 이런 신지가 타인처럼 느껴진다. 하지만 여전히 확신하진 못한다. 외형적으로는 달라진 것이 없기 때문이다.[9]

이후 신지가 점점 이상한 행동을 하게 되면서, 결국 신지의 정체에 의

---

9) 이것은 극중 인물뿐만 아니라 관객에게도 영향을 미친다. 그래서 관객 또한 현재의 신지가 과거의 신지와 동일 인물일 거라고 생각한다.

구심을 품게 된다. 하지만 그러는 것도 잠시, 신지가 오래된 기억을 떠올린 듯, "여기를 함께 걸은 적이 있어?"(신지), "아주 오래전에, 함께 슈퍼를 갔었지"(나루미), "오, 정말 오랜만이네."(신지) 같은 말을 건넬 때, 다시 신지를 믿게 된다. 둘만의 기억을 간직하고 있는 것처럼 보이기 때문이다.10) 여기서 신지와 똑같은 외형이 중요한 역할을 하고 있다. 기억이 아무리 정확하다 한들, 그것이 신지의 모습을 한 인물이 아니라 네모난 상자였다면, 나루미(그리고 관객들)는 그것을 신지라고 여기지 않았을 것이다. 이렇듯 기억을 매개로 사람의 정체성을 인정하는 방식에서는 형상화가 필수적이다.11)

〈쇼트 1〉 잡지를 거꾸로 들고 있는, 신지와 똑같이 생긴 외계 생명체

---

10) 엄밀하게 말하면, 신지는 기억하는 게 아니라 기억을 저장하고 있는 것이다. 예를 들어, 신지는 직장 동료와 불륜 관계에 있었다. 하지만 신지는 그것이 나루미에게 어떤 의미인지 모른다. 그래서 아무렇지도 않은 듯 나루미를 대한다. 이것은 후술할 〈애프터 양〉의 기억/저장 개념과 정반대다. 신지는 기억하지만 그 의미를 모르고, 양은 저장하지만 그것에게 의미를 부여한다.

11) 그렇기 때문에 신지가 나루미에게 자신은 외계인이라고 고백하지만 나루미가 이를 받아들이지 못하는 것이다. 나루미로서는 눈앞의 신지가, 자신이 아는 신지와 똑같이 생겼기 때문에 다른 존재라는 사실을 인정하기 어렵다. 그래서 나루미는 신지에게 정신적인 문제가 생겼다고 간주한다.

일반적으로 SF 영화는 새로운 세계를 구축한 뒤, 관객을 유인한다. 물론 그 세계만의 규칙이 새로운 적용되기 때문에, 영화의 초반부에는 진입 장벽이 될 수밖에 없다. 그러나 이 장벽을 넘는다면, 영화가 만든 세계관을 쉬이 받아들이게 된다. 여기서 중요한 역할을 하는 것이 바로 시각적 형상화다. 〈산책하는 침략자〉와 같은 '신체 강탈자' 영화들은 이러한 형상화를 통해 등장인물은 물론 관객까지 속이려 든다.[12] 중요한 건, 눈에 보이는 형상이다. 똑같이 생겼으니까 동일인이라고 주장하는 것이다. 한 번 이런 설정이 구축되면, 그 입에서 나오는 기억 속의 이야기들은 모두 그 사람의 것이라고 믿게 된다.

(2) 허구의 기억을 공유하는 복제인간: 〈오블리비언〉

조셉 코신스키의 2013년 작품 〈오블리비언〉은 인류가 모두 타이탄으로 이주한 뒤, 지구에 남아 바닷물을 에너지로 바꾸는 시설을 관리하고 외계인 약탈자를 감시하는 49번 기술요원 잭 하퍼(이하 49번 잭 하퍼)의 이야기를 다룬다. 처음에는 주인공이나 관객들 모두 이러한 내러티브를 충실하게 따라간다. 49번 잭 하퍼와 짝을 이룬 빅토리아와의 관계, 임무 수행, 그리고 2주 후에는 지구를 떠나 타이탄으로 이주한다는 설정을 받아들인 뒤, 그들의 관점에서 진행되는 사건을 바라본다. 하지만 이야기가 진행되면서 49번 잭 하퍼는 '잭 하퍼'라는 인물을 원형으로 한 복제인간 중 하나였으며, 빅토리아 또한 '원형' 빅토리아의 복제품이라는 사실이 밝혀진다. 또한, 그들이 알고 있는(혹은 기억하고 있는) 모든 이야기가 가짜라는 사실

---

[12] 게다가 영화는 1인 2역이나 CG 등을 통해 얼마든지 똑같은 모습으로 구현할 수 있다.

도 드러난다. 그러나 이를 알기 전까지, 영화의 전반부 내내 주인공과 관객은 주인공이 지닌 허구의 기억을 쫓아간다.

〈쇼트 2〉 52번 잭 하퍼(좌)와 49번 잭 하퍼(우)가 조우하는 장면

결국 49번 잭 하퍼가 자신과 똑같이 생긴 52번 잭 하퍼를 만나는 순간, 49번 잭 하퍼뿐만 아니라 관객들 또한 이들이 복제인간이라는 사실을 깨닫게 된다. 이를 위해서 톰 크루즈가 1인 2역을 수행한 49번 잭 하퍼와 52번 잭 하퍼를 모두 비슷한 쇼트 사이즈(바스트 쇼트)로 촬영한 뒤, 앞뒤로 연결함으로써 두 사람이 동일한 인물이라는 사실을 보여준다(〈쇼트2〉 참조).

원래 복제인간은 자아정체성이 희미한 존재다. 얼마든지 복제품이 나올 수 있기 때문이다. 더구나 영화에서는 복제인간이 수행하는 업무와 기능도 서로 똑같다. 이는 언제든지 서로를 대체할 수 있다는 뜻이기도 하다. 그리하여 52번 잭 하퍼의 기지에 있는 빅토리아가 49번 잭 하퍼를, 마치 52번 잭 하퍼처럼 대하는 장면을 보면서 섬뜩함을 느끼게 된다.[13]

결과적으로 49번 잭 하퍼는 수많은 복제인간 중 하나에 불과했다. 그

---

13) 〈블레이드 러너〉(리들리 스콧, 1982), 〈아일랜드〉(마이클 베이, 2005), 〈더 문〉(던칸 존스, 2009) 등의 영화처럼, 자신이 복제인간인지도 모른 채 주어진 임무를 수행하는 영화는 SF 영화에 자주 다뤄왔던 소재이기도 하다. SF 영화에 자주 등장하는 복제인간은 자아정체성이 희미해진 현대인의 모습과 비슷하다. 이들은 직장이나 조직에서 언제든지 다른 사람과 대체될 수 있다는 불안감을 반영한다.

럼에도 불구하고 49번 잭 하퍼에게 의미를 부여할 수 있는 것은, 그의 시점에서 반복되는 기억들 때문이다. 49번 잭 하퍼는 계속해서 줄리아에 관한 꿈을 꾼다. 그리고 꿈속에서 줄리아를 사랑한다. 주인공의 꿈에 등장하는 기억은 당연히 주인공의 기억일 수밖에 없다는 일반론에 덧붙여 강력한 시각 재현까지 동반되면서, 관객은 그 기억이 당연히 49번 잭 하퍼의 것이라고 간주하게 된다. 그리고 이것이 그를 특별하게 만들었다.

여기서 흥미로운 것은 실제 잭 하퍼의 아내인 줄리아의 태도이다. 49번 잭 하퍼의 기억 속에 줄리아에 대한 사랑이 남아 있는 걸 알게 되자, 줄리아는 마치 원형 잭 하퍼에게 하듯 49번 잭 하퍼를 대한다. 그리하여 49번 잭 하퍼와 사랑을 나누고, 그의 아이를 출산한다. 줄리아에게 있어서는 사랑이라는 감정이 있는 한 원형과 복제의 구분이 없어지는 것이다. 〈오블리비언〉에서 복제인간은 처음에는 허구의 기억을 이식 받았지만, 그 기억 속의 감정까지 받아들이는 순간, 그 원형과 똑같은 정체성을 갖는다. 그리하여 49번 잭 하퍼는 마치 질 들뢰즈의 시뮬라크르처럼, 독자성을 가지는 복제품이 된다.[14]

---

14) 이에 대해 노시훈은 기억을 되살려낸다면 "아무리 많은 복제인간이라 하더라도 모두 동일한 정체성을 가진 존재"가 된다고 분석하고 있다. 노시훈, 앞의 논문, 2017, 135~136쪽. 그러나 모두 같은 기억을 가진 복제인간이 있다면, 그것은 개별성을 가진 존재가 아니라 획일적 존재에 가까울 것이다. 이것은 〈신체 강탈자의 침입〉(돈 시겔, 1956)이나 〈패컬티〉(로버트 로드리게즈, 1998)에서 같은 기억과 감정을 공유하는 외계인들이 "우리는 하나"라고 말하는 것과 비슷하다. 또한, 이것은 인격 동일성(Personal Identity) 혹은 인격 정체성의 문제와도 관련이 있다. 수많은 복제인간 잭 하퍼에게 원형 잭 하퍼와 동일한 인격성을 부여하기 위해서는 먼저 여러 가지 기준이 충족되어야 할 것이다. 이중원 외, 『인공지능 시대의 인간학』, 한울, 2021, 265쪽.

2) 몽타주를 통해 복원되는 기억

(1) 파편화된 기억의 형상: 〈페이첵〉

〈페이첵〉의 주인공 제닝스는 업무상, 자신의 기억을 수시로 지우는 인물이다. 회사와의 계약을 통해 비밀스러운 업무를 수행하고, 비밀유지 차원에서 일정 기간의 기억을 삭제하는 것을 당연하게 여긴다. 그러던 어느 날, 3년 계약의 일을 마치고 3년의 기억을 지운 뒤 돌아온 제닝스는 그가 절대 하지 않았을 행동, 예를 들면 9천2백만 달러 상당의 주식을 포기하고, 불법 사업과 관련한 특허 신청서에 서명을 했다는 사실을 알고는 당혹감에 빠진다. 이렇게 〈페이첵〉은 기억을 삭제한 주인공이 과거의 자신이 벌인 행적을 추적하는 이야기다.

함정에 빠진 제닝스는 기억을 떠올리려 하지만, 삭제된 기억은 파편화되어 제대로 연결되지 않는다. 〈페이첵〉에서는 사람들이 갑자기 무언가를 기억할 때, 아마도 그럴 것이라고 생각하는 이미지를 표현한다. 우리가 또렷하지 않은 기억이라든가 흐릿한 사실을 떠올릴 때 정확하지 않은

〈쇼트 3〉 〈페이첵〉에서 파편화된 제닝스의 기억 이미지

형상이 눈앞을 스치고 지나간다고 느끼는 것처럼, 몽타주 기법을 이용하여 이미지를 불규칙하게 연결하고 있다.

〈쇼트 3〉은 제닝스가 떠올린 기억의 조각을 순서대로 연결한 것이다. 짧은 이미지 인서트(#1)가 반복해서 등장하고, 과거장면을 특정하기 위한 색보정(#2)을 기본으로 한다. 그리고 클로즈업 숏(#3), 프리즈 프레임(#4), 줌 인(#5), 익스트림 클로즈업 숏(#6) 등을 통해 파편화된 기억을 표현했다. 이러한 기억의 흐름은 계기가 있을 때마다 반복 재생되어, 관객으로 하여금 기억을 되살리고자 하는 제닝스의 노력에 동조하는 한편, 그 이미지들 속에서 실마리를 찾게 만든다.

하지만 이런 식의 재현에서는 제한된 정보만 제공되기 때문에 그를 함정에 빠트린 사람이 누구인지 알 수 없다. 아울러, 그 기억조차도 정확한 기억인지 확신할 수 없기 때문에, 주인공의 선악 여부도 판단하기 어렵다. 이렇게 〈페이첵〉에서 기억의 재현은 미스터리 장르의 규칙을 따른다. 중요한 정보를 감추는 방식으로 진실을 모호하게 만드는 것이다.

사실, 〈페이첵〉 속에 등장하는 미래에서는 누구나 손쉽게 기억을 삭제할 수 있고 삭제한 기억을 복구할 수도 있기 때문에, 필요에 따라서는 가짜 기억을 삽입하는 것도 불가능하지 않다. 그러므로 〈페이첵〉에서 기억이란 매우 가변적이며 신뢰할 수 없는 것으로 묘사된다. 그러다 보니, 연인인 레이첼을 기억하지 못하는 제닝스가 레이첼처럼 분장한 뒤 제닝스를 속이려는 여자와 키스한 뒤, 거꾸로 레이첼을 기억해 내는 일이 발생한다.

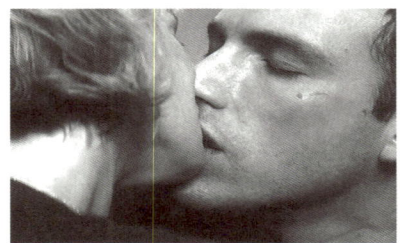 

〈쇼트 4〉 레이첼과 키스하는 제닝스(좌), 다른 여자와 키스하는 제닝스(우)

영화에서는 두 여자와 키스하는 제닝스의 모습을 똑같은 숏 사이즈와 앵글로 촬영했다. 하지만 색감을 다르게 구성함으로써, 기억 속의 장면과 현실 속의 장면이 비슷하면서도 다르다는 사실을 알린다. 이것은 명백히 관객을 위한 장치지만, 화면 속 당사자인 제닝스도 관객과 똑같이 이질감을 느낀다.[15] 두 여자가 비슷하면서도 다른 사람이라는 걸 드러내기 위해, 앵글과 숏 사이즈, 색감을 이용한 것이다.

〈페이첵〉에서의 기억은 서사적 편집이 아닌, 몽타주 기법을 통해 표현된다. 이것은 주인공과 관객에게 파편화된 이미지를 남기고, 미스터리 구조를 심화시킨다. 실제로 우리의 기억이 그러하듯, 불안정한 기억의 정보를 시각적으로 드러내고 있다.

(2) 기억과 단순 저장의 차이: 〈애프터 양〉

〈애프터 양〉에서는 안드로이드 '양'이 중심인물이다. 어느 날, 가족처럼 지냈던 양이 작동을 멈추자, 제이크는 양을 고치기 위해 이곳저곳을

---

15) 결정적으로는 레이첼로 분장한 여자의 눈동자를 보면서, 레이첼의 눈동자를 떠올리고 다시 레이첼을 기억해 낸다. 가짜가 진짜와 너무 비슷했기 때문에 오히려 진짜를 떠올리게 된 것이다.

수소문한다. 그러던 중, 양의 몸속에 불법 저장장치가 있다는 사실을 알게 된다. 그리하여 제이크는 저장장치를 재생하여 양의 과거를 살펴본다. 영화는 이러한 과정을 통해 기억의 의미, 단순한 복사/저장과의 차이를 고찰한다. 사실, "이전의 인상이나 경험을 의식 속에 간직하거나 도로 생각"[16]해 낸다는 기억의 사전적 정의만으로는 기억과 복사/저장과의 차이를 구별하기 어렵다. 〈애프터 양〉에서도 마찬가지다. 안드로이드인 양은 필요하면 얼마든지 자신이 본 것을 저장할 수 있다.[17] 그러므로 양이 녹화한 영상은 블랙박스의 동영상처럼, 단순히 기계장치의 영상 저장본일 수도 있다.

하지만 이 영화는 양이 자신의 고유한 기억을 남겼으며, 그런 기억을 간직하고 있다면 안드로이드가 아니라 하나의 주체적 생명체로 간주할 수 있다고 해석한다. 이렇게 영화는 양의 남긴 영상물이 단순 저장인가 고유한 기억인가를 추리하는 식으로 흘러간다. 여기서 양이 남겨놓은 영상물이 양의 온전한 기억이라는 사실은 시각적 형상화를 통해 드러난다. 그것은 크게 두 가지 방식으로 이루어져 있다. 첫 번째는 '에이다'라는 인물의 형상화다. 안드로이드인 에이다는 제이크가 양의 저장장치를 탐색하다가 발견한 캐릭터로, 중요한 인물인 것처럼 반복해서 등장한다.

단순하게 인간의 관점으로 생각하면, 양이라는 (남성) 안드로이드가 에이다라는 (여성) 안드로이드를 좋아하는 것으로 간주할 수 있다. 사실, 이

---

16) 국립국어원 표준국어대사전, https://stdict.korean.go.kr. (검색일 2023.01.19.)
17) 물론 이 영화에서는 안드로이드의 기억 저장장치가 인간의 사생활을 침해할 수 있기 때문에 동영상 저장을 금지한 것으로 설정되어 있다.

〈쇼트 5〉 안드로이드 에이다(좌)와 인간 에이다(우)를 바라보는 양의 시선

것만으로도 안드로이드의 일반적인 습성과 다르다고 할 수 있을 것이다. 안드로이드에게는 이성적인 호감이 있을 수 없기 때문이다. 이후 제이크는 양이 저장한 다른 영상물을 찾아보다가 에이다가 양에게 어떤 의미인지 깨닫게 된다.

아주 오래전에 저장한 영상에서는 안드로이드 에이다와 똑같이 생긴, 인간 에이다가 등장한다. 당시 양은 인간 에이다의 일생을 함께 했다. 그리고 이후에는 그 여성을 원형으로 삼은 안드로이드 에이다에게 친밀감을 나타낸 것이다. 제이크와 관객들은 인간 에이다, 그리고 인간 에이다와 똑같이 생긴 안드로이드 에이다를 기록한 영상물을 보면서, 에이다에 대한 양의 감정을 유추할 수 있다.

여기에는 숏 사이즈와 앵글이 중요한 역할을 한다. 〈쇼트 5〉에서 알 수 있듯, 인간 에이다를 바라보는 양의 시선과 안드로이드 에이다를 바라보는 양의 시선은 비슷하다. 이러한 화면의 반복을 통해 두 명의 에이다에 대한 양의 감정이 유사하다는 것을 드러내고 있다.[18]

두 번째는 공간의 형상화다. 양은 에이다가 있었던 장소와 에이다가 없

---

[18] 구체적으로는 측면 부감 바스트 숏으로, 마치 양이 보호자의 시점에서 두 에이다를 바라보고 있는 것처럼 느껴진다.

는 장소를 모두 저장하는 방식으로 에이다에 대한 그리움을 드러낸다. 일례로 〈쇼트 6〉에서처럼, 에이다가 있었던 장소와 없는 장소를 비교할 수 있도록 동일한 앵글과 숏 사이즈를 활용함으로써 에이다의 존재와 부재의 차이에서 드러나는 양의 상실감을 표현하고 있다.

〈쇼트 6〉 인간 에이다의 존재/부재를 드러내는 공간 기억

이 영화에서는 먼저 안드로이드 에이다에 관한 양의 기억을 보여주고, 이후에 인간 에이다를 보여줌으로써, 인간 에이다에 관한 애정이 시간이 흘러 안드로이드 에이다에게 이어지고 있다는 사실을 드러낸다. 이를 위해서 시각적 형상화뿐만 아니라 숏의 크기와 앵글을 통해, 감정의 연속성을 표현하고 있다. 〈애프터 양〉은 기억 속에 등장하는 인물의 동일한 형상, 양의 시선을 통해 반복되는 숏 사이즈와 앵글 그리고 존재/부재의 풍경을 통해, 안드로이드 양이 단순 저장을 한 것이 아니라, 스스로 가치 판단을 통해 선택 저장을 했다는 사실을 보여준다. 그리고 이러한 행위가 인간의 기억에 상응하는 가치를 지닌다고 말한다.[19]

---

19) 양이 저장한 영상물을 기억이라고 부르는 것은 지나치게 인간의 관점일 수도 있다. 영화 속에서 안드로이드 에이다는 제이크에게 인간은 늘 자신들 위주로 생각한다고 비판한다.

3) 대사 속에서 주조되는 기억

(1) 전언(傳)들을 통한 재현: 〈토탈리콜〉

〈토탈 리콜〉의 주인공 퀘이드는 앞서 살펴본 〈오블리비언〉의 49번 잭 하퍼나 〈페이첵〉의 제닝스처럼 기억을 삭제한 (혹은 삭제당한) 인물이다. 영화 초반, 평범한 노동자로 등장하는 퀘이드는 화성 여행을 가고 싶어 하지만 아내의 반대에 부딪힌다. 그래서 하는 수 없이 리콜이라는 여행사를 찾아간다. 이 여행사는 뇌 속에 가짜 기억을 주입하여 마치 여행을 다녀온 것처럼 기억을 꾸며주는 곳이다. 하지만 퀘이드는 기억을 주입하던 도중, 발작을 일으키고 만다. 이미 화성에 다녀온 기억이 있었기 때문이다. 하지만 퀘이드는 이런 사실이 기억에 없다.

〈토탈 리콜〉에서는 퀘이드의 기억이 시각적으로 재현되지 않는다. 따라서 기억의 영화적 표현이라 할 수 있는 회상(Flash back)도 등장하지 않는다. 대신 이 자리를 전언(傳言)이 채우고 있다. 본인은 기억하지 못하는 사실을 다른 사람들의 대사로 채우는 것이다. 〈토탈 리콜〉은 주인공의 기억이 아니라 타인의 기억으로 본인을 증명하고자 한다. 그러다 보니 〈토탈 리콜〉은 SF 액션 영화를 표방하고 있지만, 퀘이드의 기억에 관해서만큼은 미스터리 구조를 택하고 있다. 과연 퀘이드는 화성 비밀요원인가? 아니면, 악당의 하수인이었다가 정의의 편으로 돌아선 영웅인가? 혹은 정의의 편으로 돌아선 척하고는 반란군을 잡으려 한 진짜 악당인가? 어쩌면 이 모든 이야기가 실제로는 리콜이라는 여행사에서 화성과 모험이라는 테마에 맞게 주입한 가짜 기억일 수도 있다.

연출자는 이러한 내러티브를 진행하기 위해 대사를 활용한다. 시각적인 효과는 액션에 집중하고, 미스터리 구조는 음향(대사)을 활용하는 식이다. 그리하여, 전언을 통한 기억의 재현은 퀘이드의 정체성을 흔들고 있다. 눈에 보이지 않는 과거, 눈으로 확인할 수 없는 사건은 함부로 믿을 수 없기 때문이다.[20] 게다가 사람들마다 퀘이드에 대한 의견이 모두 다르다. 한쪽에서는 그가 선한 사람이라 이야기하고, 다른 쪽에서는 나쁜 사람이라고 말한다. 심지어 착한 척하는 나쁜 사람이라는 얘기도 들린다.[21] 이렇게 〈토탈 리콜〉은 시각적으로 재현하지 못하는 기억의 신뢰성을 매개로 이야기를 풀어나간다. 영화에서 기억은 정확하게 재현되지 않는다. 마치 말로 쌓아 올린 형상과 같다. 실체는 보이지 않고, 실체를 설명하는 말만 남아 있을 뿐이다. 그러므로 관객은 그 진실을 알 수 없다.

〈쇼트 7〉 두 개의 영상편지에 등장해서 정반대의 이야기를 하는 주인공

〈토탈 리콜〉은 2084년을 배경으로 지구와 화성에 새로운 세계를 창조했다. 그리고 주인공의 기억을 봉인한 채, 주변 인물을 통해서만 주인공의 과거를 설명하게 함으로써 오히려 진실을 알 수 없도록 했다. 이

---

20) 거꾸로 말하면, 시각적으로 형상화한 기억/사건은 관객의 신뢰도를 높일 수 있다는 말이 된다. 본문에서 다룬 〈산책하는 침략자〉, 〈오블리비언〉 같은 영화가 그러하다.
21) 본인이 본인에게 쓴 영상편지가 두 번 등장하는데, 그때마다 화면 속 주인공은 정반대의 이야기를 한다. 그래서 어떤 게 진실인지 파악하기 어렵다.

영화에서는 기억을 재현하지 않는 방식으로 기억을 활용한다.[22] 그리고 이것은 의혹을 증폭하는 소문이 되어 인물의 정체성을 모호하게 만들고 있다.

(2) 한 방향 메시지와 착각: 〈더 문〉

〈더 문〉의 주인공 샘은 3년 동안 달에 파견된 노동자다. 그는 달 표면에서 청정에너지를 채취하여 지구로 보내는 일을 하고 있다. 샘은 지구에 남겨둔 아내와 딸이 있는데, 통신위성의 고장으로 연락을 하지 못한다. 그래서 영상 메시지를 녹화해서 주고받으며 지낸다. 하지만 결론적으로 말하면, 샘은 3년짜리 수명을 지닌 복제인간이었다. 아내와 딸은 심어놓은 기억이며, 가족이 보낸 영상 메시지는 샘에게 주입한 기억을 유지하기 위한 가짜 정보에 불과했다. 이를 모르는 샘은 가족을 위해 일한다는 기억을 가진 채, 영상메시지를 보면서 가족을 그리워하고, 기지 안의 인공지능 컴퓨터인 거티와 일상적인 대화를 나누면서 3년의 수명을, 오직 노동을 위해 사용한다.

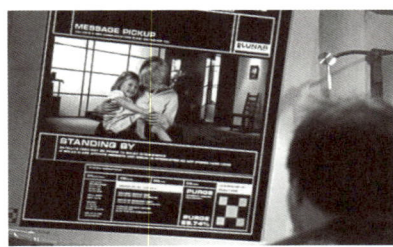 

〈쇼트 8〉 아내와 딸이 보낸 영상 메시지를 확인하는 샘

---

22) 퀘이드가 직접 등장하는 회상 씬이 없었다 뿐이지, 사람들의 전언과 소문은 모두 퀘이드를 옆에 두고 이야기 된다. 그러므로 퀘이드의 존재(시각적 요소) 또한 일정한 역할을 한다.

처음 영화를 보는 관객은 샘의 사정을 알 수 없다. 다만, 아내인 테스와 아주 어린 딸 이브가 있다는 사실을 거티와 샘의 대화를 통해 전달 받았을 뿐이다. 그리고 이러한 사실을 뒷받침하는 건, 녹화된 영상 메시지다.

여기서 중요한 건, 이 영상 메시지가 실시간 쌍방 소통이 아닌, 한 방향의 전달이라는 점이다. 영화 속에서 가족의 존재를 증명하는 건, 샘의 기억 외에는 이 영상 메시지(그리고 가족사진) 밖에 없다. 영상 속에서 샘의 아내 테스는 샘의 이름을 부르며 사랑한다고 말하고, 딸을 무릎에 앉혀 놓고는 아빠에게 인사를 하라고 말한다. 이런 방식은 메시지를 받는 당사자가 샘이라고 확신하게 만든다. 만약 한 방향 메시지가 아니라 전화나 영상 통화처럼 실시간 소통이었다면, 이 메시지가 거짓이었다는 사실을 금방 알아챘을 것이다.[23] 하지만 녹화된 메시지의 전달은 기억의 조작을 감추고, 오히려 그 기억을 공고화하였다.

〈토탈 리콜〉의 주인공 퀘이드가 주변 사람들의 전언을 통해 미지의 기억을 형상화하였다면, 〈더 문〉에서는 일방적인 메시지를 통해 자신의 가짜 기억을 확신하는 주인공의 모습을 볼 수 있다. 대사를 통해서 기억을 재현하거나 허구의 기억을 만들어낸 것이다. 이것은 마치 현대사회의 정보 전달 형태를 보여주는 듯하다. 사람들은 수많은 정보를 받는다. 특히, 영상화된 메시지는 시각적 재현을 통해 정보의 신빙성을 높이려 한다. 그리고 〈더 문〉에서 샘이 그러했듯이, 수용자는 그 메시지를 진실이라고 생각한다. 하지만 일방적인 메시지의 전달은 오류를 일으키기 쉽다. 그 진위를 확인할 방법이 없기 때문이다.

---

[23] 영화의 후반부에서 샘은 지구에 있는 딸 이브와 영상 통화를 한다. 샘은 어린 나이가 아닌, 15살이 된 이브를 보면서, 자신의 기억이 조작되었다는 사실을 확인한다.

4. 논의를 맺으며

본 연구에서는 SF 영화에서 기억을 재현하는 방식과 그것이 미치는 영향을 탐구하고자 했다. 영화 속에서 기억을 이야기한다는 건, 필연적으로 영상이나 사운드(대사)를 통해 기억을 재현하는 장면을 수반하기 마련이다. 관객은 기억이 스크린에 재현되는 순간, 이를 사실로 받아들이면서 내러티브를 이해하려고 한다. 이것은 오랫동안 영화를 향유하면서 얻게 된 습관이기도 하지만, 영화 자체가 관객의 몰입을 이끌어내는데 탁월한 시청각적 특성을 지녔기 때문이기도 하다.

사실, 영화의 모든 장면은 재현이다. 시나리오의 지문과 대사가 배우를 통해 재연(再演)되기 때문이다. 여기에 관객의 몰입을 유도하기 위한 영화 기법이 사용된다. 클로즈업 숏을 선택하고 외재음을 삽입하는가 하면, 정교한 세트와 CG를 이용하여 영화 속 이야기가 '그럴듯하다'라고 믿게 만든다. 특히 SF 영화처럼 새로운 세계를 창조하고, 낯선 생명체와 규칙이 등장하는 경우, 더 정교하고 구체적인 재현 양식을 추구하려 한다. 이렇듯 철저하게 양식화된 SF 장르에서 기억을 얼마나 세련되게 표현하는가의 문제는 주제적 의미의 구현은 물론이고, 영화 전체의 완성도에도 큰 영향을 미친다.

본 연구에서는 여섯 편의 SF 영화를 분석하였다. 신체를 강탈한 외계인과 복제인간을 통해 시각적 형상화와 기억의 재현과의 관계를 살펴봤으며, 단순 동영상 저장과 기억과의 차이를 알아보았다. 그리고 파편화된 기억을 표현하는 몽타주 기법을 분석하였으며, 전언만으로 이루어진 기억의 재현에 대해서도 알아보았다. 이를 통해 기억을 재현하는 영화적 기법의 종류와 특성을 살펴볼 수 있었다.

본 연구의 한계도 있다. 본문에서는 주로 시청각적 표현을 중심으로 기억 재현의 양식을 탐색하였다. 그러나 작품의 범위를 좁혀 심층적인 연구를 진행하는 대신 전체적인 맥락을 살피는데 머물렀다는 비판도 가능하다. 따라서 향후 연구에서는 주제, 캐릭터의 심리, 내러티브의 전개 등 세부적인 분야에서, 다양한 관점의 이론을 바탕으로 SF 영화의 재현 양상을 탐구할 것이다.

기억과 정체성의 연관성은 흥미로운 주제다. 최초의 SF 소설이라 할 『프랑켄슈타인』에서부터 기억과 정체성을 연관 짓는 시도가 있었다. SF 영화도 마찬가지다. 자신의 정체성에 의문을 품고 기억을 더듬어 문제의 근원을 해결하려는 시도가 꾸준하게 있어 왔다. SF 영화 속 세계는 기술 문명이 발전했지만 윤리의 한계는 사라진 디스토피아인 경우가 많다. 그곳에서는 복제인간과 안드로이드가 등장하고, 개인의 기억 삭제와 이식이 자유롭게 일어난다. 이런 세계에서 인간의 정체성은 희미해지고, 사람들은 불안에 휩싸이기 마련이다.[24]

이렇듯 SF 영화는 인간이 상상하는 미래 사회의 모든 것을 받아들인 뒤, 영화만의 방식으로 새롭게 재구성한다. 그 속에서 구현된 기억은 실제보다 더 그럴듯해 보인다. 하지만 그것이 진실인지 거짓인지는 중요하지 않다. 현혹되느냐 아니냐의 문제만 있을 뿐이다. 이것은 영화가 가진

---

[24] 이것은 현대인의 불안이 반영된 결과다. 조직화된 현대 사회에서 인간은 영화 속 복제인간처럼 정체성을 잃어버리고 있다. 모든 영화는 사회를 반영하고 있지만, 그중에서도 특히 불안과 공포는 당대 영화에 고스란히 담긴다. 오세섭, 『공포영화, 한국 사회의 거울』, 커뮤니케이션북스, 2020, ix쪽.

특성이자 매력이지만, 인간 그리고 우리사회가 당면한 인식의 문제이기도 하다.

---

* 이 글은 「SF 영화에서 기억의 재현 혹은 허구의 기억을 포장하는 방식」(『지식과 교양』 제11호, 목원대학교 교양교육혁신센터, 2023)를 수정하여 재수록한 것임.

SF 영화 〈소스코드〉에 숨겨진 존재와 실재의 이야기

김 홍 대

1. 논의를 시작하며

양자론은 원자보다 작은 미시 세계를 다루는 학문이다. 김춘수 시인의 국민시 '꽃'에는 이 양자론의 원리가 담겨있다. 그 이름을 불러 주었을 때 비로소 의미를 갖게 된다는 꽃의 감성적 존재론은 전자가 빛에 의해 '관측'되는 순간과 닮아있다. 전자는 어디에 있는지 알 수 없는 '파동' 형태로 '존재'하다가 빛이 부딪치는 순간 '입자'로 '실재'하게 된다.[1] 관측은 빛 알갱이가 물체에 부딪쳐 관찰자의 망막이나 카메라 렌즈로 반사될 때 이루어지므로 전자의 위치는 빛 알갱이를 포함한 세상과의 접촉이 일어나기 전까지는 특정될 수 없다. 그러나 아이러니하게도 관측의 순간에 전자는 더 이상 그 자리에 없다. 빛 알갱이에 의해 튕겨 나가기 때문이다. 전자는 여전히 '존재'하지만 그 '실재'성은 다시 모호해진다. 이것이 바로 양자역학의 내용이다.

---

[1] 빛의 파동설과 입자설. 입자설은, 우리가 무언가를 볼 수 있는 것은 사물에 부딪힌 빛 알갱이들 즉 광자(光子, photon)가 망막을 통해 신경세포를 자극하기 때문이라는 설명과 관계있다.

양자역학은 다중우주(Multi-universe)의 가능성을 설명하는데 동원되기도 한다. 해변의 파도 속에서 물 분자 하나의 위치를 특정할 수 없는 것처럼 전자의 위치는 불확정적이다. 그래서 빛 알갱이에 의한 '관측' 즉, 외부와의 '접촉'에 의해 전자의 위치가 결정될 때마다 우주가 새로이 분기된다고 한다면, 관측 또는 접촉이라는 현상의 임의성만큼 무한한 수의 우주가 실재할 수 있게 된다. '다중우주'에 대한 양자론적 해석이다. 던컨 존스 감독의 영화 〈소스코드〉가 펼쳐내는 '평행우주'는 이 다중우주라는 난해한 양자물리학의 가설에 문학적 상상력이 더해진, 말하자면 다중우주의 판타지 버전이다.

대중성을 추구하는 상업 영화의 특성상 원작 시나리오를 빽빽하게 메웠을 법한 과학적, 철학적 수사들은 잘려나가고 히어로의 갈등과 활약, 러브 라인에 이어진 감성 코드들이 그 자리를 차지했지만, 영화 〈소스코드〉의 SF 텍스트 이면에는 빙산의 몸통처럼 드러나지 않은 한층 더 거대한 SF 라인이 자리하고 있다. 본고에서는 평행우주의 가설에 따라 파생되었으나 스크린 바깥으로 모습을 드러내지 않은 채 묻혀버린 영화 〈소스코드〉의 SF 속 SF를 과학적 추론에 의해 재구성하고, 영화의 세계관에 은밀히 내재된 우리의 '실재성에 대한 합리적 의심'을 그 근거와 함께 발췌하여 공유하고자 한다.

2. 평행우주로의 타임루프

콜터는 전투 중에 입은 부상으로 신체가 훼손된 채 생명유지장치 속에 누워있지만, 그의 의식은 평행우주로 보내져 열차 폭탄테러의 범인을 추적한다. 사고가 일어나기 8분 전의 평행우주에서 열차 승객이었던 션2)의 신체로 깨어난 콜터는 폭탄과 테러리스트를 찾기 위해 고군분투한다. 그러나 8분은 순식간에 지나가고 열차의 폭발과 함께 콜터의 의식은 현실 세계로 돌아온다. 임무를 완수하기 위해 콜터는 다시 다른 평행우주로 보내지고 이렇게 8분의 타임루프Time loop는 반복된다.

　타임루프란 과거의 특정 시점으로의 시간 이동이 반복해서 일어나, 일련의 조건이 충족되기 전에는 그 루프에서 빠져나오지 못한다는 SF적 설정을 가리킨다. 〈소스코드〉와 같이 타임루프를 소재로 한 작품들은 적어도 흥행 면에서는 좀처럼 실패하기 어렵다. 〈사랑의 블랙홀〉(groundhog day, 1993)을 비롯하여 〈레트로액티브〉(Retroactive, 1997), 〈엣지 오브 투마로우〉(Edge of tomorrow, 2014), 〈해피 데쓰데이〉(happy death day, 2017), 〈리스타트〉(Boss level, 2021) 등 많은 작품들이 '반복'되는 시간을 통해 '개선'을 이루어 내고 마침내 성취에 이른다는 히어로의 성장 공식을 따른다. 신화적 세계관을 뿌리로 가진 서양문학의 전통을 충실하게 계승한, 실패와 좌절, 그리고 불굴의 도전, 마침내 얻어내는 승리로 이어지는 텍스트는 그 뻔한 결말에도 불구하고 관객의 유전자에 아로새겨진 몰입의 유도로를 어김없이 찾아내어 자극한다.

　SF의 형식을 취한 타임루프 스토리의 관전 포인트는 타임루프가 생성되는 방식이다. 〈레트로액티브〉는 입자가속기를, 〈엣지 오브 투마로우〉

---

2) 폭탄 테러가 발생한 열차에 타고 있던 역사교사. 영화 속에서 제이크 질렌홀(콜터 역)이 연기하는 콜터의 얼굴로 표현되지만 실제로는 콜터의 의식이 션의 신체를 빌린 형태이다. 따라서 크리스티나는 션의 몸을 가진 콜터를 사랑하게 되는 셈이다.
3) 영화 속 미믹(Mimic) 종족은 알파 계급의 미믹이 죽게 될 경우 시간을 리셋하여 상황을 학습한다. 인류와의 전투에서 절대 패하지 않는 이유다.

는 지구를 침략한 외계종족이 가진 특별한 능력을[3], 〈리스타트〉는 양자터널[4] 장치를 등장시켜 루프를 허용한다. 이렇게 현실 세계에서 일어나는 타임루프에는 '타임라인의 모순'[5]이라는 위험 요소가 숨어 있다. 이를테면 과거로 돌아가 자신의 아버지나 할아버지의 삶을 바꾸는 경우 자신이 태어나지 않게 될 수도 있다는 것이다. 앞서 언급한 세 편의 작품들에서 루프의 주기가 짧게 설정된 이유다.

그래서인지 〈소스코드〉는 루프가 일어나는 공간으로 평행우주의 개념을 도입하고 루프의 주기를 8분으로 더 졸라맸다. '평행우주'와 '8분'은 자칫 진부하게 느껴질 수 있는 타임루프 소재에 생동감을 덧입히고 긴장의 고삐를 죄는 〈소스코드〉의 중심 프레임이다.

객체지향 프로그래밍에 익숙한 사람이라면 소스코드 장치가 가동될 때 드러나는 평행우주들을 현실 세계의 '인스턴스instances'[6]로 부르는 것에 공감할 것이다. 이 인스턴스는 양자역학이 설명하는 전자처럼 그 속에서 콜터가 깨어날 때 비로소 인식되는 우주다. 8분 안에 임무를 완수하지 못한 콜터는 폭발과 함께 죽음을 맞이함으로써 그 인스턴스에서 빠져나와 현실세계로 돌아오지만, 그것이 그 평행우주의 종말을 의미하는 것은 아니다. 매 루프마다 바뀌는 콜터의 행동에 따른 '나비효과'로 각

---

4) 터널 효과(tunnel effect) 또는 터널링(tunneling). 양자역학에서 원자핵을 구성하는 핵자가 그것을 묶어 놓은 핵력의 포텐셜 장벽보다 낮은 에너지 상태에서도 확률적으로 원자 밖으로 튀어 나가는 현상을 말한다. (https://ko.wikipedia.org/wiki/). 〈리스타트〉에는 '오시리스 스핀들(Osiris Spindle)'이라는 양자터널 장치가 등장한다.
5) 타임 패러독스(Time Paradox) 또는 Grandfather paradox로 불리운다.
6) 컴퓨터 사이언스(computer science), C++와 같은 객체지향 프로그래밍 언어 등에서 사용되는 개념으로, '일반적인 경우에 대한 실제적인 특정 상황으로 실현된 경우'라는 의미를 가진다.

각의 평행우주 인스턴스들은 조금씩 달라졌을 것이고, 그 속에서도 사람들의 삶은 계속 된다.

여기에 〈소스코드〉의 '이스터 에그Easter egg'[7]가 있다. 콜터가 폭발사고를 막지 못한 인스턴스에서는 현실 세계에서와 동일하게 루트리지 박사가 기다리던 소스코드 장치의 시험 기회가 주어진다. 굿윈은 소스코드 장치를 가동하여 다른 평행우주(아들 인스턴스)로 콜터를 보낸다. 이때 생성된 아들 인스턴스는 또 소스코드 장치를 사용함으로써 수많은 타임루프의 손자 인스턴스를 만들고 각각의 인스턴스들은 또다시 증손자 인스턴스를 만드는 과정이 프랙탈fractals 처럼 무한히 분기되며 이어진다. 그 분기들은 콜터가 범인을 찾고 폭탄을 해체하는 마지막 인스턴스에 이르러서야 멈춘다.

3. 〈소스코드〉의 SF 요소

사실 〈소스코드〉는 엄밀한 과학적 고증을 거친 하드 SF로 분류되기는 어렵다. 콜터의 의식을 평행우주로 밀어 넣는 소스코드 장치 하나에 모든 SF 요소를 구겨 넣었다. 이 장치는 콜터의 의식, 기억을 컴퓨터가 처리할 수 있는 정보로 변환하고, 콜터가 현실 세계에서의 자신을 인식하고 존재감을 가지도록 하기 위한 가상 공간을 구성해 주며, 콜터의 의식을 평행우주 속 션의 신체로 이동시켜 준다. 여기에 동원되는 과학 이론은 가상현실, 뇌-컴퓨터 인터페이스(BCI, Brain-Computer Interface) 기술 그리고

---

7) 영화, 책, CD, DVD, 소프트웨어, 비디오 게임 등에 숨겨진 메시지나 기능을 뜻한다. (https://ko.wikipedia.org/wiki/).

평행우주 이론이다.

　영화 속에 등장하는 가상현실의 공간은 현실 세계의 콜터가 자신을 인식하는 장소인 캡슐 내부이다. 콜터는 자신이 상반신만 남아 뇌가 컴퓨터에 연결된 채 생명유지장치가 달린 챔버 속에 누워있다는 사실을 절대 지각할 수 없다. 콜터의 의식은, 신경다발을 통해 전달되는 신체 감각이 아닌 가상현실 소프트웨어에 의해 정교하게 모의된 인공 감각을 바탕으로 구현된다. 콜터는 자신의 손으로 안전벨트를 풀고 연장을 꺼내서 캡슐의 벽을 두드리거나 전선을 연결한다고 생각하지만, 그런 활동들은 모두 콜터의 뇌와 컴퓨터의 상호작용으로 인해 일어나는 가상 체험일 뿐이다.

　그러한 가상현실을 구성하고 굿윈과의 대화를 가능하게 하는 것이 바로 뇌-컴퓨터 인터페이스(BCI) 기술이다. 굿윈의 음성과 카메라 영상을 뇌가 인식할 수 있는 전기신호로 재구성해서 콜터의 뇌에 전송하고, 반대로 콜터 자신이 발화했다고 인식하는 내용을 대뇌피질에 연결된 전극으로 해독해서 텍스트 형식으로 굿윈에게 전달한다. 굿윈이 "릴리는 이브닝 드레스에…"라는 문장으로 연상기억(associative memory)[8]을 확인하는 과정이나 "메모리를 지우고 초기화하라"는 루트리지 박사의 지시는 콜터의 기억이 컴퓨터에 업로드되었음을 알려 준다. 아직 BCI 기술이나 소스코드 장치가 완전하지 않아 여러 명의 피시험자 가운데 콜터의 뇌만이 유일하게 소스코드 장치와의 BCI 가동에 성공하였고, 그런 이유로 루트리지 박사는 콜터를 놓아주지 않으려 한다.

---

[8] 컴퓨터의 기억장치 속 정보에 접근하기 위하여 주소를 사용하는 것이 아니라, 기억된 정보의 일부를 이용하여 원하는 정보가 기억된 위치를 알아낸 후 그 위치에서 나머지 정보에 접근하는 것을 의미한다.

던컨 존스 감독의 전작인 〈더 문〉(The Moon, 2009)에도 BCI 기술은 등장한다. 샘은 달 기지에서 혼자 근무하며 헬륨-3를 채취해서 지구로 보내는 임무를 수행한다. 그는 3년의 근무 기간을 마치고 지구로 돌아가 가족과 재회하는 것을 꿈꾸지만 사실 가족에 대한 샘의 기억은 컴퓨터에 의해 주입된 것이다.[9] 이렇게 SF 작품에서 흔히 사용되는 의식의 업로딩이나 기억의 주입은 BCI 기술이 충분히 성숙하여야 비로소 가능해진다. 그러나 860억 개의 뇌 속 신경세포와 100조 개가 넘는 시냅스가 만들어내는 연결 패턴을 해독해내는 일은, 이제 겨우 210개 정도의 뇌파 전극을 사용하기 시작한 현재의 기술력으로는 요원해 보인다.

4. 소스코드 장치가 평행우주 인스턴스를 생성하는 방식

평행우주의 개념은 〈소스코드〉를 지지하는 핵심 장치이지만 영화는 콜터의 의식이 션의 몸을 빌려 평행세계로 들어가는 과정을 친절하게 설명해주지 않는다. 게이트 역할을 하는 소스코드 장치는 루트리지 박사의 연구실 안에 꾸며진 컴퓨터 시스템으로만 묘사될 뿐이다. 사망한 션의 뇌세포 속에 잔상으로 남은 8분의[10] 기억을 추출하는 일은 훼손된 션

---

[9] 샘은 수명이 제한된 복제인간이다. 어느 날 기계의 실수로 샘과 똑같은 외모와 기억을 가진 후임 복제인간과 마주치게 되면서 상황은 꼬이기 시작한다. 던컨 감독은 이와 같이 과학기술이 야기할 수 있는 모순적 상황을 파고들어 인간의 내면이나 세상을 바라보는 시점에 대하여 이야기를 풀어내는 데 재능을 보인다.

[10] 굿윈은, 사망 후에 뇌가 기억을 보존하는 시간이 8분이므로 그 안에 평행우주 속에서의 임무를 완수해야 한다고 콜터에게 설명한다. 실제로 심장 박동을 멈춘 임상적 죽음 이후에도 짧은 시간 동안은 뇌 속 신경세포 간 신호 전달이 일어날 수 있다. 그러나 뇌 혈관을 통한 산소 공급이 중단되면 정상적인 의식 활동은 제한되고 기억도 온전히 유지

의 대뇌피질에 침습형 전극을 삽입하는 것과 같은 혹독한 외과적 처리를 포함하였을 것이다. 폭발이 일어나기 전에 열차에서 내린 생존자의 기억을 이용한다면 콜터의 의식을 더 이전으로 보내서 시간을 벌 수 있겠지만, 살아있는 사람을 대상으로 하는 시술은 의학적으로 제약이 있었을 것이다.

굿윈이나 루트리지 박사에게 평행우주는 "죽은 자의 기억 속에 있는 허상(shadow)"이었다. 굿윈의 이 대사는, 현실로 묘사되는 그 세계조차 프랙탈 우주 속 하나의 인스턴스일 뿐이라는 숨겨진 반전의 메타포다.[11] 그들은 8분이 경과한 뒤에도 콜터가 평행우주 속에서 삶을 이어갈 수 있다는 사실을 알지 못했다. 그들의 우주에서 소스코드 장치의 비밀을 아는 사람은 오직 한 사람, 콜터 뿐이었다.

이러한 설정은 이미 〈매트릭스〉(Matrix, 1999~) 시리즈나 스티븐 스필버그 감독의 〈레디 플레이어 원〉(Ready Player One, 2018), 〈토탈 리콜〉(Total Recall, 2012)과 같은 가상현실을 다룬 작품들을 통해 관객에게 익숙하다. 〈매트릭스〉의 우주는 소프트웨어에 의해 시뮬레이션 되는 거대한 메타버스다.

우주 만물이 존재하는 방식과 그 상호작용을 설명하는 '질서'를 안다면 우주 전체를 시뮬레이션하는 것도 가능해진다. 기술적 특이점[12]을 넘

되기는 어렵다. '8분'이란 타임루프 주기는 플롯상의 긴박감을 조성하기 위한 설정일 뿐 과학적 근거는 없다.

11) 하지만 거슬러 올라가면 결국에는 소스코드 장치의 가동이 처음 시작된 현실 세계에 도달하게 될 것이므로, 그 반전은 영화적 효과가 크지 않다.

12) 일반적으로는 기울기가 갑자기 바뀌어서 미분값이 존재하지 않는 수학적 불연속점을 가리키지만, SF 장르에서 특이점은 기술 변화가 매우 가속되어 그 다음에 무슨 일이 일어날지 예측하거나 그 이후에 존재하는 개체들의 생활을 이해하기 불가능해지는 지점을 말한다.

어선 기계 문명이든, 초월적 지성을 지닌 미지의 존재이든, 고전역학이나 상대성이론, 양자역학과 같은 인류의 물리학이 하나로 엮어내지 못한 통합적 이론을 수학적으로 구현해 낸다면, 우주의 모든 구성요소를 모델링하고 우리가 아바타 게임 속에서 메타버스를 창조하듯 우리 우주를 소프트웨어로 시뮬레이션할 수 있게 되는 것이다. 시뮬레이션 우주야말로, 〈인터스텔라〉(Interstellar, 2014~)에서 웜홀Wormhole[13]과 테서랙트Tesseract[14]를 만든 존재가 있었다고 설정한 것과 같은 난해한 가정 없이도 평행우주를 설명할 수 있는 '만능'의 가설이다.

    소스코드로 인스턴스를 생성하듯이 평행우주는 무한히 분기되고[15], 분기된 인스턴스들은 또 하위 인스턴스를 분기시킬 수 있다. 루트리지 박사팀이 시뮬레이션 우주의 '소스코드'를 해킹하는데 성공함으로써 인스턴스를 분기시켜 기억과 의식을 전송하는 방법을 찾았고 그것이 바로 '소스코드' 장치라고 한다면 영화 속 모든 전개의 인과관계가 들어맞는다. 타임루프를 가동하는 장치의 이름인 '소스코드'는 영화 속 평행우주의 '출생의 비밀'에 다가갈 수 있는 암호 '코드'인 것이다.

---

13) 서로 다른 두 공간, 또는 멀리 떨어진 두 지점을 잇는 가상의 통로.
14) 3차원의 존재인 쿠퍼가 과거의 딸과 연결될 수 있도록 영화 속의 초월적 존재들이 구성한 4차원 초입방체(hypercube) 공간. 중력의 매개입자를 통해 과거의 딸에게 메시지를 전달한다는 설정.
15) 분기란 원래의 줄기에서 특정 시점에 새로운 가지가 뻗어 나가는 것이다.

5. 각성과 실재

앞서 언급한 〈매트릭스〉나 〈레디 플레이어 원〉, 〈토탈 리콜〉 같은 작품들에 등장하는 시뮬레이션 프로그램은 모두 첨단의 뇌-컴퓨터 인터페이스 기술을 기반으로 한다. 뇌 속의 신경세포를 자극해서 감각하고 인지하도록 하는 것이다. 〈소스코드〉의 콜터는 컴퓨터가 구성한 가상의 조종석을 현실 세계로 인식한다. 정교하게 구성된 시뮬레이션 프로그램으로 들어가는 순간, 〈레디 플레이어 원〉의 빌런인 놀란이나 〈토탈 리콜〉의 더글라스 퀘이드처럼 등장인물들은 더 이상 현실 세계와 시뮬레이션을 구분할 수 없게 된다.

반면에, 〈매트릭스〉 시리즈의 4번째 작품인 〈매트릭스: 리저렉션〉(The Matrix Resurrections, 2021)에서 트리니티는 시뮬레이션(매트릭스) 속 삶을 버리고 실재의 삶을 선택하고, 〈레디 플레이어 원〉의 주인공 웨이드는 암울한 현실세계 대신 시뮬레이션 게임 속의 삶을 선택한다. 둘의 공통점은 시뮬레이션과 실재하는 우주를 구분할 수 있는 '각성' 능력이다. 시뮬레이션 바깥 우주에서의 자신의 실재성에 대한 지각이 있어야 가능한 일이다.

콜터가 '각성'에 실패한 것은, 익숙한 우주의 법칙 속에서 감각하고 자아를 인식할 때 비로소 '실재'하는 것으로 지각하도록 훈련되어 왔기 때문이다. 우리 의식은 감각기관을 통해 보고 듣고 만져서 느끼는 것들과, 자신이 경험하여 기억 속에 저장해 둔 우주의 법칙을 비교함으로써 '실재'를 인식한다. 피터팬처럼 하늘을 날거나 물속에서 아무렇지 않게 인어공주와 대화하고 있다면, 그것이 현실이 아닌 꿈속이라는 것을 쉽게 알아챌 수 있는 이유다. 무의식중에 지득한 우주의 법칙에 위배되기 때문이다.

새벽 호수의 수면 위로 피어오르는 푸르스름한 물안개의 아름다움이나 파리 떼 들끓는 냄새나는 쓰레기 더미의 적나라한 리얼리티와 같은 자연현상을 구현하는 수준의 시뮬레이션이라면 호모 사피엔스의 감각을 유린하는 실재감을 얻어내기에 충분하다. 더구나 캡슐 내부라는 제한된 공간에 구현된 완벽한 가상현실이라면 콜터는 외부의 도움없이 스스로는 '각성'되기 어려웠을 것이다. 우주의 법칙에 대한 완벽한 시뮬레이션이라는 가설은 그 속에서 가상의 삶을 영위하는 인식의 주체가 자신의 실재성에 대하여 '각성'하는 것을 허용하지 않는다.

컴퓨터와 연결된 사람의 뇌 없이도 소프트웨어만으로 '실재'를 인식하는 주체가 될 수도 있다. 테드창Ted Chiang의[16] 소설 『Lifecycle of Software』에는 스스로 사유하며 지적으로 성숙해가는 인공지능 아바타인 'Jax'가 등장한다. 일종의 메타버스 게임 속 캐릭터인 Jax는 게임 개발자가 창조한 소프트웨어 우주에서 '게임의 법칙'에 의거하여 자신의 '존재'를 인지한다. '실재'의 범위를 우주의 기본원소로 구성된 물리적 실체로 한정한다면 Jax의 '실재성'은 인정되지 않겠지만, 적어도 Jax의 우주 속에서 Jax는 '존재'한다. 어느 날 Jax의 주인인 Ana가 처음으로 Jax의 프로그램을 물리적 신체를 가진 로봇의 인지시스템에 업로드한다. Jax는 그 자신의 우주 밖, 인간의 우주에 '실재'하게 된 것이다. 인간의 시각과 유사한 형태의 센서를 얻게된 Jax는 햇빛이 쏟아져 들어오는 창가에 선 순간 혼란에 빠진다. 그의 우주에서 한 번도 경험해 본 일이 없는 현상, 새로운 '법칙'

---

[16] 미국의 SF 작가. 영화 〈컨택트〉의 원작 소설인 『Stories of Your Life』 (네 인생의 이야기) 등 다수의 베스트셀러를 저술했다.

을 마주한 것이다.

 Jax의 소프트웨어 우주는 우리 우주에 비해 단순하기 이를 데 없는 적은 수의 '법칙'으로 운영된다. 만약 그 메타버스 게임이 현실 세계에 가까울 만큼 정교하게 구현되었다면, 그래서 Jax가 진짜 우주의 법칙이 만들어내는 삼라만상을 경험하였다면, Jax가 자신의 실재를 인식하는 방식도 우리의 그것과 흡사하게 발전되었으리라. 그러나 Jax가 소프트웨어 우주 속에 있는 한 바깥의 진짜 우주를 지각할 수 있는 방법은 없다. 같은 이유로, 인간이 Jax의 소프트웨어 우주를 컴퓨터 서버 속에 구현한 것처럼 우리 우주가 어떤 초월적 지성에 의해 만들어진 시뮬레이션이라고 해도, 우주 바깥의 존재 양식을 경험해 보지 못한 인류는 결코 그 사실을 깨달을 수 없다. 그렇다. 우리는 우리의 실재성을, 우리가 '각성' 상태임을, 스스로 증명할 길이 없다.

6. 논의를 맺으며

 〈소스코드〉의 평행우주가 소스코드로 만들어진 시뮬레이션이라는 가설은, 양자론을 동원한 근사한 물리법칙의 구성을 기대했던 하드 SF 매니아에게는 실망스러운 해석일지도 모른다. SF적 상상력의 한계인가? 뇌과학의 관점에서 인간의 상상력은 무한할 수 없다. 이미 뇌 속에 입력되어 신경세포들의 연결 패턴으로 저장되고 활성화되는 정보의 재구성에 한정된다. 직접적이든 간접적이든 경험하지 못한 것을 상상할 수 없다는 뜻이다. 상상력의 한계 바깥에 존재하는 미지의 가능성을 뉴턴역학이나 양자역학으로 기술해 낼 수는 없다. 과학과 비과학, SF와 판타지의 경계를 애써 규명하고자 하는 노력이 때로 무의미하게 느껴지는 이유다.

　소스코드로 만들어진 시뮬레이션이건 우주의 경계 너머에 있는 또 다른 우주이건17), 만약 평행우주가 존재하고 또 우리가 그 사실을 안다면 우리의 삶은 달라질 것인가? 아마도 그럴 것이다. 보이지는 않지만 나와 똑같은 자아가 수없이 많다는 것을 인지하는 것만으로도 우주에 단 하나뿐인 유니크한 존재로서의 나의 존엄성을 주장할 근거는 모호해질 수밖에 없다. 역사에 길이 남을 위대한 창작자들의 예술혼, 그들의 작품에서 뿜어 나오는 영적 에너지, 호모사피엔스의 긍지를 지켜온 숭고한 휴머니즘의 정신에서 김빠지는 소리가 들릴지도 모른다. 우주의 시간에 비교한다면 그야말로 전광석화의 찰나를 살다 가는 가뜩이나 무상한 삶이 누군가에게는 더 덧없게 느껴질 것이다.

　그러나 마지막 인스턴스의 열차 속에서 평범한 일상의 짧은 행복으로 환하게 펴진 승객들의 얼굴과 크리스티나의 애잔하게 젖은 눈빛이 멈춘 그 정지화면의 순간에, 콜터의 담담한 듯 감은 눈에 전사되어 우리를 숨죽이게 한 '삶'에 대한 애착은 그래서 더 역설적이고 또 아름답다. 8분 후의 세상은 콜터에게 있어서 예기치 않았던 반전이다. 클라우

---

17) 평행우주의 개념은 '시간의 비대칭성(time asymmetry)'과 연관지어 설명되기도 한다. 시간은 다른 물리량과는 달리 일차원의 일방통행이기 때문에 물리적 조건이 동일한 경우의 모든 사건은 동일한 형태로 진행될 수밖에 없다는 논리다. 관측 가능한 우주의 경계 너머에서 똑같은 빅뱅이 무수히 일어나 우리 우주와 한 치의 오차도 없이 완벽하게 똑같은 우주들이 수없이 존재하고, 그 모든 우주에서 똑같은 역사가 진행되고 있을 것이라는 논리로 평행우주론을 설명할 수 있다. 소스코드 장치는 평행우주를 연결하는 웜홀을 순간적으로 열어주는 역할을 하는 것으로 볼 수 있다. 그러나 랜덤변수 없이 공기 속 산소 원자 하나의 전자장 분포까지 동일해야 하는 이 가설은 그야말로 결정론의 끝판왕이며 확률론적 배경을 가지는 양자역학의 이론에도 배치된다.

드 게이트[18]에 비친 시카고의 스카이라인을 배경으로 자신이 온전히 살아있음을 확인하는 제이크 질런홀(콜터 역)의 절제된 표정을 통해, 우리는 〈아바타〉(Avatar, 2009)에서 또 다른 제이크가 처음 나비족의 몸을 얻어 판도라의 땅을 밟고 펄쩍펄쩍 뛰던 순간 우리의 뇌 속 변연계[19]를 자극했던 홍분과 재회한다. 해병 제이크의 불편한 다리에, 챔버에 갇힌 제이크(콜터)의 훼손된 신체에, 우리가 사는 일상의 그렇고 그런 구속된 삶이 투사되었기 때문이리라. 〈소스코드〉의 SF적 가치는 그것으로 충분하다.

---

* 이 글은 「영화 《소스코드》에 숨겨진 또 다른 SF」(「고고학에서부터 언어학까지로의 인문학 여행」 제11회 문원학술대회 자료집, 충남대학교 인문과학연구소, 2023)를 수정하여 재수록한 것임.

---

18) Cloud Gate. 시카고 밀레니엄 파크의 초대형 스테인리스 조각작품. 이 게이트를 통과할 때 상이 왜곡되게 반사되어 보이는 현상을 통해 소스코드 장치로 평행우주 사이를 이동하는 것을 암시하고자 한 연출 의도가 엿보인다.
19) 뇌의 대뇌피질과 간뇌 사이에 위치하여 감정이나 행동, 동기부여 등에 관여한다.

SF 영화 〈승리호〉와 〈유랑지구〉의 문학적 상상력과 과학적 개연성

우흔동* · 윤석진**

1. 논의를 시작하며

한국과 중국의 SF 영상 콘텐츠는 과학기술 발전과 맞물려 빠르게 변화하고 있다. 특히, 2020년을 전후한 시기에 한국의 〈승리호〉와 중국의 〈유랑지구流浪地球〉가 거의 동시에 제작되면서 SF영화의 본격적인 출발을 알렸다. 미국이나 유럽과 비교하여 SF 관련 콘텐츠가 부족한 동아시아에서 〈승리호〉와 〈유랑지구〉는 도래하지 않은 현실로서의 미래와 미지의 세계에 관한 상상을 본격화하면서 동양 SF 영화의 매력을 세계에 보여주었다. 〈승리호〉와 〈유랑지구〉를 계기로 동아시아의 SF 영화에 관한 논의의 필요성이 제기되고 있지만, 아직 작품 편수가 많지 않은 점이 한계로 지적된다. 그럼에도 본고는 조성희 감독의 〈승리호〉와 궈판郭帆 감독의 〈유랑지구〉를 비교하여 한국과 중국 SF영화의 특징을 도출하고자 한다.

〈승리호〉는 2092년의 우주를 배경으로 한 SF 영화이다. 영화 속 지구

---

* 주저자
** 교신저자

는 숲이 사라지고 사막으로 뒤덮였다. 이에 인류는 우주 위성 궤도에 '시민거주단지 UTS(Utopia above The Sky)'[1]를 만든다. UTS는 주거 지역을 포함하여 상업 단지, 호텔, 정거장이 있는 우주 사회다. UTS에 살 수 없는 사람들은 '비시민 거주 단지'에 모여 산다. 이들은 지구 출신 우주 노동자, 즉 우주 빈민들이다. 우주 빈민들이 UTS에 살지 못하는 이유는 UTS를 건설한 기업에서 5% 가량의 인류만 선발하기 위해 정한 기준을 충족하지 못했기 때문이다.

영화의 배경설정은 집필 단계에서부터 기존의 한국 영화에서 볼 수 없었던 미래 도시 경관, 우주선 안팎의 전투 장면과 우주를 구상했고, 국내 8개 VFX 기업의 특수전문가 1,000여 명이 참여하여 영상으로 구현하였다.[2] 그 결과 〈승리호〉는 기존의 한국 영화에서 볼 수 없었던 스페이스 오페라[3] 장르를 개척했다는 점에서 주목을 받았다.[4] 그러나 다른 한편

---

[1] UTS(Utopia above The Sky)는 2092년, 우주개발기업 UTS가 병든 지구를 피해 위성 궤도에 만들어낸 인류의 새로운 보금자리. 우주 상업 단지, 호텔, 정거장 등 거대한 우주 사회를 이루고 있다. 이와 함께 이를 운영하는 기업 이름이다.
[2] 단소일·이미선,「SF영화 〈유랑지구〉와 〈승리호〉의 해외 관객 수용양상 비교 연구」,『한국웰니스학회지』17권2호, 한국웰니스학회, 2022. 113-120쪽 참조.
[3] 스페이스 오페라는 우주를 무대로 전개되는 SF 활극물 (cloak-and-sworder)로, 〈스타워즈〉, 〈스타트랙〉시리즈가 유명하다. 기존 한국영화에도 〈설국열차〉와 같은 SF 장르는 꾸준히 있었지만 〈승리호〉처럼 우주를 전면에 내세운 영화는 없었다.
[4] 「'승리호' 우주에서도 치열한 한국인… 한국형 SF 블록버스터의 탄생」(『스포츠서울』, 2021.01.20.),「베일 벗은 '승리호'… 이제는 'K-좀비' 넘어 'K-SF'」(『MBN』, 2021.02.07.),「베일 벗은 '승리호', 한국형 SF 신화 새로운 장 열까」(『일요신문』, 2021.02.02.),「'승리호'에 쏟아진 호평과 혹평, 그럼에도 확실한 사실」(『오마이뉴스』, 2021.02.08.),「'승리호' 뜨거운 국내외 반응 공개… "한국 영화의 역사적 우주 상륙"」(『스포츠조선』, 2021.02.12.),「한국 최초 SF '승리호'가 거둔 절반의 승리」(『오마이뉴스』, 2021.02.14.).

으로는 〈승리호〉가 할리우드 영화를 답습할 뿐 새로운 시도가 보이지 않고,5) CG만 돋보일 뿐, 이야기 플롯이 평면적이고 한국식 가족 스토리텔링 구조를 답습했다는 비판을 받기도 했다.6)

〈유랑지구〉는 2075년을 배경으로 영하 70도의 이상 기후와 함께 지구가 목성과 충돌하여 소멸한다는 재앙에 맞서 태양계에서 지구를 옮기기 위해 지구 표면에 수만 개의 엔진과 조향 엔진을 건설하여 태양계를 벗어나려는 인류이민계획에 관한 내용을 다룬다. 원작 소설이 생존 위기에 직면했을 때의 인간적 무력감과 절망을 표현했다면, 영화는 인간의 심적 회복과 인류애의 따뜻함을 보여주며 중국의 가족애, 영웅 심리, 헌신, 국제적 협력 개념을 반영하였다. "영웅이 세상을 구하는 것이 아니라, 인류 전체가 협력하여 운명을 개척해 나가야 한다."는 주제의식에서 할리우드 SF영화와 차별화되어 있다. 특히 더 나은 미래를 위한 인류의 비전을 제시하기 위해 중국 고유의 사상과 가치를 결합한 점이 특징적이다. 〈유랑지구〉 이전의 중국 SF영화는 질적・양적인 차원에서 할리우드와 비교조차 할 수 없었다.7) 하지만 〈유랑지구〉의 흥행 성공으로 중국에서도 '하드 SF영화'를 제작할 수 있다는 자신감이 생겼다. 다만, CG기술이 할리우드

---

5) 승리호에 대한 혹평은 아래 기사에서 확인할 수 있다. 「승리호'vs '패배호'」,『블로터』, 2021.02.07.),「〈승리호〉 설정들, 다 본 것 같은 이유」(『파이낸셜뉴스』, 2021.02.11.).
6) 박세준・진은경,「〈승리호〉와 미래 그리고 에코페미니즘」,『문학과환경』, 20권2호, 문학과환경학회, 2021. 201-228쪽 참조.
7) 〈유랑지구〉는 제작비 약 4,758만 달러에 이르는 블록버스터급 영화로, 다른 중국 영화들과 달리 제작비 대부분을 배우 섭외비용이 아닌 순수 제작에만 투자하였다. 또한, 출연 배우들의 출연료가 백만 위안이 안 되었고, 중국 영화계에서 유명한 배우 오경(吳京)은 개런티 없이 출연하기도 하였다. 〈유랑지구〉는 2019년 2월5일 개봉 이후 전 세계적으로 총 6억 9,900만 달러의 수익을 창출하여 흥행에서도 성공하였다.

SF 영화와 비교하여 아직 부족하고, 인물을 부각할 때 목적성이 강하고 자연스럽지 않다는 지적과 함께, 주제와 형식적인 면에서 SF영화라기보다 재난영화에 가깝다는 비판을 받기도 했다.

 우주를 배경으로 하는 〈승리호〉와 〈유랑지구〉는 한국적인 가족 서사와 보편적인 재난 서사라는 점에서 일정한 차이가 있다. 〈승리호〉는 현재의 과학이론과 기술에 따라 미래를 상상하면서 가족의 개념을 새롭게 정립하는 반면, 〈유랑지구〉는 과학적 원리의 조건을 바꾼 이론으로 새로운 이론을 상상하여 인류의 재난을 극복한다. 그러나 〈승리호〉와 〈유랑지구〉는 두 가지 측면에서 공통점을 갖고 있다. 첫째, 기존의 SF영화와 다른 스토리텔링을 구사하고 있다. 둘째, 과학적 환상에 기초하여 동아시아의 시각으로 미래지향적인 공간을 구현하였다. 이는 곧 〈승리호〉와 〈유랑지구〉가 디스토피아적 미래 세계를 배경으로 하면서도 기존 서양의 SF영화와 달리 유쾌하고 활동적인 유토피아의 희망이 이어지고 있는 미래를 상상했음을 의미한다. 본고는 한국과 중국의 우주 배경 SF영화 〈승리호〉와 〈유랑지구〉를 대상으로 동양적인 독특성을 구현하는 SF 영상콘텐츠의 내용과 형식을 구체적으로 분석하는 것을 목적으로 한다. 특히 〈승리호〉와 〈유랑지구〉의 '문학적 상상력'과 '과학적 개연성'의 상관관계를 구명하고자 한다.

2. 가족 서사와 재난 서사의 비교

2-1. 〈승리호〉의 가족 서사 플롯

〈승리호〉는 3단 구성의 1단에 해당하는 처음 부분에서 말단 노동자와 자본가의 갈등과 대립 관계, 대중이 각성하지 못한 이야기를 배치한다. 먼저 지구와 우주의 이미지를 보여주고, 인간 종족 이미지를 형상화한다. 이를 위해 주인공 태호의 행보를 따라가며 옛집 지구 이미지와 새집 우주 이미지를 중점적으로 대비한다. 2090년의 극도로 악화한 생존환경이 2021년과 사뭇 다른 황폐하고 낯선 지구 이미지를 보여주고, 잿빛 모래 하늘 아래 방독면을 쓴 채 생기와 활력을 잃은 인간의 얼굴을 불분명하게 보여준다. 이와 달리 푸른 나무가 우거져 있지만, 먹이사슬 꼭대기에 있는 소수 권력자만의 우주 새집 이미지가 강조된다. 지구와 우주의 대립 이미지는 사건 전개의 도입부에서 집중적으로 연출된다.

영화에서는 종족 이미지를 부각하여 인종 이미지를 세밀하게 묘사하기 위해, 대립하는 두 개의 인간 내부 단체 이미지와 이들의 관계를 부각한다. 첫째, 권력 집단과 말단 노동자들의 갈등과 충돌이다. 가장 먼저 등장한 것은 밑바닥 노동자를 대표하는 승리호 가족으로, 그들은 돈에 얽매여 권력 집단의 압박으로 생존 위기에 빠졌다. 승리호 가족을 쥐락펴락하는 원흉, 즉 인류의 인종적 부와 과학기술을 독점하는 과학자와 기업가 형상으로 나타난 설리번이 이끄는 UTS 그룹 때문이다. 둘째, 노동집단의 내부 투쟁이다. 우주 쓰레기 뺏기 장면을 통해 승리호 가족과 다른 우주 쓰레기 청소선과의 생존경쟁 관계를 부각하고, 화투놀이 장면을 통해 승리호 가족의 돈 중심의 내부갈등 투쟁을 부각하여 인류 인종 이미지에 대한 기본 이미지를 구축한다. 이처럼 도입부 30여 분 동안 인간 종족 이미지와 지구 이미지 그리고 우주 이미지를 집중적으로 연출한다. 3단 구성에서 1단에 해당하는 상황은 꽃님이의 출현과 함께 첫 번째 전환점을 맞이한다. 승리호 가족은 우연히 우주 청소기 비행선에서 뉴스에서 지명 수배된 폭탄 꽃님이를 발견한다. 우주 쓰레기 청소선 운영을 유지하고 생존하기 위해 그들은 폭탄 꽃님을 돈과 교환하여 개인적인 이상을 실현하기로 한다.

3단 구성의 2단에 해당하는 중간 부분의 서사는 꽃님이가 점차 승리호 가족과 어우러지면서 승리호 선원을 부분적으로 자각시킨다. 승리호 가족은 꽃님이를 통해 설리번의 사기극을 인지한다. 꽃님이가 지구를 해치는 폭탄이 아니라 지구를 구할 수 있는 유일한 희망이지만, 표면적으로 UTS 회사가 우주 밖에 에덴동산을 세우고 화성 식민 이주 계획을 개발함으로써 사실상 지구 파괴와 지구상에 생존해 있는 하층 노동자를 노리고 있음이 폭로되는 것이다. 승리호 가족들은 꽃님이의 착하고 귀여운 모습에 정이 들었고, 마침내 보호 본능을 자극하여 꽃님이를 지킬 것을 결심한다. 동시에 인간으로서 가장 독특하고 소중한 사랑, 즉 가족애와 동료애를 각성한다. 물론, 돈에 대한 유혹 때문에 꽃님을 대하는 태도가 엇갈리면서 네 사람의 동료애는 시험대에 오르기도 한다. 승리호 가족은 사랑에 대한 자각이 제대로 이뤄지지 않아 돈에 대한 유혹을 느끼고 이로 갈등이 증폭된다. 설리번과 승리호 가족의 본격적인 정면 승부는 영화의 두 번째 전환점이 된다.

3단 구성의 결말에 해당하는 마지막은 돈의 유혹을 뿌리치고 힘을 모은 승리호 가족이 노동자들의 집단 각성을 일으켜 지구와 가족을 구하면서 위기를 해결한다. 태호가 꽃님이를 받아들이고, 꽃님이를 보호하기 위해 돈을 포기하고 돌아와 함께 싸우는 지점부터 이들은 완전히 미래 가족 집단으로서의 면모를 보여준다. 그들은 꽃님이의 생명을 지켜주기도 하고, 꽃님이도 자신의 초능력으로 승리호 선원들을 도와주고, 순진무구한 사랑으로 선원들을 따뜻하게 감싸준다. 승리호는 집단의 범위를 넓히고 다른 우주 청소부들과 음모자들이 용감하게 맞서 의식을 각성하는 선봉들을 모아 단결할 수 있는 힘을 결집시켜 지구 종말의 위기를 궤멸하려는 음모를 폭로하고, 꽃님이는 초능력으로 지구의 생태계를 회생시킨다.

승리호 선원들은 모두 자신의 꿈을 실현해 나간다. 사나운 외모의 박씨는 마음이 따뜻하고 착해진다. 로봇인 업동이는 꿈에 그리던 여성의 피부를 얻고, 장선장은 정의를 위해 악을 물리친다. 꽃님이는 태호가 딸의 마지막 흔적을 찾을 수 있도록 도와주며 그의 소원을 풀어준다. 개인의 집단적 부분적 희생을 실현하면서 집단적 결속과 개인의 자유까지 얻었다는 점에서 가족 단결의 집단역량이 지구와 우주의 관계를 안정시킬 뿐만 아니라, 새로운 승리호 가족의 동료애를 중심으로 한 다종족 화합의 종족 이미지를 성공적으로 구축한다.

2-2. 〈유랑지구〉의 재난 서사 플롯

〈유랑지구〉는 전체적으로 지구 이미지와 우주 이미지 그리고 인류 종족 이미지를 보여준다. 3단 구성의 도입부에 해당하는 처음부터 지구 이미지와 우주 이미지가 형상화된다. 감독은 지구와 우주에서 네 번 전환해 지구와 우주를 연결하는 롱테이크, 스페이스 쇼트로 지구 이미지와 우주 이미지를 연출한다. 그리고 화해하기 어려운 갈등 때문에 노화가 가속화되는 태양에 의해 지구가 삼켜지고, 지구가 태양계로 사라지는 것과 인류의 멸종을 막기 위해 인류가 하나로 뭉쳐 '지구 엔진'으로 지구를 태양계에서 밀어내는 계획을 함께 세운다.

지구와 우주 그리고 인류 종족의 이미지로 가득한 도입부는 류치刘启와 한또또韩朵朵 남매의 시선을 따라 눈 덮인 지구의 표면을 보여준다. '지하성'이 있는 지구의 내부는 인류의 주요 생존 장소가 되었다. 우주 이미지는 우주 비행사인 아버지 류페이창刘培强의 시선을 따라 목성과 지구의 활동 반경, 우주정거장 운행을 위한 쇼트로 연출된다. 1단의 후반에 목성의 중력 변화로 지표면 행성 엔진 유닛이 고장 나서 류치와 한또또, 외할아버지 한자앙韩子昂이 몰던 운반 차량이 구조 작업에 긴급 징발되어 합류하면서 첫 번째 사건 전환이 발생한다.

3단 구성의 중간 부분은 인간의 종족 이미지를 중심으로 연출되면서 우주와 지구 이미지를 부수적으로 보여준다. 얼어붙은 지상 도로를 질주하는 운반 차량의 시선에 포착된 지구 이미지가 그랜드 파노라마 등의 카메라 앵글로 세밀하게 형상화한다. 외할아버지 한자앙이 목성의 중력에 의한 지진으로 세상을 떠날 때의 재난 장면도 지구와 우주의 관계가 급격히 악화된 것의 방증으로 제시된다. 류치 일행은 왕레이王磊 중위를 따라 지구 엔진 재가동에 나섰다가 결국 엔진 재가동에 실패한다. 각국 구조요원들이 포기하자 한또또는 희망의 끈을 놓지 않고 전 세계를 대상으로 하는 방송을 통해 도움을 요청한다.

그러나 중간 부분에서는 돌발 상황이 여러 차례 발생한다. 외할아버지 한자앙의 희생으로 류치와 왕레이 중위 사이에 격렬한 충돌이 일어나고, 왕레이 중위가 이미 파괴된 항저우杭州 지하성을 향해 전진하려 할 때 저

우첸周倩이 부싯돌(火石)을 부수면서 또 다른 충돌이 일어난다. 구조대가 해산되는 국면에 직면하여 류치는 차량에 '부싯돌 구조'가 계속되어야 한다고 주장했다. 이들이 계속 전진해 술라웨시(苏拉威西)에 이르렀을 때 엔진을 재가동하는 구조계획이 실패하자 류치가 엔진으로 목성의 대기를 점화시키는 방안을 제시하면서 두 번째 전환이 발생한다. 류치의 제안에 따라 구조계획은 행성 엔진을 재가동하는 것에서 엔진으로 목성 대기를 점화시키는 것으로 변경된다.

3단 구성의 결말에 해당하는 부분의 핵심 서사는 지구 엔진의 점화 성공이다. 류치 일행은 마지막 구조 방안을 실행하기 위해 노력하는 동안, 목성이 지구 표면의 대기를 중력으로 흡착하는 장면 등이 롱테이크로 연출되면서 지구 이미지와 우주 이미지가 구체적으로 형상화된다. 류치 일행이 마침내 지구 엔진의 프로그램을 수정해 점화에 성공하지만, 점화 거리가 짧아 끝내 실패하고 만다. 마지막 희망의 불꽃이 꺼지는 순간 류치의 아버지 류페이강刘培强이 상부의 명령을 어기고 로봇(MOSS)을 불태워 우주정거장의 일부를 몰고 가서 목성에 불을 붙이는 데 성공한다. 이로써 지구는 목성의 중력에서 벗어나고 인류의 생존이 유지된다.

그러나 가족과 고향을 버리지 못해 생기는 갈등, 가족애를 충족시키지 못해 생기는 반항심 때문에 또 다른 위기에 봉착한다. 중국인들의 집에 대한 갈망, 고향을 향한 미련, 가족을 그리워하는 정서 때문이다. 류치는 외할아버지 한자앙에게 불만을 품고, 아버지 류페이강을 원망하면서 가족 간의 갈등과 충돌이 이어진다. 지구와 우주의 갈등이라는 위기 상황 때문에 가족을 잃은 류치의 충동적인 행동과 히스테리적인 울부짖음은 가족애와 집에 대한 갈망을 상징적으로 보여준다. 류치가 두 차례나 가족을 잃은 뒤에도 한 치의 희망도 버리지 않고 구호를 계속한 것은 어떤 위기 상황에서도 고향을 포기할 수 없다는 민족 감정을 드러낸 것이다. 재난 서사를 중심으로 사건을 전개하면서 가족애에 관한 중국인의 정서를 배제하지 않은 것이다.

3. 과학이론/기술로 상상한 우주인과 세계인

3-1. 〈승리호〉의 과학이론/기술과 우주인 가족

과학이론과 과학기술은 모두 SF영화가 묘사해야 한 중심 요소이며, 우주 SF영화에서 과학의 적용 범위가 더욱 확장된다. 〈승리호〉는 문학적 상상력으로 미래에 응용될 수 있는 과학기술 성과인 나노로봇, 수소 폭탄, 우주 쓰레기 청소선, 행성 간의 우주 교통 등을 형상화하여 과학적 이미지를 구체화한다. 〈승리호〉에서 활용한 과학기술과 과학이론은 다음과 같다.

첫째, 나노로봇 기술이다. 나노로봇은 나노기술을 광범위하게 사용하는 대담한 응용 구상이다. 마이크로/나노로봇에 대한 연구는 최근 활발하게 이루어지고 있다. 마이크로/나노로봇을 무선으로 제어하는 방법은 생물학적 방식, 화학적 방식, 자기구동 방식, 초음파를 이용하는 방식으로 크게 나뉜다.[8] 〈승리호〉는 과학기술 발전 추세에 부합하는 나노로봇을 형상화한다.

---

8) 김성훈, 「자기 마이크로/나노 로봇 시스템 및 연구 동향」, 『한국자기학회지』 29권 4호, 한국자기학회, 2019, 154-160쪽 참조.

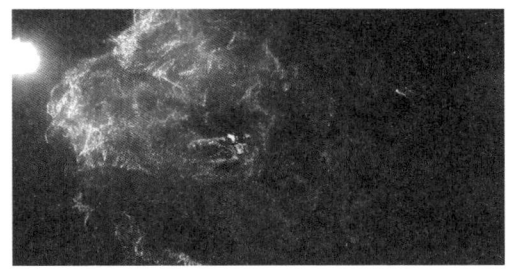

〈쇼트 1〉

〈쇼트1〉은 나노로봇이 꽃님이를 구하는 상황에서 신비롭고 마법적인 색채를 띠는 것을 보여준다. 이러한 장면을 연출할 수 있는 기술은 실제로 존재하며 나노기술학자들은 25년 이내에 실험 차원의 아이디어를 실현하여 실제로 작동 가능한 나노로봇을 만들 수 있을 것으로 예상한다. 전 세계적으로 마이크로·나노로봇에 관한 연구가 활성화되고 있으며 특히 의학적·생물학적 응용에 관한 융합연구가 이루어지고 있기 때문이다.[9] 나노로봇은 다양한 분자를 정교하게 처리할 수 있는 미세한 손가락이 있고, 손가락이 작동하도록 지휘할 수 있는 작은 컴퓨터가 있다. 손가락은 탄소나노튜브로 만들 수 있으며 강도는 강철의 100배, 섬도는 머리카락 굵기의 5만분의 1 수준이다. 컴퓨터는 트랜지스터와 이들을 연결하는 도선 역할을 하는 탄소나노튜브로 만들어질 수 있다. DNA로 만들 수 있으며, 적절한 소프트웨어와 충분한 민첩성으로 무장한 나노로봇은 어떤 물질도 구축할 수 있다.

〈승리호〉에서는 나노로봇을 주사해 생명이 위독한 꽃님이를 구하는 방식으로 의학 분야의 성과를 재현하였다. 나노로봇이 자체 복제를 포함

---

[9] 김성훈, 앞의 논문, 154-160쪽 참조.

해 어떤 임무를 수행하든 수많은 나노로봇을 동원해야 하고, 수천억 나노 분자의 힘으로 우주선을 집어삼키는 줄거리도 기존 기술을 바탕으로 한 대담한 상상이다. 바로 이렇게 많은 양의 나노로봇을 생산할 수 있는 생산 라인은 없다. 하지만 나노과학자가 보는 나노로봇은 이를 수 있다. 이들이 설계한 나노로봇은 두 가지 일을 할 수 있다. 첫 번째 나노로봇이 두 개의 복제체를 만들고, 두 개의 복제체가 각각 두 개의 자체 복제체를 만든다면 수조 개의 나노로봇을 곧 얻을 수 있다. 하지만 나노로봇이 복제를 중단하는 것을 멈추는 상상하기 어려운 재앙이 일어날 수 있다. 나노로봇은 인체 내에서 빠르게 복제돼 암이 퍼지는 것보다 더 빨리 정상 조직을 채울 수 있고, 미친 음식 제조 로봇은 지구 생물권 전체를 거대한 치즈 덩어리로 만들 수 있다.

〈승리호〉는 사람을 죽일 수도 있고 살릴 수도 있는 나노기술에 관한 과학자들의 우려를 보여준다. 실제로 나노기술학자들은 위험을 피할 수는 없지만, 합리적인 범위 내에서 통제할 수 있다고 믿는다. 한 가지 방법은 나노로봇이 여러 세대를 복제한 후 스스로 파괴할 수 있도록 소프트웨어 프로그램을 설계하는 것이다. 또 다른 접근 방식은 독성 화학 물질이 더 높은 농도로 나타날 때만 복제하거나 낮은 온도 및 습도 범위에서 복제하는 것과 같은 특정 조건에서만 복제 로봇을 설계하는 것이다. 컴퓨터 바이러스의 전파처럼, 이러한 모든 노력도 나쁜 의도를 가진 사람들이 의도적으로 어떤 나노로봇을 사람을 해치는 무기로 방출하는 것을 막을 수 없다. 실제 나노기술이 이점보다 부작용이 더 크다는 지적도 끊이지 않는다. 그러나 나노기술은 컴퓨터와 유전자 의약품을 능가하는 새로운 세기의 기술 발전 방향이 될 것이다. 세계는 나노로봇 경찰이

미시세계에서 호의적이지 않은 로봇과 끊임없이 싸우는 나노기술 면역 체계를 필요할 수 있다. 나노기술은 엄청난 잠재력과 무한한 상상력을 주는 공간이며, 〈승리호〉에서 구현했던 것처럼 만물을 소생시킬 수 있는 능력이 갖게 될지 우주선을 순식간에 파괴할 수 있을지는 미지의 영역으로 남아 있다.

둘째, 우주 폐기물 처리에 관한 과학기술이다. 2022년 4월 기준으로 발행된 통계자료에 따르면 1957년 우주 시대가 개막한 이래 약 6,200개의 발사체를 통해 12,980개의 인공위성이 우주 궤도에 투입되었고, 이 중 8,300개는 궤도에 존재하고 있으나 약 5,500개 정도만 운용 중이다. 또한. 추적을 통해 카탈로깅되고 있는 30,000여 개의 우주 쓰레기를 포함하면 우주물체의 총 질량은 9,900톤 이상에 달한다.[10] 중국 시안 위성 측정 및 제어 센터의 팡둥 수석 엔지니어는 현재 우주 폐기물 처리 방법을 두 가지로 설명한다. 하나는 추락이고 다른 하나는 궤도를 올리는 것이다. 이 위치는 정상적인 위성의 작업에 영향을 미치지 않는다. 동시에 동기 위성의 연료와 그것이 운반하는 가스를 모두 비워야 하고, 축전지의 전기도 빛을 방출해야 하며, 회전 부품을 모두 멈춰야 한다. 위성이 우주에서 해체돼 2차 재해가 발생하는 것을 막기 위해서다. 이것은 고궤도 위성에 대한 처리이다. 저궤도 위성에 대한 처리는 위성 궤도를 낮추고 지구로 귀환하는 속도를 높이는 것이다. 위성을 만드는 재료는 일반적으로 비교적 가볍다. 지구 대기권으로 돌아갈 때 이 재료들은 거의 다 타버렸고 우주 정거장처럼 큰 목표물은 잔해를 남겼다. 이 잔해들은 통제된 지역으로 남

---

10) 정옥철,「우주 상황인식 및 우주 교통관제 기술 동향」,『항공우주매거진』16권2호, 한국항공우주학회, 2022, 45-55쪽 참조.

태평양의 니모 포인트라는 지정구역에 떨어졌는데, 이 구역은 어느 대륙에서도 최단 거리인 2,600km 이상으로 인간의 활동이 가장 적은 곳이다. 우주 쓰레기가 사람에게 해를 끼칠 확률은 매우 적는다. 지구 환경은 전 인류가 만든 쓰레기를 정화하라는 압력을 받고 있으며, 만약 우주에 깊이 들어가 우주에서 활동한다면 인류는 필연적으로 우주 쓰레기 처리의 난제에 직면하게 될 것이다.

〈쇼트 2〉

〈쇼트 3〉

자본주의의 심화와 이로 인해 발생하는 대량생산과 소비의 심화는 필연적으로 쓰레기 문제를 발생시킨다. 〈승리호〉는 우주 쓰레기의 심각성을 통해 과학기술의 폐해를 강조하면서 환경 문제에 대한 인류의 우려를 드러낸다. 〈쇼트 2〉는 우주 쓰레기 청소선 '승리호'의 모습이고, 〈쇼트 3〉은 우리 쓰레기 처리 전용 위성의 모습이다. 두 장면 모두 생태적 파국과 쓰레기 재난에 대한 문학적 상상력을 과학적 외삽으로 형상화한 것이다. 〈승리호〉에서 주인공 일행이 우주 쓰레기를 처리하는 직업에 종사한다는 설정은 생활 영역의 청결함을 유지하기 위한 제국주의적 발상의 반영이라 할 수 있다. 제국주의 국가들이 그러했던 것처럼, 기술이 비약적으로 발달해 기술과 자본이 제국을 이룬 비판적 미래사회에서도 쓰레기는 외부로 노출하지 말아야 하는 사회 문제이다. 철저하게 은폐되고 감추어져서 쓰레기를 보이지 않음으로써 보이지 않게, 생각하지 않음으로써 생각할 수 없도록 만들어야 한다. 여기서 쓰레기는 단순히 비생물적인 폐기물 등에 국한되지 않는다. 은폐되어야 하는 존재들 모두가 쓰레기에 포함되고, 과학기술의 발달이 생물과 비생물, 인간과 비인간의 경계를 허무는 세계가 되었기 때문에 어쩌면 필연적으로 인간을 비롯한 생물종들 역시 쓰레기에 포함될 수 있는 것이다. 승리호 가족에 로봇인 '업동이'가 있고, 쓰레기로 부유하던 우주정거장 안에서 인간의 모습을 한 '꽃님이'를 발견하게 되는 것도 그래서이다.

 쓰레기는 단순히 인간의 생산 활동에서 발생하는 잉여 물질에 국한되지 않는다. 오히려 인간은 우주 쓰레기를 만들어내고 그것과 함께 살아갈 수밖에 없다는 것을 강조한다. 지구에서 발생하는 쓰레기들을 우주로 밀어내는 방식으로 당장에 지구 환경에 대한 문제를 해결할 수 없는, 우주적인 존재라는 인식 또한, 그 안에 자리 잡은 것을 확인할 수 있다. 그러기 때문에 "우주에서는 위도 없고 아래도 없대요. 우주의 마음으로 보면 버릴 것도 없고 귀한 것도 없고요. 자기 자리에서 다 소중하대요."라는 꽃님이의 대사는 〈승리호〉의 주제를 집약한다. 쓰레기와 쓰레기가 아닌 것을 명확하게 나누고 배제할 만한 가치의 기준들이 이제 우리에게 존재하지 않고, 그러한 사고방식으로는 미래를 살아갈 수 없다는 것을 이야기하고 있기 때문이다.11) 〈승리호〉에서 지구는 환경 오염이 극심한 곳으로 형상화된다. 〈쇼트 4〉에서 알 수 있듯이, 지구에 존재하는 환경 문제가 우주 전체로 확대되어, 지구에서 황사가 하늘에 가득 차서 마치 항상 사막 필터 속에 사는 것처럼 묘사된다.

〈쇼트 4〉

셋째, 행성 간의 우주 교통 규칙과 기술이다. 전 세계 각국의 우주탐사 및 개발, 활용 등의 우주산업 생태계가 과거 국가 주도의 올드 스페이스 Old Space에서 민간 주도의 뉴 스페이스 New Space로 패러다임이 급격히 변화되고 있고, 참여 주체들 간의 경쟁은 점점 심화되고 있다. 우주산업은 발사체 및 위성 등의 제작과 운용, 우주 관련 제품 및 서비스의 개발과 공급에 관련된 모든 산업을 포함한다.12) 우주 교통규칙은 우주에서 고속으로 움직이는 각종 위성과 우주선 파편이 거의 통제되지 않기 때문에 여러 나라의 항공 우주 전문가들이 우주 교통규칙 제정에 동참할 것을 강

---

11) 신성환, 「SF 영화에 나타난 '쓰레기 문명'과 공존의 윤리에 대한 상상력, 〈월-E〉와 〈승리호〉를 중심으로」 『현대영화연구』, 43권, 한양대학교 현대영화연구소, 2021, 9-35쪽 참조.
12) 정옥철, 앞의 논문, 45-55쪽 참조.

력히 요구하고 있다. 우주 교통관제 문제, 우주안전 증진 시스템의 구축은 우주 교통관제를 실현하는 중요한 방법이다. 지금까지 우주안전은 군사 분야의 화두일 뿐 우주안전을 촉진하는 것은 우주의 군사응용에 매우 중요하다.

〈쇼트 5〉

〈쇼트 5〉에서 알 수 있듯이, 〈승리호〉는 행성 간의 우주 교통 시스템을 구체적으로 형상화하여 기존의 우주 문제에서 확장되어 마치 비행기가 항해하고 자동차가 달리는 것처럼 자유로운 우주 환경을 보여주었다.

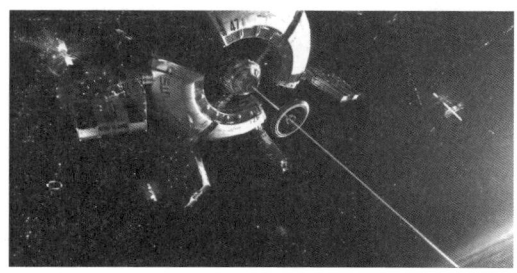

〈쇼트 6〉

우주선과 우주정거장을 형상화한 〈쇼트 6〉에서 알 수 있듯이, 〈승리호〉에서 우주 이미지는 현재 우주 개발 상황과 과학기술의 실제 기술에 대한

---

12) 정옥철, 앞의 논문, 45-55쪽 참조.

문학적 상상력으로 형상화된다. 예를 들어, 우주 교통 모델은 지상 교통의 상상력에서 비롯되고, 우주선 추월은 전투기의 공중전과 속도와 격정적인 레이싱 경기를 기반으로 한 확장된 상상력으로 탈바꿈한다. 이처럼 우주 이미지의 묘사는 실제 우주 기술의 발전과 불가분의 관계를 맺고 있다.

넷째, 인공지능 기술이다. 〈승리호〉의 나노로봇과 로봇 캐릭터 우주군 로봇은 미래 로봇에 대한 문학적 상상력이다. 그들이 인간의 친구인지 적인지는 알 수 없다. 사회가 아무리 복잡해도 인류가 직면한 적은 항상 자신의 욕망이라는 문제의식을 전달한다. 로봇이 인간의 사고방식을 갖게 되면 사회의 일부로 공평하게 봐야 한다. '그것들'은 사회제도의 틀에서 생존할 수 있는 자유로운 권리와 책임과 의무를 지녀야 한다.

〈쇼트 7〉

〈쇼트 7〉은 로봇 업동이가 '승리호'를 유지하기 위해 자신이 모은 돈을 모두 건네는 장면이다. 이러한 장면은 업동이가 인간처럼 살아온 경험이 있는 독립적인 사고능력을 가진 고급 로봇이지만, 아름다움을 추구하고 동료를 사랑하면서 승리호 가족을 위해 가장 먼저 전심전력을 기울이는 '사람'으로 인간의 동반자가 될 자격이 있음을 역설한다. 〈승리호〉는 업동이 형상화 과정에서 "인간은 사람의 됨됨이를 마음으로 거울로 삼는다."는 내면의 도덕 준칙을 참고한다. 사람과 사람, 기계와 사람, 인간과 다른 종족, 지구 생물과 외계 생물 등의 경계가 더 이상 중요하지 않게 되고, 서로를 존중하고, 무위이치 无为而治하며, 우주의 법칙에 순응하는 것이 바로 생존의 비결이다. 장자의 소요 逍遥 사상의 실현 조건은 마음에 우주를 품고 있어야 자유롭게 통할 수 있어야 한다는 것이다. 묵자 墨子의 겸애비공 兼爱非攻 사상은 만물에 대한 사랑을 가슴에 품고, 쓸데없는 싸움으로 인한 상처를 피해야 한다는 의미이다. 민족 국가의 통치에 필요한 애국심, 자연환경 회복에 필요한 환경보호, 지구 생물의 다양성 등의 각종 생존 요구는 인류가 자신의 생존을 위하여 보호 조치를 취해야 한다는 점을 역설한다. 인간은 지구상 고급 생명의 지위에 서서 자신의 살육과 끝없는 욕망을 되새기지만, 인간성으로 제한할 수 있다면, 미래의 더 크고 자유로운 시간과 공간을 얻을 수 있게 된다.

〈승리호〉에서 과학이론과 기술을 바탕으로 상상한 사회 이미지는 다음과 같다. 첫째, 소인물의 경력과 사회의 기초 단위인 가족 모델을 시작으로 작은 것을 통하여 큰 것을 본다. 우선 쓰레기 청소차는 인종적·계급적 갈등을 환기한다. 가족의 모순에 국한되지 않고, 보편적으로 보이는 돈을 중심으로 하는 이 가족의 모순이 야기하는 거대한 사회적 모순에 지구를 멸망시키는 재앙이 잠재되어 있다. 〈승리호〉에서 재난의 근원은 계급사회의 본질에 있다. 승리호에서 집은 작은 사회이고, 가족 갈등은 사회 갈등의 축소판이다. 둘째, 새로운 미래사회를 상상한다. 무혈연고, 인종적 경계가 없고, 인간과 로봇이 평화롭게 공존하며, 계급을 극도로 고착화하려는 인간의 재앙을 해소하려는 시도이다. 승리호 가족이라는 새로운 사회 단위 모델을 돌파구로 삼아 인류를 괴롭히는 빅 보스를 무너뜨려 지구를 파괴하려는 음모를 해결한다.

한편, 〈승리호〉는 인간을 다음과 같이 유형화하여 상상한다. 첫째, 이태호는 순이를 사랑하는 아버지, 능력이 뛰어난 전 우주군 수장, 평범한 사람이 아니라 초라한 영웅으로 등장한다. 사랑하는 가족을 위해 싸우는 선봉장이 되어, 지구를 구하겠다는 굳은 결의를 가진 영웅으로 변신하는 지혜와 용맹을 겸비한 인물이다. 태호는 순이와 함께 한 날은 가장 즐겁고 밝은 시간이라고 생각하고, 그는 온 마음을 다해 딸을 아끼고 사랑하는 좋은 아버지이다. 꽃님과 함께 감 모종을 되살리고, 감을 팔아 돈을 번다. 그리고 마침내 순이를 향한 태호의 사랑이 꽃과 승리호 가족에 대한 사랑으로 이어져 지구의 위기를 해결한다.

둘째, 장선장은 재치와 지혜를 겸비한 미래의 정의로운 여걸이다. 예리한 사고력과 확고한 의지로 정의를 위해 싸운다. 자유를 쟁취하는 투사이자 해방운동의 지도자로, 더 나은 미래를 위해 저항하는 두려움 없는 강권에 대한 확고한 의지를 갖고 있다. 위기에 봉착할 때마다 정확하게 위기를 파악하고 과감하게 대처한다. 꽃님이의 정체를 가장 먼저 발견하고, 꽃님이의 머리를 감겨주면서 모성을 발휘한다. 또한, 지구가 멸망하는 것을 막기 위해 구애를 거부하고 독립적인 여성의 신념을 견지한다.

셋째, 박씨는 정이 풍부하고 마음이 약하고 개과천선한 마약 집단의 보스였지만, 배고프다고 말하는 꽃님이를 걱정하면서 챙겼던 유일한 승리호 선원이다. 꽃님이를 보호하면서 그녀를 금전 거래의 카드로 삼을 수 없다고 주장하면서 일상생활을 챙긴다.

넷째, 꽃님이는 지구의 미래 희망이며 사랑을 대변하는 상징적 존재로 승리호 가족을 통합으로 이끌면서 새로운 가족 모델 구축의 단서를 제공하는 인물이다. 착하고 따뜻하고 슬기로운 인물로 미래 세계를 위한 가족애와 가족개념을 재정의하는 중요한 역할을 담당한다. 꽃님이의 등장으로 태호는 순이를 향한 자신의 사랑을 꽃님이에게 투영하고, 몇몇 선원들은 똘똘 뭉쳐 승리호 가족을 이룬다.

다섯째, 업동이는 인간과 고도의 인공지능 로봇의 관계, 성별과 인간의 이중 장벽, 미적 추구 탐구를 상징한다. 인간과 비슷한 모습의 그는 고급 인공지능 로봇으로 잔인한 살육을 일삼던 인간 욕망의 부속품에서 독립된 포스트휴먼 의지를 가진 승리호 가족 구성원으로 변화한다. 그리고 감성적인 여성 이미지와 강인한 남성 이미지를 결합한 인물로 성 평등 지향성을 드러낸다. 치열한 각축전 속에서 우주 쓰레기에 닻을 내릴 때 남성 목소리와 결합하는 강력한 로봇이 관객의 착각을 불러일으킬 정도이다. 카드놀이에서 번 돈을 모두 승리호 관리비로 지출하고, 아버지가 없는 꽃님이를 돌보면서 꽃님이에게 화장을 해줄 정도로 모성적인 모습을 보여준다. 또한, 모든 생물은 평등하고 아름다움을 추구하는 인간적 본성과 내면적 아름다움의 중요성을 강조한다. 업동이는 매력적인 외모를 추구하면서도 내면은 지선지미 至善至美를 추구한다.

〈쇼트 8〉

책은 한 사람의 내면적 수양을 간접적으로 설명하는 기호인데 영화의 마지막 장면에서 승리호 외부의 깊은 우주를 배경으로 손에 책을 들고 몰입하여 읽는 업동이의 검은 머리카락이 우주의 무중력상태에서 유려하게 흩어지는 모습은 내외 겸장의 미를 추구하는 장면으로 해석할 수 있다. 특히 업동이에게 자신의 목소리를 바꿀 필요 없다고 하는 꽃님이의 말은 남성적인 목소리에 여성스러운 용모를 매치하는 모순처럼 보이지만, 개성 있는 아름다움의 표현이라는 점에서 의미가 있다.

3-2. 〈유랑지구〉의 과학이론/기술과 세계인 가족

〈유랑지구〉는 우주물리학, 천문학 등 과학이론 지식을 바탕으로 문학적 상상력을 발휘한다. 구체적인 내용은 다음과 같다.[13] 첫째, 태양에서 헬륨이 폭발하는 상황이다. 류페이창이 어린 아들 류치에게 목성의 헬륨이 폭발하는 상황을 설명해주는 〈쇼트9〉에서 확인할 수 있다.

〈쇼트 9〉

수소 원자가 헬륨 원자로 바뀌었을 때, 헬륨 원자는 수소 원자보다 더 무겁기 때문에, 끊임없이 태양의 핵에 모인다. 헬륨이 압축된 후에, 온도는 높아질 것이고, 태양은 더욱 밝아질 것이다. 태양의 현재 밝기는 처음

---

[13] 〈유랑지구〉의 과학이론과 기술의 문제는 정영춘(郑永春)의 논문 「영화 '유랑지구' 속 과학문제(电影〈流浪地球〉中的科学问题)」(중국과학원(中国科学院), 국가천문대(国家天文台), 2019. 5)를 참고하여 정리하였음을 밝혀둔다.

만들어졌을 때보다 30% 정도 밝다. 태양 중심에 축적된 헬륨이 갈수록 많아질 때, 발생하는 고온은 태양 외부로 하여금 팽창을 일으켜 적색 거성을 형성하여 지구가 현재 있는 궤도까지 팽창하게 할 것이다. 적색 거성 단계에서 태양은 매우 짧은 시간 동안 통제 불능의 열핵융합을 겪게 된다. 2개의 헬륨 원자핵이 융합하여 베릴륨 원자핵을 형성하게 되는데, 베릴륨 원자핵은 매우 불안정하며, 또 한층 더 융합하여 탄소 원자핵을 형성할 수 있다. 헬륨의 핵융합 과정은 수소의 핵융합 과정보다 훨씬 짧기 때문에 헬륨 섬광이라고 불린다. 헬륨 섬광은 일반적으로 태양과 같은 중질량 항성의 핵심이나 백색왜성 표면에서 발생하는데, 축적된 헬륨이 갑자기 핵융합을 시작하여 거대한 에너지를 발생시킨다. 실제 과학 연구에 따르면, 수소 원자핵의 융합과정은 매우 느리다. 태양이 형성된 지 이미 50억 년, 그리고 50억 년 가까이 계속 태울 수 있다. 그러나 인류가 탄생한 지 10만 년밖에 되지 않는다. 〈유랑지구〉는 그 속도를 변화시키고, 이를 바탕으로 일촉즉발의 재난 상태가 된다.

둘째, 항성 주위의 거주 적합 지대(habitable-zone)를 묘사한다. 지구는 태양계의 살기 좋은 지대 중에서 태양과의 거리가 꼭 알맞다. 태양과 너무 가까우면 온도가 상승하여 액체 상태의 물이 증발할 것이고, 태양과 너무 멀면 지구는 빠르게 온도가 내려가고 액체 상태의 물이 얼 것이다. 그러므로 살기 좋은 지대 안에서만 지구상의 물이 고체, 액체, 기체의 3가지 상태를 가질 수 있고, 물질과 에너지가 전송되고 교환되어 생명을 잉태할 수 있다. 다른 모델의 추산에 따르면, 태양계 거주 적합 지대의 폭은 안쪽으로는 0.95 천문단위, 바깥쪽으로는 1.01 천문단위까지 연장할 수 있다. 그러나 태양의 밝기는 지난 몇십 억 년 동안 끊임없이 밝아졌기 때문에, 태양계 초기의 거주 적합 지대는 당연히 안쪽에 더 가깝지만, 미래에는 태양계의 거주 적합 지대가 지금보다 태양으로부터 더 멀리 떨어질 것으로 예측된다.

셋째, 떠돌이 지구 프로젝트를 상상한다. 〈유랑지구〉에서는 비행선의 용량이 매우 제한적이고 비행 여정이 길기 때문에 비행선에 생태계를 건설하려면 규모가 매우 제한적이다. 그래서 영화에서 가장 좋은 방법은 지구를 가지고 유랑하는 것이라고 주장한다.

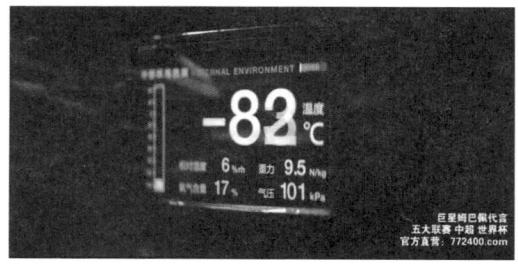

〈쇼트 10〉

그러나 〈쇼트 10〉이 보여주는 것처럼 지구는 방랑하는 과정에서 점차 태양으로부터 멀어지고 이로 인해 지구 표면의 온도가 -200℃ 이하로 떨어지면서 생태계가 완전히 파괴되어 대부분 멸종되고 회복 불가능한 상태가 된다. 그래서 지구를 다른 별 인근으로 이동시키더라도 중국의 고향 정서를 환기할 뿐 실제로는 돌덩이를 하나 가지고 온 것에 불과하다.

넷째, 태양계 궤도를 벗어난다. 지구와 가장 가까운 별은 켄타우루스자리이다. 제일 밝은 센타우루스 자리 알파별은 삼합성 계통으로 A, B, C 이 세 개의 항성으로 이루어져 있다. 이 중 A별은 부피가 가장 크고 부피와 밝기가 태양보다 약간 크고, B별은 부피와 밝기가 태양보다 약간 떨어지며, A별은 B별과 함께 쌍성계를 이룬다. A별과 B별은 서로 거리가 가까워 2개의 항성인지 육안으로 구분할 수 없어 마치 1개의 별처럼 보이기 때문에 하늘에서 4번째로 밝은 항성이기도 하다. C별은 쌍성계(binary) 이외의 동반성이자 센타우루스 자리 알파별 중 가장 작은 항성, 즉 비린성이다. 비린성과 A별과 B별은 우주에서 비슷한 궤도로 운행하는데, 궤도를 운행하는 관계로 수백만 년 후에 비린성이 이 쌍성계를 떠날 가능성이 있다. 〈유랑지구〉가 태양계를 비행한 후, 센타우루스 자리 알파별이 바로 첫 번째 선택 목표인데, 왜냐하면 다른 항성이 훨씬 더 멀기 때문이다. 그중 비린성은 적색 왜성으로, 태양보다 부피와 밝기가 더 작고, 질량은 태양 질량의 12.5%에 불과하며, 지구에서 4.23광년 떨어져 있다. (약 277600 천문단위) 태양에 가장 가까운 것으로 알려진 항성이다.

다섯째, 중핵 융합(thermonuclear) 기술이다. 〈유랑지구〉에서 행성 엔진의 주요 연료는 돌이다, 〈쇼트 11〉에서 볼 수 있듯이, 돌을 태우면 에너지가 생기는데, 이것이 바로 중핵융합 반응이다. 지구 암석의 주성분은 규산염 광물로 산소, 규소, 알루미늄, 마그네슘, 철 등의 원소를 포함한다. 이러한 원소의 원자핵은 이미 매우 커서 이론으로는 핵융합을 일으킬 수 있지만, 이러한 중원소를 원료로 하는 핵융합은 현재 실현될 수 없으며, 반응조건이 가혹하여 발생하는 에너지가 더 작다.

〈쇼트 11〉

여섯째, 지구가 우주를 떠도는 경로 묘사이다. 지구는 먼저 화성 궤도에 도달한 후에야 비로소 궤도에 도달하게 된다. 화성과 목성 사이의 소행성대를 지나 목성에 도달하여 가속하고 다시 토성 궤도, 천왕성 궤도, 해왕성 궤도를 지나 태양계의 신대륙 카이퍼대에 도달할 때 지구는 명왕성에 부딪힐 뿐만 아니라 카이퍼대의 작은 천체들도 많이 만난다. 이어서 지구는 장주기 혜성의 발원지인 오르트 구름을 지나 광활한 성간 공간으로 들어갈 것이다. 이 과정에서 지구에서 받을 수 있는 빛은 갈수록 적어지고 명왕성 궤도에 도달했을 때, 빛의 세기는 현재 지구상의 1000분의 1도 되지 않으며, 어두운 밤보다 훨씬 더 어둡고, 모든 직간접적으로 광합성에 의존하여 생존하는 생물은 모두 사라질 것이다. 생태계의 다른 구성원들의 지원 없이는 인간이 독자적으로 생존하는 것은 거의 불가능하다.

일곱째, 지구가 자취를 감추면서 생긴 변화 묘사이다. 〈쇼트 12〉와 〈쇼트 13〉은 〈유랑지구〉에서 지월·지목 도경 자전 공전을 연출한 장면으로 행성 엔진의 에너지가 지구를 가속시키는 추진력으로 바뀌어 지구의 자전을 멈추게 한다. 하지만 자전을 멈춘 뒤 지구상에 일어날 변화는 현재로서 추측만 가능할 뿐이다. 우선 달의 중력은 지구의 자전에 대해 견제 작용을 하는데, 지구의 자전 속도는 사실 계속 느려지고 있다. 연구에 따르면 지구의 자전 속도는 40억여 년 전의 매일 6시간에서 오늘날 매일 24시간으로 연장되었으며, 계속해서 느려질 것이다. 지구의 자전과 같은 자연 감속은 매우 느린 과정으로, 만약 짧은 시간 내에 지구의 자전을 멈추게 한다면, 일련의 예측하기 어려운 결과가 발생할 것이다. 지구상의 건축물은 지구가 감속하는 과정에서 엄청난 힘을 받아 많은 양의 건축물이 붕괴·훼손될 수 있다. 지구가 자전을 멈춘 후에도 대기권은 여전히 원래의 속도로 자전할 것이며, 시간당 1,700여 킬로미터의 강풍은 육지의 거의 모든 물건을 공중으로 휩쓸려 들어가 거대한 파괴성을 일으킬 수 있다. 지구는 판으로 구성되어 있는데, 이 판들은 결코 철판 한 조각이 아니라 상호작용이 존재하며, 판 사이의 압착과 급강하로 지구상의 산맥과 협곡과 풍부한 지형이 형성되었다. 지구가 자전을 멈추면 판의 운동에 교란을 일으켜 많은 곳에서 지진과 화산이 빈발하게 되어 대규모의 지질 재앙을 일으킨다. 대규모 쓰나미가 발생하고, 연해 지역이 바닷물에 잠기게 되는 것이다. 특히 심각한 것은 지구가 자전을 멈추면 지구자기장이 소멸한다는 것이다.

지구의 내핵은 고온의 고체 상태에 있고, 외핵은 용융 상태이며, 지구가 자전해야만 완벽에 가까운 지구자기장을 형성할 수 있다. 바로 자기장의 보호가 있어야만 지구상의 생명이 우주의 복사를 피할 수 있고, 생명이 비로소 번성·진화할 수 있다. 자기장이 파괴되면 생명은 계속 생존하기 어렵다. 〈유랑지구〉는 지하도시를 건설하여 피신하는 방식으로 우주의 복사를 막는다.

〈쇼트 12〉

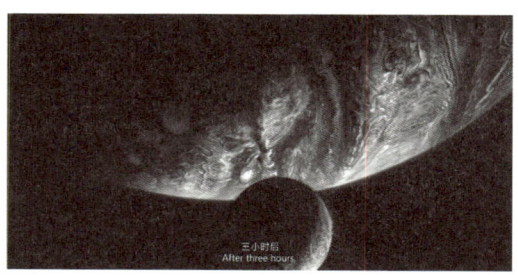
〈쇼트 13〉

여덟째, 적색 왜성(비린성) 묘사이다. 이 장면은 뉴스 내레이션을 통해 소개된다. 적색 왜성(red dwarf)은 표면 온도가 낮고 안색이 좋은 것을 가리킨다. 적색 왜성, 특히 주계열성 중 비교적 차가운 M형 및 K형 항성은 질량이 0.8 태양 질량 이하이고 105 목성 질량 이상이며 표면 온도는 2,500~5,000K이다. 태양을 제외하고 지구에 가장 가까운 항성인 프록시마 센타우리 Proxima Centauri는 적색 왜성이다. 2016년 과학자들은 이웃 별 주변에서 대기권이 있는 암석별을 발견했는데, 암석별의 지표 온도는 약 -40℃이다. 지구는 가능한 한 이웃 별보다 가까이 있어야 충분한 빛을 얻을 수 있으나, 강렬한 자외선과 고에너지 방사선의 조사를 피하기 어렵다. 우주 복사를 막기 위해서 자전하면서 지구 내부의 발전기가 계속 작동하게 하여 자기장이 정상적으로 작동하도록 해야 한다.

아홉째, 지구가 태양계를 떠나는 상상력이다. 지구에서 발사한 우주선의 속도는 수만 년이 걸려야 비린성에 도달할 수 있는데, 이는 우주 비행사의 수명을 훨씬 초과한다. 지난 2016년 천체물리학자 스티븐 호킹 등이 발표한 '섭성 돌파' 계획은 레이저로 추진되는 초소형 성간 비행체를 1000개 정도 건조해 태양계 밖으로 날려 보내는 것이 목적이며, 목적지는 바로 이웃 별이 있는 센타우루스 자리 알파다. 레이저를 한 변의 길이가 4m

인 정사각형 돛에 비추면 100초 만에 빛의 속도의 20%까지 가속할 수 있고, 불과 20년 만에 이웃 별까지 도달할 수 있다.

열째, 목성의 지구 포획이다. 〈쇼트 14〉는 지구가 목성의 거리가 가까워지는 장면이고, 〈쇼트 15〉는 조석이 찢어지면서 지표와 지하가 파괴된 장면이다. 〈유랑지구〉에서는 목성에 의해 시간의 기록되는 장면이 연출된다. 록히드 한계는 거리이다. 행성과 항성의 밀도가 같을 때에는 항성 적도 반지름의 2.44배와 같다. 천체와 두 번째 천체의 거리가 록히드 한계일 때 천체 자체의 중력은 두 번째 천체에 의한 조석력과 같다. 만약 그들의 거리가 록히드 한계보다 적다면, 천체는 부서지는 경향이 있고, 그다음 두 번째 천체의 고리가 된다. 가장 자주 사용되는 곳은 바로 위성과 그것이 둘러싸고 있는 별이다. 일부 천연 및 인공위성은 그들이 둘러싸고 있는 별의 록히드 한계 내에 있지만, 중력 밖에도 다른 힘의 도움을 받기 때문에 조각나지 않는다. 이 경우 위성 표면에 있는 물체는 조석력에 의해 위성에서 분리될 수 있으며, 이는 물체가 위성 표면의 어느 부분, 즉 두 천체 중심 사이의 직선이 가장 강한지에 따라 달라진다. 혜성과 같은 약한 내부 중력을 가진 일부 물체는 록히드 한계 내를 지날 때 산산조각이 날 수 있다. 수멕-레비 9호 혜성이 그 예다. 1992년 목성을 지날 때 조각으로 갈라져 1994년 목성 위에 떨어졌다. 현재 알려진 행성의 고리는 모두 록히드 한계 내에 있다. 조석 파열작용은 일종의 천문현상이다. 은하군의 대형 은하는 인접한 작은 은하의 별을 끌어오고, 대형 은하의 강력한 중력 작용으로 인접한 작은 은하의 모양이 변형되어 점차 대형 은하에 삼켜지는 과정을 조석 파열이라고 한다.

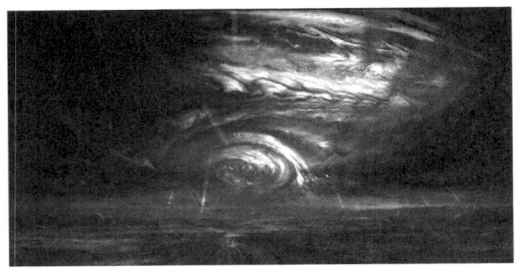
〈쇼트 14〉

〈쇼트 15〉

　〈유랑지구〉는 과학이론과 기술을 바탕으로 상상한 우주를 유랑하는 지구는 각기 다른 카메라 앵글로 연출된다. 우주는 지구 엔진이 등장하고 관객들이 류페이창이 우주선을 타고 우주로 날아간 임무를 완수할 예정을 알게 되는 몽타주로 형상화된다. 우주정거장의 외경과 우주 지구 목성과 같은 테두리를 이룬 뒤 카메라를 MOSS 로봇의 빨간색으로 변하는 눈은 위기가 임박했음을 예고하고 목성이 지구에 충돌할 위험이 커졌음을 의미한다. 지구상의 아들과 아버지, 지구와 우주의 웅장한 모습은 미장센으로 형상화된다. 각국의 언어 뉴스 영상자료와 내레이션 서술 형식으로 이루어지고 지구 환경, 정치·경제·문화제도 등의 장면으로 지구가 직면한 위기를 강조한다.14) 한또또와 류치가 '지하성'을 떠

---
14) 내레이션의 내용은 다음과 같다. "근미래, 과학자들이 발견한 태양 급속한 노화 팽창

나 지상에 처음 도착했을 때 지구 표면 환경에 대한 묘사, 얼음과 눈으로 얼어붙은 폐허 같은 낯선 세계의 풍경, 단일한 청백의 차가운 색조로 연출한 빙하시대와 같은 재난 장면은 강렬한 시각적 충격과 함께 극한의 체험을 상상하게 한다. 지구라는 '인간의 집'은 엔진에 떠밀려 가는 푸른 별로 업무를 인수인계한 류페이창의 시선에 포착된다. 운반 차량이 베이징, 산둥, 상하이 등의 도시를 지나가고, 한자앙은 과거에 살던 상하이를 회상하며, 집과 류치 할머니가 끓여준 국수에 대한 회상을 통해 집의 따뜻함을 강조한다. 한자앙은 류치와 한또또에게 마음에 품은 가장 아름다운 집을 지키는 것이야말로 인류의 미래 희망이자 생존의 의미라고 강조한다.

〈유랑지구〉에서 인공지능은 인간과 기계의 대결에서 "인간이 이성을 유지하는 것은 과욕이다."라는 모스의 마지막 대사를 통해 인간의 감성을 강조하는 정도로 묘사된다. 류페이창이 우주정거장에서 지구 구출을 위한 전략을 고민할 때, 컴퓨터는 이 모든 일이 일어나는 것을 냉담하게 지켜보았다. 컴퓨터는 류페이창의 노력을 모두 무시한다. 류페이창은 지구의 안전을 자신의 희생으로 구했는데, 이는 이성이 조종할 수 없는 행위이다. 모스는 류페이창에게 이스라엘 과학자들이 위기 초기부터 비슷한 방안을 제시했지만, 모스가 계산한 성공 확률은 0이라고 말했다. 반면 류페이창은 자기희생을 계산에 넣지 않았기 때문에 0으로 계산한 것이지만 자기희생을 안에 넣었다고 행동했다. 이 변수를 늘리면 0이 아니기 때문

으로 단기간에 지구를 포함한 태양계 전체가 태양에 의해 삼켜질 것이다. 지구를 위해 인류는 지구 표면에 수만 개의 엔진과 조향 엔진을 만들어 지구를 태양계에서 벗어나 2,500년 동안 다른 서식지로 이동시키는 '유랑지구'라는 대담한 계획을 내놓았다."

이다. 모스의 눈을 대신하는 카메라는 류페이창의 굳은 뒷모습을 직시하며 "인류를 영원히 이성적으로 만드는 것은 확실히 사치"라고 말한다. 이 내레이션은 인간의 이성과 감성 사이의 선택과 극단적인 상황에서 나타나는 인간의 본질에 관한 통찰로 소아小我를 희생함으로써 대아大我를 완성하는 중국인의 일관된 집단주의 사상을 의미한다.

〈유랑지구〉는 인류 종족을 다음과 같이 형상화한다. 첫째, 류페이창은 중국의 전통적인 영웅으로 신의 관점과 품격을 지닌 인물이다. 아들과 가족을 사랑하고, 강권에 저항하며, 로봇 모스의 명령 뒤에 숨겨진 2차 방안을 폭로하고, 자신을 인간으로, 작은 가족을 버리고 함께 모여 지구를 구하기 위해 노력한다. 모험심을 갖추고 낭만주의 색채가 완벽한 중국 현대 영웅의 화신이다. 류페이창의 이미지는 전체 이야기에서 뚜렷한 변화나 성장을 일으키지 않는다. 그에 대한 이미지 묘사는 주로 그의 두 가지 선택에서 집중적으로 나타난다. 하나는 아내를 버리고 부자가 원심분리했다. 다른 하나는 자신을 버리고 지구 보전을 위해 지구와 가족의 귀환을 실현한다. 이러한 묘사는 주로 영화 후반부에 집중되어 있는데, 류치가 집을 떠나 항저우까지 구조하는 데 실패한 영화 전반부의 이야기가 주요 부분이지만 류페이창은 직접 참여하지 않았다.

류페이창은 성숙한 세계관과 거의 완벽한 인격에 가까운 모범적인 캐릭터로 처음부터 끝까지 곤경에 처하지 않고 휴면을 거부하고 강제 출고를 강행한다. 자신의 가치관에 의해 이성적인 결정과 행동을 이끌어왔고, 아들을 깊이 사랑했으며, 모스와 권위에 반항하여 여러 차례 연립정부에 연락하면서 결국 자신을 희생하여 지구를 구했다. 하지만 류페이창은 자신의 치료를 포기한 아내에 대해서만큼은 영웅적 면모를 보여주지 못한다. 그는 지구와 지구상의 모든 살아 있는 사람들을 위해 지구라는 집과 지구상의 가족을 보전하는 길을 선택하였다. 그의 선택이 인류 종족을 보존하는 가장 이성적인 최선은 아니지만, '집'에 대한 사랑의 감성적 회귀이며, '집'의 보전에 대한 모험적인 시도라고 볼 수 있다. 따라서 그는 매우 중국적인 인물이라 할 수 있다.

둘째, 류치는 모험심이 강한 소년으로 아버지에게 반항하면서 성장하였다. 아버지의 책임의식을 이해하고, 아버지가 희생된 뒤에는 아버지의 가족 책임과 자신의 지구 책임을 떠맡으면서 소년 영웅으로 성장한다. 전형적인 성장형 소년 영웅은 일관된 영웅 인물의 성장 과정에 부합했다.

셋째, 한또우는 인류의 미래이자 희망을 상징하는 인물이다. 류치와 함께 미래 지구의 수호자이고 역할을 하는 후계자이자 어리숙하고 반항적이며 미지의 세계를 탐구하려는 모험심이 강하다. 아직 성숙한 세계관이 형성되지 않았지만, 가족을 사랑하고 지상을 탐험하면서 점차 책임을 깨닫는다.

궈판 감독은 〈유랑지구〉에 관한 설명에서 다음과 같이 주장했다. "나는 특히 중국회화를 좋아한다. 중국회화의 진수는 여백이다. 구상화된 영상으로서 중국회화는 소설과 차이가 있다. 그래서 스토리텔링을 구사할 때, 나는 그것을 완전히 사실적이지 않고 회화적으로 묘사했다. 영화 속에서 드러나는 모든 인물의 존재 상태, 인물의 관계가 꼭 실제 사회의 모습은 아니라는 것을 알게 될 것이다. 시나리오가 세상을 완전히 사실적으로 서술할 것인가, 아니면 좀 더 아름답게 구상할 것인가에 대해 작가와 논의한 적이 있다. 시나리오가 사실대로 쓰였다면 방안이 수립되지도 않았는데 벌써 전쟁과 충돌이 일어났을 수도 있다. 그래서 우리는 서로 다른 나라에서 온 사람들이 서로를 믿고 단결할 수 있는 비교적 아름다운 세상을 만들고 싶다. 인공지능 모스도 의견만 다를 뿐 논리적인 문제 해결은 절대적으로 옳고 그름 없이 갈등의 핵심은 한편으로는 인류 문명을 지키기 위한 것일 뿐 다른 한편으로는 더 많은 사람들이 살아남기 위한 것이다." 〈유랑지구〉가 '집'과 '희망'을 담은 '창세신화' 같은 SF영화로 평가받는 이유가 바로 여기에 있다.

4. 논의를 맺으며

SF영화의 상상력은 과학이론과 기술에 바탕을 둔다. SF 작품은 과학적 상상력을 가지고 사람이 알 수 있는 영역의 인류 미래 세계를 보여주기 때문이다. 유토피아와 디스토피아, 우주와 지구, 인간과 로봇처럼 SF영화의 문제의식은 인류에서 출발하여 다시 인류로 돌아온다. 도래하지 않은 현실로서의 미래에 관한 상상을 통해 진리를 탐색하는 것이다. 과학적 상상력을 현실로 만들 수 있는 기술이 진보하면서 SF영화와 같은 영상 예술 또한 빠르게 진화하고 있다. 〈승리호〉와 〈유랑지구〉에서 구현된 과학이론과 기술을 바탕으로 논의한 내용을 정리하면 다음과 같다.

첫째, 인간의 욕망에서 비롯한 문제적 사건들이 인류의 재난으로 설정되었다. 〈승리호〉의 재난은 자본주의적 관념이 부를 제일로 만들고, 자본 점유자는 모든 자원을 독점하고 있어서 절대적인 지도적 위치를 독점으로 하는 것으로 형상화된다. 〈유랑지구〉의 재난은 자신보다 더 큰 우주의 힘에 대항했을 때 너무 무력하고 소극적인 인간이 삶을 위해서 절체절명의 상황에 직면했을 때의 욕망과 선택에서 발생한다. 이러한 설정들은 인류 종족 발전과정에서 끊임없이 나타난다. 때로는 격동하고 때로는 가라앉았다. 동시에 수평적으로 전개하여 국가나 종족과 관계없이 보편성을 가진다. 당연히 다시는 그런 일이 일어나지 않기를 바라지만, 지식과 기술이 끊임없이 급속한 발전으로 꾸몄던 인간 사회의 화려한 겉모습 뒤에 사실 인간은 여전히 그 인간인 것이다.

둘째, 한국은 세계문화를 흡수하고 융합하여 세계 각국에 맞는 한국문화를 전파하는 데 있어서 독특한 장점이 있다. 〈승리호〉의 우주인을 통해 보여준 가족주의가 세계적 반향을 일으킨 것이 대표적이다. 중국은 자국의 사상을 전파하고, 세계의 힘을 결집하는 수준이 아직 초보적이다. 〈유랑지구〉의 세계인을 통해 중국의 전통 사상을 부각하였지만, 세계적 반향이 미흡하기 때문이다. 그러나 〈유랑지구〉가 중국 SF영화의 미래 발전을 실현하고 중국의 문화를 세계적으로 전파할 수 있는 기회인 것은 분명하다.

〈승리호〉와 〈유랑지구〉는 오랫동안 서양의 SF영화 서사에 얽혀 있던 동양적 이미지를 뒤흔들었다. 스토리텔러로서 유리한 위치를 차지했고, 동시에 한국의 대외 시장, 중국의 대내 시장 각각이 성공을 거두면서 동양 SF영화의 새로운 시대를 열었다. 하지만 그만큼 아쉬운 점도 많다. SF 영화의 주제는 인류 간의 관계 문제를 검토하고 해석하는 동시에, 인간과 우주의 관계와 별에서 살아남는 거시적 철학적 사고 및 인류 운명의 미래를 성찰하는 것이다.

또한, 인간과 자연의 관계를 탐색한다. 인간은 누구이고, 인류는 어디로 가야 하는지에 관한 철학 담론도 포함한다. 따라서 눈앞의 현실만 간단히 쓸 것이 아니라 과학을 존중하고 합리적으로 미래를 상상해야 한다.

관객의 성찰을 견인하고, 세계가 이해할 수 있는 예술 작품으로 후세에 전해질 수 있는 SF영화를 만들어야 한다.

---

* 이 글은 「한국과 중국 SF영화 비교 연구 – 〈승리호〉와 〈유랑지구〉를 대상으로」
(충남대학교 국어국문학과 석사학위논문, 2023)를 발췌·수정하여 재수록한 것임.

사이버펑크 장르를 통한 포스트코로나 시대의 심리스 리얼리티(Seamless Reality)에 대한 비판

박인성

1. 논의를 시작하며

    이 글은 코로나19 COVID-19 팬데믹 시대 심리스 리얼리티 seamless reality 가 각광 받는 현실 속에서, 소설과 게임을 포함하는 서사 창작물이 어떻게 심리스 리얼리티를 비판적으로 재현하고자 하는지를 살핀다. 특히 최근 들어 기술 중심의 미래를 지향하는 대안적 현실에 대한 긍정적인 전망을 넘어서서, 다양한 서사 창작물들이 그러한 가상현실을 재현해 온 주요 양상들을 통해 심리스 리얼리티에 대한 비판적 관점을 제시한다. 더 나아가 해당 텍스트들이 심리스 리얼리티에 의해 비가시화된 울퉁불퉁한 현실을 환기하는 방안 역시 구체화할 것이다. 우선 이 글에서 언급하는 심리스 리얼리티는 '어떤 끊어짐이나 분절 없는 일원적, 연속적 세계'에 대한 시각적 이해를 함축한다. 무엇보다도 이는 디지털 온라인 세계와 오프라인 현실 사이를 매끄럽게 연결하는 기술적 매개로 이루어진 세계 인식이다.[1] 따라서 사람들이 온라인과 오프라인의 분절된 인식에서 벗어나, 디

---

1) 심리스 기술은 영화에서의 원테이크 연출 기법처럼, 디지털 이미지를 어떤 단절도 없이 연결되는 매끄러운 시각 정보로 전달한다. 최근 디지털 기술의 발전 속에서 여러 디

지털 세계에 접속해 있다는 인식 자체조차 무감각해지고 매끄럽게 이를 받아들이게 되는 현실 인식을 표현하고자 한다.

심리스 리얼리티는 무엇보다도 '비대면'이라는 말이 일상화된 시대에 '비대면'을 '디지털 대면'으로 전환하는 기술적 연결이며, 동시에 디지털 접속과 소통에 전제된 물질적-시각적 단절을 비가시화하는 기술로 특징된다. 코로나 팬데믹은 압도적인 바이러스의 영향력만이 아니라, 그 영향력에 의해 발생한 모든 형태의 '단절'을 극복하고자 하는 심리스 리얼리티에 대한 강력한 사회적 필요성을 출현시켰다.[2] 포스트 코로나를 앞두고 팬데믹의 현실을 냉정하게 되돌아보는 작업을 수행하고자 할 때, 무엇보다도 미래 산업에 대한 기술 중심의 담론과 기업들이 선도하는 미래 전

지털 게임들이 궁극적으로 플레이어의 끊임없는 몰입이 유지될 수 있도록 게임 속 세계에 대한 경험을 심리스하게 연출하는 것이다. 최근 게임의 사례들은 〈갓 오브 워〉(God of War, 2018)와 〈레드 데드 리뎀션〉(Red Dead Redemption 2, 2018) 같은 게임들을 들 수 있다. 이러한 심리스 리얼리티는 비단 게임의 기술만이 아니라 VR로 불리는 가상현실의 시각적 연출이 지향하는 디지털 세계의 인식방식이기도 하다. 메타버스에 대한 기술적 구현은 필연적으로 VR과 현실 세계 사이를 연결하는 강력한 심리스 리얼리티를 필요로 한다. 박인성, 「2010년대 비디오 게임에서 나타는 서사와 플레이의 결합 방식 연구 - AAA급 게임의 심리스(Seamless) 스타일을 중심으로」, 한국근대문학연구 21권 1호, 2020, 83-111쪽.

2) 이러한 의미에서 코로나 팬데믹 시대의 심리스 리얼리티라는 개념은 기술에 의해 구현된 매끄러운 시각적 재현만을 뜻하는 것이 아니라, 적극적인 의미에서 사람들이 기피하고자 하는 부정적인 현실인식에 대한 비가시화를 포함한다. 심리스 리얼리티는 현실에 대한 편의적인 '편집술'이자 능동적인 현실재구성이라고 말할 수도 있을 것이다. "거리두기의 현실과 격리의 시공간은 그 모든 거리와 공백을 기술적 매개물, 혹은 제3의 손과 발을 빌려 해결하는 플랫폼 자본주의의 발달을 가속화하고 있다. 특히 유튜브(Youtube)나 넷플릭스(Netflix)와 같은 뉴미디어 플랫폼, 아마존(Amazon)과 쿠팡과 같은 배달 유통 산업은 팬데믹을 통해서 노동의 구조적 현실을 비가시화하고 노동자를 소외시키며 성장하고 있다. 컴퓨터 화면을 통해 작업하는 수많은 불안정 노동자들은 플랫

망이 얼마나 빠르게 시대적 흐름을 지배했는지에 대하여 주목해야 한다. 코로나 팬데믹은 단순히 물질적인 거리두기만을 발생시킨 것이 아니라, 압도적인 바이러스의 공포 앞에 서구 지성 중심 담론의 공백 상태를 불러왔다. 이 공백을 빠르게 점유한 것은 디지털 중심의 기술 중심 사유다.3) 모든 사람들이 비대면의 소통과 디지털 중심의 대안적 삶에 대한 필요성을 받아들임과 동시에, IT 중심의 거대 공룡 기업들은 빠르게 미래에 대한 전망을 독점하고 포스트 코로나 시대에 대한 가치들을 디지털 중심의 삶으로 재편하고자 시도하는 중이다. 단적으로 사례를 말하자면, 이 글에서 주목하고 있는 '메타버스'Metaverse라는 유령 같은 개념이 2021년 기준 코로나19 팬데믹을 기회로 미래사회에 대한 전망을 휩쓸고 있다. 이 글은 이러한 메타버스 개념이 어떻게 심리스 리얼리티에 대한 판타지를 구성하고 있는지에 대하여 살펴보고, 결코 이러한 개념이 기술 산업의 독점

폼 아래 들어가지 않으면 사실상 독립적인 작업을 수행할 수 없게 되었으며, 그 와중에 육체노동자들의 처우는 수많은 외주와 하청을 통해서 그 누구와도 연루되지 않는 형태로 가려지고 휘발된다." 박인성, 「과거도 미래도 말하지 않는 팬데믹 서사」, 「현대비평」 제8권, 한국문학평론가협회, 2021, 48-49쪽.

3) 코로나 팬데믹과 증상적인 독해 및 포스트 코로나에 징후적인 전망을 드러내는 다양한 논의들이 지금 활발하게 전개 중이다. 특히 팬데믹에 대한 다양한 서구 지성의 해석은 팬데믹을 통한 사유와 현대 인간 중심 문명에 대한 비판을 중심으로 전개되지만, 그 철학적 사유와 현대 사회에 대한 총체적 비판이라는 지난한 목표를 달성하는 어려움에 비해서, 미래에 대한 전망은 너무나도 자연스럽게 기술 중심의 비전과 기업의 방향성에 잠식되어 가고 있다. 오히려 팬데믹에 대한 다양한 해석적 과잉이야말로 일종의 거짓 문제로서 포스트코로나를 지배하는 미래 전망으로 이어지는 것인지도 모른다. 진태원, 「거짓 문제로서의 포스트코로나 : 코로나19 팬데믹에 대한 증상적 독해」, 비평과이론 26권 3호, 2021, 197-228쪽; 슬라보예 지젝, 「팬데믹 패닉」, 강우성 옮김, 북하우스, 2020; 슬라보예 지젝, 「잃어버린 시간의 연대기」, 강우성 옮김, 북하우스, 2021; 조르조 아감벤, 「얼굴 없는 인간」, 박문정 옮김, 효형출판, 2021.

적인 개념이 아니라는 점과 함께 다양한 서사 창작물에서의 선취적인 재현을 돌아보게 될 것이다.

　메타버스를 포함하는 기술 중심 미래사회에 전망은 그 자체로 심리스적인 측면이 있다. 기술 중심 미래사회에 대한 낙관론은 근본적으로 현재 우리 현실에서 발생 중인 많은 문제들을 비가시화함으로써만 매력적인 미래 전망을 매끄러운 시각적 판타지처럼 구성하기 때문이다. 흥미로운 사실은 전세계적인 IT 기업들이 '메타버스'라는 개념을 완전히 새롭고 창의적인 것처럼 주목하는 반면에, 문학을 비롯한 문화콘텐츠의 영역에서 그러한 개념은 새롭지도 않을 뿐더러 대단히 낡았고 심지어 위험한 개념으로 다루어져 왔다는 사실이다. 이는 기술 중심의 미래사회에 대한 해석적 각축전이 사실상 지나치게 낙관적인 미래 전망 쪽으로 기울어져 있음을 암시한다. 특히 팬데믹 현실에서 기술 중심의 거대 기업들이 미래라고 하는 단어 안에 담겨 있는 다양한 전망과 가치들을 기술 중심적 사유를 통해 독점적으로 착취하고 있다는 사실을 강조해야 한다. 메타버스에 대한 페이스북과 에픽 게임즈, 월트 디즈니와 같은 거대 기업들의 긍정적인 전망은 코로나 팬데믹과 함께 경직된 모든 실물 경제의 유동 자산을 가상 현실을 중심으로 하는 디지털 산업 쪽의 가치투자로 전환하게 만들었다.

　그러나 메타버스라는 단어만 붙어도 엄청난 경제적 효과가 발생하는 시기에, 그에 대한 비판적 시선과 주장들 또한 조심스럽지만 속속 등장하고 있다.[4] 이러한 비판적 관점들이 주목하고 있는 것이 바로 고전적인

---

[4] 본격적인 포문을 연 것은 해외의 유명 게임저널 「PC Gaming」에 Wes Fenlon이 쓴 〈The Metaverse is Bullshit〉 (October 30, 2021)다. 이 칼럼은 메타버스에 대한 낙관론에 대한 4가지 비판적 관점을 정리한다. ① 메타버스는 사실상 이미 존재하는 인터넷과 다르지

사이버펑크 장르 소설들에서 묘사하고 있는 근미래의 사회다. 정부가 아니라 거대 기업들이 모든 권력과 재화를 독점하는 사이버펑크 세계는 기술 중심의 미래사회에 대한 디스토피아적 비전을 함축한다. 또한 윌리엄 깁슨William Ford Gibson의 소설 『뉴로맨서』(Neuromancer, 1984)가 압축적으로 전달하듯이, 사이버펑크 장르란 결국 양극화된 미래사회에 있어서 가장 핵심적인 사회적 문제가 불공평한 분배의 문제라는 사실, 그리고 새로운 계급 투쟁이 필연적이라는 사실을 전달하는 장르다. 메타버스를 중심으로 한 기업 주도의 미래 전망이 이러한 사이버펑크 장르의 기술적 비전을 전유하면서도 의도적으로 디스토피아적 비전을 누락하거나 비가시화하는 것은 다분히 의도적이라고 말할 수밖에 없다. 이 글의 연구 주제는 일련의 사이버펑크 장르를 포스트 코로나 시대에 대한 해석적 전망을 독점하고자 하는 기술 중심의 미래 전망에 저항하는 대항 서사(counter narrative)로 다시 읽어내려는 시도다. 이러한 대항 서사들은 심리스 리얼리티가 비가시화하는 대상들을 다시금 복원하고 우리의 현실에 재매개하는 중요성을 알려준다.

이 글은 메타버스에 대한 여러 구성 요소 가운데 심리스 리얼리티라는 개념에 주목한다. 메타버스가 궁극적으로 디지털 중심의 미래사회 전

않다 ② 기업들은 전유하고 있는 사이버펑크 세계관이 디스토피아라는 사실을 의도적으로 무시한다 ③ 메타버스가 약속하는 크로스 호환성은 사실상 불가능하다 ④ 메타버스가 왜 지금보다 더 나은 미래인지 설득하기 어렵다. 또한〈둠(DOOM)〉시리즈의 개발자이자 오큘러스(Oculus)에서 VR 디바이스의 최고기술책임자(CTO)를 맡기도 했던 존 카맥John Carmack 역시 메타버스에 대한 지나친 낙관론은 현재의 기술적 성취에 비해서 너무 성급하다는 비판적 의견을 제시했다. 하지만 이러한 비판적 시선들과 우려를 무시하고 2021년 현재 모든 산업 분야가 메타버스를 실존하는 마법의 가루처럼 주목하고 있다. URL : https://www.pcgamer.com/the-metaverse-is-bullshit/ 참고

망에 있어 가장 상위의 개념이라면,5) 그 아래에는 다양한 종류의 기술적 개념들이 이를 뒷받침하고 있다. 증강현실(Augmented Reality), 가상현실 VR(Virtual Reality), 확장현실(eXtended Reality) 개념을 포함하여, 블록체인(blockchain) 기술과 암호화폐, NFT(Non-Fungible Token)에 이르기까지 최근 뜨거운 관심을 받는 기술적 대상들이 메타버스라는 개념 아래로 집결하고 있는 모양새다. 하지만 결국 모든 기술적 적용의 최종 상위 개념인 메타버스를 완성하기 위한 필수적인 매개물에 대해서는 언급이 적다. 본고는 그러한 기술적 구현에 있어 결국 수용자의 적극적인 세계 인식이 완성되기 위한 매개물이 심리스 리얼리티임을 강조한다. 증강현실과 가상현실을 실제 세계에 접붙이기 위해서 매끄러운 연결성이 필요하며, 이것은 메타버스가 사용자로 하여금 메타버스에 대한 접속 자체를 잊어버리는 궁극적인 몰입 상태를 지향한다는 사실로 귀결된다.6) 예를 들어 영화 〈매

---

5) 최근 메타버스에 대한 다양한 해석과 연구들이 수없이 등장하고 있지만, 본고와 관련하여 인문학적 관점에 초점을 맞춘 최근 저작 및 연구들은 다음과 같다. 이인화, 『메타버스란 무엇인가』, 스토리프렌즈, 2021; 이임복, 『메타버스, 이미 시작된 미래』, 천그루숲, 2021; 김윤정, 「게임과 비게임 메타버스 콘텐츠에서 나타나는 유형의 융합화에 관한 연구」, 애니메이션연구 17권 3호, 2021, 80-99쪽; 윤현정·이진·윤혜영, 「메타버스 개념과 유형에 관한 시론 : 가능세계 이론을 중심으로」, 인문콘텐츠 62호, 2021, 57-81쪽; 이병권, 「메타버스(Metaverse) 세계와 우리의 미래」, 한국콘텐츠학회지 19권 1호, 2021, 13-17쪽; 이지영, 「메타버스에서의 이야기 문화」, 구비문학연구 62호, 2021, 5-32쪽.
6) 물론 심리스 리얼리티를 지향하는 일련의 기술적 방향성 자체를 비판적으로 규정할 수는 없다. 본고에서 더욱 엄밀한 기준에서 비판하고자 하는 대상은 심리스 리얼리티를 통해서 세상을 바라보고 규정하고자 하는 인식적인 경향이며, 이를 기술적으로 더욱 보완하여 실제 우리의 현실을 더욱 매끄러운 일원론적 세상인 것처럼 구성하는 기술과 인식 사이의 결합이다. 이러한 결합을 실제로 시각화하는 대안적 현실이 바로 '메타버스'이며, 이러한 심리스 리얼리티가 자체적으로 완결된 현실 인식만을 지향한다면 그 사용자들의 강한 몰입 상태로 인해 비판적 현실 인식을 수행하기 어려워진다.

트릭스〉(The Matrix, 1999)에 등장하는 '매트릭스'라는 가상현실의 가장 강력한 효과는 접속자가 접속 사실 자체를 모르고 평생의 인생을 아바타로서의 삶과 완벽하게 동기화한다는 점이다. 가장 강력한 심리스 리얼리티에의 동기화 사례를 '매트릭스'라고 말할 수 있다면, 본고에서는 그러한 심리스 리얼리티의 균열과 붕괴에 대하여 주목하게 될 것이다.

따라서 이 글에서 다루는 텍스트들은 메타버스에 대한 장밋빛 미래들이 그리지 않는 다른 미래의 형상, 심리스 리얼리티의 이면을 살피는 양상들에 주목한다. 여기서는 심리스 리얼리티에 대한 몰입과 탈몰입을 재현하는 텍스트들이 서로 다른 대응의 양상을 보이는지 갈래화하여 살피고, 그 각각의 저항적 의미에 대하여 분석한다. 이를 위해서는 심리스 리얼리티에 대한 각각의 텍스트의 재현 및 그에 대한 몰입-탈몰입을 살피기 위한 기준을 서사적 구성 안에서 세우는 것이다. 여러 텍스트 사이를 비교하기에 앞서서, 앞서 언급한 〈매트릭스〉는 좋은 기준을 제공해준다. 이 텍스트는 '매트릭스'라는 완벽한 메타버스이자 심리스 리얼리티가 어떻게 기존의 현실 개념을 대체함으로써 가장 충격적인 형태의 악몽으로 실현되는지를 보여준다. '네오'가 처음으로 매트릭스에서 빠져나와 머리 뒤의 연결 케이블을 뽑아내는 장면은 가장 강한 몰입 상태에서 가장 강력한 탈몰입으로 이동하는 낙차를 시각화한다. 그 다음에는 기계-프로그램들과의 대결을 통해 심리스 리얼리티에 대한 비판적이고 혁명적인 이해를 제공한다. 매트릭스를 극단적인 사이버펑크 디스토피아로 설정할 경우, 이 글에서 살펴볼 여러 텍스트들은 메타버스를 중심으로 하는 심리스 리얼리티에 대한 서로 다른 이해와 재현 양상을 제시함으로써, 기술 중심 미래사회에 대한 서사 창작물의 다양한 스펙트럼을 보여줄 것이다.

이 글은 각각의 서사 창작물에서 ① 심리스 리얼리티가 현실과 관계 맺는 방법, ② 주체가 심리스 리얼리티에 대하여 느끼는 몰입과 탈몰입, ③ 최종적으로 심리스 리얼리티가 비가시화하는 실제 현실에 대하여 살펴보고자 한다. 이를 위한 연구 대상으로는 메타버스를 가장 스펙터클한 심리스 리얼리티로 재현한 〈레디플레이어 원〉(Ready Player One, 2018). 그리고 무엇보다도 최근 기업들이 메타버스라는 개념을 추출하기 위하여 가장 열렬하게 환호하면서 인용한 닐 스티븐스Neal Stephenson의 소설 『스노크래시』(1992)에 대하여 살펴보아야만 한다. 마지막으로 게임의 영역에서 사이버펑크 장르를 게임화한 CD Projekt S.A.의 〈사이버펑크 2077〉(Cyberpunk 2077, 2020)을 다루고자 한다. 세 텍스트는 큰 틀에서는 사이버펑크 장르의 범주에서 세계에 강력한 영향을 미치는 메타버스에 대한 재현과 기술 중심 미래사회에 대한 비판적 인식을 공유하고 있다. 각각의 텍스트들은 사이버펑크에 대하여 매체적 대표성을 가진 텍스트들이기도 하다. 하지만 비판의 관점, 그리고 심리스 리얼리티에 대한 재현의 양상 및 심리스 리얼리티로 인해 비가시화된 현실을 드러내는 강조점은 각각 다른 텍스트들이다. 나는 의도적으로 메타버스 개념이 출발점이 된 사이버펑크 소설 텍스트는 물론이고, 새롭게 사이버펑크 장르를 변형하고 갱신한 영화와 게임 텍스트를 비교함으로써 심리스 리얼리티의 문제가 장르나 매체의 문제를 넘어서는 공통 주제라는 사실을 드러낼 것이다.

2. 심리스 리얼리티에 대한 모순적 재현과 편의적 통제화: 〈레디 플레이어 원〉

메타버스라는 개념과 그에 대한 기대의 핵심은 그 가상현실이 플레이어에게 끊임없는 몰입을 제공할 수 있도록 충분히 가치 있는 리얼리티 개념을 제공하는데 있다. 따라서 인식론적 차원에서 심리스 리얼리티는 시각적 분절이나 인지상의 단절 없이 디지털 세계와의 접속을 수행하며, 이를 기존의 현실에서 수행할 수 있는 모든 사회적-문화적 활동을 수행할 수 있을 때 달성된다. 물론 이에 대한 메타버스 비판론이 제기하듯이, 인터넷이야말로 메타버스가 수행한다고 상정되는 대부분의 행위를 이미 수행하고 있으며 다만 다른 점이 있다면 그 인식론적-경험적 피드백이 온전한 가상현실 개념의 심리스 리얼리티로 구성되지 않는다는 것뿐이다. 그런 의미에서 메타버스 개념이 온전히 성립하기 위해서는 모니터 화면이라는 규격화된 프레임을 벗어나, 가상현실 개념이 육안으로든 혹은 기술적 매개물(VR 디바이스)를 통해서든지 간에 어떠한 시각적 제한이나 몰입의 방해를 받지 않아야 한다. 더 나아가 오감에 대한 피드백의 제공은 별도의 기술적 구현을 필요로 할 것이다.

이러한 기술적 문제가 해결된 미래사회를 그리는 동시에, 심리스 리얼리티로 매끄럽게 매개된 메타버스에 대한 가장 성공적인 시각적 재현을 수행한 최근 영화는 〈레디 플레이어 원〉이다. 주인공 웨이드는 '그리게리어스 게임즈Gregarious Games'가 개발한 OASIS(Ontologically Anthropocentric Sensory Immersive Simulation)라는 가상현실 게임에서 '파시발'이라는 아바타의 모습을 통해서 현실과는 다른 삶을 살아간다. OASIS는 단순한 가상현실 게임이라기보다 오늘날의 개념대로 완전한 메타버스를 제시한다. 원작 소설의 설정을 빌리자면 OASIS는 이미 많은 사람들이 실제 현실 이상으로 몰두하고 있는 디지털 세계이며, 예를 들어 실제 세계의 모든 공립학교는 부동산 문제를 해결하기 위하여 오아시스 안에 설립되어 학생들은 게임 안에서 실제 교육을 받을 정도다. 또한 오아시스는 별도의 경제활동 및 경제 구조를 활성화하고 있으며, 사람들은 현실에서의 직업이 아니라 디지털 세계에서의 노동 활동을 통해서 게임 내 재화를 획득하고 그 재화를 통해서 현실 경제력을 획득한다.[7]

작중에서 메타버스에 대한 비판은 그 서사적 내용의 차원에서 적절하게 환기된다. 문제가 되는 것은 오늘날 메타버스에 대한 일반적인 우려와 같은 맥락이다. 바로 메타버스의 과도한 심리스 리얼리티에 빠져 실제 세

---

[7] 이러한 OASIS에서의 경제활동은 2021년 기준 엄청나게 주목 받고 있는 게임 내 화폐 경제의 실물경제화를 포함하는, 소위 'P2E'(Play to Earn) 개념과 거의 흡사하다. 물론 아직까지 실제 세계에서는 OASIS처럼 압도적인 경제 규모를 가진 메타버스가 존재하지 않을 뿐, 여러 게임 플랫폼들은 게임 내 재화를 암호화폐와 교환하기 시작했으며, 다시 암호화폐는 현실의 실물 화폐로 교환되는 방식으로 게임 내 노동을 현실의 경제활동과 동기화하기 시작했다. 여기에 NFT 개념이 더해지면서 게임 내 경제 구조는 더욱 강력하게 현실 경제 구조에 개입하게 될 예정이다. 실제로 이 영화에서 대체 불가능한 게임 아이템으로 취급되는 할리데이의 3가지 열쇠는 NFT의 대표적 사례다. NTF에 대한 저작과 연구들 역시 빠르게 등장하고 있다. 성소라, 롤프 회퍼, 스콧 맥러플린, 『NFT 레볼루션』, 더퀘스트, 2021; 신현우, 「디지털게임에서의 '플레이노동'에 대한 이론적 연구: 플레이의 '기계적 예속'의 정치경제학 비판」, 한국언론정보학보 97호, 2019, 7-36쪽; 최성원·김정수·이승목·고중언·김현지, 「대체불가능토큰(NFT)기반 블록체인 게임의 비즈니스모델 혁신요소 연구 : 게임 내 디지털 자산 유통 플랫폼 '플레이댑' 사례를 중심으로」, 한국게임학회 논문지, 21권 2호, 2021. 123-138쪽; 임종욱, 「메타버스 시대, NFT 아이템의 도입에 따른 게임산업법의 쟁점 및 정책적 고려사항에 관한 연구」, 홍익법학 22권 3호, 2021, 83-103쪽.

계를 잊고 OASIS에서의 삶만을 현실처럼 살아가는 사람들을 통해서, 자기소외와 중독의 문제를 비판적으로 살피는 것이다. 또한 가상현실에서 발생 가능한 특정 기업 권력에 의한 지배력의 행사, 경제적 독점 등에 대한 우려가 나타나기도 한다. 특히 작중에서 그리게리어스 게임즈에 이어 업계 2위를 차지하고 있는 I.O.I(Innovative Online Industries)사는 OASIS에 대한 지배력을 얻기 위하여, 자신들의 하수인인 식서sixer들을 통해 스토리 전반에 걸쳐 주인공 일행을 방해하는 물리력을 행사한다. I.O.I는 메타버스가 가져올 수 있는 경제적 착취 구조 전반을 암시하는 납작한 악당의 포지션을 담당한다. 특히 I.O.I의 로열티 센터는 채무자들을 OASIS에서 강제 노역하게 하여 디지털 재화를 수급하는 '작업장'을 구축한 것이며, 최종적으로 I.O.I는 OASIS를 지배한 이후 그 경제적 독점 구조를 활용해서 각종 광고의 배치와 고가의 아이템 판매 등을 계획하고 있다.

애초에 이 영화의 전체 서사 구조는 I.O.I와의 적대적 구도 속에서 메타버스의 심리스 리얼리티가 불러올 수 있는 부정적인 미래에 대한 비판적 주제를 강조하기 위하여 주인공 웨이드가 모든 퀘스트를 부여받고 해결하는 과정으로 이루어져 있다. 이러한 퀘스트를 제공한 것이 바로 오아시스의 개발자 '제임스 도노반 할리데이'의 유언으로, 그는 오아시스 안에 자신이 숨겨둔 임무를 완수하고 세 개의 열쇠를 얻어 자신의 '이스터 에그'를 찾아낸 플레이어에게 오아시스의 모든 운영권과 회사 지분을 양도하겠다고 공언한다. 할리데이의 유언의 핵심은 OASIS의 과도한 심리스 리얼리티가 가진 가능성과 위험성에 대한 판단을 이 게임의 유저에게 직접 위임하겠다는 발상이다. 또한 이러한 유언의 배경은 할리데이가 OASIS를 개발하는 과정에서 자신의 실제 삶을, 소중한 인간관계를 제대로 돌보지 못했다는 후회로부터 온다. 즉 웨이드의 모든 퀘스트 달성은 할리데이의 삶에 대한 이해를 경유하면서 가상현실보다도 소중한 것을 지켜야 한다는 결론에 도달하는 것이다.

이처럼 〈레디 플레이어 원〉에서 심리스 리얼리티에 대한 주제적인 차원에서의 비판적 의식은 선명하지만, 역설적으로 그 재현과 표현에 있어서는 주제와의 충돌이 발생한다는 사실에 주목할 필요가 있다. 주인공 웨이드의 OASIS에서의 모든 경험과 행위들은 심리스 리얼리티에 강하게 몰입한 주체의 즐거움을 효과적으로 그려내고 있다. 웨이드는 3개의 열쇠를 찾아가는 과정에서 할리데이가 겪은 후회를 목격하게 되며, 이에 공감하게 되지만 그 모든 깨달음의 과정 역시 강한 심리스 리얼리티에 의해 이루어지고 있다는 사실에 대해서는 의식하지 않는다. 주제 차원에서의 비판적 의식과 텍스트의 형식적 차원에서의 몰입이 서로 상반된 효과를 달성하는 것이다. 이러한 심리스 리얼리티에 대한 이중적 태도는 기본적으로 심리스 리얼리티와 실제 현실 사이의 인지적 구분이 명확하게 이분법적으로 작동하고 있기 때문이다.

이 영화의 근본적인 주제의식의 차원에서 심리스 리얼리티는 어디까지나 현실의 유효한 보조적 수단일 때에야만 의미를 가진다. 이는 게임에 대한 보수적인 비판 의식과 일맥상통한다. 과도한 몰입은 나쁜 것이며, 언제나 적절한 몰입과 현실로부터의 이완과 거리감을 통제할 수 있을 때야만 좋은 것이다. 그런 의미에서 메타버스는 철저하게 통제 가능한 것이어야 하며 동시에 도구적 수단으로서만 의미를 가진다.[8] 이러한 태도는 심리스 리얼리티에 위험성과 함께 통제의 필요성을 강조하는 것이지만, 여전히 심리스 리얼리티가 가진 매혹적인 성격을 묘사하는 방식에 있어서의 모순과의 충돌이나 충격으로 이어지지는 않는다. 특히 이 영화의 클라이맥스라 말할 수 있는 '절망의 요새'에서의 대규모 전투씬은 말 그대로 심리스 리얼리티 안으로 소환된 서브컬처 아이콘들(건담과 메카 고지라의 대결)에 대한 오마주이자 게이머들의 판타지에 대한 강한 몰입을 강조한다. 결국 이 영화에서는 메타버스는 위험하지만 매혹적이다. 따라서 잘 길들이고 통제되기만 하면 문제는 해결된다.

이 영화에서 심리스 리얼리티에 대한 몰입의 수준은 강하지만 탈몰입의 수준은 약하며, 따라서 OASIS에 대한 부자유 때문에 현실 세계로 이탈하게끔 만들지 않는다. 어디까지만 문제가 있는 것은 OASIS가 아니라 현실 세계임에도 불구하고, 이 텍스트는 문제를 급진적인 차원으로 몰아가거나 현실 자체를 바꿔야 한다고 말하지 않는다. 오히려 모든 악의 원인을 IOI에 떠넘김으로써 현실로의 탈몰입 효과를 더욱 감당할 만한 것으로 수정할 뿐이다. 이 영화가 아동을 위한 성장 서사에 기반해 있다고 할지라도 편의적인 심리스 리얼리티와 매혹적인 메타버스의 시각성은 명백

---

8) 이 영화의 메타버스에 대한 이해가 지나치게 미국중심적이며 편의적이라는 사실은 오늘날 실제로 변화하고 있는 게임 속 가상현실에 대한 구속력을 지나치게 가볍게 보고 있기 때문이다. 즉 이 영화에서 사람들의 메타버스에 대한 구속과 중독은 단순히 그들이 고통스러운 삶을 잊기 위해 시각적 판타지에 회피하기 때문만은 아니다. 오히려 우리는 앞서 언급한 P2E의 개념처럼 가상현실 자체가 실제 현실의 경제 활동을 대체하고, 실제 삶을 유지하기 위한 노동 수단으로 전환되고 있는 현실을 목격하고 있다. 2021년 기준 코로나 팬데믹으로 인해 해외 노동 시장에 진입하지 못했던 동남아시아의 노동자들은 P2E 게임을 대체 노동시장으로 활용했다. 이러한 메타버스 개념의 말단적인 전개와 실체화는 다분히 오늘날의 특수한 세계시장 논리와 지정학적인 노동환경에 기대어 성립하는 것이지만, 그럼에도 불구하고 누군가에는 필연적인 노동의 영역으로 발전해버린 가상현실을, 〈레디 플레이어 원〉처럼 제1세계에서 바라보는 도구적이고 편의적인 메타버스 개념만을 보편화할 수 없음을 환기할 필요가 있다.

하게 현실의 문제를 비가시화한다. OASIS에 대한 심리스 리얼리티로의 강한 몰입 효과가 사실 사람들이 회피하고자 하는 계급적-경제적 차원의 문제라는 이데올로기적 문제의식을 손쉽게 삭제해 버리기 때문이다. 웨이드는 OASIS에서의 대안적인 능력을 활용해서 결과적으로 현실 세계에서의 자신의 계급적-경제적 문제를 개인적 수준에서 해결해버린다. 그는 최종적으로 부자인 동시에 OASIS의 절대적 권력자가 되었다. 따라서 심리스 리얼리티에 대한 적극적인 몰입을 수단으로 활용하여 탈몰입의 순간 발생할 수 있는 모든 현실의 괴로움을 극복하는 셈이다.

최종적으로 메타버스에 대한 재현에 있어서 내용과 형식 사이의 아이러니는 〈레디 플레이어 원〉의 결말에서 손쉽게 해결되어버린다. 이 결말에서 가장 문제적인 것은 심리스 리얼리티에 대한 탈몰입이 유저들의 자발적인 선택으로 이뤄지지 않는다는 사실이다. OASIS의 운영권을 획득한 웨이드가 화요일과 목요일마다 서버를 통째로 셧다운시키는 방식으로 과도한 메타버스에의 몰입을 제한해버리기 때문이다. 이러한 결정은 단순한 운영자로서의 특권이라기보다 심리스 리얼리티에 대한 비판적 인식의 반영이다. 하지만 이러한 묘사는 메타버스를 구성하는 심리스 리얼리티에 대한 피상적인 문제의식과 그에 따른 손쉬운 해결책일 수밖에 없다. 이 텍스트는 어디까지나 메타버스의 향유자들을 심리스 리얼리티를 자발적으로 극복하기 어려운 취약한 존재들로 그리기 때문이다. 주인공 웨이드가 그러한 위험성을 인지했음에도 불구하고 스스로 운영자의 위치에서 예외적이며 특권적인 지점을 확보하게 되는 것 역시 그렇다. 이러한 심리스 리얼리티에 대한 탈몰입과 메타버스에 대한 비판은 상당히 편의적이며 이분법적이다. VR 디바이스만 벗으면 현실과 가상현실의 구분을 손쉽게 구분 가능하다는 점에서, 이러한 해결책은 근본적이거나 혁명적인 것과는 거리가 멀다. 이 텍스트는 결국 심리스 리얼리티를 현실의 적절한 대안적 휴식처 정도로 이해하고 있으며, 따라서 이 결말은 절충적이며 수동적인 결말이 된다.

3. 심리스 리얼리티에 대한 이원적 재현과 경계적 의식화: 『스노크래시』[9]

『스노크래시』에서 주인공 '히로 프로타고니스트'는 사이버펑크 세계관 속에 놓인 복합적 정체성을 가진 인물로 살아간다. "최후의 프리랜서 해커 / 세계 최고의 검객 / 중앙 정보 회사 정보 조사 요원"(29쪽)이라 자칭하는 히로는 흑인 아버지와 한국인 어머니 사이의 혼혈 혈통에 있어서도 복합적인 정체성을 강하게 의식한다. 이는 히로가 사이버펑크 미래 세계에도 손쉽게 소속감을 획득하거나 안정적인 삶을 살아갈 수 없다는 사실을 지속적으로 환기하는 존재이기 때문이다. 소설 초반 그는 피자 배달부로서의 자기 정체성과 아주 단순한 직업적 업무, 그리고 자신이 속한 조직에 대한 소속감에 이르기까지 직업적인 만족감을 드러낸다.(물론 이 피자 업체는 도시에 하나뿐인 피자 마피아의 독점적 기업이며, 배달부들은 열악한 조건 아래에서 일한다) 피자 배달부야말로 실제로 그가 가진 복합적 정체성에 비해 실제 세계에서 얻을 수 있는 편의적인 직업일 뿐 아니라, 복잡한 디지털 기술도 필요하지 않으며 시간 내에 목적지에 도달하

---

[9] 이후 이 책에 대한 인용의 서지사항은 닐 스티븐스, 『스노크래시』 1~2, 남명성 옮김, 문학세계사, 2021을 기준으로 한다.

기만 하면 되는 직업이기 때문이다. 하지만 단순한 배달 업무조차 복잡하게 만드는 미래사회의 복잡한 도시 구성과 수많은 장애물과의 충돌로 인해 그는 배달부 직업조차 그만둘 수밖에 없다.

이처럼 이 소설에서 강조되는 주된 이미지와 감각은 히로의 정체성만큼이나 복잡하게 그어진 경계선들과 그에 따른 이원적 단절감이다. 주인공 히로는 자신이 위치한 경계선을 사이에 두고 두 개의 세계가 단속적으로 연결되어 있다는 사실을 지속적으로 환기한다. 메타버스로의 접속은 간단하지만, 동시에 메타버스와 실제 세계 사이의 경계에 대한 인식이 계속해서 강조된다. 대표적으로 메타버스의 핵심 지역인 '스트리트'에는 거대 번화가를 방불케 하는 복잡한 건물들이 들어서 있고 수많은 아바타들이 자신들의 구역에서 살아간다. 하지만 스트리트에 자기 부동산을 구매하지 못한 빈털터리들은 공용 접속자들을 위한 '포트'를 통해서만 메타버스에 입장해야 한다. 히로가 계속해서 환기하듯이 메타버스는 경제적으로 한정된 사람들의 유흥이며 메타버스 내부에서의 아바타들은 그 생김새와 구체성만으로도 그 사람의 계층을 짐작할 수 있게 구성되어 있다. 메타버스에 대한 접속은 방대한 정보에 접속하고 현실을 대체할 수 있는 가상적 경험을 제공해주지만 결국 그 접속 자체가 제한적인 방식으로 사람들을 구별하고 있다는 사실은 분명하다. 메타버스 안에서 히로의 거주지 블랙 선은 스트리트와 구별되는 현실의 슬럼가에 가깝다. 이처럼 메타버스는 현실 세계와 이원적인 관계일 뿐 아니라, 그 세계 안에서도 다시 복잡하게 계층화되고 다양하게 경계 지어진다.

현실 세계 역시 사정은 크게 다르지 않다. 정부는 사실상 유명무실하게 붕괴하였고 다양한 정치 연합체들이 존재하지만, 사람들은 더이상 과거의 공적 기관들에 의존하지 않는다. 각각의 분야로 파편화된 민간기업들이 봉건주의 시대의 영주들처럼 저마다의 영역과 분야를 독점하는 방식으로 현실을 다층화한다. 게다가 많은 사람들이 도시를 떠났으며 메타버스 같은 디지털 세계와는 무관한 삶을 산다. 반대로 "도시에 남은 유일한 사람들은 쓰레기를 뒤지며 먹고사는 거지들이나 파멸하는 아시아 국가들로부터 파편처럼 튕겨 나온 이민자들, 젊은 보헤미안들, 그리고 이 선생의 위대한 홍콩에서 근무하며 첨단 기술에 빠져 사는 사람들 뿐이다. 바로 디파이비드나 히로처럼 젊고 똑똑한 사람들이다. 그들은 스스로 자극을 조절할 수 있다고 생각하기에 위험을 무릅쓰고 도시에 산다."(296쪽) 메타버스를 지배하는 부자들을 제외한다면, 기업에 소속되지 않은 프리랜서 프로그래머나 해커들은 메타버스에 접속하고 있지만 철저한 경계인으로서의 정체성을 가지고 있다는 점에서 중요하다.

히로는 비록 현실에서는 월세를 걱정해야 하는 처지이지만 아바타의 개발에도 참여했던 해커로서 메타버스에 적극적으로 접속해 다양한 정보를 수집한다. 그는 휴대용 소형 컴퓨터와 자신의 안구의 렌즈를 통해서 어느 순간이나 메타버스에 접속할 수 있지만, 그러한 접속의 상태는 경계적이며 의식적이다. 그는 실제 세계에도 존재하고 메타버스에도 존재하지만 양쪽 모두의 작업을 단번에 해결할 수는 없다. 그의 표현대로 세계는 이원적이기 때문이다. "컴퓨터는 0 아니면 1로 이진법을 이용해서 정보를 표현하지. 그러니까 두 개로 나뉜 세상을 믿어야 한다는 것이고, 그러니 나는 이원론자라고 한 거야."(322쪽) 히로는 이원론자인 동시에 경계인으로서 메타버스와 현실 세계 사이의 이중생활을 지속한다. 메타버스의 심리스 리얼리티에 대한 완전한 몰입으로부터 자기 자신을 지킬 수 있는 유일한 방법은, 메타버스의 사용자 스스로 경계성에 대한 의식을 지속하며 이원론자가 되는 방법뿐이다.

문제는 메타버스에서 비밀스럽게 유포되고 있는 정체불명의 바이러스 『스노크래시』가 등장하면서, 이원론의 세계를 파괴하고 메타버스를 지배하려는 새로운 변화가 시작되었다는 사실이다. 이 소설에서 스노크래시와 관련된 음모를 담당하는 자들은 단순히 추상적인 사이버펑크 장르의 거대 기업이 아니라 종교적 신념과 결합한 형태의 거대 미디어 회사다. 거대 미디어 회사의 소유주인 L. 밥 라이프는 오순절 종파에 속하는 '천국의 문' 교회의 웨인 목사과 협력하는데 단순히 기업의 권력으로 세상을 지배하려는 종류의 욕망이 아니라 더욱 근본적인 지배를 목표로 한다. 따라서 그는 단순히 종교적인 교리의 확장을 목표로 하는 것이 아니라, 더 뿌리 깊은 신화적인 힘에서부터 파생된 메타 바이러스를 활용하여 전 인류에 직접적인 지배를 수행할 수 있는 '오지만디아스'와 같은 통제력을 얻으려는 것이다. 단순화하여 말하자면 라이프와 웨인 목사는 세계를 일원화된 것으로 회귀시키고자 하는, 고대 수메르 신화 속 아세라 종파의 숭배 집단으로 그려진다.

『스노크래시』는 일반적인 사이버펑크 장르가 으레 그러하듯 가상현실의 현란한 이미지들에 집중할 것 같지만, 실제로는 고대 신화에 대한 이야기에 상당한 분량을 할애하고 있다. 히로는 과거의 연인이었으며 함께 아바타 개발을 수행했던 프로그래머 '후아니타'가 암시한 힌트들을 따라서, '엔키'와 '이난나'를 중심으로 한 수메르 신화, 그리고 바벨탑과 관련된 언어학적 이론들에 주목한다. 엔키의 존재를 프로그램에 대한 조작적 변화를 수행한 해커와 등치하고, 그러한 역할에 입각하여 수메르 신화의 전체 이야기를 재해석하게 하는 것이다. 신화 속에서 인류를 움직이는 문화적인 동질성은 이제 소프트웨어 운영체제나 바이러스와 같은 개념으로 환원하여 받아들여진다. 히로에 의하면 "언어를 배우는 일이 마치 PROM에 코드를 박아 넣는 일과 비슷하"며 "스프트웨어가 칩에 들어박혀 고정되는 거지. 소프트웨어가 하드웨어의 일부가 되어 버리는 거야"(2권 58-59쪽) 언어신경학적인 지배력은 프로그램에 대한 "신의 이름"은 곧 "세상을 움직이는 기계어"이며 "에덴의 언어"다. 따라서 수많은 프로그램 언어를 지배하는 최종심급의 기계어를 입력하는 프로그래머는 신의 이름을 획득하는 것과 같다. 달리 말하자면 신의 언어에 근접한 수메르어는 모든 언어를 종합하지만 동시에 바이러스를 만들고 퍼트리기에도 가장 적합한 언어다. 그런 의미에서 히로는 일원론적 세계의 치명적인 성격을 경계하는 것이다.

실제로 후아니타의 표현에 의하면 메타버스에서 아바타를 통해 감염되고 실제로 그 아바타 사용자의 뇌까지 파괴할 수 있는 '스노크래시'는 바이러스이며 마약이거나 동시에 종교다. 히로는 이를 다시 '메타 바이러스'라는 표현으로 확장하는데, 메타 바이러스가 메타버스의 시대에 다시금 인간 전체를 감염시킬 수 있는 일종의 일원적 회귀의 매개물이라는 사실을 추적해 나가며, 이를 수메르 신화 속 바벨탑의 이야기에 빗대어 설명하는 것이다. 『스노크래시』에서 메타 바이러스의 개념은 인류라는 종에게 운영체제처럼 설치되어 그들의 삶을 보편화하는 일종의 문화적 유전자(meme)처럼 보인다. 그것은 수메르 신화의 시기 일원적이며 유물론적인 형태의 삶의 형태와 패턴만을 가지고 있었던 문화적 기원, 그리고 단일한 삶의 패턴으로 모든 것을 동기화하고자 하는 힘으로 표현된다. 따라서 바벨탑은 신의 언어에 도달하기 위한 프로그래밍 과정이며, 모든 언어에 개입하고 명령을 수행하는 프로그램 언어는 전 인류를 통제하거나 파괴할 수 있다.

따라서 수메르 신화에서 엔키는 메타 바이러스를 무효화하는 일종의 역-바이러스, 백신의 개념을 통해 보편화되어가던 인류의 언어와 문화를 나누고 개별화하게 만든 바벨탑 사건을 일으킨 것이다. 히로의 표현대로라면 "인간을 유물론적인 세상에서 이원론적인 세상, 그러니까 육체와 정신이라는 두 가지 요소를 가진 바이너리 세상으로 이끈 것"(2권 249쪽)이다. 그리고 바벨탑 사건 이후 다시 원형적 수메르 신화의 세계(일원론적 세계)로 되돌아가고자 하는 힘이 발현되는 것이 끊임없이 인류 문명에 발생해온 각종 바이러스들이다. 히로는 모든 인류를 전염시키는 생물학적 차원에서 발생하는 바이러스 개념만이 아니라, 집단 히스테리, 종교와 이데올로기까지 강력한 전파력으로 사람들을 동기화하고자 하는 '아세라 바이러스'라고 파악한다. 이를 막아주는 것이 바로 엔키에 의해 발생한 바벨탑 사건이며, 역-바이러스를 통해서 개별화되고 다양화된 인류의 생존 수단이다. 바벨랍 사건 이후 수없이 늘어난 인간의 언어는 일원적인 세계로의 복귀를 막는 방화벽이 된 것이다. 반대로 메타버스의 출현은 다시 전체 인류를 포괄할 수 있는 상위의 프로그램 언어의 가능성을 새로운 시대의 바이러스로 발생시켰다.

이 소설에서 메타버스는 메타 바이러스를 막아내기에는 지나치게 취약한 세계이며, 메타버스에 참여하는 개개인의 모든 취약성과 약점들을 충분히 고려하여 구체적으로 설계되지 않았다. "메타버스라는 세계는 이제 전체적으로 모두가 참여한 근본적인 재건설이 필요하다."(2권 172쪽)

여기에서 중요한 발언은 바로 "모두가 참여한"이다. 소수의 프로그래머가 구축하고, 기업에 의해서 주도적으로 개발된 메타버스 세계의 취약성을 해결하기 위해서는 메타버스에 접속하고 참여하는 모든 사람들의 경계와 적극적인 개입이 필요하다는 인식이다. 기술 중심의 해결 방법은 모두를 통합할 수 있는 강력한 프로그램 언어를 향해 갈 수밖에 없다. 하지만 이 소설의 주제의식은 그러한 기술 중심의 방향성이 아니라, 오히려 프로그램이 독점할 수 없는 형태의 개별적 언어들이 더욱 필요하다는 사실로 나아간다. 그리고 그 언어들은 결코 메타버스가 지원하는 심리스 리얼리티처럼 수많은 정보를 시각적으로 화려하게 표현하거나 전달하지 않는다. 모든 개인들의 언어와 그들 사이의 소통은 결코 매끄러운 심리스 리얼리티가 아니기 때문이다.

메타버스의 심리스 리얼리티가 얼마나 비가시적인 작업과 노동, 이면의 언어들로 구성되어 있는지에 대하여 이 소설은 명확하게 재현한다. 그리고 그 핵심적인 이미지는 히로가 해킹을 위해 이차원의 단순한 시각 이미지를 활용하는 다음의 장면이다.

> 해커들이 해킹할 때는 허울뿐인 메타버스나 아바타 따위는 사용하지 않는 법이다. 그들은 그런 표면에 불과한 세상을 버리고 코드와 얽히고설킨 난섭을 이용해야 하는 지하 세계로 내려간다. 메타버스가 아무리 현실적으로, 아름답게, 입체적으로 보였다고 해도 이 지하 세계에서는 그저 단순한 텍스트 파일에 자니자 않는다. 전자 화면에 일련의 문자로 표현된다는 뜻이다. 마치 원시적인 텔레타이프나 IBM의 펀치 카드 따위의 장비로 프로그래밍하던 시절

처럼 말이다.(2권 170-171쪽)

　메타버스가 비가시화해버린 평면적이고 단순한 언어들로의 복귀만큼이나, 이 소설은 심리스 리얼리티가 비가시화한 경계 이면의 영역에 대하여 끊임없이 의식화해야 한다는 사실을 강조한다. 오늘날 『스노크래시』를 편의적으로 독해한 메타버스 관련 장밋빛 전망들이 말하듯, 이 소설은 분명 오늘날의 현실을 1991년도에 선취한 예언적인 소설이다. 하지만 아이러니하게도 이때의 예언은 메타버스라는 기술적 성취와 미래사회를 매끄럽게 재현했기 때문엔 선취적인 것이 아니라, 오히려 코로나 바이러스의 파급력으로 인해 공포에 질린 사람들로 하여금 손쉬운 미래 전망 아래 다시 일원화된 세계를 지향하게 만드는 전망들에 대한 경고를 보내고 있다는 점에서 선취적이다. 소설의 결말부 라이프의 음모를 막아낸 히로는 메타버스 이용자들에게 다음과 같은 경고를 보낸다. "만일 이것이 바이러스였다면, 당신은 지금 사망했을 겁니다. 다행스럽게도 이건 바이러스가 아닙니다. 메타버스는 위험한 곳입니다. 당신의 보안 체계는 어떻습니까?"(2권 341쪽)

4. 심리스 리얼리티에 대한 분열적 재현과 급진적 행위화: 〈사이버펑크 2077〉

　〈사이버펑크 2077〉은 제목에서부터 강조하듯 사이버펑크 장르에 대한 전체적인 오마주를 바탕에 깔고, 복잡한 오픈월드 게임 세계를 구축했다. 하지만 이때 오마주의 대상이 되는 사이버펑크 장르는 앞서 언급된 『스노크래시』와는 달리 1980년대의 원형적인 사이버펑크로, 윌리엄 깁슨의 소설 『뉴로맨서』가 제안한 미래사회에 대한 비전을 거의 그대로 반복한다. 사이버펑크의 미래사회는 복합적인 디스토피아로서, 1980년대의 미국이 전망했던 미래사회에 대한 암울한 비전을 시각화한다. 소련은 여전히 유지되고 있으며 미국 정부는 유명무실해진 대신 그 영향력을 차지하고 있는 것은 일본의 메가코프들이다. 1980년대 일본이 압도적으로 발전한 경제력과 기술력으로 세계를 지배할 것이라는 공포심을 통해 왜곡된 판타지의 반영이 전반적으로 세계관을 구축할 뿐 아니라. 주인공을 사회의 억압에 저항하게 마든다. 윌리엄 깁슨 역시 이 게임의 오마주가 지나치게 80년대적이라고 평했는데,[10] 이때의 '레트로-퓨쳐'에 대한 이해를 단순히 비판적으로 볼 것이 아니라 새롭게 재구성해볼 필요가 있어 보인다.[11]

〈사이버펑크 2077〉의 원형이자 프리퀄이라고 할 수 있는 〈사이버펑크 2020〉[12]의 제작자 마이크 폰드스미스Mike Pondsmith에 설명에 의하면 사이

---

[10] 깁슨은 〈사이버펑크 2077〉의 트레일러 영상을 보고 "GTA에다가 평범한 80년대 레트로퓨쳐 스킨을 덮어씌운 것 같다("The trailer for Cyberpunk 2077 strikes me as GTA skinned-over with a generic 80s retro-future")고 평했다. Tyler Wilde, 〈William Gibson doesn't think Cyberpunk 2077 is cyberpunk enough〉, PC Gamer, June 11, 2018. URL:https://www.pcgamer.com/william-gibson-doesnt-think-cyberpunk-2077-is-cyberpunk-enough/

[11] WIRED에 실린 〈사이버펑크 2077〉에 대한 비판은 이 게임이 지나치게 '장르 파스티슈'(genre pastiche)적이며, 시대착오(anachronism)라는 점이다. 하지만, 이 게임이 장르에 대한 고민 없는 고전의 반복이라고 말하기에, 시대착오는 의도적인 것으로 해석될 여지가 남아있으며 이에 대한 적극적인 해석은 필요하다. 〈Even without the glitches, Cyberpunk 2077 is deeply average〉, WIRED, 19. 12. 2020. URL: https://www.wired.co.uk/article/cyberpunk-2077-review

버펑크 장르에서 "밑바닥 인생들은 엄청난 정치적 사회적 권력 앞에서 으깨지며 살아간다. 하지만 밑바닥 인생들은 그들의 기술을 변형시키고 훔쳐내어, 다시 그 기술을 이용해 반격해 개인의 자유를 지키려 한다." 사이버펑크 장르의 핵심은 결국 사회적 정의와 분배의 차원에서 불평등한 위치에 놓여 있는 사람들에게 있어서 "인간과 기술의 경계에 대한 이야기"다.13) 기술의 발전이 실제로는 삶을 구원해주지 않지만, 그럼에도 불구하고 우리의 일상생활에 어떤 충격과 영향을 줄 것인지, 거기에 어떻게 대처해야 하고 받아들여야 할지, 그리고 인간이 기업에게 있어서 처분 가능한 자원이 되어버린 세상에서 인간성이란 무엇인지를 개인과 주체의 차원에서 성찰하게 만드는 장르다. 따라서 사이버펑크는 근본적으로 비정치적일 수 없는 장르다. 〈사이버펑크 2077〉의 시대착오는 정확히 우리의 동시대에 필요한 시대착오이며, 심리스 리얼리티처럼 작동하는 오늘날의 미래 전망 중심의 신자유주의 시대에 대한 의도적인 덜그럭거림, 안티-심리스적 차원에 있다.

홍미로운 것은 〈사이버펑크 2077〉이 사이버펑크 장르에서 시도했던 모든 종류의 주제적 질문과 그 혁명적인 저항의 실패를 바탕으로 하는 후일담이라는 사실이다. 아라사카 그룹에 대한 '조니 실버핸드'와 '알트 커닝햄'의 저항이 이미 철저한 실패로 돌아간 시점에서 벌써 50여년이 지났

---

12) 사이버펑크 장르 기반 TRPG. R Talsorian Games, 1990.
13) "하지만 그것은 기술이 인간을 변환, 진화시키는 트랜스휴머니즘적인 방식과는 다르다. 어떻게 기술을 사용할 것이냐에 대한 이야기이다. (중략) 이것은 인류를 구원하는 이야기가 아니라 자기 자신을 구원하는 이야기이다."
〈Cyberpunk 2077 - Mike Pondsmith about Cyberpunk World〉
URL:https://www.youtube.com/watch?v=xYxt7cwDk4E&ab_channel=Cyberpunk2077

다. 주인공 V는 해결사로서의 업무를 처리하는 과정 중에 50년전 아라사카 그룹에 의해 육체로부터 뜯겨 나온 조니 실버핸드의 정신이 담긴 칩을 탈취하지만, 예기치 않은 사고로 인해 칩을 자신에게 삽입하게 되고 조니와의 정신적인 동거를 시작하게 된다. 그 이후로 유령처럼 V의 눈앞에 일종의 아바타의 형태로 나타나는 조니는 계속해서 V로 하여금 기업에 저항할 것을 요구하며 급진적인 수단으로 요구한다. 이 과정에서 조니와 V는 충돌하고 서로를 비난하거나 밀어내기도 하지만, 필연적인 동반자로서 사이버펑크 장르가 지향했던 고전적인 수단을 반복할 것인지 아니면 기업에 굴복할 것인지에 대하여 결정해야 한다.

이 게임은 오늘날 효과적으로 생존하지 못했던 사이버펑크 장르의 미래 재현을 지금의 기술중심 시대의 미래 전망에 다시금 복권하기 위한 시도이면서, 심리스 리얼리티로 구성하고자 하는 지배적인 세계관에 대하여 균열을 내고 충격을 주는 다양한 스펙터클들을 제공한다. V는 조니와의 정신적 동거에 의해서 정신과 육체 사이의 불일치를 경험하며, 지속적으로 사이버펑크 세계관의 이물감을 확인한다. 이러한 이물감은 변화하는 기술적 세계에 비하여 진보하지 않고 인간적 비전과 욕망을 유지하려는 기업 중심의 지배 이데올로기다. 아라사카 그룹과 같은 메가코프 기업들이 지배하는 미래사회의 비전은 사이버펑크의 진보한 기술들이 제공하는 온갖 변형적인 트랜스휴머니즘과 가상현실을 통한 편의적인 삶을 영위하지만, 철저하게 기존의 휴머니즘 중심의 심리스 리얼리티만을 지향하고 있다. 아무리 신체에 보철물을 더해 몸의 기능을 추구하고 강화한다고 해도 그 기반의 인간중심주의만이 두드러진다.

따라서 V의 정신에 침투한 조니 실버핸드의 의식은 이러한 인간중심적이고 체제 친화적인 방식으로만 발전한 기술적 미래에 대한 인지적 부조화를 사회적으로 확장하기 위한 소프트웨어적 버그, 오류에 가깝다. 조니는 미래사회를 지배하고 있는 모든 형태의 기술 발전을 비판할 뿐 아니라, 아라사카가 지배하는 미래사회의 모든 것을 혐오한다. 그 자신의 표현처럼 조니는 자본주의에 대한 저항이나 옛 미국에 대한 향수가 아니라, 아라사카 그룹으로 대변되는 메가코프들의 통제 시스템을 벗어나기 위해 싸운다. 유령처럼 V와 동거하는 조니의 존재가 명확한 개별 주체라고 말하기 어려운 아바타 상태에서 일종의 인격적인 노이즈 역할에 충실함에 따라서, V가 직면하고 있는 기업 중심의 미래사회와 그 심리스 리얼리티, 그리고 인간중심의 정체성에까지 균열을 내는 것이다.

이러한 조니의 존재와 정반대로 아라사카 그룹이 최종적으로 구현하고자 하는 미래사회의 비전이 극단적 휴머니즘의 형태라는 사실은 '아라사카 사부로'의 디지털 데이터로서의 영생의 꿈에서 드러난다. 아라사카 그룹의 총수인 아라사카 사부로는 메가코프의 총수로서 100년이 넘는 세월을 살아오며 전세계적인 영향력을 가지고 있음에도, 자신의 정신과 인격을 디지털 세계로 백업하여 죽지 않는 세계의 신으로 군림하고자 한다. 그가 자신의 프로그램으로서의 존재를 이사회에 드러내는 과정에서 고작 홀로그램 아바타의 존재가 자기주장을 하고 있음에도 아라사카 그룹의 임원들은 그의 정체와 인격에 대하여 저항하지 못한다. 이러한 심리스 리얼리티의 극단적 동기화 및 현실 세계에 대한 지배력의 행사는 조니 실버핸드와 대립적이다. V의 눈에만 보이며 그에게 개입하는 조니 실버핸드는 결국 V의 목숨을 위태롭게 하는 이물질이기 때문이다. 조니는 일종의 증강현실 아바타처럼 보이지만 V에게 계속해서 심리스 리얼리티에 대한 충격을 준다. 그는 급진적인 저항가라기보다는 철저하게 경계적인 인물이며 아나키스트이기 때문이다. 그와의 완전한 공존은 애초에 불가능하다.

따라서 V는 단순히 조니 실버핸드에게 동기화되거나 그에게 인격을 빼앗기는 것이 아니다. 실제 세계와 가상현실 사이의 이질적인 뒤섞임과 혼합적 상태를 지속적으로 의식하는 것이다. 따라서 조니 실버핸드의 존재는 심리스 리얼리티의 몰입으로 유지되는 것이 아니라, 오히려 지속적인 탈몰입과 분열적 정체성으로 특정된다. 결과적으로 V의 신체는 조니와의 동거를 통해서 점점 자신의 의식과 온전히 접합할 수 없는 하드웨어로 변형되어 버린다. V는 V로서의 삶, 정신과 신체의 유기적인 결합이라는 가장 기본적인 심리스 리얼리티조차 붕괴되어 가는 방식으로 기술적 부작용을 경험하게 되는 것이다. 우리가 자기 자신이라고 믿는 존재에 대한 소외, 그리고 정신과 육체의 불일치를 소재화한다는 점에서 주제적으로나 형식적으로나 〈사이버펑크 2077〉의 세계관은 레트로 퓨처리즘을 통해서 우리의 동시대를 표현한다. 시대착오적인 장르적 세계를 그대로 반복함으로써, 이 게임의 세계관은 심리스적 리얼리티를 지속적으로 덜그럭거리게 만들기 때문이다.

게다가 이 게임에서 그려지고 있는 디지털 세계 '사이버스페이스'란 편의적이며 도구적인 보충적 세계이면서 동시에 철저하게 경계 너머의 통제할 수 없는 암흑 지대로 구분되어 드러난다. 윌리엄 깁슨의 '사이버스페이스'에 대한 추상적 묘사를 그대로 시각화했다고도 말할 수 있는 이 게임에서의 가상현실은 너무 가상적이어서 이질적이며, 현실 세계와의 시각적 구분이 명확하다. 사이버스페이스의 위험지대를 격리하기 위해 건설된 '블랙월'Blackwall은 일종의 인위적인 방화벽으로, 그 너머의 영역은 인간이 길들이고 도구화할 수 없는 세계다. 한 번 블랙월을 넘어가 버리면 원래의 안쪽 세계로 복귀하기 어려우며, 인간 정체성에 통제받지 않는 인공지능들이 지배하는 탈인격화된 세계에 동화되어 갈 것이다. 〈사이버펑크 2077〉에서 가상현실에 대한 묘사는 이처럼 철저하게 심리스 리얼리티에 분열을 만들고 경계를 짓는다.

결말에 이르러 〈사이버펑크 2077〉은 더욱 급진적인 형태의 선택만을 남겨 놓는다. 마지막으로 의미 있는 저항을 하고 죽음을 받아들일 것인가, 육체에 대한 미련을 버리고 사이버 스페이스로의 이행을 수행할 것인가, 아니면 아라사카에 굴복하여 정신만으로도 보존할 것인가. 이 선택은 알트 커닝햄-조니 실버핸드-아라사카 그룹 사이의 삼각 구도 속에서 주인공 V가 선택을 내리게 되어있다. ① 조니 실버핸드와 결별하여 V가 원래 세계로 돌아와서 시한부의 삶을 받아들인다 ② 조니가 V의 몸으로 들어가고 V는 알트 커닝햄과 함께 미지의 사이버스페이스로 넘어간다 ③ 아라사카 그룹에 굴복하여 기약 없는 육체의 부활을 위해 '미코시'라는 디지털 감옥에 정신만을 보존한다. 그 외에 V가 죽거나 스스로 자살을 선택하는 결말을 제외하면 의미 있는 선택지는 위의 세 가지로 요약된다. 종합적으로는 사어버펑크의 비관적이고 염세적인 결말들이므로 큰 질적 차이가 없다고 볼 수도 있겠지만, 각각의 결말들은 V가 어떠한 심리스 리얼리티를 유의미하게 받아들이는가에 대한 위치를 스펙트럼화하여 보여준다.

첫번째는 알트 커닝햄과의 동행하여 사이버 스페이스로의 이행하는 것이다. 가장 급진적인 형태의 디지털 세계에 대한 긍정이며, 기존의 인간성을 넘어서는 비인간성을 받아들이는 것이기도 하다. 이미 50여년을 미코시에 갇혀 있었던 알트 커닝햄은 인격이 마모된 인공지능처럼 변화했으며, 선택에 따라서는 V 역시 비슷한 존재가 되어갈 것이다. 이러한 결말은 오시이 마모루(押井守)의 〈공각기동대〉(1995)에서 인형사와의 융합을 통해 '방대한 네트워크' 세계로 이행한 '쿠사나기 모토코'를 환기시킨다. 반대로 아라사카 그룹에 대한 굴복은 기약 없는 자기 몸에 대한 복귀를 희망하며 자신을 폐쇄적 서버에 격리시키는 것으로 언젠가 도달할 것이라 믿는 미래사회에 대한 절망적인 기대를 반영한다. 그것은 아라사카 사부로의 영생을 긍정하는 것이기도 하므로, 이 결말은 오늘날에도 미래가 모든 부작용을 극복하고 더 나은 기술을 제공할 것이라는 낙관적 전망과 흡사하다. 마지막으로 V의 몸으로 되돌아가 죽음을 기다리는 선택은 가장 명백한 끝에 대한 이해와 울퉁불퉁한 현실에 대한 긍정으로 이해된다. 여기서도 다소의 선택지는 나뉘지만, V는 '나이트시티'라는 미래사회의 모든 심리스 리얼리티를 빠져나와 그동안 비가시화되었던 자신의 삶을 되찾는다.

하지만 어떤 선택을 하더라도 이 게임의 전체적인 주제의식은 인간성에 대한 집착과 실제 세계와의 연결성을 끊어내지 못하는 분열적인 주체성 자체에 초점이 맞추어져 있다. 결말의 선택과 무관하게 엔딩 시퀀스에서는 그동안 V가 나이트시티에서 맺어온 모든 인간관계의 등장인물들이 화상 메시지를 통해서 V에 대한 인사를 전한다. 그들은 생사가 불분명해져 연락이 닿지 않는 V를 향해서 다양한 감정적 소회를 전달하는 것이다. 이 모든 화상 연결은 단절적이며 쌍방향의 소통이 아니지만, V로서 플레이어가 선택한 모든 결과에 대한 소급적 피드백을 제공한다. 결과적으로 결말에서 V가 어떤 결말을 선택하든지 간에 온전한 심리스 리얼리티는 달성될 수 없으며, 모든 분절된 인간관계야말로 비가시화된 삶의 진실로 되돌아온다.

이 게임은 최신의 기술로 만들어진 게임임에도, 역설적으로 가장 고전적인 사이버펑크의 주제의식으로 되돌아가는 결말을 보여주고 있다. 동시에 인간의 삶이란 파편화된 관계성과 기억들의 종합으로 이루어지는 느슨한 다발체일뿐, 결코 하나의 명료한 심리스 리얼리티를 배경으로 구성되는 것이 아니라는 사실을 강조하기 위해서 말이다. 이러한 시대착오적 반복은 동시대의 현실과 유의미한 차이를 낳는다. 최근 AAA급 게임이라고 불리는 대규모 자본이 투입된 최신의 게임들은 점점 더 심리스 리얼리티를 추구하는 매체로 흔히 이해되며, 플레이어로 하여금 자신이 참여하고 있는 게임 속 가상현실에 대하여 높은 몰입을 유지할 수 있도록 한다. 이 게임은 여러 가지 문제로 인해서 AAA급 게임이 제공해야 하는 수준 높은 만족도를 제공하지 못한 게임으로 평가받고 있으나, 그럼에도 불구하고 심리스 리얼리티에 대한 본질적인 질문을 되살리는 시도로 평가받을 여지가 남아있다.

5. 논의를 맺으며

이 글은 코로나19 팬데믹의 심리스 리얼리티에 대한 지향이 미래사회에 대한 전망을 긍정하면서, 어떻게 메타버스라는 키워드를 중심으로 기술적인 심리스 리얼리티를 자연화(naturalization)하고 있는지를 주목했다. 반대로 본고에서 다루고 있는 사이버펑크 장르에 속하는 각각의 텍스트들은 미래사회에 구현되리라고 기대되는 심리스 리얼리티의 위험성을 경고하고, 그에 대한 비판적인 재현을 수행하고 있다. 물론 각각의 텍스트들이 심리스 리얼리티를 재현하고 그에 대응하는 방식은 서로 다르며, 그 차이는 오늘날 우리가 메타버스에 대한 긍정과 부정, 낙관론과 비판론으로 나뉘어있는 것처럼 다양한 스펙트럼을 드러낸다. 하지만 사이버펑크 장르는 심리스 리얼리티에 대한 심층적인 이해를 제공할 뿐 아니라, 심리스 리얼리티가 비가시화하고 소외시키는 우리 현실에 대해여 여러 가지 시선을 일깨워준다. 이 글에서 지금까지 살펴본 각각의 텍스트에서의 심리스 리얼리티에 대한 재현 양상과 그에 따른 서사적 전개 및 주제의식의 구체화를 표로 정리하면 다음과 같다.

구분	레디 플레이어 원	스노크래시	사이버펑크 2077	매트릭스
접속 수단	VR 디바이스	휴대용 컴퓨터와 안구의 렌즈	신체 컴퓨터와 안구의 렌즈	신체에 케이블 삽입
주인공의 직업	학생-게이머	해커-경계인	해커-해결사	해커-구원자
갈등의 대상	메타버스를 지배하려는 기업	일원론적 세계로의 회귀	기업과의 투쟁-자기 정체성의 유지	인류를 에너지화한 기계 문명
아바타와 동기화 수준	높은 동기화	유동적이며 변화 가능함	점점 약해지며 이질적임	완전한 동기화
심리스 리얼리티에의 몰입	높음	경계적	낮음	극도로 높음
심리스 리얼리티에의 탈몰입	낮음	경계적	높음	극도로 높음
메타버스와 현실세계의 관계	대립적, 이분법적	경계적, 이원적	구별적, 잠재적	억압적, 지배적
결말	편의적. 메타버스의 셧다운	회의적, 경계성의 유지	선택적, 인간적 죽음 혹은 비인간적 이행	혁명적, 매트릭스의 리셋

이 글의 논의는 단순히 메타버스에 대한 비판적 주장을 되새김질하거나, 무턱대고 심리스 리얼리티를 기술 중심 미래사회의 비전으로부터 배제하자는 것이 아니다. 오히려 디지털 사용자들이 심취할 수밖에 없는 심리스 리얼리티의 마술적인 몰입 효과를 이해하면서도, 우리가 살아가는 현실의 균열들을 지워내는 비가시적인 시각화 작용에 대항하기 위한 수단들을 지속적으로 확보하기 위한 노력을 강조하기 위한 것이다. 심리스 리얼리티가 제시하는 각종 증강현실, 가상현실, 확장현실 속에서도 동시에 곁눈질로 지워지지 않는 현실의 균열과 공백을 환기하는 작업들이 앞으로 더욱 중요해질 것으로 판단한다. 소위 디지털 시대의 인문학과 미래사회 대응 인문학들이 주도적으로 발전시켜야 할 내적인 방법론으로서 고전적인 문학 이해, 그리고 문학과 다양한 문화콘텐츠, 디지털 문화를 교차하며 비교문학적 태도를 견지해야 하는 이유다.*

---

* 이 글은 「사이버펑크 장르를 통한 포스트코로나 시대의 심리스 리얼리티(Seamless Reality)에 대한 비판 – 기술 중심 미래 전망에 대한 대항서사들 속 심리스 리얼리티 재현 양상 연구」(『비교한국학』 제29권 3호, 국제비교한국학회, 2021)를 수정하여 재수록한 것임.

참고문헌

1. 기본 자료

- 〈레디 플레이어 원〉(READY PLAYER ONE), Warner Bros. 2018.
- 〈사이버펑크 2077〉(Cyberpunk 2077), CD Projekt S.A., 2020.
- Grimm, Jakob und Wilhelm(1812): Der Eisenhans. In: Kinder- und Hausmärchen. Halle(https://www.projekt-gutenberg.org/grimm/khmaerch/chap138.html).
- Jeury, Michel, Le Temps incertain, col. Ailleurs et demain, Paris, Robert Laffont/Le Livre de poche, 1973/1989(영어 번역본 Chronolysis, trans. Maxim Jakubowski, New York, Mcmillan company, 1980).
- Kunert, Günter, Auf Abwegen und andere Verirrungen. München/Wien, 1988.
- 구로사와 기요시(黒沢 清), 〈산책하는 침략자 Before We Vanish〉, 2017.
- 귄터 쿠네르트, 권세훈 옮김, 『잘못 들어선 길에서』, 문학과 지성사, 2000.
- 김초엽, 『우리가 빛의 속도로 갈 수 없다면』, 허블, 2019.
- 네이버 웹툰 〈하우스키퍼〉 〈나노리스트〉 〈캉타우〉 〈숲속의 담〉
- 닐 스티븐스, 남명성 옮김, 『스노크래시』 1~2, 문학세계사, 2021
- 던칸 존스(Duncan Jones), 〈더 문 Moon〉, 2009.
- 劉慈欣, 『三體』, 重慶: 重慶出版社, 2008.
- 劉慈欣, 『三體Ⅱ: 黑暗森林』, 重慶出版社, 2008.
- 劉慈欣, 『三體Ⅲ: 死神永生』, 重慶出版社, 2010.
- 류츠신(刘慈欣) 원작, 공지르(龚格尔)·궈판(郭帆) 극본, 궈판(郭帆) 연출, 〈유랑지구〉, 2019.
- 류츠신·이현아 옮김, 『삼체 제1부: 삼체문제』, 자음과모음, 2020.
- 류츠신·허유영 옮김, 『삼체 제2부: 암흑의 숲』, 자음과모음, 2020.
- 류츠신·허유영 옮김, 『삼체 제3부: 사신의 영생』, 자음과모음, 2020.
- 마크 트웨인, 민경택·연규리 옮김, 『세균들 사이에서 3,000년』, 충북대학교 출판문화원, 2022.
- 小松左京, 『日本沈没(上)』, 角川文庫, 2020.
- 小松左京, 『日本沈没(下)』, 角川文庫, 2020.
- 오우삼(吳宇森), 〈페이첵 Paycheck〉, 2003.
- 이수연 극본, 리건 연출, 〈그리드〉 10부작, 디즈니+, 2022.

- 조성희 · 모칸 극본, 조성희 연출, 〈승리호〉, 2021.
- 조셉 코신스키(Joseph Kosinski), 〈오블리비언 Oblivion〉, 2013.
- 최정원, 『불멸의 전사 카르마』, 국민서관, 1999.
- 코고나다 Kogonada, 〈애프터 양 After Yang〉, 2021.
- 폴 버호벤(Paul Verhoeven), 〈토탈 리콜 Total Recal〉, 1990.
- 한낙원, 「우주벌레 오메가호」, 『학원』, 학원사, 1967.6.–1969.2.

2. 국내 논저

- 강성률, 『영화 색채 미학』, 커뮤니케이션북스, 2017.
- 강순규, 「비인간적인 인간과 인간적인 복제인간 – 영화 〈블레이드 러너〉를 중심으로」, 『아시아영화연구』 Vol.4 No.2, 부산대학교 영화연구소, 2011.
- 강우성, 「인공지능시대의 인간중심주의와 타자화」, 『비교문학』 72호, 한국비교문학회, 2017.
- 강윤주 · 윤종욱, 「환경재난 영화에서의 공포의 재현 방식」, 『인문콘텐츠』 22, 인문콘텐츠학회, 2011.
- 강태웅, 「고지라는 왜 일본으로 돌아오는가—일본 SF가 그려내는 공동체 이미지의 특성과 변화」, 『일본연구』 30, 고려대학교 글로벌일본연구원, 2018.
- 고장원, 『SF 북리뷰 해외편 1 – 추천SF 35편』, BOOKK, 2019.
- 고장원, 『SF란 무엇인가?』, 부크크, 2015.
- 고장원, 『중국과 일본에서 SF소설은 어떻게 진화했는가? – 중국과 일본의 과학소설 역사』, 부천: 부크크, 2017년.
- 고장원, 『중국과 일본에서 SF소설은 어떻게 진화했는가?』, 부크크, 2017.
- 곽은희, 「테크노사이언스의 젠더 감수성 – 포스트휴먼 SF의 여성성 재현과 젠더 역학」, 『인문과학』 80권, 성균관대학교 인문학연구소 2021.
- 권세훈, 「귄터 쿠네르트의 작품에 나타난 반(反)유토피아적 미래상」, 『독일문학』 77집, 한국독어독문학회, 2001.
- 권세훈, 「프란츠 카프카와 사회주의 – 귄터 쿠네르트의 이해화 수용」, 『독일문화』 1권 1호, 고려대학교 독일어권문화연구소, 1997.

- 권재웅, 「원작 콘텐츠의 활용과 세계관 유형 분석 연구―〈브이〉와 〈캉타우〉 사례를 중심으로」, 『애니메이션연구』15(4), 한국애니메이션학회, 2019.
- 김남희, 「〈유랑지구〉,애국주의를 유랑하다」, 『중국문화연구』, 46호, 중국문화연구학회, 2019.
- 김남희, 「영화 『유랑지구(流浪地球)』와 중국적 가치관」, 『대한중국학회 학술대회 발표집』, 대한중국학회, 2019.
- 김미경, 「B급 문학연구: SF 글쓰기 전략 및 미학적 가능성에 대하여 – A. 에슈바흐의 SF소설 『머리카락 양탄자 직조공들』을 중심으로」, 『헤세연구』 33집, 한국헤세학회, 2015.
- 김미연, 「유토피아 '다시쓰기' – 1920년대 초 식민지 조선의 중역을 중심으로」, 『현대문학연구』 70, 한국문학연구학회, 2022.
- 김봉은, 『마크 트웨인의 모험』. 태학사, 2007.
- 김성훈, 「자기 마이크로/나노 로봇 시스템 및 연구동향」, 『한국자기학회지』, 29권4호, 한국자기학회, 2019.
- 김영심, 「『일본침몰』이 그리는 '국토' 사상」, 『일본언어문화』 19, 한국일본언어문화학회, 2011.
- 김용민, 『독일통일과 문학』, 창비, 2008.
- 김욱동, 『포스트모더니즘』, 연세대학교 출판부, 2009.
- 김윤정, 「게임과 비게임 메타버스 콘텐츠에서 나타나는 유형의 융합화에 관한 연구」, 『애니메이션연구』 17권 3호, 한국애니메이션학회, 2021.
- 김은정, 「포스트휴먼 소녀의 형상에 관한 연구 : 종말 SF 웹툰과 게임의 그려진 소녀를 중심으로」, 이화여자대학교 박사학위논문, 2021.
- 김응준, 「포스트휴먼 조건 또는 인간의 조건」, 『인문과학』 제67집, 성균관대학교 인문학연구원, 2017.
- 김재웅, 「인공지능, 기생화된 타자아와의 대화? –영화 〈업그레이드〉에서 스템의 생존방식을 중심으로」, 『만화애니메이션연구』 No.66, 한국만화애니메이션학회, 2022.
- 김재희, 「우리는 어떻게 포스트휴먼 주체가 될 수 있는가?」, 『철학연구』 106집, 철학연구회, 2014.

- 김정수, 「'유랑지구'의 이율배반: '허망'과 '희망'— SF영화 〈유랑지구〉와 원작 소설 비교를 중심으로」, 『중국어문학지』, 67권, 중국어문학회, 2019.
- 김종무, 「카메라 앵글의 위치 변화에 따른 감성 선호도 변화」, 『디자인융복합연구』 9권 1호, 디자인융복합학회, 2010.
- 김종호·초원원, 「SF 영화 〈유랑지구〉에 대한 한중 수용양상 비교 – 일반인 영화 리뷰를 토대로 한 데이터 분석을 중심으로」, 『중국연구』, 85권, 한국외국어대학교, 2020.
- 김진공, 「누가 유랑하는 지구를 구할 것인가? — 영화 〈유랑지구〉와 중국의 '인류운명공동체' 이념」, 『중국어문학지』, 68권, 중국어문학회, 2019.
- 김홍대·윤석진, 「과학 기술의 상상적 구현과 표상으로서의 SF 콘텐츠」, 『인문학연구』 127권, 충남대학교 인문과학연구소, 2021.
- 노대원, 「SF의 장르 특성과 융합적 문학교육」, 『영주어문』 제42집, 영주어문학회, 2019.
- 노시훈, 「SF 서사에 나타난 기억과 정체성의 모티프: 영화 〈오블리비언〉을 중심으로」, 『문학과 영상』 Vol.18 No.1, 문학과영상학회, 2017.
- 단소일·이미선, 「SF영화 〈유랑 지구〉와 〈승리호〉의 해외 관객 수용양상 비교 연구」, 『한국웰니스학회지』, 17권2호, 한국웰니스학회, 2022.
- 대중서사학회, 『대중서사장르의 모든 것 – 5 환상물』, 이론과실천, 2016.
- 마신웨·차승재, 「OTT 시장이 영화산업에 가져온 영향의 양면성 – 영화 〈경마〉, 〈승리호〉를 중심으로」, 『씨네포럼』, 39호, 동국대학 영상미디어센터, 2021.
- 마정미, 『포스트휴먼과 탈근대적 주체』, 커뮤니케이션북스, 2014.
- 박민호, 「류츠신(刘慈欣)의 〈삼체(三體)〉를 통해 본 정치적 알레고리와 윤리의 아이러니」, 『중국문학연구』 제72집, 한국중문학회, 2018.
- 박상준 외, 『한국 창작 SF의 거의 모든 것』, 케포이북스, 2016.
- 박설호, 「역사를 삼키는 신화인가? – 귄터 쿠네르트의 신화이해 비판」, 『브레히트와 현대연극』 12권, 한국브레히트학회, 2004.
- 박설호, 「이카로스의 상징성 – 귄터 쿠네르트와 볼프 비어만의 시를 중심으로」, 『독일어문학』 39권, 한국독일어문학회, 2007.
- 박세준·진은경, 「〈승리호〉와 미래 그리고 에코페미니즘」, 『문학과환경』, 20권2호, 문학환경학회, 2021.

- 박소연·함충범, 「2010년대 할리우드 영화 속 인간과 인공지능의 관계적 존재 양상 연구: 〈그녀〉(2014), 〈블레이드 러너 2049〉(2017), 〈당신과 함께한 순간들〉(2017)을 중심으로」, 『현대영화연구』 Vol.16 No.3, 한양대학교 현대영화연구소, 2020.
- 박영석, 「드니 빌뇌브의 〈컨택트〉에서 드러나는 비선형적 시간 지각과 자유의지의 문제」, 『영화연구』, No.75, 한국영화학회, 2018.
- 박인성, 「2010년대 비디오 게임에서 나타는 서사와 플레이의 결합 방식 연구 – AAA급 게임의 심리스(Seamless) 스타일을 중심으로」, 『한국근대문학연구』 21권 1호, 한국근대문학회, 2020.
- 박인성, 「과거도 미래도 말하지 않는 팬데믹 서사」, 한국문학평론가협회 엮음, 『현대비평』 제8권, 한국문학평론가협회, 2021.
- 박일준, 「인간/기계의 공생의 기호학: 클라크의 '연장된 정신' 이론에 대한 비판적 성찰」, 『신학논단』 92집, 연세대학교 연합신학대학원, 2018.
- 박정영, 『류츠신의 과환소설 〈삼체〉 연구』, 숭실대학교 대학원 중어중문학과 석사학위논문, 2020.
- 박정의, 「日本学教育の映像資料『日本沈没』—1973年と2006年との比較からみるナショナリズム化」, 『일본문화학보』 64, 한국일본문화학회, 2015.
- 박정훈, 「류츠신(劉慈欣)〈삼체(三體)〉의 니힐리즘적 세계관 고찰」, 『중국연구』 제86집, 한국외국어대학교 중국연구소, 2021.
- 방기호, 「영화에서 클로즈업의 상징성 연구 – 이명세 영화 〈인정사정 볼 것 없다〉, 〈형사 Duelist〉 사례연구」, 홍익대학교 석사학위논문, 2006.
- 복도훈, 「SF, 타자성을 탐구하는 사고실험의 미학: 스타니스와프 렘의 SF『솔라리스』(1961)를 중심으로」, 『탈경계인문학』 통권27호, 이화여대 이화인문과학원, 2017.
- 서은영, 「로보트 태권V 부활프로젝트– 웹툰 〈브이〉를 중심으로」, 『한국문예비평연구』 44, 한국현대문예비평학회, 2014.
- 서은영, 「슈퍼로봇의 신체: 86세대와 Z세대의 표상—〈브이〉와 〈캉타우〉를 중심으로」, 『대중서사연구』 28(2), 대중서사학회, 2022.
- 서정일, 「분단 독일 문화계의 문명비판과 평화운동 – 1980년대 동독 문화계의 시대인식을 중심으로」, 『헤세연구』 11집, 한국헤세학회, 2004.

- 석기용, 「'확장된 마음'에 대한 비판적 고찰 – R. Brandom의 인지과학 비판을 중심으로」, 『대동철학회지』 76호, 대동철학회, 2016.
- 성소라·롤프 회퍼·스콧 맥러플린, 『NFT 레볼루션』, 더퀘스트, 2021.
- 신다슬, 「불안정한 세계에서 능동적 삶의 가능성 모색하기 – SF드라마 〈만신〉을 중심으로」, 『비평문학』 제82호, 한국비평문학회, 2021.
- 신다슬, 「한국 SF영화의 세계관과 과학적 개연성 – 〈승리호〉와 〈정이〉를 대상으로–」, 충남대학교 대학원 국어국문학과 박사학위논문, 2023.
- 신상규, 「SNS 시대의 자아 개념」, 『기호학연구』 30권, 한국기호학회, 2011.
- 신상규, 「확장된 마음과 자아의 경계」, 『철학논집』 31권, 서강대학교 철학연구소, 2012.
- 신상규, 『호모 사피엔스의 미래 – 포스트휴먼과 트랜스휴머니즘』, 아카넷, 2014.
- 신성환, 「SF 영화에 나타난 '쓰레기 문명'과 공존의 윤리에 대한 상상력: 〈 월-E 〉와 〈승리호〉를 중심으로」, 『현대영화연구』, 17권2호, 한양대학교 현대영화연구소, 2021.
- 신현우, 「디지털게임에서의 '플레이노동'에 대한 이론적 연구: 플레이의 '기계적 예속'의 정치경제학 비판」, 『한국언론정보학보』 97호, 한국언론정보학회, 2019.
- 안숭범, 『SF, 포스트휴먼, 오토피아:한일 SF 애니메이션으로 살펴보는 '우리 안에 온 미래'』, 문학수첩, 2018.
- 안신영·신서유, 「SF드라마 〈그리드〉에 나타난 욕망 분석 – 미장센 분석을 중심으로–」, 『순천향 인문과학논총』 42권, 순천향대학교 인문학연구소, 2023.
- 안지나, 『어느 날 로맨스 판타지를 읽기 시작했다』, 이음, 2021.
- 양돈규, 『심리학사전』, 박영사, 2017.
- 연효숙, 「푸코의 바깥의 공간과 헤테로토피아 공동체」, 『시대와 철학』 통권99호, 한국철학사상연구회, 2022.
- 오세섭, 『공포영화, 한국 사회의 거울』, 커뮤니케이션북스, 2020.
- 오윤주, 「기술 문명 시대 문학의 대응 양상 연구 – 2000년대 한국 SF 소설을 중심으로」, 『우리말글』 88호, 우리말글학회, 2021.
- 유은경, 「문학의 현실반영과 미디어믹스에 대해서—고마쓰 사쿄의 『일본침몰』을 중심으로」, 『일본근대학연구』 76, 한국일본근대학회, 2022.
- 윤보석, 「확장된 마음, 동등성 원리 그리고 기능주의」, 『철학적 분석』 24호, 한국분석철학회, 2011.

- 윤석진, 「TV드라마의 현실성(reality) 확보 방식 고찰 – KBS 미니시리즈 〈미안하다, 사랑한다〉를 중심으로」, 『한국극예술연구』 제21집, 한국극예술학회, 2005.
- 윤태현, 「웹툰의 스토리월드 구축 사례 연구: 슈퍼스트링을 중심으로」, 한양대학교 석사학위논문, 2020.
- 윤현정·이진·윤혜영, 「메타버스 개념과 유형에 관한 시론: 가능세계 이론을 중심으로」, 『인문콘텐츠』 62호, 인문콘텐츠학회, 2021.
- 이다운, 「일상의 파국과 상상된 재난-시네마틱드라마 〈SF8〉연구」, 『어문론집』, 중앙어문학회, 2021.
- 이병권, 「메타버스(Metaverse) 세계와 우리의 미래」, 『한국콘텐츠학회지』 19권 1호, 한국콘텐츠학회, 2021.
- 이수안, 「사이보그와 몸의 물질성: 가상현실 속 체현의 양가적 개념들 –영화 〈그녀 Her〉에 대한 사이버페미니즘 관점의 분석을 중심으로」, 『영미문학페미니즘』, 23권2호, 한국영미문학페미니즘학회 2015.
- 이수안, 「테크노바디의 탈신체화와 재신체화에 대한 테크노페미니즘 분석 – 영화 〈메트로폴리스〉와 〈엑스마키나〉를 중심으로 –」, 『탈경계인문학』, 13권2호, 이화여자대학교 이화인문과학원, 2020.
- 이승길, 「성과주의 인사와 근로계약에 대한 연구」, 『성균관법학』, 성균관대학 법학연구원, 2004.
- 이승조, 「방송 영상물에 사용된 슬로모션이 수용자의 정서 및 인지 반응과 선호도에 미치는 영향」, 『한국방송학보』, 통권 22-4호, 한국방송학회, 2008.
- 이연항, 「〈루시드드림〉과 〈메모리즈〉를 통해 본 꿈과 가상현실에 대한 분석」, 『아시아영화연구』 Vol.13 No.2, 부산대학교 영화연구소, 2020.
- 이영의, 「확장된 마음 이론의 쟁점들」, 『철학논집』 31권, 서강대학교 철학연구소, 2012.
- 이인화, 『메타버스란 무엇인가』, 스토리프렌즈, 2021.
- 이임복, 『메타버스, 이미 시작된 미래』, 천그루숲, 2021.
- 이중원 외, 『인공지능 시대의 인간학』, 한울, 2021.
- 이지영, 「메타버스에서의 이야기 문화」, 『구비문학연구』 62호, 한국구비문학회, 2021.
- 이지용, 「한국 SF의 장르적 개별성과 현대적 주제의식」, 『한국연구』 제8호, 한국연구원, 2021.

- 이지용, 「한국 SF의 장르적 특징과 의의—근대화에 대한 프로파간다부터 포스트휴먼 담론까지」, 『대중서사연구』 통권50호, 대중서사학회, 2019.
- 이지용, 「한반도 SF의 유입과 장르 발전 양상」, 『동아인문학』 제40호, 동아인문학회, 2017.
- 이지용, 『한국 SF 장르의 형성』, 커뮤니케이션북스, 2016.
- 이혜영·안지현·유수연·김예원, 『트랜스휴머니즘과 포스트휴머니즘』, 한국학술정보, 2018.
- 이화영, 「그림형제동화 『무쇠한스 Der Eisenhans』에 나타난 개성화 과정」, 『인문학연구』 93호, 충남대학교 인문과학연구소, 2013.
- 이화인문과학원 편, 『인간과 포스트휴머니즘』, 이화여자대학교 출판부, 2013.
- 인아영, 「아름다운 존재들의 제자리를 찾아서」, 『우리가 빛의 속도로 갈 수 없다면』, 허블, 2019.
- 임종욱, 「메타버스 시대, NFT 아이템의 도입에 따른 게임산업법의 쟁점 및 정책적 고려사항에 관한 연구」, 『홍익법학』 22권 3호, 홍익대학교 법학연구소, 2021.
- 장정희, 『SF 장르의 이해』, 동인, 2016.
- 전혜진, 『순정만화에서 SF의 계보를 찾다』, 구픽, 2020.
- 전홍식·김창규, 『SF』, 북바이북, 2016.
- 정옥철, 「우주 상황인식 및 우주 교통관제 기술 동향」, 『항공우주매거진』 16권2호, 한국항공우주학회, 2022.
- 진태원, 「거짓 문제로서의 포스트코로나 : 코로나19 팬데믹에 대한 증상적 독해」, 『비평과이론』 26권 3호, 한국비평이론학회, 2021.
- 천현순, 「몸·기억·자아 – 사이언스 픽션 속 합성인간의 자아정체성 문제」, 『브레히트와 현대연극』 No.42, 한국브레히트학회, 2020.
- 천현순, 「사이언스 픽션 문학에 나타난 생식의학 기술과 인간의 정체성 문제 – 샤를로테 케르너의 SF 소설 『1999년』을 중심으로」, 『뷔히너와 현대문학』 43호, 한국뷔히너학회, 2014.
- 천현순, 「새로운 몸, 이식된 정신 – SF 영화에 재현된 정신전송과 자아동일성 문제」, 『독어독문학』 160권, 한국독어독문학회, 2021.
- 천현순, 「인공수정된 인간에서 복제된 인간으로 – 판타지 소설과 사이언스 픽션 소설에 재현된 '만들어진 인간'의 정체성」, 『헤세연구』 36집, 한국헤세학회, 2016.

- 천현순, 「현대 과학기술과 하이브리드 상상력 – 클라우스 프뤼아우프의 SF소설 『게니온』에 나타난 신인간의 정체성 문제」, 『독어독문학』 155집, 한국독어독문학회, 2020.
- 천현순, 「호모 데우스와 포스트휴먼 상상력 – 사이언스 픽션 문학 속 키메라와 사이보그」, 『브레히트와 현대연극』 40, 한국브레히트학회, 2019.
- 최동민, 「에른스트 윙어의 SF 소설 『유리벌』 연구 – 윙어의 기술이론의 변화를 중심으로」, 『독일언어문학』 91집, 한국독일언어문학회, 2021.
- 최배은, 「'청소년 웹툰'의 효용과 독자 반응－「깁스맨」과 「그날 죽은 나는」을 중심으로」, 『창비어린이』 73, 창비, 2021.
- 최성원·김정수·이승목·고중언·김현지, 「대체불가능토큰(NFT)기반 블록체인 게임의 비즈니스모델 혁신요소 연구 : 게임 내 디지털 자산 유통 플랫폼 '플레이댑' 사례를 중심으로」, 『한국게임학회 논문지』 21권 2호, 한국게임학회, 2021.
- 최시한, 『소설, 어떻게 읽을 것인가』, 문학과지성사, 2010.
- 최애순, 「1920년대 미래과학소설의 사회구조의 전환과 미래에 대한 기대 : 『팔십만년 후의 사회』, 『이상의 신사회』, 『이상촌』을 중심으로」, 『한국근대문학연구』 제20권1호, 한국근대문학회, 2020.
- 최용성·이왕주, 「포스트휴먼시대의 다중접속 이타성의 윤리와 예술」, 『윤리연구』 115호, 2017.
- 홍진호, 「상징세계와 이상세계 사이에서: 세기전환기 독일 사이언스 픽션 속의 초현실 세계 – 쿠르트 라스비츠의 장편소설 『두 개의 행성에서』를 중심으로」, 『카프카연구』 35집, 한국카프카학회, 2016.
- 황현경, 「선택–소설 단행본」, 『문학동네』 25권2호, 문학동네, 2018.

3. 국외 논저

- H 포터 애벗 지음, 우찬제·이소연··박상익·공성수 옮김, 『서사학 강의』, 문학과지성사, 2010.
- 가노 미키요, 손지연 옮김, 『천황제와 젠더』, 소명출판, 2013.
- 그로츠, 요아힘 뤼디거, 서정일 옮김, 『문학이 남긴 유토피아의 흔적 – 40년 동독의 문학과 정치』, 예림기획, 2000.

- 데이비드 보드웰·크리스틴 톰슨, 주진숙·이용관 옮김, 『영화예술』, 이론과 실천, 1996.
- 도나 해러웨이, 황희선 옮김, 『해러웨이 선언문』, 책세상, 2019.
- 로지 브라이도티, 이경란 옮김, 『포스트휴먼』, 아카넷, 2015.
- 마샬 맥루헌, 박정규 옮김, 『미디어의 이해』, 커뮤니케이션북스, 1999.
- 키친·마틴, 유정희 옮김, 『케임브리지 독일사』, 시공사, 2003.
- 미셸 푸코, 심세광 옮김, 『주체의 해석학』, 동문선, 2007.
- 미셸 푸코, 오생근 옮김, 『감시와 처벌』, 나남신서, 2020.
- 세릴빈트, 전행선 옮김, 『에스에프에스프리 - 우리가 SF를 읽을 때 생각하는 것들』, arte, 2019.
- 셰릴 빈트, 마크 볼드 『SF연대기. 시간 여행자를 위한 SF 랜드마크』, 송경아 옮김, 허블, 2021.
- 슈테판 헤어브레히터, 김연순·김응준 옮김, 『포스트휴머니즘: 인간 이후의 인간에 관한 문화철학적 담론』, 성균관대학교 출판부, 2012.
- 슬라보예 지젝, 강우성 옮김, 『잃어버린 시간의 연대기』, 북하우스, 2021.
- 슬라보예 지젝, 강우성 옮김, 『팬데믹 패닉』, 북하우스, 2020.
- 아서 C. 클라크, 정영목 옮김, 『유년기의 끝』, 시공사, 2016.
- 앤디 클라크, 신상규 옮김, 『내추럴-본 사이보그』, 아카넷, 2015.
- 앤디 클라크, 윤초희·정현철 옮김, 『수퍼사이징 더 마인드』, 교육과학사, 2018.
- 야마다 기이치, 이가현 옮김, 『남양대관 1』, 보고사, 2021.
- 자크 라캉, 맹정현·이수현 옮김, 『세미나 11』, 새물결, 2008.
- 정영춘(郑永春), 「영화 '유랑지구' 속 과학문제(电影〈流浪地球〉中的科学问题)」, 중국과학원 국가천문대, 2019.
- 조르조 아감벤, 『얼굴 없는 인간』, 박문정 옮김, 효형출판, 2021.
- 줄리아 크리스테바, 서민원 옮김, 『공포의 권력』, 동문선, 2001.
- 토마스 렘케, 심성보 옮김, 『생명정치란 무엇인가』, 그린비, 2015.
- 필립 K. 딕, 박중서 옮김, 『안드로이드는 전기양을 꿈꾸는가』, 폴라북스, 2013.

- A. Einstein, N. Rosen, "The Particle Problem in the General Theory of Relativity", 『Physical Review』 Volume 48, 1935년 7월.

- Even without the glitches, Cyberpunk 2077 is deeply average, WIRED, 19. 12. 2020.
- Acuna, M.H., et al.,"Magnetic Field and Plasma Observations at Mars: Initial Results of the Mars Global Surveyor Mission", 『Science』, 1998.
- Beaver, Harold. Introduction. The Science Fiction of Edgar Allan Poe. By Edgar Allan Poe. Ed. Harold Beaver. New York: Penguin Books, 1976. vii–xxi.
- Bozzetto, Roger, "Intercultural Interplay: Science fiction in France and the United States (as viewed from the French shore)" in Science Fiction Studies, vol. 17, n° 1, Mars, Indiana, Indiana State University Press, 1990.
- Braun, Michael, Artikel 〈Günter Kunert – Das lyrische Werk〉. In: Kindlers Literatur Lexikon, hrsg. v. Heinz Ludwig Arnold(3. Aufl.). Stuttgart/Weimar, 2009.
- Canavan, Gerry, Carl Link, Eric, (ed.) The Cambridge History of Science Fiction, Cambridge, Cambridge University press, 2018.
- Clark, A. & Chalmers, D., "The Extended Mind", Philosophy of Mind: Classical and Contemporary Readings, D. Chalmers (ed.), Oxford Univ. Press, Oxford 2002.
- Comballot, Richard, "Michel Jeury, aux dieux du temps…" in Bifrost. La revue des mondes imaginaires, n° 39, Fontainbleau, éd. Avon, 2005.
- David Deutsch, Michael Lockwood "The Quantum Physics of Time Travel", 『Scientific American』 1994.
- Dick, Steven J. "The Alien Comes of Age: Clarke to E.T. and Beyond". Life on Other Worlds: The 20th-Century Extraterrestrial Life Debate. Cambridge University Press, 2001.
- Evans, Arthur B., "Science fiction" in Handbook of French Popular Culture, New York, Greenwood Press, 1991.
- Franklin, H. Bruce. Future Perfect: American Science Fiction of the Nineteenth Century, New York: Oxford UP, 1966.
- Galvan, Jill. "Entering the Posthuman Collective in Philip K. Dicks' Do Androids Dream of Electric Sheep?, Science Fiction Studies, 24(3), 1997.
- Halliday, Sam. Science and Technology in the Age of Hawthorne, Melville, Twain, and James: Thinking and Writing Electricity. New York: Palgrave Macmillan, 2007.

참고문헌

- J.L.Green, et al.,"A Future Mars Environment for Science and Exploration", Planetary Science Vision 2050 Workshop,「article no. 1989」, 2017.
- Jacob T. Sanders, et al.,"Radiation-induced DNA damage and repair effects on 3D genome organization", 「Nature Communications」, 2020.
- Jeury, Carnets chronolytiques, textes réunis et présentés par Natacha Vas-Deyres et Richard Comballot, Bordeau, Presses universtaires de Bordeaux, 2015.
- Kip S. Thorn, Michael S. Morris, "Wormholes in spacetime and their use for interstellar travel: A tool for teaching general relativity", 「American Journal of Physics」 Volume 56, 1988년 5월.
- Klein, Gérard, "Préface" in Le Livre d'or de la science-fiction : Michel Jeury, Paris,Pocket,1982(https://www.quarante-deux.org/archives/klein/prefaces/jeury.html)
- Lyau, Bradford, The Anticipation Novelists of 1950s French Science Fiction. Stepchildren of Voltaire, London, McFarland & Company, 2011.
- Poe, Harry Lee. "Creating a Medium for Exploring the Implications of Science: Edgar Allan Poe and the First Science Fiction." Perspective on Science and Christian Faith 69.2, 2017.
- Poe, Harry Lee. Evermore: Edgar Allan Poe and the Mystery of the Universe. Waco, Texas: Baylor UP, 2012.
- Sahner, Christoph(1991): Kunert-Rezeption in der DDR? Einige Beobachtungen zu einem Un-Thema. In: Günter Kunert(Text+Kritik), hrsg. v. Heinz Ludwig Arnold. München, 78-81.
- Suvin, Darko,「Metamorphoses of Science Fiction: On the Poetics and History of a Literary Genre.」, New Haven: Yale UP, 1979.
- Tuckey, John S., Ed. & Intro. Introduction. Mark Twain's Watch Was the Dream? and Other Symbolic Writings of the Later Years. California: U of California P, 1997.
- Tuckey, John S., Ed. and Intro. Mark Twain's Watch Was the Dream? and Other Symbolic Writings of the Later Years. California: U of California P, 1997.
- Tyler Wilde, 〈William Gibson doesn't think Cyberpunk 2077 is cyberpunk enough〉, PC Gamer, June 11, 2018.

- Vas-Deyres, Natacha, Ces Français qui ont écris demain. Utopie, anticipation et science-fiction au XXe siècle, col. Littérature générale et comparée, Paris, Honoré Champion, 2013.
- Weed, Kym. "Microbial Perspectives: Mark Twain's Imaginative Experiment in Ethics." Literature and Medicine 37.1 (2019): 219–40.
- Wes Fenlon, 〈The Metaverse is Bullshit〉, PC Gaming, October 30, 2021
- William Wilson, A Little Earnest Book Upon A Great Old Subject, Darton and Co., London: holborn hill, 1851.
- Zimmermann, Norbert(2009): Artikel 〈Günter Kunert – Verspätete Monologe〉. In: Kindlers Literatur Lexikon, hrsg. v. Heinz Ludwig Arnold(3. Aufl.). Stuttgart/Weimar, 505–506.
- Zwick, Jim, ed. Mark Twain's Weapons of Satire: Anti-Imperialist Writings on the Philippine-American War. Syracuse: Syracuse UP, 1992.

- 岡雅彦校訂, 『滑稽本集』, 国書刊行会, 1990.
- 宮崎哲弥, 『小松左京スペシャル』, NHK出版, 2019
- 吉野敏弘, 「ミニ茶運び人形」, 『大人の科学マガジン04』, 学研プラス, 2021.
- 金津日出美, 「沈積する＜日本沈没＞の物語」, 『일본근대학연구』 38, 2012.
- 大石学, 『江戸の科学力』, 学習研究者, 2009.
- 大野寿子, 『超域する異界』, 勉誠出版, 2015.
- 東浩紀, 『セカイからもっと近くに　現実から切り離された文学の諸問題』(Kindle版), 東京創元社, 2013.
- 劉茸茸, 〈性別・寓言・烏托邦──劉慈欣〈三體〉中的文化啟示與後人類想象〉, 小說評論, 2021.
- 木下直之, 『美術という見世物』, 筑摩書房, 1995.
- 白井聡, 『永続敗戦論─戦後日本の核心』, 講談社, 2016.
- 小松左京, 『SFへの遺言』, 光文社, 1997.
- 小松左京, 『SF魂』, 新潮社, 2006.
- 小松左京, 『小松左京自伝─実存を求めて』, 日本経済新聞出版社, 2008.

- 神崎宣武・白幡洋三郎・井上章一, 『日本文化事典』, 丸善出版, 2016.
- 野田寿雄, 「近世後期の異国遍歴小説」, 『国語国文研究』, 北海道大学文学会, 1965.
- 嚴鋒, 〈創世與滅寂—劉慈欣的宇宙詩學〉, 南方文壇, 2011年.
- 日本古典文学大辞典編集委員会篇, 『日本古典文学大辞典』第4卷, 岩波書店, 1984.
  蔣思翔, 「〈索拉裏斯星〉與〈三體〉系列後人類倫理觀比較研究)」, 安康學院學報, 2020.
- 早川純三郎, 『徳川文芸類聚』復刻版 第3「例言」, 国書刊行会, 1970.
- 竹島淳夫, 「『和漢三才図会』に見る異国・異国人」, 『国文学 解釈と鑑賞』 至文堂, 1996.
- 中村幸彦校注, 『風来山人集』, 岩波書店, 1961.
- 清田啓子, 「翻刻 曲亭馬琴の黄表紙(四) 庭荘子珍物茶話」, 『駒沢短期大学研究紀要』 第6号, 駒沢短期大学, 1978.

필자 약력

윤석진(尹錫辰, Yun, Suk-Jin)

충남대학교 국어국문학과 교수, 2000년 8월 한양대학교 대학원에서 문학박사학위 취득, 2021년 7월부터 충남대학교 인문과학연구소 소장 겸직, 문화방송(MBC) 시청자위원회 위원・한국극예술학회 회장 등 역임, 서울드라마어워즈와 백상예술대상 TV 부문 심사위원으로 활동, 「과학기술의 상상적 구현과 표상으로서의 SF콘텐츠」(공저)・「한국 텔레비전드라마의 표절 기준 마련을 위한 사례 연구」・「자기 치유로서의 복수극 〈더 글로리〉」 등 다수의 논문 발표, 『텔레비전드라마, 판타지를 환유하다』(공저)・『K-SF드라마, 현실 너머의 미래를 상상하다』(편저) 등의 저서 출판, 현재 한국 텔레비전드라마의 미학적 특성과 문화 산업적 동향에 관심을 두고 연구.

민경택(閔庚鐸, Min, Kyung-Taek)

충남대학교 영어영문학과 교수, 1996년 8월 충남대학교 대학원에서 문학박사학위 취득, 충남대학교 통역번역원장, 출판문화원장, 국제언어교육원장, 한국현대영어영문학회 회장 등을 역임, 「『왕자와 거지』에 나타난 타자-되기를 통한 욕망의 해체와 인본주의 사상」과 「"But the Past Was not Dead": The Meaning of the Past in Hawthorne's Novels」 등 다수의 논문 발표, 『알파 미국문학사』(공역), 『비극적 세계에서 희망찾기-멜빌과 그린의 작품세계-』(단독), 『미국소설 명장면 모음집』(공저), 『모비딕 다시 읽기』(공저), 『영화로 읽는 영미소설1-사랑이야기』(공저), 『미국소설과 서술기법』(공저), The Call of the Wild & Other Stories(편저), 『19세기 미국소설 다시 읽기』(단독), White Fang & Other Stories(편저), 『고전의 창으로 본 리더스피릿』(공저), 『세균들 사이에서 3000년』(공역) 등 다수의 저·서 출판, 현재 미국 고전소설의 재해석에 관심을 두고 연구.

이군호(李君鎬, Lee, Koon-Ho)

충남대학교 독어독문학과 교수, 2000년 6월 독일 뒤셀도르프 대학교(Heinrich-Heine- Universität Düsseldorf)에서 박사학위(Ph. D.) 취득, 고려대학교 평화연구소 연구교수 및 성균관대학교 학부대학 초빙교수 역임, 「독일 낭만주의 문학 속의 산업화와 자본주의」와 「괴테의 평화사상」 등 다수의 논문 발표, 『음악의 세계』(역서), 『이해와 번역』(공역), 『한류와 역류, 문화외교의 가능성과 한계』(공저) 등의 저·역서 출판, 현재 독일의 근현대문학을 토대로 노년과 죽음, 전쟁과 평화, 경제와 자본주의 등 현대의 사회문제를 재조명하는 연구 수행.

이정환(李定桓, Lee, Junghwan)

인천대학교, 숭실대학교 불어불문학과 출강, 2019년 3월 프랑스 소르본 대학교 (파리-소르본 4대학)에서 『저널리즘 글쓰기와 소설 글쓰기에서의 군중: 에밀 졸라 글쓰기에서의 군중의 특이성에 관한 연구』로 정보커뮤니케이션학 박사학위 취득, 「졸라, 『제르미날』 그리고 독자를 위하여-『제르미날』 신문연재텍스트의 1884년에서 1885년까지의 매체 유통에 관한 연구」·「저널리즘적인 것-에밀 졸라의 『패주』의 커뮤니케이션 특성에 관한 연구」·「"텍스토제니"-1886년-1868년 사이 에밀 졸라의 『테레즈 라캥』 언론매체 수용과정에 관한 연구」 등 다수의 논문 발표, 현재 에밀 졸라의 『네 복음서 총서』의 유토피아적 세계관의 매체적 표현 방식에 관심을 두고 연구.

손주연(孫湊然, Son, Ju-yeon)

한양대학교 중어중문학과 조교수, 2016년 2월 중국 푸단대학(復旦大學)에서 문학박사학위 취득, 「중국 다큐멘터리 산업의 제작 및 소비 양상 연구—중국 문화정책과 바이두(百度) 빅데이터 분석을 중심으로」·「여성의 시각에서 보는 상하이(上海) 도시 공간: 왕안이(王安憶) 소설 《푸핑(富萍)》 읽기」 등 다수의 논문 발표, 중국 현당대소설 및 문화 관련 연구를 바탕으로 다양한 학문 분야와의 연계성 속에서 문학의 외연을 넓혀 연구.

김학순(金學淳, Kim, Hark-Soon)

충남대학교 일어일문학과 조교수, 고려대학교 일어일문학과 박사과정 수료, 일본 쓰쿠바(筑波)대학 문학박사학위 취득, 일본 고전문학 전공, 충남대학교 인문과학연구소 학술부장, 「전염병과 요괴-역병 예언과 퇴치 기원의 요괴」·「에도문학에 잠입한 닌자-변신하는 닌자와 진화하는 인술」 등 다수의 논문 발표, 『일본문화와 지역사정』(공저)·『일본인의 질병 대책과 의료 현장』(공저) 등의 일본 사회와 문화 관련 저서 출판, 현재 요괴와 닌자를 테마로 한 일본 문화콘텐츠에 관심을 두고 연구.

이가현(李佳呟, Lee, Ka-Hyun)

　가천대학교 아시아문화연구소 연구교수, 고려대학교 일어일문학과 졸업, 일본 쓰쿠바대학에서 문학박사학위 취득, 일본근현대문학 전공, 「일본 NHK 대하드라마 〈아쓰히메(篤姬)〉에 그려진 여성의 역할: 도쿠가와가(德川家)를 지킨 여성들」・「동아시아 SF×BL 서사의 트랜스-휴머니즘적 상상력과 젠더・섹슈얼리티 실험」 등 다수의 논문 발표, 『동아시아 지식의 교류』・『남양대관 1』・『나오키 산주고의 대중문학 수필집』 등의 저서 번역 출판, 현재 한일 대중문화 교류와 한・일문학 문화 비교에 관심을 두고 연구.

이지용(李知容, Lee Ji-Yong)

　중앙대학교 인문콘텐츠연구소 HK연구교수, 『한국 SF의 스토리텔링 연구』로 박사학위를 받았다. 한국SF어워드, 한국과학문학상, SF스토리콘 등에서 심사위원(장) 역임, 『한국 SF 장르의 형성』을 썼고, 『비주류 선언』, 『SF프리즘』, 『인류세 윤리』, 『인공지능이 사회를 만나면』, 『블레이드러너 깊이 읽기』, 『자연문화와 몸』 등의 저서 집필에 참여, 현재 SF 연구자와 문화비평가로 활동.

신성환(申垶煥, Shin, Sung-Hwan)

　한양대학교 인문과학대학 미래인문학융합전공학부 부교수, 2004년 8월 한양대학교 대학원에서 문학박사학위 취득, 「SF 영화에 나타난 '쓰레기 문명'과 공존의 윤리에 대한 상상력: 〈월-E〉와 〈승리호〉를 중심으로」・「디지털 환경의 감시와 역감시 현상에 대한 고찰: 영화 〈감시자들〉과 〈아이 인 더 스카이〉를 중심으로」・「영화 〈소셜포비아〉와 〈백설공주 살인사건〉에 나타난 소셜 미디어의 여론 형성과 마녀 사냥」 등 다수의 논문 발표, 한국 현대소설 전공으로 문학의 확장 양상과 영상문학・문화이론・디지털 미디어와 저널리즘에 관심을 두고 연구.

박미경(朴美慶, Park, Mi-Kyoung)

충남대학교 국어국문학과 박사과정, 충남대학교 교육대학원에서 「외국어로서의 한국어 문화교육을 위한 전통 의례 교수 방안 연구-오영진의 '민속 3부작'을 중심으로」로 석사학위 취득, 청주대학교・충청대학교・서원대학교 등에서 한국어 강사로 활동, 「도구적 관계 사회에 대한 〈나의 해방일지〉의 성찰」・「SF드라마 〈그리드〉의 외삽적 가설과 극적 리얼리티」 등의 논문 발표, 현재 박해영 작가 드라마의 등장인물과 인간관계에 관심을 두고 연구.

최배은(崔培垠, Choi, Bae-eun)

숙명여자대학교 한국어문학부 초빙교수, 2013년 2월 숙명여자대학교 대학원에서 문학박사학위 취득, 2022년부터 부천스토리텔링아카데미 대표강사로 위촉, 숙명여자대학교 세계아동청소년문학연구센터 연구위원, 『방정환 연구』 편집위원, 어린이청소년SF연구공동체 플러스알파 연구원 등으로 활동, 「한국 웹소설의 서술형식 연구」와 「한국 아동・청소년 과학소설의 디스토피아 연구」 등 다수의 논문 발표, 『오래된 백지』 등의 아동청소년이야기 콘텐츠, 스토리텔링 관련 저서 출판, 현재 한국 이야기콘텐츠의 장르 융합 현상과 스토리텔링 방식에 관심을 두고 연구.

오세섭(吳世攝, Oh, Se-Seop)

　독립영화감독, 2016년 2월 중앙대학교 첨단영상대학원에서 영상학 박사학위 취득, 목원대, 한국영상대, 한남대 등에서 강의, 대전국제하루영화제, 대전독립영화제, KTV 등에서 심사위원으로 활동, 「코로나 팬데믹으로 인한 영화교육의 변화」 등 다수의 논문 발표, 『아포칼립스 영화』 등 공포영화 관련 저서 출판, SF 단편소설 『고양이 댄스』(밀리의 서재, 2022) 발표, 〈좀비는 좀비끼리 우리는 우리끼리〉(2020), 〈싫은 건 아니지만〉(2017) 등 장편독립영화 연출, 현재 인디를 기반으로 다양한 영역에서 창작활동.

김홍대(金弘大, Kim, Hong-Dae)

　이츠엔지니어링(주) 대표, 도심항공모빌리티(UAM) 기술연구조합 전문위원, 충남대학교 항공우주공학과 박사과정 수료(2021), 1990년부터 대한항공의 항공기술연구원에서 유무인 항공기 시스템 개발, 시뮬레이터 등의 연구 수행, 2023년 이츠엔지니어링(주) 창업 및 도심항공모빌리티(UAM) 기술연구조합 전문위원으로 활동, SF장르에 담긴 첨단 과학과 인문학적 통찰력의 조화를 통해 인류의 미래를 조망하는 흥미를 갖고 「과학기술의 상상적 구현과 표상으로서의 SF콘텐츠」(공저) 등의 논문 집필 활동.

우흔동(于昕彤, Yu, Xin-Tong)

  충남대학교 국어국문학과 박사과정, 중국 통화사범대학교(通化师范学院) 한국어학과를 졸업하고 충남대학교 국어국문학과 대학원에 입학하여 2023년 2월 충남대학교 대학원에서 「한국과 중국의 SF 영화 비교 연구-〈승리호〉와 〈유랑지구〉를 대상으로」로 석사학위 취득, 현재 한국과 중국의 SF 장르를 포함한 드라마 콘텐츠에 관심을 두고 연구.

박인성(朴仁成, Park, In-Seong)

  부산가톨릭대학교 인성교양학부 조교수, 2016년 8월 서강대학교 대학원에서 문학박사학위 취득, 2015~2018년 문학계간지 『자음과모음』 편집위원 역임. 현재 교보문고 문학팀 단행본 기획위원으로 활동. 「한국 SF 문학의 시공간 및 초공간 활용 양상 연구-배명훈·김초엽·김보영의 소설을 중심으로」와 「한국과 일본의 판타지 장르 비교를 통한 마스터 플롯 연구-이세계물과 그 파생 장르를 중심으로」 등 다수의 논문 발표, 번역서 『정신분석과 이야기 행위』(피터 브룩스 저작, 문학과지성사, 2017)로 2018년 세종우수도서 선정. 현재 다양한 장르의 서사와 게임 중심의 문화콘텐츠를 연구.

세계 SF 콘텐츠,
도래하지 않은 현실로서의 미래

초판1쇄 발행일 | 2024년 1월 26일

엮은이 | 윤석진
엮은곳 | 충남대학교 인문과학연구소
펴낸곳 | 북마크

주소 | 서울시 성동구 마조로 22-2, 한양대동문회관 413호
전화 | (02) 325-3691
팩스 | (02) 6442 3690
등록 | 제 303-2005-34호(2005.8.30)

ISBN | 979-11-985296-5-7 (13800)
값 | 20,000원

- 본 학술총서는 충남대학교 2023년 국립대학육성사업의 지원으로 출판하였음.
- 이 책은 저작권법에 따라 보호를 받는 저작물이므로 무단전재와 무단복제를 금하며, 이 책 내용의 전부 또는 일부를 이용하려면 반드시 저작권자와 북마크의 서면동의를 받아야 합니다.
- 잘못된 책은 바꾸어 드립니다.